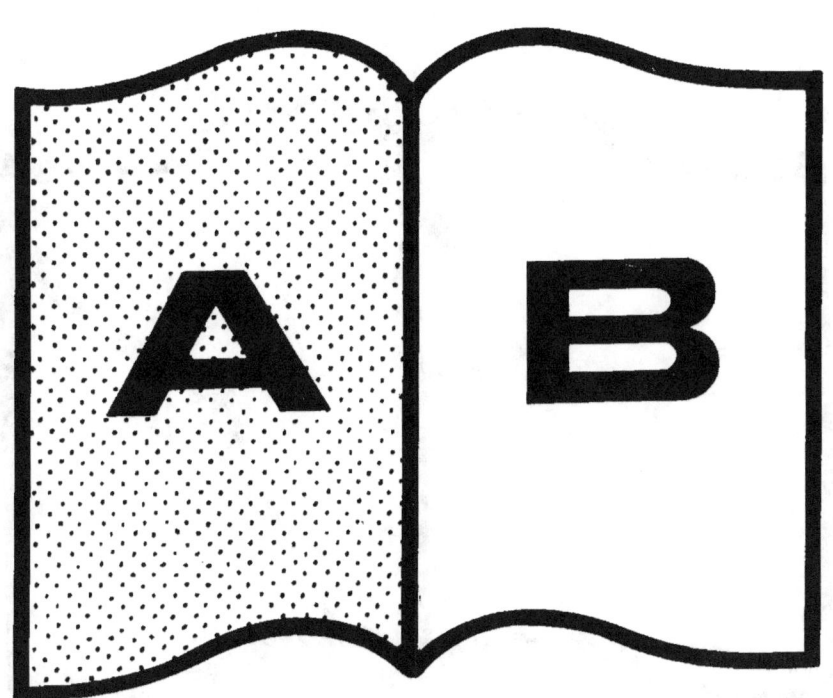

Contraste insuffisant

NF Z 43-120-14

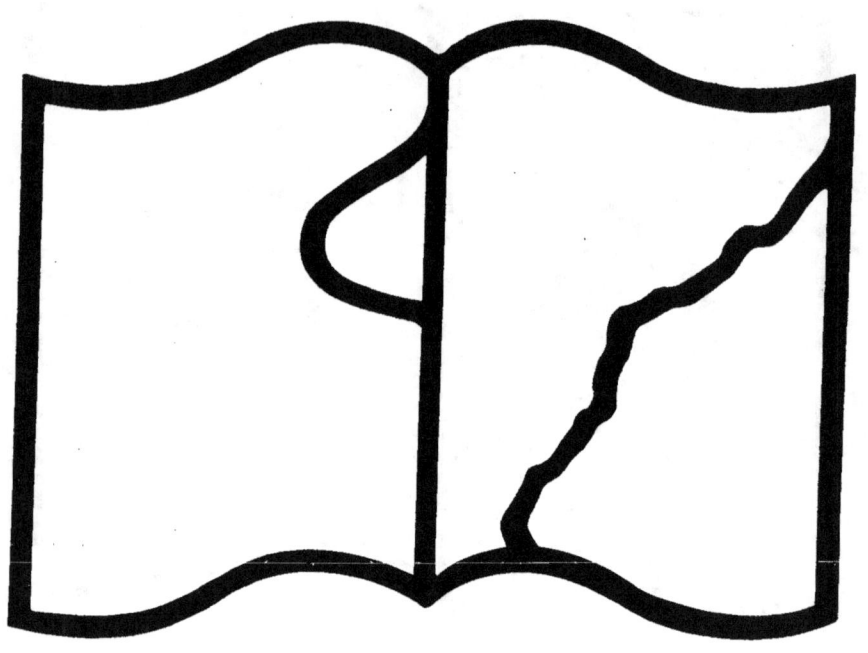

Texte détérioré — reliure défectueuse

59563

OEUVRES MÊLÉES

DE

SAINT-EVREMOND

IMPRIMERIE GÉNÉRALE DE CH. LAHURE
Rue de Fleurus, 9, à Paris

OEUVRES MÊLÉES

DE

SAINT-EVREMOND

REVUES, ANNOTÉES
ET PRÉCÉDÉES D'UNE HISTOIRE DE LA VIE
ET DES OUVRAGES DE L'AUTEUR

PAR CHARLES GIRAUD

de l'Institut

—

TOME DEUXIÈME

PARIS

J. LEON TECHENER FILS, LIBRAIRE

RUE DE L'ARBRE-SEC, 52

PRÈS LA COLONNADE DU LOUVRE

M DCCC LXV

DEUXIÈME PARTIE

FRAGMENTS D'HISTOIRE

ET DE CRITIQUE HISTORIQUE

OEUVRES MÊLÉES
DE
SAINT-EVREMOND.

DEUXIÈME PARTIE.

FRAGMENTS D'HISTOIRE
ET DE CRITIQUE HISTORIQUE.

I

RETRAITE DE MONSIEUR LE DUC DE LONGUEVILLE
EN SON GOUVERNEMENT DE NORMANDIE[1].

(1649).

Monsieur de Longueville, entrant dans le Vieux-palais, rencontra d'abord M. de Saint-Luc, qu'on avoit envoyé de Saint-Germain au marquis d'Hectot, pour tâcher de le remettre dans les inté-

1. Lorsque les premiers troubles de la Fronde éclatèrent, Saint-Evremond, brouillé avec le prince de

rêts de la cour [1]. Il lui dit, avec un visage plein de joie : *Saint-Luc, il n'y a pas longtemps que*

Condé, dont il avoit été le serviteur jusqu'en 1648, passoit des jours paisibles, au milieu de sa famille, en Normandie. C'est là que le trouva le duc de Longueville, qui, après s'être déclaré pour le parlement de Paris, contre Mazarin, en 1649, s'étoit retiré dans son gouvernement, pour engager à son parti la noblesse normande, et le parlement de Rouen; il n'oublia rien pour y entraîner Saint-Evremond. Mais ce dernier, qui s'étoit, dès 1647, prononcé pour la cour, comme on l'a vu, t. I, pag. 19 et 25, refusa le commandement que lui offroit la Fronde; et il écrivit ce récit satirique, dans lequel il tourne en ridicule la tentative de soulèvement qui avoit échoué, en Normandie. Cette pièce fut tellement du goût du cardinal, qu'il se la faisoit relire, et en rioit encore de bon cœur, dix ans après, pendant la maladie dont il mourut.

1. La cour s'étoit retirée à Saint-Germain, après avoir quitté Paris, dans la nuit du 5 au 6 janvier 1649. Voy. Madame de Motteville, tom. II, chap. XXIX, p. 284 et suiv., édit. de Riaux.

« La reine, ajoute madame de Motteville (1649), aussitôt qu'elle vit le duc de Longueville du parti de Paris, envoya Saint-Luc trouver le marquis d'Hectot, fils du marquis de Beuvron, qui étoit au Vieux-palais (de Rouen), pour lui porter la survivance de son père, de Lieutenant de roi. Saint-Luc, qui étoit son oncle, le frère de sa mère, en lui donnant cette survivance, l'engagea au parti du roi, et à lui conserver cette place, selon qu'il étoit obligé de le faire. Le marquis d'Hectot accepta la récompense du service qu'on lui demandoit, et promit à son oncle tout ce qu'il vouloit de lui; puis demeura dans le Vieux-palais, sans beaucoup se soucier de ce qui en arriveroit. *Mémoires*, t. II, pag. 314 à 317, édit. de Riaux. Il faut lire tout le récit de Madame de Motteville sur les événements de cette époque, pour bien saisir le piquant de l'écrit de Saint-Evremond.

je vous haïssois bien. — Et moi, monsieur, repartit Saint-Luc, *je ne vous hais pas moins présentement, que vous ne me haïssiez en ce temps-là. Si l'on ne m'avoit trompé, vous ne seriez pas ici ; et si l'on ne vous eût trompé le premier, on ne m'y eût pas souffert.*

Ce petit discours fini, M. de Longueville voulut aller au parlement, qui s'assembloit pour délibérer si on le devoit recevoir. Quelques-uns de ses amis s'y opposèrent, alléguant qu'en se commettant, il alloit commettre toute la fortune du parti. On fit monter des gens sur une tour fort élevée, pour observer la contenance du peuple ; et comme on lui eut rapporté qu'on entendoit de toutes parts des cris de joie, il sortit aussitôt, accompagné de ceux qui l'avoient suivi, et se rendit au Palais[1], après avoir reçu partout mille acclamations.

Il surprit Messieurs du parlement, qui n'attendoient pas une aventure si inopinée ; et après avoir pris sa place, il parla de cette sorte : *Vous ayant toujours beaucoup honorés et chéris, je suis venu, avec tout le péril où un homme de ma qualité se peut exposer, vous offrir mon*

1. Le Palais-de-Justice, où siégeoit le parlement de Normandie. Le lieutenant de roi, occupoit le *Vieux-palais*, château fort, bâti par les Anglois, au quinzième siècle, sur les bords de la Seine, et détruit pendant la révolution (1795). Voyez Chéruel, sur D'Ormesson, I, page 322.

bien et ma vie, pour votre conservation. Je sais que la plupart des gouverneurs n'en usent pas ainsi, et que tirant de vous tout le service qu'ils en peuvent tirer, dans un temps paisible, ils vous abandonnent, aussitôt qu'ils vous voient dans le danger. Pour moi, qui vous ai mille obligations, je prétends ici les reconnoître; et en qualité de gouverneur, et comme une personne sensiblement obligée, je viens vous rendre tout le service que je pourrai, dans une conjoncture si périlleuse.

Le premier président [1] ne répondant rien à cette harangue, et témoignant assez par le chagrin de son visage, combien la présence du duc l'affligeoit, tous les Messieurs [2] lui donnèrent des témoignages de joie, qui furent animés par la bouche d'un conseiller de la grande chambre, appelé du Mesnilcôté, qui lui fit ce beau discours : *La même différence qui se rencontre entre le loup et le berger, prince débonnaire, la même se trouve entre le comte d'Harcourt et Votre Altesse, en cette occasion. Le comte*

1. Jean-Louis Faucon de Ris. Voyez, sur ce personnage, les *Historiettes* de Tallemant, t. 6, p. 497, éd. de P. Paris.
2. Dans le plus grand nombre des éditions, on lit : *tous les messieurs*; sans qu'on ait paru se douter que *Messieurs* étoit un titre particulier d'honneur, pour les membres du parlement : *Messieurs étant entrés*, etc. Voy. le *Journal* de Barbier, t. I, etc.

d'Harcourt est venu, soit comme loup, soit comme lion, mais toujours en bête ravissante, pour nous dévorer : nous n'avons pas voulu lui ouvrir nos portes, de peur de recevoir l'ennemi dans nos entrailles; pour toute grâce, nous lui avons laissé faire le tour de nos murs[1], *ce qu'il a fait, en jetant sur nous des yeux tout étincelants de colère,* tanquam leo rugiens. *Pour vous, grand prince, vous êtes venu en véritable berger, pour mettre à couvert toute votre bergerie;* bonus pastor ponit animam pro ovibus suis. *Il est trop vrai que vous en userez de même;* atque ideo, monseigneur, *nous vous commettons la garde de cette ville et le salut de toute la province; c'est à vous à veiller à notre conservation, et à nous d'aider vos soins de toutes les assistances qui sont en notre pouvoir.*

La harangue finie, M. de Longueville se leva, et, après avoir salué chaque particulier, avec son affabilité ordinaire, il sortit du palais, accompagné de ses amis et suivi du peuple, qui le conduisoit avec de nouvelles acclamations.

Messieurs du parlement, faisant réflexion sur

1. « La reine envoya aussi le comte d'Harcourt, avec les provisions du gouvernement de Normandie, pour se saisir de la ville de Rouen. Ce prince.... s'arrêta au conseil du premier président, qui le fit demeurer au faubourg, etc. » *Mémoires* de madame de Motteville, t. II, pag. 314, éd. citée.

la joie qu'avoient eue les bourgeois de recevoir leur gouverneur, commencèrent de craindre une servitude entière; et, pour empêcher ce malheur-là, ils firent dessein d'assurer leurs conditions avec lui; mais, soit que M. de Longueville eût pénétré leur intention, soit pour établir une entière confiance, il les voulut prévenir, et les assurer qu'ils auroient toujours la disposition de toutes choses. Il leur dit que les affaires dont il s'agissoit, étoient proprement celles des parlements, et non pas les siennes; qu'il ne vouloit ni ne devoit avoir autre emploi que celui de conduire une armée, pour le bien de l'État, et pour leur service particulier; que toutes les levées se feroient par leurs ordres; qu'ils établiroient eux-mêmes des commissaires de leur compagnie, pour la recette, et pour la distribution des deniers; et enfin, que comme ils avoient le principal intérêt au succès des affaires, il étoit raisonnable qu'ils eussent une entière participation de tous les conseils.

Ces Messieurs lui rendirent grâce de l'honneur qu'il leur faisoit; l'assurèrent qu'ils donneroient autant d'Arrêts qu'il voudroit, sans rien examiner; qu'étant tuteurs des rois, ils disposeroient à son gré du bien du pupille; qu'ils hasarderoient toutes choses pour son service, à condition qu'il feroit supprimer le Semestre, et remettroit la compagnie dans son ancien état[1]. Le premier président et l'avocat général se croyant inutiles au service du roi, allèrent à Saint-Germain rendre compte de leur impuissance.

Cependant M. de Longueville, qui se voyoit assuré du peuple et du parlement, ne songea plus qu'à faire des troupes ; mais, comme il n'avoit pas encore de fonds, il voulut toujours distribuer les charges, pour entretenir tout le monde ; et on commença à travailler à l'état d'une armée, qui n'étoit alors qu'en imagination. Les plus considérables étant assemblés, « il leur rendit grâces de la chaleur qu'ils témoignoient à son service ; que, pour lui, il reconnoîtroit toute sa vie l'affection de ceux qui s'attachoient à sa fortune ; et qu'en attendant qu'il les pût obliger, par des grâces essentielles, il étoit prêt de leur commettre les plus importants emplois. »

A ces douces paroles, tant d'illustres personnes firent de profondes révérences. Un moment après, ce ne furent que compliments, qui

---

1. « Le parlement de Normandie, dit madame de Motteville, demandoit la révocation du Semestre, qu'ils prétendoient avoir été injustement établi, du temps du feu roi et du cardinal de Richelieu, qui ne leur laissoit pas lever la tête si haut. » *Mémoires*, etc., t. II, pag. 110, sur l'année 1648, édit. citée. — Pour l'établissement du Semestre, ou chambre nouvelle, dans les parlements, voy. ma *Notice sur Fabrot*, Aix, 1833, in-8º ; M. Caillet, *admin. de Richelieu* ; et M. Bazin, *Hist. de Louis XIII*.

allèrent insensiblement aux assurances de fidélité, et aux protestations de répandre jusqu'à la dernière goutte de leur sang. Il se fit ensuite plusieurs beaux discours, sur l'état présent des affaires; et quelques-uns, possédés du zèle qu'ils avoient pour le parti, ouvrirent un avis considérable. *Pourquoi*, dirent-ils, *ne pas battre le fer tandis qu'il est chaud? Vous avez, monseigneur, quantité de jeunes gens dans la ville : vous pouvez faire un gros de gentilshommes, un gros de leurs valets de chambre, auxquels vous joindrez la Cinquantaine* [1] *et les Archers, deux gros bataillons des meilleurs bourgeois, et avec ces troupes aller surprendre le roi, dans Saint-Germain.* — *Oui*, répondit M. de Longueville, *il sera bon; mais, comme c'est notre principale entreprise, il faut penser à la bien conduire : nous en parlerons au premier conseil. Cependant, pour éviter la confusion, qui ruine d'ordinaire tous les partis, il faut distribuer les charges, afin que chacun soit assuré de son emploi.*

Varicarville [2], si considéré des esprits forts,

---

1. La Cinquantaine étoit une compagnie de gardes, qui escortoit le prisonnier relâché tous les ans, à Rouen, le jour de l'ascension, après qu'il avoit levé la *fierte*, c'est-à-dire la châsse de Saint-Romain. Voyez les *instit.* de Justinien, expl. par Et. Pasquier, page 792, et Floquet, *Hist. du priv. de St-Rom.*, 2 vol. in-8º, 1833.

2. Sur ce personnage, jadis lié avec Ninon de Lenclos,

ne voulut prendre aucun emploi, ayant appris de son Rabbi que, pour bien entendre le Vieux Testament, il y faut avoir une application entière; et même se réduire à ne manger que des herbes [1], pour se dégager de toute vapeur grossière. Néanmoins, l'aversion qu'il avoit pour les favoris ne lui permettant pas d'être inutile, dans ces occasions, il voulut prendre soin de la police, et régler toutes choses, selon les Mémoires du prince d'Orange; mais, comme il arrive toujours cent malheurs, il avoit oublié à Paris un manuscrit du comte Maurice [2], dont il eût tiré de grandes lumières, pour l'artillerie et pour les vivres: ce qui fut cause, vraisemblablement, qu'il n'y eut ni munitions ni pain, dans cette armée-là.

Saint-Ibal demandoit l'honneur de faire entrer les ennemis en France; et on lui répondit que MM. les généraux de Paris se le réservoient [3]. Il demanda un plein pouvoir de traiter

---

voy. les *Historiettes* de Tallemant, VI, pag. 8 et 19; VII, pag. 47 et 128; et les *Mém.* de Retz, II, page 94.

1. Varicarville avoit alors, disoit-on, auprès de sa personne, un rabbin qui lui fascinoit l'esprit et ne lui laissoit manger que des herbes.

2. Le célèbre Maurice, comte de Nassau, prince d'Orange, mort en 1625, avec la réputation d'un des plus grands capitaines de son temps.

3. Voyez, sur ce personnage, le tome I, page 58; les *Mém.* de Motteville, I, page 81, et III, page 161. P. Paris, sur Tallemant, II, page 96; les *Mémoires du car-*

avec les Polonois, les Tartares, les Moscovites, et l'entière disposition des affaires chimériques : ce qui lui fut accordé.

Le comte de Fiesque [1], fertile en visions militaires, outre la charge de lieutenant-général qu'il avoit eue dès Paris, obtint une commission particulière pour les enlèvements de quartier, et autres exploits brusques et soudains, dont la résolution se peut prendre en chantant un air de la Barre [2], et dansant un pas de ballet.

Le marquis de Beuvron fut fait lieutenant-général, à condition qu'il demeureroit au Vieux-palais : la place et le gouvernement étant tous deux de si grande importance, qu'on ne pouvoit les conserver avec trop de soin.

Le marquis de Matignon [3], toujours illustre par sa suffisance, et présentement fameux par le mémorable siége de Valogne, commandoit les troupes du Cotentin : disant qu'il vouloit avoir sa petite armée, et être aussi indé-

---

dinal de Retz, sur l'année 1649, t. I, de l'éd. de M. Champollion ; M. Cousin, la Soc. franc., etc. I, p. 41.

1. Charles Léon, comte de Fiesque, époux de Gilonne d'Harcourt, comtesse de Fiesque, dont il est tant question dans les Mémoires de Mademoiselle de Montpensier. Voy. les Historiettes de Tallemant, passim.

2. Fameux musicien de ce temps-là.

3. Voyez, sur Matignon, les Mémoires de Retz, II, pages 94, 110, 251 et 354, etc.; il y est appelé comte, et non marquis. Mazarin fit démanteler Valogne, après la soumission de cette ville. Voy. Bazin, loc. cit.

pendant de M. de Longueville, que le Wallenstein l'étoit de l'empereur.

Le marquis d'Hectot demanda le commandement de la cavalerie : ce qui lui fut accordé, parce qu'il étoit mieux monté que les autres ; qu'il étoit environ de l'âge de M. de Nemours, lorsqu'il la commandoit en Flandre, et qu'il avoit une casaque, en broderie, toute pareille à la sienne.

On choisit Haussonville[1] pour gouverneur de Rouen, comme un homme entendant civilement bien la guerre, et aussi propre à haranguer militairement les peuples, que le Plessis-Besançon. Le gouverneur fut fait maréchal de camp, pour ne pas obéir aux autres ; et le maréchal de camp gouverneur, pour ne pas quitter la ville : car c'étoit une de ses maximes, *qu'il ne devoit sortir pour quoi que ce fût ;* et il alléguoit plusieurs villes considérables, qui s'étoient perdues par l'absence des gouverneurs.

Hannery et Caumesnil demandèrent qu'on les

---

1. Il s'agit ici de Nicolas de Nettancourt, comte de Vaubecourt, baron d'Haussonville, au sujet duquel voyez Tallemant, I, pages 381 et 382, et VI, page 49 ; les *Mem.* de Retz, III, page 354 ; et Madame de Motteville, III, page 464. — Le Plessis-Besançon étoit un officier de mérite, sur lequel voy. Bazin, II, pag. 101 ; et III, pag. 400. Est-ce le même que celui qui avoit été attaché à Richelieu, puis à Gaston ? Voy. Tallemant, II, p. 290 et 342.

fît maréchaux de camp : Hannery, fondé sur ce qu'il avoit pensé être enseigne des gendarmes du roi ; Caumesnil, sur ce qu'il s'en étoit peu fallu qu'il n'eût été mestre de camp du régiment de Monsieur[1].

Boucaule ne pouvoit pas dire qu'il eût jamais vu d'armée ; mais il alléguoit qu'il avoit été chasseur toute sa vie, et que *la chasse étant une image de la guerre*, selon *Machiavel*[2], quarante ans de chasse valoient bien, pour le moins, vingt campagnes. Il voulut être maréchal de camp, et le fut.

Flavacourt[3] disoit que, pour être bon capitaine, il falloit avoir vu des déroutes, aussi bien qu'avoir gagné des combats, suivant que Barrière[4] avoit lu, dans le livre de M. de Rohan[5]. Cela étant, il prétendoit que personne ne lui pouvoit disputer l'avantage de sa propre expérience, tout le monde se souve-

---

1. Caumesnil est compris dans l'amnistie dont parle le cardinal de Retz, *Mémoires*, II, page 111. Cf *ibid.* pages 119, 140 et 168. — Sur Charles d'Ailly, sieur d'Annery, ou d'Hannery, voyez *ibid.* page 119, et *inf.* page 30.

2. *Nicolo Machiavelli, discorsi sopra la prima Deca di T. Livio*, lib. III, cap. 39.

3. Sur Flavacourt et Barrière, voyez Tallemant, III, pages 421, 455, etc.

4. Son beau-frère.

5. *Le Parfait Capitaine, ou l'Abrégé des guerres des Commentaires de César*, etc. Voyez notre tome I, p. 113.

nant assez du désordre où il se trouva, quand d'Estauge fut fait prisonnier [1].

On voulut donner le commandement de l'artillerie à Saint-Evremond ; et, à dire vrai, dans l'inclination qu'il avoit pour Saint-Germain, il eût bien souhaité de servir la cour, en prenant une charge considérable où il n'entendoit rien. Mais, comme il avoit promis au comte d'Harcourt de ne point prendre d'emploi, il tint sa promesse, tant par honneur, que pour ne ressembler pas aux Normands, qui avoient presque tous manqué de parole. Ces considérations lui firent généreusement refuser l'argent qu'on lui offroit, et qu'on ne lui eût pas donné.

Campion[2] ne s'attacha pas aux grands emplois ; il demanda seulement d'être maréchal de bataille, pour apprendre le métier; avouant ingénument qu'il ne le savoit pas, mais se faisant fort de savoir le pays, jusqu'aux petits ruisseaux et aux moindres passages; laquelle science il avoit apprise à la chasse, avec M. de Vendôme.

Sevigny[3] se contenta du même emploi ; mais

1. A la guerre de Paris. Tallemant écrit d'Estoges, II, page 42 et 49.
2. Sur Campion, Voyez les *Mémoires de Retz*, I, pages 14, 42 à 44 ; et Tallemant.
3. C'est l'époux de Madame de Sévigné. Voyez le

il fut la dupe de sa modération, quand il vit que, pour être maréchal de camp, il ne falloit pas être habile homme : il s'érigea de plus en goguenard, et eut l'honneur de faire rire Son Altesse.

Rucqueville[1], cet ancien serviteur, ne voulut rien faire; et sa longue expérience à la guerre demeura inutile, sous prétexte de ses vapeurs. M. de Longueville, pour adoucir le chagrin qu'il avoit de n'être pas gouverneur de Caen, augmenta ses pensions : mais ce fut en vain, Rucqueville disant hautement qu'il prendroit assez l'argent de son maître, mais que pour s'empêcher d'en dire du mal, il ne le feroit jamais.

Franquetot-Barberousse demeura longtemps sans prendre parti, *Boncœur*[2] entretenant son incertitude par l'amitié du maréchal de Grammont. Durant ses longues délibérations, il ne laissoit pas de s'ériger insensiblement en rendeur de bons offices, se flattant avec joie de la vanité d'un faux crédit. Depuis, étant informé par les lettres de ses amis, qu'on travailloit sérieusement à la paix, il fit dessein de quitter

---

journal de D'Ormesson, I, page 638, et les *Memoires* de *Retz*, II, page 110.

1. Voy. son *historiette*, dans Tallemant, VI, page 167.
2. On nommoit ainsi sa femme. Sur l'un et sur l'autre, voyez Tallemant, IV, 380, 383, et VII, 40, 47.

le personnage neutre : il lut les mémoires de César, pour fortifier son esprit, qui n'étoit pas encore bien résolu. Quand il vint au passage du Rubicon, il s'arrêta tout court, comme avoit fait ce grand capitaine ; et, après avoir un peu rêvé, il s'écria comme lui : *Le Rubicon est passé : à tout perdre, il n'y a qu'un coup périlleux.* Il sort là-dessus, avec une émotion extrême, sans regarder *Boncœur*, sans regarder *le petit Henry*[1] : sachant bien que la vue des femmes et des enfants peut amollir les plus fiers courages. Sans rien dire à pas un de ses amis, il va trouver le duc de Longueville et lui tenir ce discours : *J'ai toujours été votre serviteur, mais non pas avec un attachement si particulier, que cela m'obligeât de vous servir, en cette rencontre. Aujourd'hui, je veux entrer dans vos intérêts, et viens assurer Votre Altesse que je me donne entièrement à elle.*

La joie de ce duc fut grande, et de celles qui, ne pouvant être renfermées dans le cœur, font d'ordinaire quelque impression sur le visage; mais elle fut modérée, lorsque Barberousse se fut expliqué de cette sorte : *La déclaration que je fais n'est pas si générale que je n'y mette encore une condition. Je prétends demeurer ici, quand vous irez à la guerre : ce*

---

1. Fils de Franquetot.

il fut la dupe de sa modération, quand il vit que, pour être maréchal de camp, il ne falloit pas être habile homme : il s'érigea de plus en goguenard, et eut l'honneur de faire rire Son Altesse.

Rucqueville[1], cet ancien serviteur, ne voulut rien faire; et sa longue expérience à la guerre demeura inutile, sous prétexte de ses vapeurs. M. de Longueville, pour adoucir le chagrin qu'il avoit de n'être pas gouverneur de Caen, augmenta ses pensions : mais ce fut en vain, Rucqueville disant hautement qu'il prendroit assez l'argent de son maître, mais que pour s'empêcher d'en dire du mal, il ne le feroit jamais.

Franquetot-Barberousse demeura longtemps sans prendre parti, *Boncœur*[2] entretenant son incertitude par l'amitié du maréchal de Grammont. Durant ses longues délibérations, il ne laissoit pas de s'ériger insensiblement en rendeur de bons offices, se flattant avec joie de la vanité d'un faux crédit. Depuis, étant informé par les lettres de ses amis, qu'on travailloit sérieusement à la paix, il fit dessein de quitter

---

journal de D'Ormesson, I, page 638, et les *Mémoires* de *Retz*, II, page 110.

1. Voy. son *historiette*, dans Tallemant, VI, page 167.
2. On nommoit ainsi sa femme. Sur l'un et sur l'autre, voyez Tallemant, IV, 380, 383, et VII, 40, 47.

le personnage neutre : il lut les mémoires de César, pour fortifier son esprit, qui n'étoit pas encore bien résolu. Quand il vint au passage du Rubicon, il s'arrêta tout court, comme avoit fait ce grand capitaine ; et, après avoir un peu rêvé, il s'écria comme lui : *Le Rubicon est passé : à tout perdre, il n'y a qu'un coup périlleux.* Il sort là-dessus, avec une émotion extrême, sans regarder *Boncœur*, sans regarder *le petit Henry*[1] : sachant bien que la vue des femmes et des enfants peut amollir les plus fiers courages. Sans rien dire à pas un de ses amis, il va trouver le duc de Longueville et lui tenir ce discours : *J'ai toujours été votre serviteur, mais non pas avec un attachement si particulier, que cela m'obligeât de vous servir, en cette rencontre. Aujourd'hui, je veux entrer dans vos intérêts, et viens assurer Votre Altesse que je me donne entièrement à elle.*

La joie de ce duc fut grande, et de celles qui, ne pouvant être renfermées dans le cœur, font d'ordinaire quelque impression sur le visage ; mais elle fut modérée, lorsque Barberousse se fut expliqué de cette sorte : *La déclaration que je fais n'est pas si générale que je n'y mette encore une condition. Je prétends demeurer ici, quand vous irez à la guerre : ce*

---

1. Fils de Franquetot.

qu'on ne doit point attribuer à faute de courage, mais à une malheureuse rétention d'urine qui m'empêche de monter à cheval. Ce n'est pas que je veuille être inutile dans le parti : je négocierai avec madame de Matignon, pour laquelle j'ai toujours conservé quelque espèce de galanterie; et, de plus, comme vous n'avez ici personne qui sache faire de relations, je prendrai le soin de publier vos exploits. Ces dernières paroles remirent entièrement l'esprit du prince; car, à dire vrai, la nécessité du *gazetier* étoit grande, et il fut bien aise d'en trouver un, si entendu dans la narration.

Fontrailles[1] arriva tout à propos pour voir la grande occasion de la Bouille[2]. Durant son séjour en Normandie, le duc de Longueville lui communiqua toutes choses, aussi bien qu'à Varicarville et au comte de Fiesque; mais Fontrailles ne pouvoit goûter cette confiance, ayant peur de s'engager trop avant dans les intérêts du prince, et de devenir le confident d'une se-

---

1. Voyez Tallemant, II, pages 67, 107 à 108, et les *Mémoires* de Retz, t. I et II.
2. La Bouille est un bourg, à trois lieues de Rouen. Saint-Evremond donne ici plaisamment le nom d'occasion à la retraite précipitée du duc de Longueville, lequel, apprenant en ce lieu, et de Saint-Evremond lui-même, qu'il y rencontra, l'arrivée prochaine du comte d'Harcourt, commandant des troupes du roi, se retira au plus vite, sur Rouen, sans attendre l'armée royale.

conde entreprise sur Pontoise[1]. Une si juste appréhension l'obligea de quitter et d'emmener avec lui le comte de Fiesque, auquel il représenta qu'au point qu'ils gouvernoient leur général, on leur imputeroit tous les désordres qui arriveroient, s'ils portoient les choses à l'extrémité.

Le duc de Retz[2] dont on avoit attendu de si grands secours, vint accompagné seulement du page qui portoit ses armes et de ses deux fidèles écuyers[3]. Quelques-uns trouvèrent à dire de le voir arriver sans troupes; mais ils furent bientôt satisfaits, quand il leur montra une longue liste des barons qui demandoient de l'emploi. Il ne tint qu'à deux cent mille écus qu'il ne mît les Bretons en campagne; et, manque de ce peu d'argent, le crédit d'un si grand seigneur ne servit de rien. Il est vrai qu'il promit de payer de sa personne, et de servir de Duc et Pair, dans l'armée de Rouen, avec la même assiduité qu'il avoit fait, dans celle de Flandre. Il assura de plus que Montplaisir[4] viendroit bientôt, et donna même quel-

1. Voyez les *Mémoires* de Retz, et D'Ormesson sur 1648.
2. Voyez les *Mémoires* de Retz, I, page 37; II, page 100; Tallemant, tome III, IV, etc.
3. En Flandre, il avoit toujours, à ses côtés, deux écuyers, et un page qui portoit ses armes.
4. Voyez Tallemant, IV, pages 240, 242, et VII, page 451

que espérance du Tapinois[1]. Au reste, Belle-Isle étoit en fort bon état; il y avoit garnison dans Machecoul, et l'on faisoit bonne garde à Montmirel. Sa façon de vivre avec les officiers fut tout à fait obligeante, et quiconque étoit assez heureux pour avoir un bufle ou une hongreline de velours noir, pouvoit s'assurer de son amitié.

Vous voyez les différents emplois des plus considérables personnes du parti. Si quelqu'un s'étonne que je ne dise rien de leurs actions, c'est que je suis exactement véritable; et comme je n'ai vu autre chose, je n'ai rien dit davantage. Cependant, je me tiens heureux d'avoir acquis la haine de ces mouvements-là, plus par observation que par ma propre expérience. C'est un métier pour les sots, et pour les malheureux, dont les honnêtes gens, et ceux qui se trouvent bien, ne se doivent point mêler.

Les dupes viennent là tous les jours en foule: les proscrits, les misérables s'y rendent des deux bouts du monde; jamais tant d'entretiens de générosité, sans honneur; jamais tant de

---

[1] Le chevalier d'Aubeterre étant à l'armée, se déroboit quelquefois de table, ou d'ailleurs, pour aller essuyer quelques coups de mousquet à la tranchée; et ses amis, qui s'attendoient à toute autre chose, étoient surpris de le voir revenir blessé. De là le nom de *Tapinois*. (*Des Maizeaux.*) Voyez Tallemant et le cardinal de Retz.

beaux discours, et si peu de bon sens; jamais tant de desseins sans actions, tant d'entreprises sans effets : toutes imaginations, toutes chimères; rien de véritable, rien d'essentiel, que la nécessité et la misère. De là vient que les particuliers se plaignent des grands qui les trompent, et les grands des particuliers qui les abandonnent. Les sots se désabusent par l'expérience, et se retirent ; les malheureux, qui ne voient aucun changement dans leur condition, vont chercher ailleurs quelque autre méchante affaire : aussi mécontents du chef de parti, que des favoris.

II

LETTRE AU MARQUIS DE CRÉQUI SUR LA PAIX
DES PYRÉNÉES[1].

(1659).

Je voudrois bien pouvoir satisfaire votre curiosité, tant sur les véritables motifs de la paix, que sur tout ce qui s'est passé à la Conférence; mais, à vous dire la vérité, vous deviez vous adresser

---

1. François de Créqui, ami de Saint-Evremond, avoit prié ce dernier de l'informer de ce qui se passeroit aux conférences de Saint-Jean de Luz, où Saint-Evremond

aux confidents particuliers de Son Éminence, qu'une longue et familière conversation avoit pleinement instruits de ses secrets. Pour moi, qui n'ai été qu'un simple spectateur, je ne vous puis donner que des conjectures et des lumières incertaines, que je dois à ma seule pénétration. Telles qu'elles sont, je vous les expose volontiers, et vous demande, pour toute grâce, que les louanges de M. le cardinal Mazarin ne vous soient pas suspectes d'adulation : le bien que j'en dis est un bien sincère, qui n'est point attiré par l'espérance des grâces, ni produit par la gratitude des bienfaits.

Comme le plus grand mérite du chrétien est de pardonner à ses ennemis, et que le châtiment de ceux qu'on aime est l'effet de l'amitié la plus tendre, M. le cardinal a pardonné aux Espagnols, pour châtier les François. En

---

avoit accompagné le cardinal Mazarin. François de Créqui, lieutenant-général en 1655, devint maréchal de France, en 1668 : il est mort en 1676. On se souvient que la découverte de cette lettre, chez Madame Du Plessis-Bellière, après l'arrestation de Fouquet, fut la cause de la disgrâce de Saint-Evremond. Elle fut imprimée en Hollande, dès 1663 : Voy. le P. Le Long, III, n° 30924 ; et on l'a retrouvé en manuscrit, dans plusieurs anciennes copies des *Mémoires* de La Rochefoucauld. La principale curiosité de cette pièce ironique est d'être l'expression des mécontentements du parti militaire, au moment de la paix des Pyrénées, laquelle mettoit fin à la guerre que la noblesse aimoit.

effet, les Espagnols, humiliés par tant de disgrâces, abattus par tant de pertes, devoient attirer sa compassion et sa charité; et les François, devenus insolents par les avantages de la guerre, méritoient d'éprouver les rigueurs salutaires de la paix. Il souvenoit à Son Éminence du beau mot de ce Castillan, qui étrangla don Carlos, par l'ordre de Philippe II : *Calla, calla, señor don Carlos ; todo lo que se haze es por su bien ;* et touché d'une si amoureuse punition, quand elle a pris le bien des particuliers, après avoir épuisé les sources publiques, elle a étouffé nos gémissements et réprimé nos murmures, en nous disant paternellement : *Calla, calla, seños Frances ; todo lo que se haze es por su bien.*

Je croirois assez que des considérations politiques ont été mêlées avec une conduite chrétienne, dans la douceur et la bonté qu'a eue M. le cardinal, pour les Espagnols. Auguste, qui voulut donner des bornes à l'empire, et lui laisser, en mourant, une grandeur juste et mesurée, pourroit bien lui avoir servi d'exemple, dans la modération de sa paix.

Il a jugé que la France se conserveroit mieux, unie, comme elle est, et ramassée, pour ainsi dire, en elle-même, que dans une vaste étendue; et ce fut une prudence dont peu de ministres sont capables, de songer à couvrir notre frontière, quand la conquête des Pays-Bas étoit pleinement entre ses mains.

Qui ne sait que la destruction de Carthage fut celle de la république romaine ? Tant que Rome eut l'opposition de sa rivale, ce ne fut chez elle que vertu, obéissance ; sitôt qu'elle n'eut plus d'ennemis au dehors, elle s'en fit au dedans ; et eut tout à craindre d'elle-même, quand elle n'eut rien à appréhender des étrangers.

Son Éminence, plus sage que les Scipions, n'a eu garde de nous laisser tomber dans cet inconvénient-là ; et, profitant de la faute de ses pères, elle a conservé l'Espagne à la France, pour l'exercice de ses vertus, et le maintien éternel de son empire.

Quelle différence, Monsieur, d'une sagesse si profonde au dérèglement du cardinal de Richelieu ! Il me semble que je vois cette âme immodérée ne se contenter ni de la Flandre, ni du Milanez ; mais, dans une conjoncture qu'on n'avoit pas eue depuis Charles-Quint, envoyer sept ou huit millions à Francfort, et faire marcher une grande armée sur les bords du Rhin, pour venger notre nation, en la personne de Louis XIV, de l'affront qu'elle reçut autrefois en celle de François Ier [1]. Je lui vois

---

1. L'empereur Ferdinand III mourut le 2 avril 1657,

prendre de nouvelles liaisons avec le Portugal, après la défaite de Don Luis ; je lui vois joindre nos forces à celles de ce royaume, pour chasser le roi catholique de Madrid, sans aucun respect d'une personne sacrée et inviolable [1].

Cependant, il étoit d'un chrétien de pardonner à ses ennemis ; il étoit généreux de ne pousser pas sa victoire jusqu'à la ruine d'une si belle monarchie ; il étoit politique de n'étendre pas tant nos frontières, que le soin des choses éloignées nous fît négliger celles qui sont naturellement à nous.

J'entends les envieux de Son Éminence,

---

et Léopold son fils fut élu empereur le 18 juillet 1658, quoiqu'il ne fût pas Roi des Romains. Saint-Evremond raille ici le cardinal de sa précipitation à faire la paix ; il insinue que le cardinal de Richelieu n'auroit pas manqué une si belle occasion d'ôter l'empire à la maison d'Autriche ; et que, par des présents ou par des menaces, gagnant les suffrages des électeurs ennuyés de le voir durer si longtemps dans une même maison, il les auroit facilement portés à prendre un autre que Léopold (*Des Maizeaux*). Voy. Bayle, *Dict. hist.*, art. de Louis XIII.

1. Après la mort de Jean IV, roi de Portugal, en 1656, les Espagnols crurent devoir profiter de la minorité d'Alphonse IV pour reconquérir ce royaume ; et l'année suivante, ils se rendirent maîtres d'Olivenza. Les Portugais, de leur côté, tâchèrent de surprendre Badajos ; mais ce projet fut si mal concerté, qu'il ne réussit point. Ils ne laissèrent pas, en 1658, de retourner devant cette ville ; et après l'avoir assiégée inutilement pendant qua-

qui, n'osant se prendre directement à la paix, condamnent la manière dont on l'a faite; attaquent la suspension, et cet engagement trop facile des conférences, où tous les articles d'une paix ratifiée ont été changés.

Il est bien vrai que M. de Turenne n'oublia rien pour dissuader cette suspension; mais il ne considéroit pas le véritable motif d'un aboutchement si glorieux; et, tandis que ce grand général rouloit dans sa tête le triomphe de la Flandre, il ignoroit celui que s'étoit proposé M. le cardinal, dans un combat d'intelligence et de raison.

En effet, il n'a rien désiré plus fortement

---

tre mois, ils formèrent le dessein de se retirer. Don Louis en ayant été averti, et sachant d'ailleurs que leur armée étoit presque entièrement ruinée, résolut de s'aller mettre à la tête des troupes espagnoles, afin de s'acquérir, sans beaucoup de risque, la gloire d'avoir secouru une place si importante; mais quand il arriva sur la frontière, il trouva que les Portugais, qui manquoient de tout, s'étoient déjà retirés. Enflé d'un si grand succès, il médita la prise d'Elvas, et voulut lui-même assiéger cette place, qui se défendit vigoureusement, durant quatre mois. Cependant les Portugais, ayant rassemblé un petit corps de troupes, marchèrent tout droit à Don Louis, et, ayant surpris les Espagnols dans leur camp, les battirent; ce qui jeta toute l'Espagne dans une grande consternation. M. de Saint-Evremond veut dire que Richelieu n'eût pas manqué de se joindre au Portugal, et de profiter de cet incident, pour achever de ruiner l'Espagne. (*Note de Des Maizeaux*).

que de faire voir à toute l'Europe la supériorité de son génie, et il n'a point été trompé dans son opinion; car il s'est toujours rendu maître de l'entendement de Don Luis, qui reconnoissoit, de bonne foi, l'ascendant de son esprit et l'avantage de ses lumières ; mais il arrivoit, par malheur, que la volonté trop opiniâtre de celui-ci devenoit maîtresse, à la fin, des résolutions de celui-là. Ainsi l'Espagnol emportoit, grossièrement et sans raison, des choses que l'Italien disputoit, spirituellement et avec justice. Ce n'est pas que l'opiniâtreté de Don Luis lui ait toujours réussi ; et quand il se vante de l'abandonnement du Portugal et du rétablissement de M. le prince, nous pouvons lui alléguer sa simplicité, dans les munitions qu'il nous a laissées, et l'ignorance de calcul, dans l'évaluation des cinq cent mille écus que l'on a donnés à la reine [1].

En tout cas, Son Éminence peut se flatter secrètement, de n'avoir pas fait des pas inutiles ; l'Alsace, les biens d'Italie, l'abbaye de Saint-Wast, peuvent le consoler de la peine qu'il a prise [2] ; au lieu que le chimérique Don Luis,

---

1. Voyez le contrat de mariage de la reine Marie-Thérèse, à la suite de mon *Traité d'Utrecht;* Paris, 1847, in-8.
2. Le cardinal Mazarin s'étoit fait donner des terres en Alsace, en Italie, et la riche abbaye de Saint-Waast

qui s'est amusé à l'intérêt général, a tiré toute la dépense qu'il a faite de son propre fonds.

En vain, il a paru fier, dans le plus mauvais état de leurs affaires, pour en avouer la foiblesse, sitôt que la paix fut signée : *Allons*, dit-il, *Messieurs, allons rendre grâces à Dieu; nous étions perdus, l'Espagne est sauvée.*

Son Éminence ne fait pas grand cas de ce beau dit, qui sent le vieux citoyen de Lacédémone : tenant ces exultations du salut de la patrie, pour un véritable sentiment de républicain. Elle pense judicieusement que toute paix est bonne, quand par elle on met à couvert des millions qui se consommoient de nécessité dans la continuation de la guerre. Que le bonhomme Don Luis n'ait eu pour but que le service de son maître et l'utilité du public, la maxime de M. le cardinal est que : *le ministre doit être moins à l'État que l'État au ministre;* et dans cette pensée, pour peu que Dieu lui donne de jours, il fera son propre bien de celui de tout le royaume.

J'ai pitié de ces discoureurs, qui lui reprochent d'avoir fait la paix, quand nous allions tout conquérir. Il me semble avoir appuyé suffisamment sa modération; je puis encore

---

d'Arras. Saint-Evremond fait entendre qu'il conclut la paix, pour s'assurer de la jouissance de ces biens.

alléguer pour sa justification des raisons qu'il nous a souvent données.

Les François, dit-il, *portent toujours leurs vues au dehors, sans regarder jamais au dedans : dissipés sur les affaires d'autrui, ils ne font point de réflexions sur les leurs.*

Ils allégueront qu'après la bataille de Dunkerque et la défaite du prince de Ligne, qu'après la reddition d'une partie des villes, et dans l'étonnement des autres, la Flandre ne pouvoit plus subsister[1]; *que les affaires des Espagnols n'alloient guère mieux dans le Milanez*[2]; *que la défaite de Don Luis avoit rempli de consternation toutes les Espagnes, épuisées d'hommes et d'argent; et pour parler en termes de médecin, que le siége de la chaleur n'étoit pas moins attaqué que les parties.*

Mais, ils ne diront pas que le cardinal de Retz avoit fait un voyage en Flandre, d'où il

---

1. M. de Turenne ayant assiégé Dunkerque, en 1658, Don Juan d'Autriche, le prince de Condé et le maréchal d'Hocquincourt, qui commandoient l'armée d'Espagne, l'attaquèrent près de cette place, le 14 de juin; mais ils furent battus. C'est la célèbre bataille des Dunes. Peu de temps après, M. de Turenne défit aussi le prince de Ligne. Dans cette campagne, outre Dunkerque, les François prirent Furnes, Bergues, Dixmude, Oudenarde, Menin, Ypres et Gravelines.

2. Le duc de Modène, assisté par la France, avoit passé l'Adda, en 1658, et pris quelques places du Milanez.

étoit sorti si secrètement, qu'on n'avoit jamais pu découvrir le lieu de sa retraite [1].

Ils tairont malicieusement qu'Annery, ce premier mobile des assemblées, alloit et venoit de nuit chez les gentilshommes du Vexin; qu'on avoit rencontré, proche de Hesdin, Créqui-Bernieulle; que Gratot, le Montrésor des provinces, avoit tenu à Coutances force discours politiques, sur le bien public [2].

1. Jean-François-Paul de Gondi, cardinal de Retz, s'étant rendu redoutable à Mazarin, fut arrêté au Louvre le 19 décembre 1652 et conduit au bois de Vincennes. Le 12 avril 1654, il fut transféré au château de Nantes, d'où il s'échappa le 2 août de la même année. Il alla en Italie, et arriva à Rome le 1er de décembre. L'archevêque de Paris, son oncle, étant mort pendant sa détention, dès qu'il se trouva libre, il fit tous ses efforts pour être mis en possession de cet archevêché, dont il étoit coadjuteur. Mais ne pouvant surmonter les oppositions de la cour de France, il quitta l'Italie et devint comme errant, sans qu'on sût jamais bien où il étoit. Cependant le cardinal Mazarin ne laissoit pas d'avoir peur de lui; et comme il apprit qu'il avoit été secrètement en Flandre, et près des frontières de Picardie, M. de Saint-Évremond insinue que Mazarin s'étoit imaginé que c'étoit pour fomenter certains mécontentements, en Normandie et dans le Vexin, et pour causer une révolte; et qu'ainsi il se hâta de faire la paix, sur une terreur panique. (*Note de Des Maizeaux.*)

2. M. de Saint-Évremond raille ici le cardinal Mazarin d'avoir redouté trois gentilshommes de Normandie qui erroient par les provinces (après la Fronde), et qui étoient absolument hors d'état de lui faire aucun mal. Montrésor, dont nous avons les *Mémoires*, fut un des plus

Ils tairont que Bonneson armoit les sabotiers de Sologne et donnoit de la chaleur à ce dangereux parti qui se formoit contre l'État [1].

Il y avoit quelque chose de plus pressant encore, dont la seule conscience de M. le cardinal pourroit rendre témoignage. Quelle gêne a un grand ministre, maître absolu de la cour, de voir trois gouverneurs qu'il avoit faits, tirer des sommes prodigieuses de la Flandre, sans compter avec lui. Du tempérament généreux qu'est Son Éminence, elle eût mieux aimé donner Corbie, Péronne et Saint-Quentin aux ennemis, que de souffrir plus longtemps les contributions d'Arras, de Béthune et de la Bassée [2].

actifs ennemis du cardinal de Richelieu. C'étoit un homme d'esprit que ce cardinal craignoit, à cause de son crédit auprès du duc d'Orléans, et du comte de Soissons. M. de Saint-Evremond appelle ici Gratot : *le Montrésor des provinces*, pour se moquer de Mazarin, à qui ce Gratot faisoit autant de peur, que Montrésor en avoit fait à Richelieu. (*Idem.*)

1. Un peu avant la paix des Pyrénées, les paysans de la Sologne se révoltèrent et s'attroupèrent. On appela ce mouvement *la guerre des sabotiers* ; parce qu'en Sologne, pays pauvre et plein d'eaux, on ne porte presque que des sabots. Bonneson, gentilhomme protestant, qui étoit un de leurs chefs, fut pris et mené à Paris, où il eut la tête tranchée. M. de Saint-Evremond raille le cardinal d'avoir eu peur de ces misérables paysans attroupés. (*Id.*)

2. Avant la paix des Pyrénées, les gouverneurs des places frontières avoient les contributions. Les gouverneurs d'Arras, de la Bassée et de Béthune, avoient, di-

Il faudroit entrer dans son âme, pour bien connoître le déplaisir qu'elle a eu de s'être trompée sur Saint-Venant, quand le dessein d'en tirer un million est devenu à rien, entre les mains de La Haye [1].

Oudenarde, Ypres et Menin entretenoient véritablement un grand corps; mais à peine y avoit-il au delà de quoi enrichir le seigneur Lange. Je passe outre, et pose que la Flandre se fût rendue tout à fait à nous : il eût fallu conserver ses priviléges, et se contenter d'un misérable centième.

Non, non, Monsieur; des titres, des seigneuries ne satisfont pas un ministre si solide. Ce qui s'appelle une véritable conquête, pour lui, c'est l'acquisition réelle de nouveaux deniers; et, à son avis, réduire les gouverneurs, casser des troupes, retrancher toutes les dé-

---

soit-on, amassé par là des biens immenses. On voit bien que M. de Saint-Evremond raille Mazarin, comme s'il n'eût conclu la paix, que pour se venger de ces gouverneurs, qui ne vouloient pas lui faire part de ce qu'ils gagnoient par les contributions. (*Id.*)

1. Le cardinal Mazarin avoit donné le gouvernement de Saint-Venant au sieur La Haye, dans l'espérance que celui-ci seroit plus honnête que les autres, à son égard; mais La Haye prit tout pour lui, et se moqua du cardinal. Dans ce temps-là, il n'étoit pas si facile de rappeler les gouverneurs des places frontières. On craignoit de les irriter, et de les réduire à la nécessité de livrer leurs places aux ennemis. (*Id.*)

penses et ne diminuer aucunes levées, c'est proprement *conquérir;* c'est gagner, en effet, un nouveau royaume. Avec cela, j'ose dire qu'il laissera volontiers à l'Espagne tous ses États, et promettra religieusement de ne la point troubler, dans la guerre de Portugal. De toutes les possessions du roi d'Espagne, les seules Indes lui font quelque envie; mais il se console, de ce que les Espagnols en ont les soins, et qu'il aura toujours la meilleure partie de leur flotte.

Voilà, Monsieur, le mystère de nos conférences, et voilà ce qui s'est passé de plus secret dans le cœur de M. le cardinal.

Si vous voulez que je vous dise sérieusement les mêmes vérités, sous un autre tour, vous saurez qu'il n'y avoit plus de monarchie espagnole, dans la continuation de la guerre; encore l'eussions-nous fort affaiblie par la paix, si M. le cardinal ne l'eût pas voulu traiter lui-même, sans la participation de personne. Il est certain qu'il n'a jamais compris la foiblesse et la nécessité des ennemis, au point qu'elles étoient; et la conversation que M. de Turenne eut avec lui, sur ce sujet, lui parut le discours d'un général intéressé, qui vouloit éloigner la paix, pour se maintenir dans la guerre.

L'ancienne réputation des Espagnols lui couvroit leur misère présente: ne pouvant s'imaginer qu'une nation si redoutable autrefois pût être si proche de sa ruine. L'Espagne, l'Italie, l'Allemagne, les Pays-Bas, qui n'étoient presque plus que des noms, lui donnoient toujours une grande idée de leur vieille puissance : il ne considéra pas assez l'état où nous étions, pour considérer trop celui où nos ennemis avoient été.

La vertu de M. le Prince, dénuée des moyens nécessaires pour agir; l'image du cardinal de Retz, caché misérablement, pour la sûreté de sa vie, rappeloient dans son esprit les désordres passés, et lui faisoient appréhender des révolutions nouvelles. Il concevoit, en trois gentilshommes de Normandie vagabonds, en de pauvres paysans de Sologne désespérés, toute la noblesse soulevée, et la révolte de tous les peuples. Tout le monde, à son avis, l'attaquoit, parce qu'il se sentoit odieux à tout le monde.

Comme il y avoit en lui un mélange de sentiments différents, il faut considérer le motif d'intérêt, après celui de la crainte. Rien ne le gênoit si fort que la dépense inévitable de la guerre; et il aspiroit à se voir maître de tous les deniers, sans être nécessité de les employer à aucun usage. Alors il croyoit les finances purement siennes : ce qui a été véritablement un des principaux sujets de la paix. L'indépendance des gouverneurs a paru l'une de ses plus fortes raisons; et il comptoit toujours avec les villes que nous laissoient les Espagnols, celles qui rentreroient au pouvoir du roi. Mais, à parler sainement, les grandes contributions irritoient son avidité; et, comme il ne lui étoit pas possible de les partager avec les gouverneurs, il se faisoit un plaisir de leur voir perdre ce qu'il ne pouvoit pas avoir.

Il y a apparence que la dernière campagne de M. de Turenne lui a donné quelque secrète jalousie[1]; particulièrement ces heureux succès, où sa vanité ne pouvoit s'intéresser, comme elle avoit fait ridiculement à la bataille de Dunkerque. Un si grand bonheur lui donna, sans doute, la pensée de négocier : l'ayant toujours eue, dans les événements favorables, pour faire connoître aux généraux l'incertitude de leur condition, et les tenir, au milieu de tous leurs progrès, dans la même dépendance.

Il craignoit de plus, qu'incommodé de goutte, de gravelle, et par conséquent moins

---

1. M. de Turenne, naturellement fier, ambitieux, étoit redoutable aux ministres, quand il avoit de bons succès. Ils craignoient qu'il ne se voulût rendre maître des affaires. Le cardinal Mazarin ne voulut pas le faire trop puissant. MM. Le Tellier et Colbert le craignirent aussi, après les conquêtes de Louis XIV, dans les Pays-Bas, en 1667; et on croit que cela les porta, autant que la triple alliance, à conclure le traité d'Aix-la-Chapelle, l'année suivante. (*Id.*)

en état de suivre le roi, on ne vînt à se passer aisément de lui, dans la campagne. Le souvenir des derniers exploits lui en faisoit appréhender de nouveaux; et pour se délivrer d'inquiétude, il aima mieux finir la guerre, par une paix toute de lui, que de voir faire conquête sur conquête, où il n'auroit point de part.

D'ailleurs, il commençoit à se lasser de tous les maux qu'il avoit fait souffrir à M. le Prince. Sa haine s'étant enfin épuisée, il s'apprivoisoit à l'imagination de son retour, et se flattoit même quelquefois du plaisir qu'il auroit de le voir abandonné des Espagnols et humilié devant lui. Il pensoit trouver, à la conférence, une soumission générale; et faire là, comme bon lui sembleroit, le destin de tous les peuples. Mais Don Luis, qui fut souple pour l'attirer, devint fier, sitôt qu'il le vit entre ses mains, et voulut regagner, dans la hauteur du traité, la réputation qu'il avoit perdue, dans la foiblesse de la guerre. Et certes, c'est une chose assez remarquable, que les grands d'Espagne, qu'on nous dépeignoit si fiers, ayent reconnu la supériorité de notre nation, par des déférences aux François, qui sentoient moins la civilité que l'assujettissement; et que M. le cardinal, qui seul avoit l'honneur et les droits de la France à soutenir, ait trouvé moyen, avec la force et la raison, de se faire un maître. Il pouvoit tout ce qu'il auroit voulu fortement; mais, pour avoir pris le parti de la persuasion, et avoir laissé prendre à don Luis celui de l'autorité, les Espagnols ont fait la paix, comme s'ils avoient été en notre place, et nous avons reçu les conditions, comme si nous avions été en la leur. Je sus de quelqu'un d'eux que M. de Lionne leur eût été d'une humeur fort épineuse, si son supérieur n'eût levé tous les obstacles qui traversoient la conclusion [1].

Cette grande facilité m'a fait faire réflexion sur le différent procédé des deux ministres; et j'ai trouvé qu'aux affaires particulières, M. le cardinal étoit plein de difficultés, de dissimulations, d'artifices, avec ses meilleurs amis; dans les traités publics, avec nos ennemis même, confiant, sincère, homme de parole, comme s'il eût voulu se justifier aux étrangers de la réputation où il étoit parmi nous, et rejeter les vices de son naturel sur les défauts

---

[1]. Le marquis de Lionne et don Antonio Pimentel, ébauchèrent le traité des Pyrénées : l'un pour le cardinal Mazarin, et l'autre pour don Louis de Haro. Ils eurent des conférences à Paris, avant l'entrevue des deux ministres; et pendant la conclusion du traité, ils concertoient entre eux les choses que Mazarin et don Louis devoient déterminer. M. de Saint-Evremond veut dire que M. de Lionne étoit rigide et bon François; mais que Mazarin, entêté de conclure la paix, relâchoit ce que Lionne vouloit qu'on obtînt. (*Id.*)

de notre nation. Pour Don Luis, de l'honnêteté avec les particuliers, de la franchise avec ses amis, de la bonté pour ses créatures : dans les affaires générales, un dessein de tromper assez profond, sous des apparences grossières, et peu de bonne foi, en effet, sous l'opinion d'une probité établie.

III

RÉFLEXIONS SUR LES DIVERS GÉNIES DU PEUPLE ROMAIN, DANS LES DIFFÉRENTS TEMPS DE LA RÉPUBLIQUE.

(1663).

CHAPITRE PREMIER.

De l'origine fabuleuse des Romains, et de leur génie, sous les premiers rois.

IL est de l'origine des peuples, comme des généalogies des particuliers. On ne peut souffrir des commencements bas et obscurs. Ceux-ci, vont à la chimère : ceux-là donnent dans les fables. Les hommes sont naturellement défectueux et naturellement vains. Parmi eux, les fondateurs des États, les législateurs, les conquérants, peu satisfaits de la condition humaine, dont ils connoissoient les foiblesses et les défauts, ont cherché bien souvent, hors d'elle, les causes de leur mérite; et de là vient que les anciens ont voulu tenir ordinairement à quelque Dieu dont ils se disoient descendus, ou dont ils reconnoissoient une protection particulière.

Quelques-uns ont fait semblant d'en être persuadés, pour persuader les autres, et se sont servis ingénieusement d'une tromperie avantageuse, qui donnoit de la vénération pour leur personne, et de la soumission pour leur puissance. Il y en a eu qui s'en sont flattés sérieusement. Le mépris qu'ils faisoient des hommes, et l'opinion présomptueuse qu'ils avoient de leurs grandes qualités, leur a fait chercher chimériquement, une origine différente de la nôtre; mais il est arrivé, plus souvent, que les peuples, pour se faire honneur, et par un esprit de gratitude envers ceux qui les avoient bien servis, ont donné cours à cette sorte de fable.

Les Romains n'ont pas été exempts de cette vanité. Ils ne se sont pas contentés de vouloir appartenir à Vénus par Énée, conducteur des Troyens en Italie; ils ont rafraîchi leur alliance avec les dieux, par la fabuleuse naissance de Romulus, qu'ils ont cru fils du dieu Mars, et qu'ils ont fait dieu lui-même, après sa mort. Son successeur Numa n'eut rien de divin, en sa race; mais la sainteté de sa vie lui donna une communication particulière avec la déesse Égérie, et ce commerce ne lui fut pas d'un petit secours, pour établir ses cérémonies. Enfin les Destins n'eurent autre soin que de fonder Rome, si on les en croit. Jusque-là, qu'une providence industrieuse voulut ajuster les divers génies de ses rois aux différents besoins de son peuple.

Je hais les admirations fondées sur des contes, ou établies par l'erreur des faux jugements. Il y a tant de choses vraies à admirer, chez les Romains, que c'est leur faire tort que de les vouloir favoriser, par des fables. Leur ôter toute vaine recommandation, c'est les servir. Dans ce dessein, il m'a pris envie de les considérer par eux-mêmes, sans aucun assujettissement à de folles opinions, laissées et reçues. Le travail seroit ennuyeux, si j'entrois exactement dans toutes les particularités; mais je ne m'amuserai pas beaucoup au détail des actions. Je me contenterai de suivre le génie de quelques temps mémorables, et l'esprit différent dont on a vû Rome diversement animée.

Les rois ont eu si peu de part à la grandeur du peuple romain, qu'ils ne m'obligent pas à des considérations fort particulières. C'est avec raison que les historiens ont nommé leurs règnes *l'enfance de Rome;* car elle n'a eu, sous eux, qu'un très-foible mouvement. Pour connoître le peu d'action qu'ils ont eu, il suffira de savoir que sept rois, au bout de deux cents et tant d'années, n'ont pas laissé un État beaucoup plus grand que celui de Parme ou de Mantoue. Une seule bataille gagnée aujourd'hui, en des lieux serrés, donneroit plus d'étendue.

Pour ces talents divers et singuliers qu'on attribue à chacun, par une mystérieuse providence, il n'est arrivé, en eux, que ce qui étoit arrivé auparavant à beaucoup de princes. Rarement on a vu le successeur avoir les qualités de celui qui l'avoit précédé. L'un, ambitieux et agissant, a mis tout le mérite dans la guerre. L'autre, qui aimoit naturellement le repos, s'est cru le plus grand politique du monde, de se conserver dans la paix. Celui-là faisoit de la justice sa principale vertu. Celui-ci n'a eu de zéle que pour ce qui regarde la religion. Ainsi, chacun a suivi son naturel, et s'est plu dans l'exercice de son talent; et il est ridicule de faire une espèce de miracle d'une chose si ordinaire. Mais, je dirai plus : tant s'en faut qu'elle ait été avantageuse au peuple romain, qu'on lui doit imputer, à mon avis, le peu d'accroissement qu'a eu Rome, sous les rois; car il n'y a rien qui empêche tant le progrès que cette différence de génie, qui fait quitter bien souvent le véritable intérêt qu'on n'entend point, par un nouvel esprit qui veut introduire ce qu'on connoît mieux, et ce qui d'ordinaire ne convient pas.

Quand même ces institutions nouvelles auroient toutes leur utilité, il arrive de la diversité des applications, que diverses choses sont bien commencées, sans pouvoir être heureusement achevées.

La disposition étoit tout entière à la guerre, sous Romulus. On ne fit autre chose, sous Numa, que d'établir des pontifes et des prêtres. Tullus Hostilius eut de la peine à tirer les hommes d'un amusement si doux, pour les tourner à la discipline militaire. Cette discipline n'étoit pas encore établie, qu'on vit Ancus se porter aux commodités et aux embellissements de la ville. Le premier Tarquin, pour donner plus de dignité au sénat, et plus de majesté à l'empire, inventa les ornements et donna les marques de distinction. Le soin principal de Servius fut de connoître exactement le bien des Romains, et de les diviser par tribus, selon leurs facultés, pour contribuer, avec justice et proportion aux nécessités publiques. « Tarquin le Superbe, dit Florus, rendit un grand service à son pays, quand il donna lieu, par sa tyrannie, à l'établissement de la république » [1]. C'est le discours d'un Romain,

---

1. *Postremo, Superbi illius importuna dominatio nonnihil,*

qui, pour être né sous des empereurs, ne laissa pas de préférer la liberté à l'empire. Mon sentiment est qu'on peut bien admirer la République, sans admirer la manière dont elle fut établie.

Pour revenir à ces rois, il est certain que chacun a eu son talent particulier; mais, pas un d'eux n'eut une capacité assez étendue. Il falloit à Rome de ces grands rois qui savent embrasser toutes choses, par une suffisance universelle. Elle n'auroit pas eu besoin d'emprunter de différents princes les diverses institutions qu'un même auroit pu faire aisément durant sa vie.

Le règne de Tarquin est connu de tout le monde, aussi bien que l'établissement de la liberté. L'orgueil, la cruauté, l'avarice étoient ses qualités principales. Il manquoit d'habileté à conduire sa tyrannie. Pour définir sa conduite, en peu de mots : il ne savoit ni gouverner selon les lois, ni régner contre.

Dans un état si violent pour le peuple, et si mal sûr pour le prince, on n'attendoit qu'une occasion pour se mettre en liberté, quand la mort de la misérable Lucrèce la fit naître. Cette prude, farouche à elle-même, ne put se par-

---

immo vel plurimum profuit. Sic enim effectum est ut, agitatus injuriis populus, cupiditate libertatis incenderetur. Florus, *Epitome rerum Romanarum,* lib. *1,* cap. 8.

donner le crime d'un autre : elle se tua, de ses propres mains, après avoir été violée par Sextus, et remit, en mourant, la vengeance de son honneur à Brutus et à Collatin. Ce fut là que se rompit la contrainte des humeurs assemblées depuis si longtemps, et jusqu'alors retenues.

Il n'est pas croyable quelle fut la conspiration des esprits à venger Lucrèce. Le peuple, à qui tout servoit de raison, fut plus animé contre Sextus, de la mort que Lucrèce se donna, que s'il l'eût tuée véritablement lui-même ; et, comme il arrive dans la plupart des choses funestes, la pitié se mêlant à l'indignation, chacun augmentoit l'horreur du crime, par la compassion qu'on avoit de cette grande vertu si malheureuse.

Vous voyez, dans Tite-Live, jusqu'aux moindres particularités de l'emportement et de la conduite des Romains[1] : mélange bizarre de fureur et de sagesse, ordinaire dans les grandes révolutions, où la violence produit les mêmes effets que la vertu héroïque, quand la discipline l'accompagne. Il est certain que Brutus se servit admirablement des dispositions du peuple : mais de le bien définir, c'est une chose assez difficile.

---

1. *Tite-Live*, liv. I, chap. 59.

La grandeur d'une République, admirée de tout le monde, en a fait admirer le fondateur, sans examiner beaucoup ses actions. Tout ce qui paroît extraordinaire paroît grand, si le succès est heureux : comme tout ce qui est grand paroît fou, quand l'événement est contraire. Il faudroit avoir été de son siècle, et même l'avoir pratiqué, pour savoir s'il fit mourir ses enfants, par le mouvement d'une vertu héroïque, ou par la dureté d'une humeur farouche et dénaturée.

Je croirois, pour moi, qu'il y a eu beaucoup de dessein, en sa conduite. La profonde dissimulation dont il usa, sous le règne de Tarquin, me le persuade, aussi bien que son adresse à faire chasser Collatin du consulat. Il peut bien être que les sentiments de la liberté lui firent oublier ceux de la nature. Il peut être, aussi, que sa propre sûreté prévalut sur toutes choses; et que, dans ce dur et triste choix de se perdre ou de perdre les siens, un intérêt si pressant l'emporta sur le salut de sa famille. Qui sait si l'ambition ne s'y trouva pas mêlée? Collatin se ruina, pour favoriser ses neveux. Celui-ci se rendit maître du public, par la punition rigoureuse de ses enfants. Ce qu'on peut dire de fort assuré, c'est qu'il avoit quelque chose de farouche : c'étoit le génie du temps. Un naturel aussi sauvage que libre produisit alors, et a produit fort longtemps depuis, des vertus mal entendues.

CHAPITRE II.

Du génie des premiers Romains, dans les commencements de la république.

Dans les premiers temps de la République, on étoit furieux de liberté et de bien public. L'amour du pays ne laissoit rien aux mouvements de la nature. Le zèle du citoyen déroboit l'homme à lui-même. Tantôt, par une justice farouche, le père faisoit mourir son propre fils, pour avoir fait une belle action qu'il n'avoit pas commandée; tantôt, on se dévouoit soi-même, par une superstition aussi cruelle que ridicule, comme si le but de la société étoit de nous obliger à mourir, bien qu'elle ait été instituée pour nous faire vivre avec moins de danger, et plus à notre aise. La vaillance avoit je ne sais quoi de féroce, et l'opiniâtreté des combats tenoit lieu de science, dans la guerre. Les conquêtes n'avoient encore rien de noble : ce n'étoit point un esprit de supériorité qui cherchât à s'élever ambitieusement au-dessus des autres. A proprement parler, les Romains étoient des voisins fâcheux et violents, qui vouloient chasser les justes possesseurs de leurs maisons, et labourer, la force à la main, les champs des autres.

Souvent, le consul victorieux n'étoit pas de meilleure condition, que le peuple qu'il avoit vaincu. Le refus du butin a coûté la vie. Le partage des dépouilles a causé le bannissement. On a refusé d'aller à la guerre, sous certains chefs : on n'a pas voulu vaincre, sous d'autres. La sédition se prenoit aisément pour un effet de la liberté, qui croyoit être blessée par toute sorte d'obéissance, même aux magistrats qu'on avoit faits, et aux capitaines qu'on avoit choisis.

Le génie de ce peuple étoit rustique, autant que farouche. Les dictateurs se tiroient quelquefois de la charrue, qu'ils reprenoient quand l'expédition étoit achevée : moins par le choix d'une condition tranquille et innocente, que pour être accoutumés à une sorte de vie si inculte. Pour cette frugalité tant vantée, ce n'étoit point un retranchement des choses superflues, ou une abstinence volontaire des agréables, mais un usage grossier de ce qu'on avoit entre les mains. On ne désiroit point les richesses qu'on ne connoissoit pas; on se contentoit de peu, pour ne rien imaginer de plus; on se passoit des plaisirs dont on n'avoit pas l'idée. Cependant, à moins que d'y faire bien réflexion, on prendroit ces vieux Romains pour les premières gens de l'univers; car leur postérité a consacré jusqu'aux moindres de leurs actions, soit qu'on respecte naturellement ceux qui commencent les grands ouvrages, soit que les neveux, glorieux en tout, aient voulu que leurs ancêtres eussent les vertus, quand ils n'avoient pas les grandeurs.

Je sais bien qu'on peut alléguer certaines actions d'une vertu si belle et si pure, qu'elles serviront d'exemples, dans tous les siècles; mais ces actions étoient faites par des particuliers, qui ne se ressentoient en rien du génie de ce temps-là : ou c'étoient des actions singulières, qui, échappant aux hommes par hasard, n'avoient rien de commun avec le train ordinaire de leur vie.

Il faut avouer, pourtant, que des mœurs si rudes et si grossières, convenoient à la république qui se formoit. Une âpreté de naturel, qui ne se rendoit jamais aux difficultés, établissoit Rome plus fortement que n'auroient fait des humeurs douces, avec plus de lumières et de raison. Mais cette qualité, considérée en elle-même, étoit, à vrai dire, une qualité bien sauvage, qui ne mérite de respect que par la recommandation de l'antiquité, et pour avoir donné commencement à la plus grande puissance de l'univers.

CHAPITRE III.

Des premières guerres des Romains.

Les premières guerres des Romains ont été très-importantes, à leur égard, mais peu mémorables, si vous en exceptez quelques actions extraordinaires des particuliers. Il est certain que l'intérêt de la République ne pouvoit pas être plus grand, puisqu'il y alloit de retomber sous la domination des Tarquins ; puisque Rome ne se sauva du ressentiment de Coriolan, que par les larmes de sa mère ; et que la défense du Capitole fut la dernière ressource des Romains, lorsqu'après la défaite de leur armée, leur ville même fut prise par les Gaulois. Mais, considérant ces expéditions en elles-mêmes, on trouvera que c'étoient plutôt des tumultes que de véritables guerres ; et, à dire vrai, si les Lacédémoniens avoient vu l'espèce d'art militaire que pratiquoient les Romains, en ces temps-là, je ne doute point qu'ils n'eussent pris pour des barbares des gens qui ôtoient la bride aux chevaux, pour donner plus d'impétuosité à la cavalerie ; des gens qui se reposoient de la sûreté de leur garde sur des oies et sur des chiens, dont ils punissoient la paresse ou récompensoient la vigilance.

Cette façon grossière de faire la guerre a duré assez longtemps. Les Romains ont fait même plusieurs conquêtes considérables, avec une capacité médiocre. C'étoient des gens fort braves et peu entendus, qui avoient affaire à des ennemis moins courageux et plus ignorants. Mais, parce que les chefs s'appeloient des *consuls*, que les troupes se nommoient des *légions*, et les soldats des *Romains*, on a plus donné à la vanité des noms qu'à la vérité des choses ; et, sans considérer la différence des temps et des personnes, on a voulu que ce fussent de mêmes armées, sous Camille, sous Manlius, sous Cincinnatus, sous Papirius Cursor, sous Curius Dentatus, que sous Scipion, sous Marius, sous Sylla, sous Pompée, et sous César.

Ce qu'il y a de véritable, dans les premiers temps, c'est un grand courage, une grande austérité de mœurs, un grand amour pour la patrie : une valeur égale, dans les derniers, beaucoup de science, en ce qui regarde la guerre et en toutes choses, mais beaucoup de corruption.

Il est arrivé de là que les gens de bien, à qui le vice et le luxe étoient odieux, ne se sont pas contentés d'admirer la probité de leurs ancêtres, s'ils n'étendoient leur admiration sur tout, sans distinguer en quoi ils avoient du mérite, et en quoi ils n'en avoient pas. Ceux qui ont eu à se plaindre de leur siècle, ont donné mille louanges à l'antiquité, dont ils n'avoient rien à souffrir; et ceux dont le chagrin trouve à redire à tout ce qu'on voit, ont fait valoir, par fantaisie, ce qu'on ne voyoit plus. Les plus honnêtes gens n'ont pas manqué de discernement; et sachant que tous les siècles ont leurs défauts et leurs avantages, ils jugeoient sainement, en leur âme, du temps de leurs pères et du leur propre : mais ils étoient obligés d'admirer, avec le peuple, et de crier, quelquefois à propos, quelquefois sans raison : *Majores nostri! majores nostri!* comme ils entendoient crier aux autres. Dans une admiration si générale, les historiens ont pris, aussitôt, le même esprit de respect, pour les anciens; et, faisant un héros de chaque consul, ils n'ont laissé manquer aucune vertu à quiconque avoit bien servi la république.

J'avoue qu'il y avoit beaucoup de mérite à la servir : mais c'est une chose différente de celle dont nous parlons, et on peut dire véritablement que les bons citoyens étoient chez les vieux Romains, et les bons-capitaines chez les derniers.

CHAPITRE IV.

Contre l'opinion de Tite-Live, sur la guerre imaginaire qu'il fait faire à Alexandre, contre les Romains[1].

J'admire jusqu'où peut aller l'opinion qu'a Tite-Live de ces vieux Romains, et ne comprends pas comment un homme de si bon esprit a voulu chercher une idée, hors de son sujet, pour raisonner si faux, sur la guerre imaginaire où il engage Alexandre. Il fait descendre en Italie ce conquérant avec aussi peu de forces qu'il en avoit, n'étant encore qu'un petit roi de Macédoine. Il devoit se souvenir qu'un simple général des Carthaginois a passé les Alpes, avec une armée de quatre-vingt mille combattants.

Ce n'est pas assez : il donne autant de capacité, pour la guerre, à Papirius Cursor, et à tous les consuls de ce temps-là, qu'en eut Alexandre ; bien qu'à dire vrai, ils n'en eussent qu'une connoissance très-imparfaite : car, alors, il n'y avoit, parmi les Romains, aucun bon usage de la cavalerie. Ils savoient si peu s'en aider, qu'on la faisoit mettre pied à terre, au fort du combat, et on lui ramenoit les chevaux,

---

[1]. Ce n'est qu'une supposition de Tite-Live, qui examine ce qui seroit vraisemblablement arrivé, si Alexandre avoit fait la guerre aux Romains. Voyez le neuvième livre de la première *Décade*. (*Des Maizeaux*).

pour suivre les ennemis, quand ils étoient en déroute. Il est certain que les Romains faisoient consister leurs forces dans l'infanterie, et comptoient pour peu de chose le combat qu'on pouvoit rendre à cheval. Les légions, surtout, avoient en grand mépris la cavalerie des ennemis, jusqu'à la guerre de Pyrrhus, où les Thessaliens leur donnèrent lieu de changer de sentiment. Mais celle d'Annibal leur donna de grandes frayeurs; et ces invincibles légions en furent quelque temps si épouvantées, qu'elles n'osoient descendre dans la moindre plaine.

Pour revenir au temps de Papirius, on ne savoit, pour ainsi dire, ce que c'étoit que de cavalerie; on ne savoit encore ni se poster, ni camper dans aucun ordre; car, ils avouent, eux-mêmes, qu'ils apprirent à former leur camp, sur celui de Pyrrhus, et qu'auparavant ils avoient toujours campé en confusion. On n'ignoroit pas moins les machines et les ouvrages nécessaires pour un grand siège : ce qui venoit, ou du peu d'invention de ce peuple nullement industrieux, ou de ce que n'y ayant presque jamais de vieilles armées, on ne donnoit pas le loisir aux hommes de mener les choses à leur perfection.

Rarement une armée passoit, des mains d'un consul dans celles d'un autre. Plus rarement encore, celui qui commandoit les légions en conservoit le commandement, son terme expiré : ce qui étoit admirable, pour la conservation de la République, mais fort opposé à l'établissement d'une bonne armée. Pour faire voir quelle étoit la jalousie de la liberté, c'est qu'après la défaite de Trasimène, où l'on fut obligé de créer un dictateur, Fabius, à peine avoit arrêté l'impétuosité d'Annibal, par la sagesse de sa conduite, qu'on lui substitua des consuls. Il y avoit tout à redouter de la fureur d'Annibal, rien à craindre de la modération de Fabius ; et, cependant, l'appréhension d'un mal éloigné l'emporta sut la nécessité présente.

Il est vrai que les deux consuls se gouvernèrent prudemment, dans cette guerre. Ils ruinoient insensiblement Annibal, comme ils rétablissoient la République, quand, par la même raison, on mit en leur place Terentius Varro, un présomptueux, un ignorant, qui donna la bataille de Cannes, et la perdit ; qui réduisit les Romains à une telle extrémité, que leur vertu, quelque extraordinaire qu'elle fût alors, les sauva moins que la nonchalance d'Annibal.

Il y avoit encore un autre inconvénient, qui empêchoit de donner toujours aux armées les chefs les plus capables de les commander. Les deux consuls ne pouvant être patriciens, et les patriciens ne pouvant souffrir qu'ils fussent tous deux d'une race plebéienne, il arrivoit d'ordinaire, que le premier nommé étoit un homme agréable au peuple, qui devoit son élection à la faveur; et celui qu'on eût voulu choisir pour son mérite, se trouvoit exclu, bien souvent, ou par l'opposition du peuple, s'il étoit patricien, ou par l'intrigue et les artifices des sénateurs, lorsqu'il n'étoit pas de leur naissance. C'étoit tout le contraire dans l'armée des Macédoniens, où les chefs et les soldats subsistoient ensemble, depuis un temps incroyable. C'étoit le vieux corps de Philippe, renouvelé de temps en temps et augmenté, selon les besoins, par Alexandre. Ici, la valeur de la cavalerie égaloit la fermeté de la phalange, à qui même on peut donner l'avantage sur la légion, puisque, dans la guerre de Pyrrhus, les légions n'osoient se trouver opposées à quelques misérables phalanges de Macédoniens ramassés. Ici, l'on entendoit également la guerre de siége, et la guerre de campagne. Jamais armée n'a eu affaire à tant d'ennemis, et n'a vu tant de climats différents. Que si la diversité des pays où l'on fait la guerre, et celle des nations qu'on assujettit, peuvent former notre expérience, comment les Romains entreroient-ils en comparaison avec les Macédoniens, eux qui n'étoient jamais sortis d'Italie, qui n'avoient vu d'autres ennemis que de petits peuples voisins de leur république? La discipline étoit grande, véritablement, parmi eux, mais la capacité médiocre.

Depuis même que la république fut devenue plus puissante, ils n'ont pas laissé d'être battus, autant de fois qu'ils ont fait la guerre contre des capitaines expérimentés. Pyrrhus les défit, par l'avantage de sa suffisance : ce qui faisoit dire à Fabricius, que *les Épirotes n'avoient pas vaincu les Romains, mais que le consul avoit été vaincu par le roi des Épirotes.*

Dans la première guerre de Carthage, Régulus défit, en Afrique, les Carthaginois, en tant de combats, qu'on les regardoit déjà comme tributaires des Romains. On n'en étoit plus que sur les conditions, qu'on leur rendoit insupportables, lorsqu'un Lacédémonien, nommé Xantippe, arriva dans un corps d'auxiliaires. Ce Grec, homme de valeur et d'expérience, s'informa de l'ordre qu'avoient tenu les Carthaginois, et de la conduite des Romains. S'en étant instruit pleinement, il les trouva les uns et les autres fort ignorants dans la guerre ; et à force d'en discourir parmi les soldats, le bruit vint, jusqu'au sénat de Carthage, du peu de cas que ce Lacédémonien faisoit de leurs ennemis. Les magistrats eurent enfin la curiosité de l'entendre, et Xantippe, après leur avoir fait voir les fautes passées, leur promit le gain du combat, s'ils le vouloient mettre à la tête de leurs troupes.

Dans un misérable état, où l'on désespère de toutes choses, on prend confiance en autrui plus aisément qu'en soi-même. Ainsi les jalousies fatales au mérite des étrangers, vinrent à céder à la nécessité; et les plus puissants, pressés de l'appréhension de leur ruine, s'abandonnèrent à la capacité de Xantippe, sans envie. Je ferois une histoire, au lieu d'alléguer un exemple, si je m'étendois davantage: il suffit de dire que Xantippe s'étant rendu maître des affaires, changea tout dans l'armée des Carthaginois, et sut si bien se prévaloir de l'ignorance des Romains, qu'il remporta sur eux une des plus entières victoires qui se soient jamais gagnées. Les Carthaginois, hors de péril, furent honteux de devoir leur salut à un étranger; et revenant à la perfidie de leur naturel, ils crurent pouvoir étouffer leur honte, en se défaisant de celui qui les avoit défaits des Romains. On ne sait pas bien s'ils le firent périr, ou s'il fut assez heureux pour leur échapper[1] ; mais

---

1. Appien dit que les Carthaginois renvoyèrent Xantippe dans leurs galères, avec de beaux présents, mais qu'ils donnèrent ordre aux capitaines des galères de le faire jeter dans la mer, avec tous les autres Lacédémoniens. Appien, *de bell. punic.*

il est certain que, n'étant plus à la tête de leurs troupes, les Romains reprirent aisément la supériorité qu'ils avoient eue.

Si l'on veut aller jusqu'à la seconde guerre punique, on trouvera que les grands avantages qu'eut Annibal, sur les Romains, venoient de la capacité de l'un, et du peu de suffisance des autres : et, en effet, lorsqu'il vouloit donner de la confiance à ses soldats, il ne leur disoit jamais que les ennemis manquoient de courage ou de fermeté, car ils éprouvoient le contraire assez souvent ; mais il les assuroit qu'ils avoient affaire à des gens peu entendus dans la guerre.

Il est de cette science, comme des arts et de la politesse : elle passe d'une nation à une autre, et règne en divers temps, en différents lieux. Chacun sait qu'elle a été, chez les Grecs, à un haut point. Philippe l'emporta sur eux ; et toutes choses arrivèrent à leur perfection, sous Alexandre, lorsque Alexandre seul se corrompit. Elle demeura encore chez ses successeurs. Annibal la porta chez les Carthaginois ; et, quelque vanité qu'aient eue les Romains, ils l'ont apprise de lui, par l'expérience de leur défaite, par des réflexions sur leurs fautes, et par l'observation de la conduite de leur ennemi.

On en demeurera d'accord aisément, si l'on considère que les Romains n'ont pas commencé de résister à Annibal, quand ils ont été plus braves, car les plus courageux avoient péri dans les batailles. On avoit armé les esclaves; on avoit composé des armées de nouveaux soldats. La vérité est qu'on lui a fait de la peine seulement, quand les consuls sont devenus plus habiles, et que les Romains, en général, ont mieux su faire la guerre.

CHAPITRE V.

Le génie des Romains, dans le temps que Pyrrhus leur fit la guerre.

Mon dessein n'est pas de m'étendre sur les guerres des Romains : je m'éloignerois du sujet que je me suis proposé; mais il me semble que, pour connoître le génie des temps, il faut considérer les peuples, dans les diverses affaires qu'ils ont eues; et, comme celles de la guerre sont sans doute les plus remarquables, c'est là que les hommes doivent être particulièrement observés, puisque la disposition des esprits et que les bonnes et les mauvaises qualités y paroissent davantage.

Dans les commencements de la république, le peuple romain, comme j'ai dit ailleurs, avoit quelque chose de farouche. Cette humeur farouche se tourna depuis en austérité. Il se fit ensuite une vertu sévère, éloignée de la politesse et de l'agrément, mais opposée à la moindre apparence de corruption. C'étoient là les mœurs des Romains, quand Pyrrhus passa en Italie, au secours des Tarentins. La science de la guerre étoit alors médiocre, celle des autres choses inconnue : pour les arts, ou il n'y en avoit point, ou ils étoient fort grossiers. On manquoit d'invention, et on ne savoit ce que c'étoit que d'industrie; mais il y avoit un bon ordre, et une discipline exactement observée, une grandeur de courage admirable; plus de probité avec les ennemis, qu'on n'en a d'ordinaire avec les citoyens. La justice, l'intégrité, l'innocence, étoient des vertus communes. On connoissoit déjà les richesses, et on en punissoit l'usage, chez les particuliers. Le désintéressement alloit quasi à l'excès; chacun se faisoit un devoir de négliger ses affaires, pour prendre soin du public, dont le zèle alors tenoit lieu de toutes choses.

Après avoir parlé de ces vertus, il faut venir aux actions qui les font connoître. Un prince est estimé homme de bien, qui, opposant la force à la force, n'emploie que des moyens ouverts et permis, pour se défaire d'un ennemi redoutable. Mais, comme si nous étions obligés à la conservation de ceux qui nous veulent perdre, de les garantir des embûches qui leur sont dressées par d'autres, et de les sauver d'une trahison domestique, c'est l'effet d'une générosité dont on ne voit point d'exemple. En voici un, du temps dont j'ai à parler. Les Romains, défaits par Pyrrhus, et dans un état douteux s'ils rétabliroient leurs affaires, ou s'ils seroient contraints de succomber, eurent entre les mains la perte de ce prince, et en usèrent comme je vais dire.

Un médecin, en qui Pyrrhus avoit confiance, vint offrir à Fabricius de l'empoisonner, pourvu qu'on lui donnât une récompense proportionnée à un service si important. Fabricius, effrayé de l'horreur du crime, en informe incontinent le sénat, qui, détestant une action si noire, aussi bien que le consul, fit donner avis à Pyrrhus de prendre garde soigneusement à sa personne, ajoutant que le peuple romain vouloit vaincre par ses propres armes, et non pas se défaire d'un ennemi, par la trahison des siens.

Pyrrhus, ou sensible à cette obligation, ou étonné de cette grandeur de courage, redoubla l'envie qu'il avoit de faire la paix, et, pour y porter les Romains plus aisément, il leur renvoya deux cents prisonniers, sans rançon : il fit offrir des présents aux hommes considérables, il en fit offrir aux dames et n'oublia rien, sous prétexte de gratitude, pour faire glisser parmi eux la corruption. Les Romains, qui n'avoient sauvé Pyrrhus que par un sentiment de vertu, ne voulurent recevoir aucune chose qui eût le moindre air de reconnoissance : ils lui renvoyèrent donc un pareil nombre de prisonniers. Les présents furent refusés de l'un et de l'autre sexe, et on lui fit dire, pour toute réponse, qu'on n'entendroit jamais à la paix qu'il ne fût sorti d'Italie.

Parmi une infinité de choses vertueuses qui se pratiquèrent alors, on admire, entre autres, le grand désintéressement de Fabricius et de Curius, qui alloit à une pauvreté volontaire. Il y auroit de l'injustice à leur refuser une grande approbation. Il faut considérer, pourtant, que c'étoit une qualité générale de ce temps-là, plutôt qu'une vertu singulière de ces deux hommes. Et, en effet, puisqu'on punissoit les richesses, avec infamie, et que la pauvreté étoit récompensée, avec honneur, il me paroît qu'il y avoit de l'habileté à savoir bien être pauvre : par là, on s'élevoit aux premières charges de la république, où, exerçant une grande autorité, on avoit plus besoin de modération que de patience. Je ne saurois plaindre une pauvreté honorée de tout le monde ; elle ne manque jamais que des choses dont notre intérêt ou notre plaisir est de manquer. A dire vrai, ces sortes de privations sont délicieuses ; c'est donner une jouissance exquise à son esprit, de ce que l'on dérobe à ses sens.

Mais, que sait-on si Fabricius ne suivoit pas son humeur? Il y a des gens qui trouvent de l'embarras dans la multitude et dans la diversité des choses superflues, qui goûteroient en repos, avec douceur, les commodes, et même les nécessaires. Cependant, les faux connoisseurs admirent une apparence de modération, quand la justesse du discernement feroit voir le peu d'étendue d'un esprit borné, ou le peu d'action de quelque âme paresseuse. A ces gens-là, se passer de peu, c'est se retrancher moins de plaisirs que de peines. Je dirai plus : quand il n'est pas honteux d'être pauvre, il nous manque moins de choses, pour vivre doucement dans la pauvreté, que pour vivre magnifiquement dans les richesses. Pensez-vous que la condition d'un religieux soit malheureuse, lorsqu'il est considéré dans son ordre, et qu'il a de la réputation dans le monde? Il fait vœu d'une pauvreté qui le délivre de mille soins, et ne lui laisse rien à désirer qui convienne à sa profession et à sa vie. Les gens magnifiques, pour la plupart, sont les véritables pauvres ; ils cherchent de l'argent, de tous côtés, avec inquiétude et avec chagrin, pour entretenir les plaisirs des autres ; et, tandis qu'ils exposent leur abondance, dont les étrangers jouissent plus qu'eux, ils sentent, en secret, leur nécessité avec leurs femmes et leurs enfants, et par l'importunité des créanciers qui les tyrannisent, et par le méchant état de leurs affaires, qu'ils voient ruinées.

Revenons à nos Romains, dont nous nous sommes insensiblement éloignés. Admire qui voudra la pauvreté de Fabricius; je loue sa prudence, et le trouve fort avisé, de n'avoir eu qu'une salière d'argent, pour se donner le crédit de chasser du sénat un homme[1] qui avoit été deux fois consul, qui avoit triomphé, qui avoit été dictateur; parce qu'on en trouva chez lui quelques marcs davantage[2]. Outre que c'étoient les mœurs de ce temps-là, le vrai intérêt étoit de n'en avoir point d'autre que celui de la république.

Les hommes ont établi la société, par un esprit d'intérêt particulier : cherchant à se faire une vie plus douce et plus sûre, en compagnie, que celle qu'ils menoient, en tremblant dans les solitudes. Tant qu'ils y trouvent, non-seulement la commodité, mais la gloire et la puissance, sauroient-ils mieux faire que de se donner tout à fait au public, dont ils tirent tant d'avantage?

Les Décius, qui se dévouèrent, pour le bien d'une société dont ils alloient n'être plus, me

---

1. P. Cornelius Rufinus.
2. Quinze marcs d'argent.

semblent de vrais fanatiques; mais ces gens-ci me paroissent fort sensés, dans la passion qu'ils ont eue pour une république reconnoissante, qui avoit autant de soin d'eux, pour le moins, qu'ils en avoient d'elle.

Je me représente Rome, en ce temps-là, comme une vraie communauté où chacun se désapproprie, pour trouver un autre bien, dans celui de l'ordre : mais cet esprit-là ne subsiste guère que dans les petits États. On méprise, dans les grands, toute apparence de pauvreté; et c'est beaucoup, quand on n'y approuve pas le mauvais usage des richesses. Si Fabricius avoit vécu dans la grandeur de la république, ou il auroit changé de mœurs, ou il auroit été inutile à sa patrie; et, si les gens de bien des derniers temps avoient été de celui de Fabricius, ou ils eussent rendu leur probité plus rigide, ou ils auroient été chassés du sénat, comme des citoyens corrompus.

Après avoir parlé des Romains, il est raisonnable de parler de Pyrrhus, qui entre ici naturellement, en tant de choses. Ç'a été le plus grand capitaine de son temps, au jugement même d'Annibal, qui le mettoit immédiatement après Alexandre, et devant lui, comme il me paroît, par modestie. Il avoit joint la délicatesse des négociations à la science de la guerre; mais, avec cela, il ne put jamais se faire un établissement solide. S'il savoit gagner des combats, il perdoit le fruit de la guerre ; s'il attiroit des peuples à son alliance, il ne savoit pas les y maintenir. Ses deux beaux talents, employés hors de saison, ruinoient l'ouvrage l'un de l'autre.

Quand il avoit éprouvé ses forces heureusement, il songeoit aussitôt à négocier ; et, comme s'il eût été d'intelligence avec les ennemis, il arrêtoit ses progrès lui-même. Avoit-il su gagner l'affection d'un peuple ? sa première pensée étoit de l'assujettir. Il arrivoit de là qu'il perdoit ses amis, sans gagner ses ennemis ; car les vaincus prenoient l'esprit de vainqueurs, et refusoient la paix qu'on leur offroit; et ceux-là retiroient non-seulement leur assistance, mais cherchoient à se défaire d'un allié qui se faisoit sentir un vrai maître.

Un procédé si extraordinaire doit s'attribuer en partie au naturel de Pyrrhus, en partie aux différents intérêts de ses ministres. Il y avoit auprès de lui deux personnes, entre les autres, dont il prenoit ordinairement les avis : Cynéas et Milon. Cynéas, éloquent, spirituel, habile, délicat dans les négociations, insinuoit les pensées du repos, toutes les fois qu'il s'agissoit de la guerre ; et, quand l'humeur ambitieuse de Pyrrhus l'avoit emporté sur ses raisons, il attendoit patiemment les difficultés : ou, ménageant les premiers dégoûts de son maître, il lui tournoit bientôt l'esprit à la paix, afin de rentrer dans son talent, et de se remettre les affaires entre les mains. Milon étoit un homme d'expérience dans la guerre, qui ramenoit tout à la force : il n'oublioit rien, pour empêcher les traités, ou pour les rompre; conseilloit de vaincre les difficultés, et, si on ne pouvoit conquérir des nations ennemies, d'assujettir en tout cas les alliés.

Autant qu'on en peut juger, voilà la manière dont se gouvernoit Pyrrhus, tant par autrui que par lui-même. On pourroit dire, en sa faveur, qu'il a eu affaire à des nations puissantes, qui se trouvoient plus de ressource que lui. On pourroit dire qu'il gagnoit les combats, par sa vertu; mais qu'un foible et petit État, comme le sien, ne lui donnoit pas les moyens de pousser à bout une longue guerre. Quoi qu'il en soit, à le regarder, par les qualités de sa personne et par ses actions, ç'a été un prince admirable, qui ne cède à pas un de l'antiquité. A considérer, en gros, le succès des desseins et la fin des affaires, il paroîtra souvent mal-habile, et perdra beaucoup de sa réputation. En effet, il occupa la Macédoine, et en fut chassé; il eut d'heureux commencements, en Italie, d'où il lui fallut sortir; il se vit maître de la Sicile, où il ne put demeurer.

CHAPITRE VI.

De la première guerre de Carthage.

La guerre de Pyrrhus ouvrit l'esprit aux Romains, et leur inspira des sentiments qui ne les avoient pas touchés encore. A la vérité, ils y entrèrent grossiers et présomptueux, avec beaucoup de témérité et d'ignorance; mais ils eurent une grande vertu à la soutenir : et, comme ils virent toutes choses nouvelles, avec un ennemi qui avoit tant d'expérience, ils devinrent sans doute plus industrieux et plus éclairés qu'ils n'étoient auparavant. Ils trouvèrent l'invention de se garantir des éléphants, qui avoient mis le désordre dans les légions, au premier combat; ils apprirent à éviter les plaines, et cherchèrent des lieux avantageux, contre une cavalerie qu'ils avaient méprisée mal à propos. Ils apprirent ensuite à former leur camp sur celui de Pyrrhus, après avoir admiré l'ordre et la distinction des troupes qui campoient, chez eux, en confusion. Pour les choses qui sont purement de l'esprit, quoique la harangue du vieil Appius eût fait chasser de Rome Cynéas, l'éloquence de Cynéas n'avoit pas laissé de plaire, et sa dextérité avoit été agréable.

Les présents offerts, bien que refusés, donnèrent cependant une secrète vénération pour ceux qui les pouvoient faire; et Curius, si fort honoré pour sa vertu désintéressée, le fut encore davantage, quand il leur fit voir, dans son triomphe, de l'or, de l'argent, des tableaux et des statues : on connut alors qu'il y avoit des choses plus excellentes ailleurs qu'en Italie.

Ainsi, des idées nouvelles firent, pour ainsi parler, de nouveaux esprits; et le peuple romain, touché d'une magnificence inconnue, perdit ses vieux sentiments, où l'habitude de la pauvreté n'avoit pas moins de part que la vertu.

La curiosité éveilla donc les citoyens; les cœurs même commencèrent à sentir, avec émotion, ce que les yeux avoient commencé de voir, avec plaisir; et, quand ces mouvements se furent mieux expliqués, on fit paroître de véritables désirs pour les choses étrangères. Quelques particuliers conservèrent encore l'ancienne continence, comme il est arrivé depuis, et dans le temps de la république la plus corrompue; mais enfin, il se forma une envie générale de passer la mer, pour s'établir en des lieux où Pyrrhus avoit su trouver tant de richesses. Voilà proprement d'où est venue la première guerre de Carthage ; le secours donné aux Tarentins en fut le prétexte : la conquête de la Sicile, le véritable sujet.

Après avoir dit par quels mouvements les

Romains se portèrent à cette guerre, il faut faire voir, en peu de mots, quel étoit alors leur génie. Leurs qualités principales furent, à mon avis, le courage et la fermeté: entreprendre les choses les plus difficiles, ne s'étonner d'aucun péril, ne se rebuter d'aucune perte. En tout le reste, les Carthaginois avoient sur eux une supériorité extraordinaire, soit pour l'industrie, soit pour l'expérience de la mer, soit pour les richesses que leur donnoit le trafic de tout le monde : quand les Romains, naturellement assez pauvres, venoient de s'épuiser, dans la guerre de Pyrrhus.

A dire vrai, la vertu de ceux-ci leur tenoit lieu de toutes choses; un bon succès les animoit à la poursuite d'un plus grand, et un événement fâcheux ne faisoit que les irriter davantage. Il en arrivoit tout autrement, dans les affaires des Carthaginois, qui devenoient nonchalants, dans la bonne fortune, et s'abattoient aisément, dans la mauvaise. Outre le différent naturel de ces deux peuples, la diverse constitution des républiques y contribuoit beaucoup. Carthage étant établie sur le commerce, et Rome fondée sur les armes, la première employoit des étrangers, pour ses guerres, et les citoyens, pour son trafic; l'autre se faisoit des citoyens de tout le monde, et de ses citoyens des soldats. Les Romains ne respiroient que la guerre, même ceux qui n'y alloient pas, pour y avoir été autrefois, ou pour y devoir aller un jour.

A Carthage, on demandoit toujours la paix, au moindre mal dont on étoit menacé, tant pour se défaire des étrangers, que pour retourner au commerce. On y peut ajouter encore cette différence, que les Carthaginois n'ont rien fait de grand que par la vertu des particuliers; au lieu que le peuple romain a souvent rétabli, par sa fermeté, ce qu'avoit perdu l'imprudence où la lâcheté de ses généraux. Toutes ces choses considérées, il ne faut pas s'étonner que les Romains soient demeurés victorieux; car ils avoient les qualités principales qui rendent un peuple maître de l'autre.

Comme l'idée des richesses avoit donné aux Romains l'envie de conquérir la Sicile, la conquête de la Sicile leur donna envie de jouir des richesses qu'ils s'étoient données. La paix avec les Carthaginois, après une si rude guerre, inspira l'idée du repos, et le repos fit naître le goût des voluptés. Ce fut là que les Romains introduisirent les premières pièces de théâtre, et là qu'on vit chez eux les premières magnificences; on commença d'avoir de la curiosité pour les spectacles, et du soin pour les plaisirs.

Les procès, quoique ennemis de la joie, ne laissèrent pas de s'augmenter, chacun ayant recours à la justice publique, à mesure que celle des particuliers se corrompoit.

L'intempérance amena de nouvelles maladies, et les médecins furent établis, pour guérir des maux dont la continence avoit garanti les Romains, auparavant.

L'avarice fit faire de petites guerres; la foiblesse fit appréhender les grandes. Que si la nécessité obligea d'en entreprendre quelqu'une, on la commença avec chagrin, et on la finit avec joie.

On demandoit aux Carthaginois de l'argent qu'ils ne devoient point, quand ils étoient occupés avec leurs rebelles; et on eut toutes les précautions du monde pour ne rompre pas avec eux, quand leurs affaires furent un peu raccommodées.

Ainsi, c'étoit tantôt des injures, tantôt des considérations, toujours de la mauvaise volonté ou de la crainte; et certes, on peut dire que les Romains ne surent ni vivre en amis, ni en ennemis: car ils offensoient les Carthaginois, et les laissoient rétablir, donnant assez de sujet pour une nouvelle guerre, où ils appréhendoient de tomber, sur toutes choses.

Une conduite si incertaine se changea en une vraie nonchalance; et ils laissèrent périr les Sagontins avec tant de honte, que leurs ambassadeurs en furent indignement traités, chez les Espagnols et chez les Gaulois, après la ruine de ce misérable peuple. Le mépris des nations, dont ils furent piqués, les tira de cet assoupissement; et la descente d'Annibal en Italie réveilla leur ancienne vigueur. Ils firent la guerre quelque temps avec beaucoup d'incapacité, et un grand courage; quelque temps avec plus de suffisance, et moins de résolution. Enfin la bataille de Cannes perdue leur fit retrouver leur vertu, et en excita, pour mieux dire, une nouvelle, qui les éleva encore au-dessus d'eux-mêmes.

CHAPITRE VII.

De la Seconde guerre Punique.

Pour voir la république dans toute l'étendue de sa vertu, il faut la considérer dans la seconde guerre de Carthage. Elle a eu, auparavant, plus d'austérité; elle a eu, depuis, plus de grandeur; jamais, un mérite si véritable. Aux autres extrémités où elle s'est trouvée, elle a dû son salut à la hardiesse, à la valeur, à la capacité de quelque citoyen. Peut-être que sans Brutus il n'y auroit pas eu même de république. Si Manlius n'eût pas défendu le Capitole, si Camille ne fût venu le secourir, les Romains, à peine libres, tomboient sous la servitude des Gaulois.

Mais ici, le peuple romain a soutenu le peuple romain; ici, le génie universel de la nation a conservé la nation; ici, le bon ordre, la fermeté, la conspiration générale au bien public, ont sauvé Rome, quand elle se perdoit par les fautes et les imprudences de ses généraux.

Après la bataille de Cannes, où tout autre État eût succombé à sa mauvaise fortune, il n'y eut pas un mouvement de foiblesse parmi le peuple, pas une pensée qui n'allât au bien de la république. Tous les ordres, tous les rangs, toutes les conditions s'épuisèrent volontairement. Les Romains apportoient avec plaisir ce qu'ils avoient de plus précieux, et gardoient à regret ce qu'ils étoient obligés de se laisser pour le simple usage. L'honneur étoit à retenir le moins, la honte à garder le plus, dans leurs maisons. Lorsqu'il s'agissoit de créer les magistrats, la jeunesse, ordinairement prévenue d'elle-même, consultoit avec docilité la sagesse des plus vieux, pour donner des suffrages plus sainement.

Les vieux soldats venant à manquer, on donnoit la liberté aux esclaves, pour en faire de nouveaux; et ces esclaves, devenus Romains, s'animoient du même esprit de leurs maîtres pour défendre une même liberté. Mais voici une grandeur de courage qui passe toutes les autres qualités, quelque belles qu'elles puissent être. Il arrive quelquefois, dans un danger éminent, qu'on voit prendre de bonnes résolutions aux moins sages; il arrive que les plus intéressés contribuent largement pour le bien public, quand, par un autre intérêt, ils craignent de se perdre avec le public eux-mêmes. Il n'est peut-être jamais arrivé qu'on ait songé au dehors comme au dedans, en des extrémités si pressantes; et je ne trouve rien de si admirable, dans les Romains, que de leur voir envoyer des troupes en Sicile et en Espagne, avec le même soin qu'ils en envoyoient contre Annibal.

Accablés de tant de pertes, épuisés d'hommes et d'argent, ils partagèrent leurs dernières ressources, entre la défense de Rome et le maintien de leurs conquêtes. Un peuple si magnanime aimoit autant périr que déchoir, et tenoit pour une chose indifférente de n'être plus, quand il ne seroit pas le maître des autres.

Quoiqu'il soit toujours avantageux de se conserver, je compte néanmoins, entre les principaux avantages des Romains, d'avoir dû leur salut à leur fermeté et à la grandeur de leur courage. Ce leur fut encore un bonheur d'avoir changé de génie, depuis la guerre de Pyrrhus; d'avoir quitté ce désintéressement si extraordinaire, et cette pauvreté si ambitieuse, dont j'ai parlé : autrement on n'eût pas trouvé, dans Rome, les moyens de la soutenir.

Il falloit que les citoyens eussent du bien, comme du zèle, pour aider la république. Si elle n'avoit pu secourir ses alliés, elle en eût été abandonnée. Le discours du consul qui pensoit donner de la compassion aux députés de Capoue, n'excita que leur infidélité. Le sénat, beaucoup plus sage, prit une conduite toute différente : il envoya des hommes et des vivres aux alliés qui en eurent besoin ; et, de tout le secours que vinrent offrir ceux de Naples, on n'accepta que des blés pour de l'argent.

Mais, avec tant de fermeté et de bon sens, il n'y avoit plus de république romaine, si Carthage eût fait, pour la ruiner, la moindre des choses que fit Rome pour son salut. Tandis qu'on remercioit un consul qui avoit fui[1], de n'avoir pas désespéré de la république, on accusoit à Carthage Annibal victorieux. Hannon ne lui pouvoit pardonner les avantages d'une guerre qu'il avoit déconseillée. Plus jaloux de l'honneur de ses sentiments, que du bien de l'État ; plus ennemi du général des Carthaginois, que des Romains, il n'oublioit rien pour empêcher les succès qu'on pouvoit avoir, ou pour ruiner ceux qu'on avoit eus. On eût pris Hannon pour un allié du peuple romain, qui

---

1. Terentius Varro, qui donna la bataille de Cannes malgré son collègue, L. Æmil. Paulus, et la perdit.

regardoit Annibal comme l'ennemi commun. Quand celui-ci envoyoit demander des hommes et de l'argent, pour le maintien de l'armée : *que demanderoit-il*, disoit Hannon, *s'il avoit perdu la bataille? Non, non, Messieurs : ou c'est un imposteur qui nous amuse par de fausses nouvelles, ou un voleur public qui s'approprie les dépouilles des Romains et les avantages de la guerre.* Ces oppositions troubloient du moins les secours, quand elles ne pouvoient en empêcher la résolution. On exécutoit lentement ce qui avoit été résolu avec peine. Le secours, enfin préparé, demeuroit longtemps à partir. S'il étoit en chemin, on envoyoit ordre de l'arrêter en Espagne, au lieu de le faire passer en Italie. Il n'arrivoit donc quasi jamais ; et lorsqu'il venoit joindre Annibal, ce qui étoit un miracle, Annibal ne le recevoit que foible, ruiné et hors de saison.

Ce général étoit presque toujours sans vivres et sans argent, réduit à la nécessité d'être éternellement heureux, dans la guerre : nulles ressources au premier mauvais succès, et beaucoup d'embarras dans les bons, où il ne trouvoit pas de quoi entretenir diverses nations, qui suivoient plutôt sa personne, qu'elles ne dépendoient de sa république.

Pour contenir tant de peuples différents, il ajoutoit à sa naturelle sévérité une cruauté concertée, qui le faisoit redouter des uns, tandis que sa vertu le faisoit révérer des autres. A la vérité, il ne se faisoit pas grande violence; mais étant naturellement un peu cruel, il se trouvoit dans une condition où il lui étoit nécessaire de l'être. Cependant ses intérêts régloient quelquefois sa cruauté, et lui donnoient même de la clémence; car il savoit être doux et clément pour le bien de ses affaires, et le dessein l'emportoit toujours sur le naturel.

Il faisoit la guerre aux Romains, avec toute sorte de rigueur, et traitoit leurs alliés avec beaucoup de douceur et de courtoisie : cherchant à ruiner ceux-là tout à fait, et à détacher ceux-ci de leur alliance. Procédé bien différent de celui de Pyrrhus, qui gardoit toutes ses civilités pour les Romains, et les mauvais traitements pour ses alliés.

Quand je songe qu'Annibal est parti d'Espagne, où il n'avoit rien de fort assuré; qu'il a traversé les Gaules, qu'on devoit compter pour ennemies; qu'il a passé les Alpes pour faire la guerre aux Romains, qui venoient de chasser les Carthaginois de la Sicile. Quand je songe qu'il n'avoit en Italie ni place, ni magasins, ni secours assurés, ni la moindre espérance de retraite, je me trouve étonné de la hardiesse de son dessein. Mais lorsque je considère sa valeur et sa conduite, je n'admire plus qu'Annibal, et le tiens encore au-dessus de l'entreprise.

Les François admirent particulièrement la guerre des Gaules, et par la réputation de César, et parce que s'étant faite en leur pays, elle les touche d'une idée plus vive que les autres. Cependant, à en juger sainement, elle n'approche en rien, de ce qu'a fait Annibal, en Italie. Si César avoit trouvé, parmi les Gaulois, l'union et la fermeté que trouva celui-ci, parmi les Romains, il n'eût fait sur eux que de médiocres conquêtes; car il faut avouer qu'Annibal rencontra d'étranges difficultés, sans compter celles qu'il portoit avec lui-même. Le seul avantage sur lequel il pouvoit raisonnablement se fonder, étoit la bonté de ses troupes et sa propre suffisance.

Il est certain que les Romains avoient pris une grande supériorité sur les Carthaginois, dans la guerre de Sicile; mais la paix leur ayant fait licencier leur armée, ils perdoient insensiblement leur vigueur, tandis que leurs ennemis, occupés en Espagne et en Afrique, mettoient en usage leur valeur, et acquéroient de l'expérience.

Ce fut donc avec un vieux corps qu'Annibal vint attaquer l'Italie, et avec une vieille réputation, plus qu'avec de vieilles troupes, que les Romains se virent obligés de la défendre.

Pour les généraux des Romains, c'étoient des hommes de grand courage, qui eussent cru faire tort à la gloire de leur république, s'ils n'avoient donné la bataille, aussitôt que les ennemis se présentoient.

Annibal se fit une étude particulière d'en connoître le génie, et n'observoit rien tant que l'humeur et la conduite de chaque consul qui lui étoit opposé. Ce fut en irritant l'humeur fougueuse de Sempronius qu'il sut l'attirer au combat, et gagner sur lui la bataille de Trébbie. La défaite de Trasimène est due à un artifice quasi tout pareil.

Connoissant l'esprit superbe de Flaminius, il brûloit à ses yeux les villages de ses alliés, et incitoit si à propos sa témérité naturelle, que le consul prit non-seulement la résolution de combattre mal à propos, mais il s'engagea en certains détroits, où il perdit malheureusement son armée avec la vie. Comme Fabius eut une manière d'agir toute contraire, la conduite d'Annibal fut aussi toute différente.

Après la journée de Trasimène, le peuple romain créa un dictateur, et un général de la cavalerie. Le dictateur étoit Quintus Fabius, homme sage et un peu lent, qui mettoit la seule espérance du salut dans les précautions d'où peut naître la sûreté. En l'état où étoient les choses, il croyoit qu'il n'y avoit point de différence entre combattre et perdre un combat; de sorte qu'il ne songeoit qu'à rassurer l'armée; et, perdant l'espérance de pouvoir vaincre, il croyoit agir assez sagement et assez faire, que de s'empêcher d'être vaincu.

Marcus Minutius fut le général de la cavalerie : violent, précipité, vain en discours, aussi audacieux par son ignorance que par son courage. Celui-ci mettoit l'intérêt de l'État dans la réputation des affaires; et pensoit que la république ne pourroit subsister, si elle n'effaçoit la honte des défaites passées, par quelque chose de glorieux. Il vouloit de la hauteur, où il falloit de la sagesse; de la gloire, où il étoit question du salut.

Annibal ne fut pas longtemps sans connoître ces différentes humeurs, par le rapport qu'on lui en fit et par ses propres observations; car il présenta la bataille plusieurs jours de suite à Fabius, qui, bien loin de l'accepter, ne laissoit pas sortir un seul homme de son camp. Minutius, au contraire, prenoit pour autant d'affronts les bravades artificieuses des ennemis, et faisoit passer le dictateur pour un homme foible, ou insensible à la honte des Romains.

Annibal, averti de ces discours, tâchoit d'augmenter l'opinion de crainte et de foiblesse qu'on attribuoit à Fabius. Il brûloit devant lui le plus beau pays d'Italie, pour l'attirer au combat, ce qu'il ne put faire; ou du moins pour le décrier, en quoi il ne manqua pas de réussir. Il fit soupçonner même qu'il y avoit de l'intelligence entre eux, conservant ses terres seules, avec grand soin, dans la désolation générale de la campagne.

Ce n'est encore qu'une partie de ses artifices. Pendant qu'il travailloit à ruiner la réputation de Fabius, qui lui faisoit de la peine, il n'oublia rien pour en donner à Minutius, auquel il souhaitoit le commandement, ou du moins une grande autorité dans l'armée. Tantôt il faisoit semblant de l'appréhender, quand il témoignoit toute sorte de mépris pour l'autre. Quelquefois, après s'être engagé en quelque léger combat, avec lui, il se retiroit le premier, et lui laissoit prendre une petite supériorité, qui augmentoit son crédit parmi les Romains, et le préparoit à se perdre par une téméraire confiance. Enfin, il sut employer tant d'artifices à décrier le dictateur, et à faire estimer le général de la cavalerie, que le commandement fut partagé et les troupes séparées : ce qui ne s'étoit jamais fait, auparavant. Vous diriez que Rome agissoit par l'esprit de son ennemi ; car dans la vérité, ce décret si extraordinaire était un pur effet de ses machines et de ses desseins.

Alors, la vanité de Minutius n'eut plus de bornes : il méprisoit, avec une égale imprudence,

Fabius et Annibal, ne parlant rien moins que de chasser lui seul tous les étrangers d'Italie. Il voulut donc avoir son camp séparé, dont Annibal ne se fut pas sitôt aperçu, qu'il en approcha le sien; et, sans m'amuser à décrire le détail de toutes les actions, Minutius se laissa engager dans un combat, où il fut défait.

C'est ainsi que se comportoit Annibal durant la dictature de Fabius; et il se comporta quasi de la même sorte avec les consuls qui donnèrent la bataille de Cannes. Il est vrai qu'il n'eut pas besoin d'une conduite si délicate. La sagesse de Paulus l'incommoda moins que n'avoit fait celle de Fabius; et l'ignorance présomptueuse de Térentius le précipitoit assez, de lui-même, à sa ruine.

On s'étonnera peut-être que je me sois si fort étendu sur une affaire qui aboutit à la simple défaite de Minutius, et que je ne parle qu'en passant de cette grande et fameuse bataille de Cannes ; mais je cherche moins à décrire les combats, qu'à faire connoître les génies. Et, comme les habiles gens ont plus de plaisir à considérer César, dans la guerre de Petreius et d'Afranius, que dans les plus éclatantes de ses actions, j'ai cru qu'on devoit observer plus curieusement Annibal, dans une affaire toute de conduite, que dans ce grand et heureux succès, que l'imprudence de Terentius lui fit avoir, sans beaucoup de peine.

Il faut avouer pourtant que jamais bataille ne fut gagnée si pleinement ; et ce jour-là, pour ainsi dire, étoit le dernier des Romains, si Annibal n'eût mieux aimé jouir des commodités de la victoire, que d'en poursuivre les avantages[1].

Celui qui avoit fait faire tant de fautes aux autres, se ressent ici de la foiblesse de la condition humaine, et ne peut s'empêcher de faillirui-même. Il s'étoit montré invincible, aux plus grandes difficultés ; mais il ne peut résister à la douceur de sa bonne fortune, et se laisse aller au repos, quand un peu d'action le mettoit en état de se reposer toute sa vie.

Si vous en cherchez la raison, c'est que tout est borné dans les hommes. La patience, le courage, la fermeté s'épuisent en nous.

Annibal ne peut plus souffrir, parce qu'il a

---

[1]. L'opinion des historiens et des militaires semble être revenue à une appréciation plus favorable de la conduite d'Annibal, après la bataille de Cannes, depuis que Montesquieu n'a pas craint d'approuver ce grand capitaine de s'être abstenu de marcher sur Rome, après la défaite des Romains. M. Thiers est de l'avis d'Annibal. Rome, en effet, étoit loin d'être aussi affoiblie qu'on le pense, et Annibal avoit plus à ménager, qu'on ne croit. L'inaction qu'on lui reproche ne fut donc que prudence. Il aima mieux se conserver, avec certitude, que de risquer de tout perdre, d'un coup.

trop souffert; et sa vertu consumée se trouve sans ressource, au milieu de la victoire. Le souvenir des difficultés passées, lui fait envisager des difficultés nouvelles. Son esprit, qui devoit être plein de confiance, et quasi de certitude, se tourne à la crainte de l'avenir : il considère, quand il faut oser; il consulte, quand il faut agir; il se dit des raisons pour les Romains, quand il faut mettre en exécution les siennes.

Comme les fautes des grands hommes ont toujours des sujets apparents, Annibal ne laissoit pas de se représenter des choses fort spécieuses : « Que son armée, invincible à la cam-
« pagne, n'étoit nullement propre pour les
« siéges, ayant peu de bonne infanterie, point
« d'argent, point de subsistance réglée; Que,
« par ces mêmes défauts, il avoit attaqué Spo-
« lette, inutilement, après le succès de Trasi-
« mène, tout victorieux qu'il étoit ; Qu'un peu
« avant la bataille de Cannes, il avoit été
« contraint de lever le siége d'une petite ville,
« sans nom et sans force; Qu'assiéger Rome,
« munie de toutes choses, c'étoit vouloir perdre
« la réputation qu'on venoit d'acquérir et faire
« périr une armée, qui seule le faisoit consi-
« dérer; Qu'il falloit donc laisser les Romains,
« enfermés dans leurs murailles, tomber insen-
« siblement d'eux-mêmes ; Et cependant aller
« s'établir proche de la mer, où l'on recevroit

« les secours de Carthage commodément, et
« où il seroit aisé d'établir la plus considérable
« puissance de l'Italie. » Voilà les raisons qu'accommodoit Annibal à la disposition où il se
trouvoit, et qu'il n'eût pas goûtées dans ses
premières ardeurs.

En vain Maharbal lui promettoit à souper
dans le Capitole. Ses réflexions, qui n'avoient
que l'air de sagesse, et une fausse raison, lui
firent rejeter, comme téméraire, une confiance
si bien fondée. Il avoit suivi les conseils violents, pour commencer la guerre avec les
Romains; et il est retenu, par une fausse circonspection, quand il trouve l'heure de tout
finir.

Il est certain que les esprits trop fins, comme
étoit celui d'Annibal, se font des difficultés, dans
les entreprises, et s'arrêtent eux-mêmes, par
des obstacles, qui viennent plus de leur imagination que de la chose.

Il y a un point de la décadence des États, où
leur ruine seroit inévitable, si on connoissoit la
facilité qu'il y a de les détruire; mais, pour
n'avoir pas la vue assez nette, ou le courage
assez grand, on se contente du moins, quand
on peut le plus : tournant en prudence, ou la
petitesse de son esprit, ou le peu de grandeur
de son âme.

Dans ces conjonctures, on ne se sauve point

par soi-même. Une vieille réputation vous soutient dans l'imagination de vos ennemis, quand les véritables forces vous abandonnent. Ainsi Annibal se met devant les yeux une puissance qui n'est plus. Il se fait un fantôme de soldats morts, et de légions dissipées, comme s'il avoit encore à combattre, et à défaire ce qu'il a défait.

Et certes, la confusion n'eût pas été moindre, à Rome, après la bataille de Cannes, qu'elle l'avoit été, autrefois, après la journée d'Allia [1]. Mais, au lieu d'approcher d'une ville où il eût porté l'épouvante, il s'en éloigna, comme s'il eût voulu la rassurer, et donner loisir aux magistrats de pourvoir tranquillement à toutes choses. Il prit le parti d'attaquer des alliés qui tomboient avec Rome, et qui se soutinrent par elle, avec plus de facilité qu'elle ne se fût soutenue.

C'est là la première et la grande faute d'Annibal, qui fut aussi la première ressource des Romains. La consternation passée, ceux-ci augmentèrent de courage, en diminuant de

---

[1]. Rivière à trois ou quatre lieues de Rome, près de laquelle les Romains furent défaits par les Gaulois. Ceux-ci se rendirent maîtres de la ville ; mais ils ne purent prendre le Capitole, où une partie de la jeunesse s'étoit retirée. Voyez *Tite-Live*, au cinquième livre de la première *Décade*. (*Des Maizeaux.*)

forces, et les Carthaginois diminuèrent de vigueur, en augmentant de puissance.

Que si l'on veut chercher les causes de tous leurs malheurs, on en trouvera deux essentielles : la nonchalance de Carthage, qui laissoit anéantir les bons succès, faute de secours ; et l'envie précipitée qu'eut Annibal de mettre fin aux travaux, avant que d'avoir fini la guerre.

Après avoir goûté le repos, il ne fut pas long-temps sans vouloir goûter les délices ; et il en fut charmé d'autant plus aisément, qu'elles lui avoient toujours été inconnues. Un homme qui sait mêler les plaisirs et les affaires, n'en est jamais possédé : il les quitte, il les reprend, quand bon lui semble ; et, dans l'habitude qu'il en a formée, il trouve plutôt un délassement d'esprit qu'un charme dangereux qui puisse corrompre. Il n'en est pas ainsi de ces gens austères qui, par un changement d'esprit, viennent à goûter les voluptés. Ils sont enchantés aussitôt de leurs douceurs, et n'ont plus que de l'aversion pour l'austérité de leur vie passée. La nature, en eux, lassée d'incommodités et de peines, s'abandonne aux premiers plaisirs qu'elle rencontre. Alors, ce qui avoit paru vertueux se présente avec un air rude et difficile ; et l'âme, qui croit s'être détrompée d'une vieille erreur, se complaît en elle-même de son nouveau goût pour les choses agréables.

C'est ce qui arriva à Annibal et à son armée, qui ne manquoit pas de l'imiter, dans le relâchement, puisqu'elle l'avoit bien imité, dans les fatigues.

Ce ne furent donc plus que bains, que festins, qu'inclinations et attachements. Il n'y eut plus de discipline, ni par celui qui devoit donner les ordres, ni dans ceux qui devoient les exécuter. Quand il fallut se mettre en campagne, la gloire et l'intérêt réveillèrent Annibal, qui reprit sa première vigueur, et se retrouva lui-même; mais il ne retrouva plus la même armée. Il n'y avoit que de la mollesse et de la nonchalance. S'il falloit souffrir la moindre nécessité, on regrettoit l'abondance de Capoue ; on songeoit aux maîtresses, lorsqu'il falloit aller aux ennemis; on languissoit des tendresses de l'amour, quand il falloit de l'action et de la fierté pour les combats. Annibal n'oublioit rien qui pût exciter les courages : tantôt par le souvenir d'une valeur qu'on avoit perdue, tantôt par la honte des reproches où l'on étoit insensible.

Cependant les généraux des Romains devenoient plus habiles, tous les jours; les légions prenoient l'ascendant sur des troupes corrompues; et il ne venoit de Carthage aucun secours qui pût ranimer une armée si languissante.

Mais plus Annibal trouvoit de vigueur parmi

les ennemis, moins il recevoit de services des siens, plus il prenoit sur lui-même; et il n'est pas croyable avec quelle vertu il se maintint en Italie, d'où les Romains ne l'ont fait sortir, qu'en obligeant les Carthaginois à l'en retirer. Ceux-ci, défaits et chassés d'Espagne, battus et ruinés en Afrique, eurent recours à leur Annibal, pour leur dernière ressource. Il obéit aux ordres de son pays, avec la même soumission qu'auroit pu faire le moindre citoyen, et il n'y fut pas sitôt arrivé, qu'il en trouva les affaires désespérées.

Scipion, qui avoit vu les calamités de sa république, sons des chefs malheureux, en commandoit alors les armées, dans les prospérités qu'il avoit fait naître. Pour Annibal, il n'avoit que le souvenir de sa bonne fortune, dont il avoit mal usé; mais il ne manquoit en rien pour soutenir la mauvaise. Le premier, confiant de son naturel, et par le bonheur présent de ses affaires, étoit à la tête d'une armée qui ne doutoit pas de la victoire. Le second augmentoit une défiance naturelle, par le méchant état où il voyoit sa patrie, et par la mauvaise opinion qu'il avoit de ses soldats.

Ces différentes situations d'esprit firent offrir la paix, et la rejeter, après quoi on ne songea plus qu'à la bataille. Le jour qu'elle fut donnée, Annibal se surpassa lui-même, soit à prendre ses avantages, soit à disposer son armée, soit à donner les ordres dans le combat : mais enfin le génie de Rome l'emporta sur celui de Carthage, et la défaite des Carthaginois laissa pour jamais l'empire aux Romains.

Quant au général, il fut admiré de Scipion, qui, au milieu de sa gloire, sembloit porter envie à la capacité du vaincu; et le vaincu, dont l'humeur étoit assez éloignée de vaines ostentations, crut toujours avoir quelque supériorité dans la science de la guerre : car, discourant un jour des grands capitaines avec Scipion, il mit Alexandre le premier, Pyrrhus le second, et lui-même le troisième; à quoi répondit froidement Scipion : *Si vous m'aviez vaincu, en quel rang vous seriez-vous mis?— Le premier de tous*, reprit Annibal.

Il est certain qu'il avoit une merveilleuse capacité dans la guerre; et ces conquérants illustres, qui ont laissé un si grand nom à la postérité, n'approchoient pas de son industrie, et pour assembler, et pour maintenir des armées.

Alexandre passa en Asie, avec des Macédoniens qui obéissoient à leur roi. S'il avoit peu d'argent et peu de vivres, les batailles qu'il gagnoit le mettoient dans l'abondance de toutes choses. Une ville prise ou rendue lui livroit les trésors de Darius, qui devenoit nécessiteux en son propre pays, à mesure qu'Alexandre en possédoit les richesses. Scipion, dont je viens de parler, fit la guerre en Espagne et en Afrique, avec des légions que la république avoit levées et qu'elle faisoit subsister. César eut les mêmes commodités, pour la conquête des Gaules, et il se servit des forces et de l'argent de la république, même pour l'assujettir.

Pour notre Annibal, il avoit joint à un petit corps de Carthaginois plusieurs nations, qu'il sut lier toutes par lui-même, et dont il put se faire obéir, dans une éternelle nécessité. Ce qui est encore plus extraordinaire, les combats ne le mettoient guère plus à son aise : il se trouvoit presque aussi embarrassé après le gain d'une bataille qu'auparavant. Mais s'il a eu des talents que les autres n'avoient pas, aussi a-t-il fait une faute, où apparemment ils ne seroient pas tombés.

Alexandre étoit si éloigné de laisser les choses imparfaites, qu'il alloit toujours au delà, lorsqu'elles étoient consommées. Il ne se contenta pas d'assujettir ce grand empire de Darius, jusqu'à la moindre province. Son ambition le porta aux Indes, quand il pouvoit accommoder la gloire et le repos, ce qui est rare, et jouir paisiblement de ses conquêtes. Scipion ne songea pas à se reposer, qu'il n'eût réduit Carthage, et établi en Afrique les affaires des Romains; et une des grandes louanges qu'on donne à César, c'est qu'il ne pensoit jamais avoir rien fait tant qu'il lui restoit quelchose à faire.

Nil actum credens, dùm quid superesset agendum[1].

Quand je songe à la faute d'Annibal, il me vient aussitôt dans l'esprit qu'on ne considère pas assez l'importance d'une bonne résolution dans les grandes choses. Aller à Rome après la bataille de Cannes, fait la destruction de cette ville et la grandeur de Carthage. N'y pas aller, produit avec le temps la ruine des Carthaginois, et l'empire des Romains.

J'ai vu prendre une résolution qui causoit la perte d'un grand État, si elle eût été suivie. J'en vis prendre une contraire le même jour, par un heureux changement, qui fut son salut; mais elle donna moins de réputation à l'auteur d'un si bon conseil, que n'auroit fait la défaite de cinq cents chevaux ou la prise d'une ville peu importante[2]. Ces derniers événements frap-

---

1. Lucain, *Pharsal.*, liv. II, vers 657.
2. Un jour que je lisois cet endroit avec M. de Saint-Évremond, je le priai de m'apprendre quelles étoient les deux résolutions dont il parle; et voici l'éclaircissement qu'il voulut bien me donner. « La cour, me dit-il, étant à Pontoise (en 1652) et le cardinal Mazarin considérant que M. le Prince n'en étoit pas éloigné, que Fuensaldagne s'avançoit avec vingt-cinq mille hommes, et le duc

pent les yeux ou l'imagination de tout le monde. Le bon sens n'est admiré quasi de personne, pour n'être connu que par des réflexions que peu de gens savent faire. Revenons à notre Annibal.

Si le métier de la guerre, tout éclatant qu'il est, méritoit seul de la considération, je ne vois personne, chez les anciens, qu'on pût raisonnablement lui préférer : mais celui qui le sait le mieux, n'est pas nécessairemeut le plus grand homme. La beauté de l'esprit, la grandeur de l'âme, la magnanimité, le désintéressement, la justice, une capacité qui s'étend à tout, font la meilleure partie du mérite de ces grands hommes.

Savoir simplement tuer des gens, être plus entendu que les autres à désoler la société et à détruire la nature, c'est exceller dans une science bien funeste. Il faut que l'application de cette science soit juste, ou du moins honnête; qu'elle se tourne au bien même de ceux qu'elle assujettit, s'il est possible : toujours à l'intérêt de son pays, ou à la nécessité du sien propre.

---

de Lorraine avec douze mille, résolut de faire retirer le roi en Bourgogne, ne le croyant pas en sûreté, à Paris. M. de Turenne ne se trouvoit pas alors au conseil; mais ayant appris cette résolution, il s'y rendit incessamment et dit aux ministres que si le roi quittoit Paris, il n'y rentreroit jamais, et qu'il falloit y vaincre ou périr. Cela obligea le conseil de changer d'avis. (*Des Maizeaux.*)

Quand elle devient l'emploi du caprice, qu'elle sert au déréglement et à la fureur; quand elle n'a pour but que de faire du mal à tout le monde, alors il lui faut ôter cette gloire qu'elle s'attribue, et la rendre aussi honteuse qu'elle est injuste. Or, il est certain qu'Annibal avoit peu de vertus et beaucoup de vices : l'infidélité, l'avarice, une cruauté souvent nécessaire, toujours naturellle.

D'ailleurs, on juge d'ordinaire par le succès, quoi que disent les plus sages. Ayons toute la bonne conduite qu'on peut avoir : si l'événement n'est pas heureux, la mauvaise fortune tient lieu de faute, et ne se justifie qu'auprès de fort peu de gens. Ainsi, qu'Annibal ait mieux fait la guerre que les Romains, que ceux-ci soient demeurés victorieux, par le bon ordre de leur république, et qu'il ait péri par le mauvais gouvernement de la sienne : c'est la considération d'un petit nombre de personnes. Qu'il ait été défait par Scipion, et que la ruine de Carthage soit arrivée ensuite de sa défaite, ç'a été une chose pleinement connue, d'où s'est formé le sentiment universel de tous les peuples [1].

[1]. Ce chapitre, sur la seconde guerre Punique, est le plus remarquable, peut-être, de l'ouvrage de Saint-Evremond. Le chapitre suivant n'a pas le même mérite.

CHAPITRE VIII.

Du génie des Romains vers la fin de la seconde guerre de Carthage.

Sur la fin d'une si grande et si longue guerre, il se forma un certain esprit particulier, inconnu jusqu'alors dans la république. Ce n'est pas qu'il n'y eût souvent des séditions. Le sénat s'étoit porté plus d'une fois à l'oppression du peuple, et le peuple à beaucoup de violences contre le sénat ; mais on avoit agi, dans ces occasions, par un sentiment public : regardant l'autorité des uns comme une tyrannie qui ruinoit la liberté, et la liberté des autres comme un déréglement qui confondoit toutes choses.

Ici, les hommes commencèrent à se regarder, moins en commun qu'en particulier. Les liens de la société, qu'on avoit trouvés si doux, semblèrent alors des chaînes fâcheuses ; et chacun, dégoûté des lois, voulut rentrer dans le premier droit de disposer de soi-même, de se laisser aller à son choix, et de suivre dans ce choix, par les lumières de son propre esprit, les mouvements de sa volonté.

Comme le dégoût de la sujétion avoit fait rejeter les Rois, et avoit porté le peuple à l'établissement de la liberté ; le dégoût de cette même liberté qu'on avoit trouvé fâcheuse à soutenir, disposoit les esprits à des attachements particuliers qu'on se voulut faire.

L'amour de la patrie, le zèle du bien public, s'étoient épuisés au fort de la guerre contre Annibal, où l'affection et la vertu des citoyens avoient été au delà de ce que la république en pouvoit attendre. On avoit donné son bien et son sang pour le public, qui n'étoit pas en état de faire trouver aucune douceur aux particuliers. La dureté même du sénat avoit augmenté celle des lois, en quelques occasions, et la rigueur qu'on avoit tenue aux prisonniers de la bataille de Cannes avoit touché le monde : mais on avoit souffert patiemment, dans un temps où l'on croyoit endurer tout par un intérêt commun. Sitôt qu'on eût moins à craindre, on crut que la nécessité de souffrir étoit finie; et chacun ayant perdu la docilité et la patience, avant la fin de ses maux, on supportoit avec peine ce qu'on s'imaginoit endurer sans besoin, par la seule volonté des magistrats.

C'est ainsi proprement que se formèrent les premiers dégoûts; d'où il arriva que les hommes revenus de la république à eux-mêmes, cherchoient de nouveaux engagements dans la société, et regardoient parmi eux à choisir des sujets qui méritassent leurs affections.

Dans cette disposition des esprits, Scipion

se présenta aux Romains avec toutes les qualités qui peuvent acquérir l'estime et la faveur des hommes. Il étoit de grande naissance, et l'on voyoit également en lui la bonté et la beauté d'un excellent naturel. Il avoit une grandeur de courage admirable : l'humeur douce et bienfaisante, l'esprit véhément en public, pour inspirer sa hardiesse et sa confiance ; poli et agréable dans les conversations particulières, pour le plaisir le plus délicat des amitiés ; l'âme haute, mais réglée : plus sensible à la gloire, qu'ambitieuse du pouvoir ; cherchant moins à se distinguer par la considération de l'autorité, ou par l'éclat de la fortune, que par la difficulté des entreprises, et par le mérite des actions. Ajoutez à tant de choses, que des succès heureux répondoient toujours à des desseins élevés ; et pour ne rien laisser à désirer, il avoit persuadé les peuples qu'il n'entreprenoit rien sans le conseil, et n'agissoit jamais sans l'assistance des dieux.

Il n'est pas étrange qu'un homme comme celui que je dépeins ait pu s'attirer des inclinations qu'on vouloit donner, et ait détaché les esprits d'une république pour qui on avoit déjà quelque dégoût. Ainsi les volontés d'une personne si vertueuse furent préférées à des lois qui n'avoient, peut-être, pas la même équité.

Quant à Scipion, il exerçoit toute sorte d'humanité et de courtoisie ; et quittant l'ancienne sévérité de la discipline, il commandoit avec douceur à des troupes qui obéissoient avec affection.

[¹ Je sais bien qu'on attribue à sa facilité quelques séditions qui arrivèrent dans son camp : mais, si je l'ose dire, c'étoit un malheur quasi nécessaire en ce temps-là. Ce fut un nouvel esprit dans la république, qui fit préjudice au gouvernement : sans ce nouvel esprit néanmoins, toute la république étoit perdue, et Scipion seul se trouvoit capable de l'inspirer. Ce n'étoit pas assez de maintenir l'ordre parmi les citoyens, selon le génie de leurs anciens législateurs ; il falloit celui d'un héros avec des vertus moins sévères, pour animer contre Annibal des soldats tout abattus, et leur donner la confiance de pouvoir vaincre. Les affaires de Rome étoient tellement désespérées, qu'il falloit des qualités héroïques, et l'opinion des choses divines pour les sauver. Il est sûr que] jamais général des Romains n'avoit eu tant de capacité ni si bien agi : jamais les légions n'avoient eu tant d'ardeur à bien faire : jamais la

---

1. Ce passage et celui qu'on trouvera un peu plus bas, renfermés entre deux crochets, sont tirés du manuscrit de M. de Saint-Evremond, qui étoit demeuré entre les mains de M. Waller. (*Note de Des Maizeaux.*)

république n'avoit été si bien servie, mais par un autre esprit que celui de la république.

Fabius et Caton [1] s'aperçurent de ce changement, et n'oublièrent rien pour y apporter du remède. A la vérité, ils y mêlèrent le chagrin de leurs passions; et l'envie qu'ils portoient à ce grand homme, eut autant de part en leurs oppositions, que la jalousie de la liberté.

Ce qui est extraordinaire, c'est que le corrupteur demeuroit homme de bien parmi ceux qu'il corrompoit, et agissoit plus noblement que les personnes qui s'opposoient à la corruption. En effet, il rapportoit tout à la république, dont il détachoit les autres, et n'avoit de crime que celui de la servir avec les mêmes qualités dont il eût pu la ruiner.

J'avoue bien que dans les maximes d'un gouvernement si jaloux, on pouvoit prendre avec raison quelque alarme. Une âme si élevée est crue incapable de modération. Un désir de gloire, si passionné, se distingue mal aisément de l'ambition qui fait aspirer à la puissance. Une confiance si peu commune n'est pas éloignée des entreprises extraordinaires. En un mot, les vertus des héros sont suspectes dans les citoyens. J'ose dire même que cette opi-

---

1. Le Censeur.

nion de commerce avec les dieux, si utile aux législateurs, pour la fondation des États, sembloit d'une périlleuse conséquence, dans un particulier, pour une république établie.

Scipion fut donc malheureux de donner des apparences contraires à ses intentions : ce qui servit de prétexte à la malice de ses envieux, comme de fondement à la précaution des personnes alarmées.

Voilà aussitôt un homme de bien suspect, et peu après un innocent accusé. Il pouvoit répondre, il pouvoit se justifier ; mais il y a une innocence héroïque, aussi bien qu'une valeur, si on peut parler de la sorte. La sienne négligea les formes, où sont assujettis les innocents ordinaires ; et au lieu de répondre à ses accusateurs, il fit rendre grâces aux dieux de ses victoires, quand on lui demandoit compte de ses actions. Tout le peuple le suivit au Capitole, à la honte de ceux qui le poursuivoient ; et, pour mieux justifier la sincérité de ses intentions et la netteté de sa vertu, il donna ses ressentiments au public, aimant mieux vivre loin de Rome par l'ingratitude de quelques citoyens, que de s'en rendre le maître par l'injustice d'une usurpation. Tant de belles qualités ont obligé Tite-Live à faire son héros d'un si grand homme, et à lui donner une préférence délicate sur le reste des Romains.

S'il y en a eu qui aient gagné plus de combats, et pris un plus grand nombre de villes, ils n'ont pas défait Annibal, ni réduit Carthage. S'ils ont su commander aux autres, comme lui, ils n'ont pas su se commander à eux-mêmes, et se posséder également dans l'agitation des affaires et dans le repos d'une vie privée. Je laisse à disputer s'il a été le plus grand : mais si j'ose dire ce que Tite-Live n'a fait qu'insinuer, à tout prendre, ç'a été celui qui a valu le mieux. Il a eu la vertu des vieux Romains, mais cultivée et polie; il a eu la science et la capacité des derniers, sans aucun mélange de corruption.

Il faut avouer pourtant que ses actions ont été plus avantageuses à la république, que ses vertus : le peuple romain les goûta trop, et se détacha des obligations du devoir, pour suivre les engagements de la volonté.

L'humanité de Scipion ne laissa pas de produire de méchants effets, avec le temps : apprenant aux généraux à se faire aimer. Comme les choses dégénèrent toujours, un commandement agréable fut suivi d'une indigne complaisance ; et, quand les vertus manquoient, pour gagner l'estime et l'amitié, on employoit tous les moyens qui pouvoient corrompre. Voilà les suites fâcheuses de cet esprit particulier : noble et glorieux dans les commencements, mais qui fit depuis les ambitieux et les avares, les corrupteurs et les corrompus.

[Je dirai encore, que n'eût été le charme des vertus de Scipion, l'esprit d'égalité, fier et indocile, comme il étoit chez les vieux Romains, eût subsisté plus longtemps; un citoyen se fût moins appliqué à un autre, et cette application n'eût pas produit un assujettissement insensible, qui mène à la ruine de la liberté. Mais, sans le charme de ces mêmes vertus, les Romains ne seroient jamais sortis de l'abattement où les avoit jetés la crainte d'Annibal; et les mêmes qui sont devenus depuis les maîtres du monde, auroient été peut-être assujettis aux Carthaginois.]

Ces premiers dégoûts de la république eurent au moins cela d'honnête, qu'on ne se détacha de l'amour des lois, que pour s'affectionner aux personnes vertueuses. Les Romains vinrent à regarder leurs lois comme les sentiments de vieux législateurs, qui ne devoient pas régler leur siècle; et les sentiments de Scipion furent regardés comme des lois vivantes et animées.

Pour Scipion, il tourna au service du public toute cette considération qu'on avoit pour sa personne : mais, voulant adoucir l'austérité du devoir par le charme de la gloire, il y fut peut-être un peu plus sensible qu'il ne devoit, à

Rome particulièrement, où les citoyens avoient paru criminels, quand ils s'étoient attirés une estime trop favorable.

Ce nouveau génie, qui succédoit au bien public, anima les Romains assez longtemps aux grandes choses, et les esprits s'y portoient avec je ne sais quoi de vif et d'industrieux, qu'ils n'avoient pas eu auparavant : car l'amour de la patrie nous fait bien abandonner nos fortunes et nos vies même pour son salut : mais l'ambition et le désir de la gloire excitent beaucoup plus notre industrie, que cette première passion, toujours belle et noble, mais rarement fine et ingénieuse.

C'est à ce génie qu'on a dû la défaite d'Annibal et la ruine de Carthage; l'abaissement d'Antiochus, la conquête et l'assujettissement de tous les Grecs : d'où l'on peut dire avec raison qu'il fut avantageux à la république pour sa grandeur, mais préjudiciable pour sa liberté.

Enfin, on s'en dégoûta comme on avoit fait de l'amour de la république. Cette estime, cette inclination si noble, pour les hommes de vertu, sembla ridicule à des gens qui ne voulurent rien considérer qu'eux-mêmes. L'honneur commença de passer pour une chimère, la gloire pour une vanité toute pure, et chacun se rendit bassement intéressé, pensant devenir judicieusement solide.

Or, le génie d'intérêt, qui prit la place de celui de l'honneur, agit diversement chez les Romains, selon la diversité des esprits. Ceux qui eurent quelque chose de grand voulurent acquérir du pouvoir; les âmes basses se contentèrent d'amasser du bien, par toutes sortes de voies.

Comme on ne va pas tout d'un coup à la corruption entière, il y eut un passage de l'honneur à l'intérêt, où l'un et l'autre subsistèrent dans la république, mais avec des égards différents. Il y avoit de l'honnêteté en certaines choses, et de l'infamie en d'autres.

Les esprits se corrompoient, dans Rome, aux affaires qui regardoient les citoyens. L'intégrité devenoit plus rare, tous les jours : on ne connoissoit presque plus de justice. L'envie de s'enrichir étoit la maîtresse passion; et les personnes considérables mettoient leur industrie à s'approprier ce qui ne leur appartenoit pas. Mais on voyoit encore de la dignité, en ce qui regardoit les étrangers; et les plus corrompus, au dedans, se montroient jaloux de la gloire du nom romain, au dehors.

Rien n'étoit plus injuste que les jugements des sénateurs : rien de si sale que leur avarice. Cependant le Sénat s'attachoit, avec scrupule, à la conservation de la dignité; et jamais on n'apporta plus de soin pour empêcher que la majesté du peuple romain ne fût violée.

Ce sénat, d'ailleurs si intéressé et si corrompu avec ses citoyens, opinoit avec la même hauteur qu'auroit pu avoir Scipion, où il s'agissoit des ennemis. Dans le temps d'une grande corruption, il ne put souffrir le traité honteux de Mancinus avec les Numantins[1]; et ce misérable consul fut obligé de s'aller remettre entre leurs mains, avec toute sorte d'ignominie. Gracchus qui avait eu part à la paix, étant questeur dans l'armée de Mancinus, tâcha de la soutenir inutilement; son crédit ne servit de rien, son éloquence y fut vainement employée.

Comme il est arrivé par Gracchus une des plus importantes affaires de la république, et peut-être la source de toutes celles qui l'ont

---

1. Le consul C. Hostilius Mancinus, après avoir été défait plusieurs fois par les Numantins, se laissa renfermer dans son camp, avec une armée de trente mille hommes, qu'il ne put sauver, qu'en faisant un traité avec les ennemis, qui n'avoient que quatre mille hommes, par lequel on convint qu'il y auroit désormais une alliance perpétuelle entre les Romains et les Numantins, et que ceux-ci jouiroient des mêmes droits et priviléges que les Romains. Le sénat déclara ce traité honteux à la république, et ordonna que Mancinus seroit renvoyé pieds et poings liés aux Numantins, pour en faire ce qu'ils jugeroient à propos; mais ils ne voulurent point le recevoir. Voyez le supplément des LVe et LVIe livre de *Tite-Live*, par Freinshemius. (Des Maizeaux.)

agitée depuis, il ne sera pas hors de propos de vous le faire connoître.

C'étoit un homme fort considérable par sa naissance, par les avantages du corps et par les qualités de l'esprit; d'un génie opposé à celui du grand Scipion, dont Cornelia sa mère étoit sortie; plus ambitieux du pouvoir, qu'animé du désir de la gloire, si ce n'étoit de celle de l'éloquence, nécessaire à Rome pour se donner du crédit. Il avoit l'âme grande et haute; plus propre toutefois à embrasser des choses nouvelles et à rappeler les vieilles, qu'à suivre solidement les établies. Son intégrité ne pouvoit souffrir aucun intérêt d'argent pour lui-même: il est vrai qu'il ne procuroit guère celui des autres, sans y mêler la considération de quelque dessein. Avec cela, l'amour du bien lui étoit assez naturelle, la haine du mal encore davantage : il avoit de la compassion pour les opprimés, plus d'animosité contre les oppresseurs; en sorte que la passion prévalant sur la vertu, il haïssoit insensiblement les personnes plus que les crimes.

Plusieurs grandes qualités le faisoient admirer chez les Romains; il n'en avoit pas une dans la justesse où elle devoit être. Ses engagements le portoient plus loin qu'il n'avoit pensé : sa fermeté se tournoit en quelque chose d'opiniâtre; et des vertus qui pouvoient être utiles à la république, devenoient autant de talents avantageux pour les factions.

Je ne vois ni délicatesse, ni modération dans les jugements qu'on en a laissés. Ceux qui ont tenu le parti du Sénat, l'ont fait passer pour un furieux; les partisans du peuple, pour un véritable protecteur de la liberté. Il me paroît qu'il alloit au bien, et qu'il haïssoit naturellement toutes sortes d'injustices; mais l'opposition mettoit en désordre ses bons mouvements. Une affaire contestée l'aigrissant contre ceux qui lui résistoient, il poursuivoit par un esprit de faction ce qu'il avoit commencé par un sentiment de vertu. Voilà, ce me semble, quel étoit le génie de Gracchus, qui sut émouvoir le peuple contre le sénat. Il faut voir en quelle disposition étoit le peuple.

Après avoir rendu de grands service à l'État, le peuple se trouvoit exposé à l'oppression des riches, et particulièrement à celle des sénateurs, qui, par autorité, ou par d'autres méchantes voies, tiroient la commune de ses petites possessions. Des injures continuelles avoient donc aliéné les esprits de la multitude; mais, sans avoir encore de méchantes intentions, elle souffroit avec douleur la tyrannie; et, plus misérable que tumultueuse, attendoit plus qu'elle ne cherchoit de sortir d'une condition infortunée.

J'ai cru devoir faire la peinture du Sénat, de Gracchus et du peuple, avant que d'entrer en cette violente agitation que ressentit la république.

On concevra donc le Sénat injuste, corrompu, mais couvrant les infamies au dedans, par quelque dignité aux affaires du dehors. On aura l'idée de Gracchus, comme d'une personne qui avoit de grands talents, mais plus propre à ruiner tout-à-fait une république corrompue, qu'à la rétablir dans sa pureté, par une sage réformation. Pour le peuple, il n'étoit pas mal affectionné; mais il ne savoit comment vivre dans sa misère, ni où s'occuper, après la perte de ses terres.

AVERTISSEMENT.

Saint-Evremond, ayant résolu de passer en Hollande, en 1665, laissa ses papiers à son ami, le célèbre poëte Waller; mais à son retour (1670) il trouva que la plupart s'étoient perdus, durant la grande peste de Londres, et entre autres les sept CHAPITRES *suivants, avec l'affaire de Gracchus contre le Sénat, qui manque à ce dernier. On n'a jamais pu les recouvrer, et Saint-Evremond n'a pas voulu se donner la peine de les refaire : il ne nous en reste que les sommaires. Les voici.*

CHAPITRE IX.

Le génie du peuple romain, quand Jugurtha s'empara du Royaume de Numidie. Sale intérêt pour le dehors, comme il étoit déjà pour le dedans. Infamie des premiers qui furent employés dans cette affaire. Génie de Scaurus.

CHAPITRE X.

Guerre conduite par Métellus; son caractère, celui de Jugurtha. Orgueil de la noblesse.

CHAPITRE XI.

Caractère de Marius; son arrogance. Génie du peuple, et l'esprit de faction contre le Sénat. Le Peuple supérieur au Sénat; sa licence.

CHAPITRE XII.

Caractère de Sylla, qui relève le Sénat, et opprime le peuple. Quelque chose de Pompée et de Sertorius.

CHAPITRE XIII.

État de Rome, et le génie des Romains, dans la conspiration de Catilina. Son caractère. Le caractère de Clodius, et le bannissement de Cicéron, avec son caractère.

CHAPITRE XIV.

Etat de Rome, dans le partage du gouvernement entre Pompée, César et Crassus.

CHAPITRE XV.

Les motifs de la guerre civile entre Pompée et César; leur caractère. Ce que le Sénat étoit à Pompée, et le peuple à

César. Les sentiments du premier, touchant la République, et l'établissement de son pouvoir, au delà de la liberté. L'esprit de César allant par dégrés au dessein de la domination.

CHAPITRE XVI.

D'Auguste, de son gouvernement, et de son génie.

Je ne parlerai point des commencements de la vie d'Auguste : ils ont été trop funestes. Je prétends le considérer depuis qu'il fut parvenu à l'empire ; et, à mon avis, jamais gouvernement n'a mérité de plus particulières observations que le sien.

Après la tyrannie du triumvirat, et la désolation qu'avoit apportée la guerre civile, il voulut enfin gouverner par la raison un peuple assujetti par la force ; et, dégoûté d'une violence où l'avoit peut-être obligé la nécessité de ses affaires, il sut établir une heureuse sujétion, plus éloignée de la servitude que de l'ancienne liberté.

Auguste n'étoit pas de ceux qui trouvent la beauté du commandement dans la rigueur de l'obéissance ; qui n'ont de plaisir du service qu'on leur rend, que par la nécessité qu'ils en imposent.

Ce raffinement de domination a été à un point de délicatesse, sous quelques empereurs, qu'il n'étoit pas permis aux sujets de vouloir ce qu'on vouloit d'eux. Une disgrâce que l'on recevoit sans peine, un bannissement où l'on s'accommodoit avec facilité, une soumission aisée, en quoi que ce fût, faisoit le dégoût du prince. Pour obéir à son gré, il falloit obéir malgré soi. Mais il falloit aussi être bien juste dans la répugnance; car celle qui osoit se produire avec éclat, excitoit le dépit et la colère : en sorte que les misérables Romains ne savoient où trouver un milieu trop délicat entre deux choses périlleuses.

Auguste a jugé tout autrement. Il a cru que pour bien disposer des hommes, il falloit gagner les esprits, avant que d'exiger les devoirs; et il fut si heureux à les persuader de l'utilité de ses ordres, qu'ils songeoient moins à l'obligation qu'ils avoient de les suivre, qu'à l'avantage que l'on y trouvoit.

Un des plus grands soins qu'il eut toujours, fut de bien faire goûter aux Romains le bonheur du gouvernement, et de leur rendre, autant qu'il put, la domination insensible. Il rejetta jusqu'aux noms qui pouvoient déplaire, et sur toutes choses, la qualité de DICTATEUR, détestée dans Sylla, et odieuse en César même[1]. La plupart des gens qui s'élèvent, prennent de nouveaux titres, pour autoriser un

---

1. *Non Regno tamen, neque Dictatura, sed Principis nomine constitutam Rempublicam; mari Oceano, aut amnibus longinquis sæptum Imperium.* C. Tacit., *Annal.*, *I*, 9.

nouveau pouvoir. Il voulut cacher une puissance nouvelle, sous des noms connus et des dignités ordinaires. Il se fit appeler *Empereur* de temps en temps, pour conserver son autorité sur les légions : il se fit créer *Tribun*, pour disposer du peuple; *Prince* du Sénat, pour le gouverner. Mais, quand il réunit en sa personne tant de pouvoirs différents, il se chargea aussi de divers soins, et il devint l'homme des armées, du peuple et du Sénat, quand il s'en rendit le maître; encore n'usa-t-il de son pouvoir que pour ôter la confusion qui s'étoit glissée en toutes choses. Il remit le peuple dans ses droits, et ne retrancha que les brigues aux élections des magistrats. Il rendit au Sénat son ancienne splendeur, après en avoir banni la corruption; car il se contenta d'une puissance tempérée, qui ne lui laissoit pas la liberté de faire le mal : mais il la voulut absolue, quand il s'agit d'imposer aux autres la nécessité de bien faire.

Ainsi, le peuple ne fut moins libre que pour être moins séditieux : le Sénat ne fut moins puissant que pour être moins injuste. La liberté ne perdit que les maux qu'elle peut causer, rien du bonheur qu'elle peut produire.

Après avoir établi un si bon ordre, il se trouva agité de différentes pensées, et consulta longtemps en lui-même, s'il devoit garder l'empire, ou rendre au peuple sa première liberté. Les exemples de Sylla et de César, quoique différents, faisoient une impression égale en faveur de ce dernier sentiment. Il considéroit que Sylla, qui avoit quitté volontairement la dictature, avoit eu une mort paisible au milieu de ses ennemis; et que César, pour l'avoir gardée, avoit été assassiné par ses meilleurs amis qui en faisoient gloire.

Je sais que ces matières-ci ne souffrent guère les vers; mais on peut alléguer ceux de CORNEILLE, sur les Romains, puisqu'il les fait mieux parler qu'ils ne parlent eux-mêmes.

> Sylla m'a précédé dans ce pouvoir suprême,
> Le grand César mon père en a joui de même;
> D'un œil si différent tous deux l'ont regardé,
> Que l'un s'en est démis, et l'autre l'a gardé.
> Mais l'un cruel, barbare, est mort aimé, tranquille,
> Comme un bon citoyen dans le sein de sa ville :
> L'autre, tout débonnaire, au milieu du Sénat
> A vu trancher ses jours, par un assassinat [1].

Combattu d'une incertitude si fâcheuse, il découvrit l'agitation de son âme à ses deux amis principaux, Agrippa et Mécénas. Agrippa, qui lui avoit acquis l'empire par sa valeur, lui conseilla, par modération, de le quitter; si ce n'est peut-être qu'il ait eu des fins plus cachées, et que, pour se trouver plus grand homme de

---

1. *Cinna*, acte II, sc. I.

guerre que n'étoit Auguste, il ait attendu les principaux emplois de la république, quand elle seroit rétablie.

Pour Mécénas, qui n'avoit eu aucune part aux victoires, il lui conseilla de retenir ce qu'elles lui avoient donné. Ce ne fut pas sans faire entrer dans ses raisons la considération du public, qui ne pouvoit plus, disoit-il, se passer d'Auguste. Mais, quoique cela pût être, en quelque sorte, il suivit en effet son inclination pour la personne du prince, et ses propres intérêts.

Mécénas étoit homme de bien; de ces gens de bien, néanmoins, doux, tendres, plus sensibles aux agréments de la vie, que touchés de ces fortes vertus qu'on estimoit dans la république. Il étoit spirituel, mais voluptueux, voyant toutes choses avec beaucoup de lumière, et en jugeant sainement; mais plus capable de les conseiller que de les faire. Ainsi, se trouvant foible, paresseux, et purement homme de cabinet, il espéroit de sa délicatesse avec un empereur délicat, ce qu'il ne pouvoit attendre du peuple romain, où il eût fallu se pousser par ses propres moyens, et agir fortement par lui-même.

Pour revenir des personnes à la chose: l'empire fut retenu par son conseil; et la résolution de le garder étant prise, Auguste ne laissa pas d'offrir au Sénat de s'en démettre. Quelques-uns en furent touchés comme d'une grande modération ; plusieurs reconnurent la simple honnêteté de l'offre ; mais tous s'accordèrent véritablement en ce point de refuser l'ancienne liberté. Vous eussiez dit que c'étoit une contestation de civilités, qui aboutirent à une satisfaction commune ; car Auguste gouverna l'empire par le Sénat, et le Sénat ne se gouverna que par Auguste.

Un gouvernement si tempéré plut à tout le monde ; et le prince ne suivit pas moins en cela son intérêt, que son humeur modérée : car enfin, on passe mal aisément de la liberté à la servitude, et il pouvoit se tenir heureux de commander, en quelque façon que ce fût, à un peuple libre.

De plus, le funeste exemple de César l'avoit peut-être obligé de prendre des voies différentes, pour éviter une même fin. Le grand Jules, né, pour ainsi dire, dans une faction opposée au Sénat, eut toujours une envie secrète de l'opprimer ; et l'ayant trouvé contraire à ses desseins, dans la guerre civile, il en prit une aversion nouvelle pour le corps, quoiqu'il eût beaucoup de douceur et de clémence pour les sénateurs en particulier. Depuis son retour à Rome, comme il se vit assuré du peuple et des légions, il compta le Sénat pour peu de chose, et le traita même insolemment, en quelques occasions : tant il est difficile aux plus retenus de ne se pas oublier, dans une grande fortune. Or, il est certain que ce mépris orgueilleux irrita beaucoup de gens, et fit naître, ou du moins avancer la conspiration qui le perdit.

Auguste, un des plus avisés princes du monde, ne manqua pas de profiter d'une observation si nécessaire; et à peine se fut-il acquis l'empire par les légions, qu'il songea à le gouverner par le Sénat. Il connoissoit la violence des gens de guerre et le tumulte des peuples; les uns et les autres lui paroissant plus propres à être employés dans une occasion présente, qu'aisés à conduire, quand elle est passée.

Il voulut donc fonder le gouvernement sur le Sénat, comme sur le corps le mieux ordonné et le plus capable de sagesse et de justice : mais en même temps, il s'assura le peuple et les légions par des largesses et par des bienfaits. Ainsi tout le monde fut content, comme j'ai dit; et Auguste trouva dans sa modération la sûreté de sa personne et de sa puissance; en quoi certes il eut un bonheur extraordinaire : n'y ayant rien de si heureux, dans la vie, que de pouvoir suivre honnêtement son inclination et son intérêt.

Je ne veux pas excuser ses commencements : mais je ne doute point que dans la violence du triumvirat, il ne s'en soit fait beaucoup à lui-même. Il est certain qu'il haïssoit naturellement l'humeur cruelle de Marius, de Sylla et de leurs semblables. Il haïssoit ces âmes fières, qui n'ont qu'un plaisir imparfait d'être les maîtres, s'ils ne font sentir leur pouvoir ; qui mettent la grandeur à être craints, et le bonheur de leur condition à faire, quand il leur plaît, des misérables.

Il avoit éprouvé qu'un honnête homme se fait le premier malheureux, quand il en fait d'autres ; et il ne fut jamais si content, que lorsqu'il se vit en état de faire le bien selon son inclination, après avoir fait le mal contre son gré. Il alloit toujours au bien des affaires : mais il vouloit que les affaires allassent au bien des hommes, et considéroit dans les entreprises beaucoup moins la gloire que l'utilité. Durant son gouvernement, aucune guerre ne fut négligée, qui pût être utile ; et on laissa pour les héros celles qui sont purement glorieuses.

C'est ce qui le fit accommoder avec les Parthes, et renoncer au projet que faisoit César, quand il fut assassiné ; c'est ce qui fit rejetter la proposition de certaine guerre en Allemagne, où il ne voyoit pas un véritable intérêt ; c'est ce qui lui fit donner des bornes à l'empire, quelque interprétation qu'ait donnée Tacite à un si sage dessein [1]. Enfin, il se laissa peu aller à l'opinion, au bruit, à la vanité. Il estima la réputation solide, qui rend la vie des hommes plus douce et plus sûre.

Il est bien vrai qu'Auguste n'avoit qu'un talent médiocre pour la guerre; et pour louer sa sagesse et sa capacité, il ne faut pas louer sa vertu, en toutes choses.

Hirtius et Pansa conduisirent la première guerre contre Antoine [2], dont Auguste seul profita. Il acquit peu de gloire dans celle de Brutus, qui fut conduite et achevée par Antoine. La perte d'Antoine fut un effet de sa passion pour Cléopâtre, et de la valeur d'Agrippa. Auguste eut peu de part aux combats et gagna l'empire. Ce n'est pas qu'il ne se soit trouvé en plusieurs occasions, et qu'il n'ait été blessé même en quelqu'une, mais avec plus de succès pour les affaires, que de gloire pour

---

1. *Addideratque*, dit Tacite, parlant d'un Mémoire qu'Auguste avoit laissé écrit de sa propre main, *consilium coercendi intra terminos imperii: incertum metu an per invidiam*. Annal., I, II.

2. Marc-Antoine, qui assiégeoit D. Brutus dans Modène. Antoine fut défait devant cette ville; mais les deux consuls Hirtius et Pansa y périrent. Tout cela contribua beaucoup à l'élévation d'Auguste, qu'on appeloit alors Octavius César. (*Des Maizeaux.*)

sa personne. Aussi la dixième légion, un peu insolente par la haute estime qu'avoit eue pour elle le grand César, ne pouvoit goûter le neveu, toutes les fois qu'elle se souvenoit de l'oncle; d'où il arriva qu'elle fut cassée, avec tout son mérite, pour l'avoir méprisé une fois en sa présence.

Cela n'empêche pas qu'il ne se soit servi de la guerre admirablement, pour son intérêt et pour celui de l'empire. Jamais prince n'a su donner un meilleur ordre, ni se transporter plus volontiers, partout où les affaires l'appeloient : en Égypte, en Espagne, dans les Gaules, en Allemagne, dans l'Orient. Mais enfin, on voyoit que la guerre ne s'accommodoit pas à son véritable génie; et quoiqu'il triomphât avec l'applaudissement de tout le monde, on ne laissoit pas de connoître que ses lieutenants avoient vaincu. Il eut passé pour un grand capitaine, du temps de ces empereurs, qui, par leur peu de vertu, ou par une fausse grandeur, n'osoient prendre ou tenoient au-dessous d'eux le commandement des armées. Étant venu dans un siècle où l'on ne se rendoit recommandable que par ses propres exploits, et succédant particulièrement à César, qui se devoit tout, il lui fut désavantageux de devoir plus à autrui qu'à lui-même.

Il n'en étoit pas ainsi dans le gouvernement,

où le Sénat ne faisoit rien de bon ni de sage, qu'Auguste ne l'eût inspiré. Le bien de l'État étoit toujours sa première pensée ; et il n'entendoit pas par *le bien de l'État*, un nom vain et chimérique, mais le véritable intérêt de ceux qui le composoient : le sien le premier (car il n'est pas juste de quitter les douceurs de la vie privée, pour s'abandonner au soin du public, si on n'y trouve ses avantages), et celui des autres, qu'il ne crut jamais être séparé du sien.

Les personnes du plus grand service avoient la première considération : et le mérite avançoit sous lui ceux qu'il eût ruinés sous ses successeurs, où le crime étoit moins dangereux que la vertu. Agrippa n'avoit pas tant de part en sa confidence que Mécénas; mais ses grandes qualités le rendirent bien plus considérable : et l'étant devenu à un point, dans Rome, qu'Auguste se trouvoit obligé de s'en défaire, ou de l'acquérir tout à fait, il aima mieux lui donner sa fille, quelque peu de naissance qu'il eût, que d'écouter les inspirations de la jalousie. Quant à Mécénas, comme il étoit plus agréable et plus homme de cabinet, aussi fut-il plus avant que lui dans ses plaisirs et dans ses secrets.

Auguste fit du bien à ses courtisans, et ne fut pas fâché que ces Romains, autrefois si fiers et si libres, voulussent profiter de ses bonnes grâces. Ainsi l'on s'étudia à lui plaire, et le soin de la cour devint un véritable intérêt. Ce ne fut pas néanmoins le plus considérable. Le mérite qui se rapportoit à l'État, étoit préféré à celui qu'on s'acquéroit par l'attachement à sa personne : ce qu'il établissoit lui-même par ses discours, ne parlant jamais de ce qui lui étoit dû, mais toujours de ce qu'il devoit lui-même à la république.

Cependant il n'y a point de vie si uniforme, où des actions particulières ne démentent quelquefois le gros de l'habitude et de la conduite. Il défendit un jour un de ses amis, accusé d'une méchanceté horrible[1]; et apparemment il le sauva par sa seule considération. Ce ne fut pas sans choquer tous les gens de bien ; mais il eut tant de modération à garder les formes, et à souffrir la liberté de ceux qui lui répondoient un peu hautement, qu'il en regagna les esprits ; et les mêmes qui s'étoient scandalisés, revenus de leur indignation, excusèrent ce qu'il y a d'injuste à protéger un méchant homme, par l'honnêteté qui se trouve à ne pas abandonner un ami.

Les gens de lettres eurent part à sa familiarité, Tite-Live entre autres, Virgile et Horace :

---

1. Nonius Asprenas. Voyez Pline, *Hist. Nat.*, lib. XXXV, *cap.* 12 ; et Suétone, *Aug.*, *cap.* 56.

par où l'on peut voir la bonté de son jugement, aussi bien pour les ouvrages, que pour les affaires. Il aimoit le goût exquis de son siècle, dont la délicatesse a été peu commune dans tous les autres. Mais il craignoit les singularités qui venoient d'un esprit faux, et dont les méchants connoisseurs font le mérite extraordinaire. Comme il vivoit parmi des gens délicats, il prenoit plaisir à voir ses choix approuvés; et son opinion étoit qu'il vaut mieux tomber naturellement dans le bon sens des autres, par sa raison, que de faire recevoir ses caprices, par autorité.

Outre l'honneur de son jugement dont il fut jaloux, il croyoit encore qu'un bienfait désapprouvé n'étoit grâce que pour un seul, et injure pour plusieurs; que la disgrâce d'un honnête homme, au contraire, étoit ressentie de tous les honnêtes gens, par la pitié qu'elle fait aux uns, et l'allarme qu'elle donne aux autres.

Il avoit un discernement admirable à connoître l'humeur et l'ambition des personnes les plus élevées, sans concevoir néanmoins des soupçons funestes à leur vertu.

La liberté des sentiments ne lui déplut point sur les choses générales, estimant que les hommes y ont leurs droits; que c'est un crime de rechercher curieusement les secrets du prince, et une infidélité de ne pas bien user de sa confidence ; mais que les affaires devenues publiques appartenoient, malgré qu'on en eût, au jugement du public ; qu'il falloit se le représenter avant que d'agir, et ne pas prétendre de le pouvoir empêcher, quand les actions étoient faites.

Ce fut peut-être sur la connoissance de son humeur, que Tite-Live osa écrire si hardiment la guerre de César et de Pompée, sans qu'il en ait été moins bien avec lui. Cremutius Cordus lui récita son histoire, et il ne se scandalisa point d'y voir nommer Brutus et Cassius, *les derniers des Romains.* Louange funeste à Cremutius, sous Tibère, *dont on lui fit,* dit Tacite, *un crime inouï jusqu'alors,* et qui lui coûta la vie[1]. Mécénas lui avoit donné un conseil plus particulier encore, mais d'un usage plus difficile : c'étoit « de ne se piquer jamais de ce qu'on diroit contre lui.

« Si ce qu'on dit de nous est vrai, ajoutoit Mécénas, c'est plutôt à nous de nous corriger, qu'aux autres de se contraindre. Si ce qu'on dit est faux, aussitôt que nous nous en piquerons, nous le ferons croire véritable. Le mépris de tels discours les décrédite, et en ôte le plaisir à ceux qui les font. Si vous y êtes plus sen-

---

1. Voy. Tacit., *Annal.*, IV, *cap.* 34. — *Objectum et historico* (Cremutio Cordo) *quod Brutum Cassiumque ultimos Romanorum dixisset.* Suétone, *in Tiberio, cap.* 61.

sible que vous ne devez, il dépend du plus misérable ennemi, du plus chétif envieux, de troubler le repos de votre vie; et tout votre pouvoir ne sauroit vous défendre de votre chagrin. »

Auguste alla plus loin en certaines choses, et demeura fort au-dessous en quelques autres. Je vois des injures oubliées; je le vois si hardi dans sa clémence, qu'il ose pardonner une conspiration non-seulement véritable, mais toute prête à s'exécuter[1].

Cependant, quelque vertueux que soient les hommes, ils ne donnent jamais tant à la vertu, qu'ils ne laissent beaucoup à leur humeur. Il n'est pas croyable combien il fut délicat sur son domestique. Rien n'étoit si dangereux que de parler des amours de Julie, si ce n'étoit d'avoir quelque intérêt avec elle. Ovide en fut chassé sans retour; et ce qui me paroît extraordinaire, le mari même eut à se ressentir de cette méchante humeur. Que la conduite de Julie ne plût pas à Auguste, c'étoit une chose naturelle; mais que le pauvre Agrippa ait eu à souffrir le chagrin de son beau-père et les débauches de sa femme en même temps, c'est une affaire bizarre, et le dernier malheur de la condition d'un mari.

1. La conspiration de Cinna.

Il faut avouer que la famille de l'empereur lui donna trop d'embarras. Dans un applaudissement général de tout l'empire, il ne pouvoit résister à de petits chagrins que lui donnoit sa maison ; et il s'y portoit plus en simple personne privée, qu'en grand homme ; car il ne savoit ni finir le mal par un bon ordre, ce qui véritablement n'est pas aisé ; ni du moins se mettre l'esprit en repos. Après s'être trop affligé d'un côté, il se laissa aller trop nonchalamment à la douceur qu'il trouvoit de l'autre ; et, si Julie le chagrina tant qu'elle vécut, Livie sut le posséder si bien, dans le déclin de son âge, que l'adoption de Tibère fut plutôt un effet de sa conduite, que le véritable choix de l'empereur.

Auguste connoissoit mieux que personne les vices de Tibère, et les desseins de Livie ; mais il n'avoit pas la force d'agir selon le jugement qu'il en faisoit. Tandis qu'il voyoit tout d'une vue saine, qui ne le portoit à rien, sa femme laissoit là son entendement avec des lumières inutiles, et se rendoit maîtresse de sa volonté. C'est ce qui a trompé Tacite, à mon avis, dans ce raffinement malicieux qu'il donne à Auguste[1]. Il savoit que le naturel de Tibère ne lui étoit pas inconnu ; et, pour ne pas

---

1. Annal., *lib.* I, *cap.* 10. — Suétone, *Tiber.*, *cap.* 21.

croire qu'un grand empereur pût aller, dans une chose si importante, contre son propre sentiment, il a mis du dessein et du mystère où il n'y a eu, si je ne me trompe, que de la facilité.

Après ces particularités du domestique, revenons au général. Il rendit le monde heureux, et il fut heureux dans le monde. Il n'eut rien à souhaiter du public, ni le public de lui : et, considérant les maux qu'il a faits pour parvenir à l'empire, et le bien qu'il fit depuis qu'il fut empereur, je trouve qu'on a dit avec beaucoup de raison, qu'*il ne devoit jamais naître, ou jamais ne mourir*[1].

Il mourut enfin, regretté de tous les hommes ; moins grand, sans comparaison, que César, mais d'un esprit plus réglé ; ce qui me fait croire qu'il eût été plus glorieux d'être de l'armée de César, et plus doux de vivre sous le gouvernement d'Auguste.

Pour les Romains, ils n'avoient rien de si élevé que dans le temps de la république, ni pour la grandeur du génie, ni pour la force de l'âme ; mais quelque chose de plus sociable. Après tous les maux qu'on avoit soufferts,

---

1. *Excerpta ex libris Sexti Aurelii Victoris, cap.* I, § 28, 29. On a dit la même chose de l'empereur Sévère. Voyez *Aurelius Victor, de Cæsaribus, cap.* XX, *in Septimio Severo*: et *Ælii Spartiani Severus.*

on fut bien aise de trouver de la douceur, en quelque manière que ce fût. Il n'y avoit plus assez de vertu pour soutenir la liberté ; on eût eu honte d'une entière sujétion ; et, à la réserve de ces âmes fières que rien ne put contenter, chacun se fit honneur de l'apparence de la république, et ne fut pas fâché en effet d'une douce et agréable domination.

CHAPITRE XVII.

De Tibère, et de son génie.

Comme il y a peu de révolutions où l'on en demeure à des termes si modérés, un état heureux et honnête se changea bientôt en une misérable et indigne condition. La vertu romaine s'étoit adoucie après la mort de Brutus et de Cassius, qui en soutenoient la fierté. Depuis la perte d'Antoine, ce fut un agrément quasi général pour la conduite d'Auguste, et une complaisance égale pour sa personne. A l'avénement de Tibère, cette complaisance se tourna en bassesse et en adulation. On peut dire que ce prince naturellement irrésolu, n'auroit pris qu'une autorité bien médiocre; mais les Romains plus disposés à servir, que Tibère à commander, lui portèrent eux-mêmes leur servitude, quand à peine il osoit espérer leur sujétion. Voilà quel fut alors le génie du peuple Romain.

Il faut maintenant parler de celui de Tibère, et faire voir l'esprit qu'il porta au gouvernement de l'empire. Son dessein le plus caché, mais le mieux suivi, fut de changer toutes les maximes d'Auguste. Celui-ci devenu empereur, donnoit au bien général toutes ses pensées. D'une politique si juste et si prudente, Tibère fit une science de cabinet, où étoit renfermé un faux et mystérieux intérêt du prince, séparé de l'intérêt de l'État, et presque toujours opposé au bien public.

Le bon sens, la capacité, le secret, furent changés en finesse, en artifice, en dissimulation. On ne connoissoit plus les bonnes et les mauvaises actions par elles-mêmes : tout étoit pris selon les délicates intentions de l'empereur, ou se jugeoit par le raffinement de quelque spéculation malicieuse.

Le crédit qu'eut Germanicus d'apaiser les légions, fut d'un service fort avantageux, et peu de temps agréable. Quand le danger fut passé, on fit réflexion qu'il pourroit tirer les troupes de leur devoir, puisqu'il avoit su les y remettre. En vain il fut fidèle à Tibère ; sa modération à refuser l'empire, ne le fit pas trouver innocent : on le jugea coupable de ce qui lui avoit été offert ; et tant d'artifices furent employés à sa perte, qu'on se défit, à la fin, d'un homme qui vouloit bien obéir, mais qui méritoit de commander. Il périt, ce Germanicus, si cher aux Romains, dans une armée où il eut moins à craindre les ennemis de l'empire, qu'un empereur qu'il avoit si bien servi.

Il ne fut pas seul à se ressentir de cette funeste politique : le même esprit régnoit généralement en toutes choses. Les emplois éloignés étoient des exils mystérieux; les charges, les gouvernements ne se donnoient qu'à des gens qui devoient être perdus, ou à des gens qui devoient perdre les autres. Enfin, le bien du service n'entroit plus en aucune considération; car, dans la vérité, les armées avoient plutôt des proscrits que des généraux; et les provinces, des bannis que des gouverneurs. A Rome, où les lois avoient toujours été si religieusement gardées, et avec tant de formes, tout se faisoit alors par la jalousie de ce mystérieux cabinet.

Quand un homme d'un mérite considérable témoignoit de la passion pour la gloire de l'empire, Tibère soupçonnoit aussitôt que c'étoit avec dessein d'y parvenir. S'il restoit à quelqu'autre un souvenir innocent de la liberté, il passoit pour un esprit dangereux qui vouloit rétablir la république. Louer Brutus et Cassius, étoit un crime qui coûtoit la vie : regretter Auguste, une offense secrète qu'on pardonnoit d'autant moins qu'on n'osoit s'en plaindre; car Tibère le louoit toujours en public, et lui faisoit décerner des honneurs divins qu'il étoit le premier à lui rendre. Mais les mouvements humains n'étoient pas permis, et une tendresse témoignée pour la mémoire de cet empereur, se prenoit pour une accusation détournée contre le gouvernement, ou pour une mauvaise volonté contre la personne du prince.

Jusqu'ici vous avez vu des crimes inspirés par la jalousie d'une fausse politique : présentement c'est la cruauté ouverte et la tyrannie déclarée. On ne se contente pas de quitter les bonnes maximes, on abolit les meilleures lois; et on en fait une infinité de nouvelles qui regardent en apparence le salut de l'empereur, mais, dans la vérité, la perte des gens de bien qui restoient à Rome. Tout est crime de lèze-majesté. On punissoit autrefois une véritable conspiration; on punit ici une parole innocente malicieusement expliquée. Les plaintes, qu'on a laissées aux malheureux pour le soulagement de leurs misères; les larmes, ces expressions naturelles de nos douleurs; les soupirs qui nous échappent malgré nous, les simples regards, devenoient funestes. La naïveté du discours exprimoit de méchants desseins; la discrétion du silence cachoit de méchantes intentions. On observoit la joie comme une espérance conçue de la mort du prince : la tristesse étoit remarquée comme un chagrin de sa prospérité, ou un ennui de sa vie. Au milieu de ces dangers, si le péril de l'oppression vous donnoit quelque mouvement de crainte, on prenoit votre appréhension pour le témoignage d'une conscience effrayée, qui se trahissant elle-même, découvroit ce que vous alliez faire, ou ce que vous aviez fait. Si vous étiez en réputation d'avoir du courage ou de la fermeté, on vous craignoit comme un audacieux, capable de tout entreprendre. Parler, se taire, se réjouir, s'affliger; avoir de la peur ou de l'assurance ; tout étoit crime, et attiroit bien souvent les derniers supplices.

Ainsi, les soupçons d'autrui vous rendoient coupable. Ce n'étoit pas assez d'essuyer la corruption des accusateurs, les faux rapports des espions, les suppositions de quelque délateur infâme; vous aviez à redouter l'imagination de l'empereur; et, quand vous pensiez être à couvert par l'innocence, non-seulement de vos actions, mais de vos pensées, vous périssiez par la malice de ses conjectures. Pour ne pousser pas la chose plus avant, il y avoit beaucoup de mérite à être homme de bien; car il y avoit beaucoup de danger à l'être. La vertu qui osoit paroître étoit infailliblement perdue ; et celle qu'on pouvoit deviner n'étoit jamais assurée. Comme on n'est pas exempt d'embarras dans le mal qu'on fait endurer aux autres, Tibère ne fut pas toujours tranquille dans l'exercice de ses cruautés. Séjan, qui s'avança dans ses bonnes grâces par des voies aussi injustes que les siennes ; ce grand favori, las d'honneurs et de biens qui le laissoient toujours dans la dépendance, voulut s'affranchir de toute sujétion et n'oublia rien pour se mettre insensiblement à la place de son maître. Instruit des maximes de l'empereur, et devenu savant en son art, il lui enlève ses enfants par le poison ; et il étoit sur le point de se défaire de lui, quand ce prince revenu de son aveuglement, comme par miracle, garantit ses jours malheureux, et fait périr ce grand confident qui le vouloit perdre. Sa condition n'en fut pas plus heureuse qu'auparavant : il vécut odieux à tout le monde et importun à lui-même ; ennemi de la vie d'autrui et de la sienne. Enfin, il mourut à la grande joie des Romains, n'ayant pu échapper à l'impatience d'un successeur qui le fit étouffer dans une maladie dont il alloit revenir.

J'ai fait quelquefois réflexion sur la différence qu'il y a eu de la république à l'empire ; et il me paroît qu'il n'eût pas été moins doux de vivre sous les empereurs que sous les consuls, si les maximes d'Auguste eussent été suivies. Rome ne fut pas si heureuse. La politique de Tibère fut embrassée de la plupart de ses successeurs, qui mirent l'honneur de leur règne, non pas à mieux gouverner l'empire, mais à se l'assujettir davantage.

Dans ce sentiment, Auguste fut moins estimé pour avoir su rendre les Romains heureux, que Tibère pour les avoir fait impunément misérables. Il parut à ces empereurs qu'il y avoit de l'insuffisance ou de la foiblesse à garder les lois; et tantôt l'art de les éluder faisoit le secret de la politique, tantôt la violence de les rompre paroissoit une véritable hauteur et une digne autorité. Les forces de l'empire ne regardoient plus les étrangers : la puissance de l'empereur se faisait sentir aux naturels; et les Romains opprimés tinrent lieu de nations assujetties. Enfin, les Caligules, les Nérons, les Domitiens, poussèrent la domination au-delà de toutes bornes; et, quoique les droits des empereurs fussent infiniment au-dessous de ceux des rois, ils se portèrent à des violences où n'auroit pas voulu aller Tarquin même.

Les Romains, de leur côté, devinrent également funestes aux empereurs; car, passant de la servitude à la fureur, ils en massacrèrent quelques-uns, et s'attribuèrent un pouvoir injuste et violent d'en ôter et d'en établir, à leur fantaisie. Ainsi, les liens du gouvernement furent rompus; et les devoirs de la société venant à manquer, on ne travailloit plus qu'à la ruine de ceux qui obéissoient, où à la perte de ceux qui devoient commander. Une si étrange confusion doit s'attribuer principalement au méchant naturel des empereurs, et à la brutale violence des gens de guerre : mais, si on veut remonter jusqu'à la première cause, on trouvera que ce méchant naturel étoit autorisé par l'exemple de Tibère, et le gouvernement établi sur les maximes qu'il avoit laissées.

Comme les plus concertés ne s'attachent pas toujours à la justesse des règles, les plus déréglés ne suivent pas éternellement le désordre de leurs inclinations et de leurs humeurs. On ajoute, pour le moins, une politique à son tempérament. Ceux même qui font toutes choses sans y penser, y reviennent par réflexion quand elles sont faites, et appliquent une conduite d'intérêt aux purs mouvements de la nature. Mais, que les empereurs ayent agi par naturel, par politique, ou par tous les deux ensemble; je maintiens que Tibère a corrompu tout ce qu'il y avoit de bon, et introduit tout ce qu'il y a eu de méchant dans l'empire.

Auguste qui avoit des lumières pures et délicates, connut admirablement le génie de son temps, et n'eut pas de peine à changer un assujettissement volontaire aux chefs de parti, en véritable sujétion. Tibère, plein de ruses et de finesses, mais d'un faux discernement, se méprit à connoître la disposition des esprits. Il crut avoir affaire à ces vieux Romains amoureux de la liberté, et incapables de souffrir aucune domination : cependant l'inclination générale alloit à servir; les moins soumis étoient disposés à l'obéissance. Ce mécompte lui fit prendre des précautions cruelles contre des gens qu'il redouta mal à propos; car il est à remarquer qu'un prince si soupçonneux n'eût jamais à craindre que Séjan, qui lui faisoit craindre tous les autres. Avec ces fausses mesures, la cruauté augmentoit tous les jours; et, comme celui qui offense est le premier à haïr, les Romains lui devinrent odieux par le mal qu'il leur faisoit. Enfin, il agit ouvertement, et les traita comme ses ennemis, parce qu'il leur avoit donné sujet de l'être.

L'esprit de docilité qui régnoit alors, faisoit endurer paisiblement la tyrannie. On souffrit la brutalité de Caligule avec une soumission pareille; car sa mort est un fait particulier, où le Sénat, le peuple, ni les légions n'eurent aucune part. On souffrit la stupidité dangereuse de Claudius, et l'insolence de Messaline.

On souffrit la fureur de Néron, jusqu'à ce que la patience étant épuisée, il se fit une révolution dans les esprits.

Aussitôt on conspira contre sa personne. Des conspirations particulières, on vint à la révolte des légions; de la révolte des légions, à la déclaration du Sénat. Peut-être que le Sénat eût pu rétablir la liberté; mais, déjà accoutumé aux empereurs, il se contenta de disposer de l'empire. Les cohortes prétoriennes en voulurent disposer elles-mêmes, et les légions des provinces ne purent leur céder cet avantage. La division se mêla parmi celles-ci; les unes nommant un empereur, les autres un autre. Ce ne furent que massacres, que guerres civiles; et jamais les esprits ne se trouvèrent dans leur véritable situation, si vous en exceptez le règne de quelques princes qui surent réunir des intérêts que la fausse habileté de Tibère avoit divisés, pour le malheur commun des empereurs et de l'empire.

IV

JUGEMENT SUR CÉSAR ET SUR ALEXANDRE.

A Monsieur ***.

(1663).

C'EST un consentement presque universel, qu'Alexandre et César ont été les plus grands hommes du monde ; et tous ceux qui se sont mêlés d'en juger, ont cru faire assez pour les conquérants qui sont venus après eux, de trouver quelque rapport entre leur réputation et leur gloire. Plutarque, après avoir examiné leur naturel, leurs actions, leur fortune, nous laisse la liberté de décider, qu'il n'a osé prendre. Montaigne, plus hardi, se déclare pour le premier : et, depuis que les versions de Vaugelas et d'Ablancourt ont fait de ces héros le sujet de toutes nos conversations[1], chacun s'est rendu partisan de l'un ou de l'autre, selon son inclination ou sa fantaisie. Pour moi, qui ai peut-être examiné leur vie avec autant

---

1. Vaugelas a traduit la *Vie d'Alexandre* écrite par Quinte-Curce ; et d'Ablancourt, les *Commentaires* de César.

de curiosité que personne, je ne me donnerai pourtant pas l'autorité d'en juger absolument. Mais, puisque vous ne voulez pas me dispenser de vous dire ce que j'en pense, vous aurez quelques observations que j'ai faites sur le rapport et la différence que j'y trouve.

Tous deux ont eu l'avantage des grandes naissances. Alexandre, fils d'un roi considérable; César, d'une des premières maisons de cette république, dont les citoyens s'estimoient plus que les rois. Il semble que les dieux ayent voulu donner à connoître la grandeur future d'Alexandre, par le songe d'Olympias, et par quelques autres présages. Ses inclinations relevées dès son enfance, ses larmes jalouses de la gloire de son père, le jugement de Philippe, qui le croyoit digne d'un plus grand royaume que le sien, appuyèrent l'avertissement des dieux. Plusieurs choses de cette nature n'ont pas été moins remarquables en César. Sylla trouvoit en lui, tout jeune qu'il étoit, plusieurs Marius. César songea qu'il avoit couché avec sa mère; et les devins expliquèrent que la terre, mère commune des hommes, se verroit soumise à sa puissance. On le vit pleurer, en regardant la statue d'Alexandre, de n'avoir encore rien fait à un âge où ce conquérant s'étoit rendu maître de l'univers.

L'amour des lettres leur fut une passion commune; mais Alexandre, ambitieux partout, étoit piqué d'une jalousie de supériorité en ses études, et avoit pour but principal dans les sciences, d'être plus savant que les autres. Aussi voit-on qu'il se plaignit d'Aristote, d'avoir publié des connoissances secrètes, qui ne devoient être que pour lui seulement; et il avoue qu'il n'aspire pas moins à s'élever au-dessus des hommes, par les lettres, que par les armes. Comme il avoit l'esprit curieux et passionné, il se plut à la découverte des choses cachées, et fut touché particulièrement de la poésie. Il n'y a personne à qui la passion qu'il avoit pour Homère ne soit connue, et qui ne sache qu'en faveur de Pindare, les maisons de ses descendants furent conservées dans la ruine de Thèbes, et la désolation générale de ses citoyens.

L'esprit de César, un peu moins vaste, ramena les sciences à son usage; et il semble n'avoir aimé les lettres que pour son utilité. Dans la philosophie d'Épicure, qu'il préféra à toutes les autres, il s'attacha principalement à ce qui regarde l'homme. Mais il paroît que l'éloquence eut ses premiers soins: sachant qu'elle étoit nécessaire dans la république, pour arriver aux plus grandes choses. Il harangua aux

Rostres[1], à la mort de sa tante Julia, avec beaucoup d'applaudissement. Il accusa Dolabella, et fit ensuite cette oraison si adroite et si délicate, pour sauver la vie aux prisonniers de la conjuration de Catilina.

Il ne nous reste rien qu'on puisse dire sûrement être d'Alexandre, que certains dits spirituels, d'un tour admirable, qui nous laissent une impression égale de la grandeur de son âme et de la vivacité de son esprit.

Mais la plus grande différence que je trouve dans leurs sentiments, est sur le sujet de la religion. Alexandre fut dévot jusqu'à la superstition, se laissant posséder par les devins et par les oracles : ce qu'on peut attribuer, outre son naturel, à la lecture ordinaire des poëtes, qui donnoient aux hommes la crainte des dieux, et composoient toute la théologie de ces temps-là. Quant à César, soit par son tempérament, soit pour avoir suivi les opinions d'Épicure, il est certain qu'il passa dans l'autre extrémité ; n'attendit rien des dieux, en cette vie, et se mit peu en peine de ce qui devoit arriver, en l'autre. Lucain le représente au siége de Marseille, la hache à la main, dans un bois sacré, où donnant les premiers coups, il incitoit les soldats saisis d'une secrète hor-

---

1. La tribune aux harangues.

reur de religion, par des paroles assez impies[1]. Salluste lui fait dire que la mort est la fin de tous les maux; qu'au-delà, il ne reste ni souci, ni sentiment pour la joie[2].

Mais, comme les hommes, quelque grands qu'ils soient, comparés les uns aux autres, sont toujours foibles, défectueux, contraires à eux-mêmes, sujets à l'erreur ou à l'ignorance; César fut troublé d'un songe qui lui prédisoit l'empire, et se moqua de celui de sa femme, qui l'avertissoit de sa mort. Sa vie répondit assez à sa créance. Véritablement, il fut modéré en des plaisirs indifférents; mais il ne se dénia rien des voluptés qui le touchoient. C'est

---

1. Voici les vers de Lucain, livre III, vers 432-439.

Implicitas magno Cæsar terrore Cohortes
Ut vidit, primus raptam librare bipennem
Ausus, et aëriam ferro proscindere quercum,
Effatur merso violata in robora ferro:
Jam ne quis vestrum dubitet subvertere silvam;
Credite me fecisse nefas. Tunc paruit omnis
Imperiis non sublato secura pavore
Turba, sed expensa superorum et Cæsaris irâ.

C'est-à-dire, selon la traduction de Brebeuf :

Il querelle leur crainte, il frémit de courroux,
Et, le fer à la main, porte les premiers coups.
Quittez, quittez, dit-il, l'effroi qui vous maîtrise;
Si ces bois sont sacrés, c'est moi qui les méprise :
Seul, j'offense aujourd'hui le respect de ces lieux,
Et seul, je prends sur moi tout le courroux des dieux.

2. *In luctu atque miseriis, mortem ærumnarum requiem, non cruciatum esse; eam cuncta mortalium mala dissolvere; ultra neque curæ, neque gaudio locum esse. De conjuratione Catilinæ, cap.* LI.

ce qui fit faire à Catulle tant d'épigrammes contre lui, et d'où vint à la fin ce bon mot, que César étoit *la femme de tous les maris, et le mari de toutes les femmes.*

Alexandre eut en cela beaucoup de modération; il ne fut pourtant pas insensible. Barzine et Roxane lui donnèrent de l'amour; et il n'eut pas tant de continence, qu'il ne s'accoutumât enfin à Bagoas, à qui Darius s'étoit accoutumé auparavant[1].

Le plaisir du repas, si cher à Alexandre, et où il se laissoit aller quelquefois jusqu'à l'excès, fut indifférent à César. Ce n'est pas que, parmi les travaux et dans l'action, Alexandre ne fût sobre et peu délicat; mais, dans le temps du repos, la tranquillité lui étoit fade, s'il ne l'éveilloit, pour ainsi dire, par quelque chose de piquant.

Ils donnèrent l'un et l'autre jusqu'à la profusion; mais César avec plus de dessein et d'intérêt. Ses largesses au peuple, ses dépenses excessives dans l'édilité, ses présents à Curion, étoient plutôt des corruptions que de véritables libéralités. Alexandre donna pour faire du bien, par la pure grandeur de son âme. Quand il passa en Asie, il distribua ses domaines; il se dé-

---

1. *Nabarzanes acceptâ fide occurrit, dona ingentia ferens. Inter quæ Bagoas erat specie singulari spado, atque in ipso flore pueritiæ; cui et Darius fuerat assuetus, et mox Alexander assuevit.* Quintus Curtius, *VI,* cap. v, 22.

pouilla de toutes choses, et ne garda rien pour lui, que l'espérance des conquêtes, ou la résolution de périr. Lorsqu'il n'avoit presque plus besoin de personne, il paya les dettes de toute l'armée. Les peintres, les sculpteurs, les musiciens, les poëtes, les philosophes (tous illustres nécessiteux), eurent part à sa magnificence, et se ressentirent de sa grandeur. Ce n'est pas que César ne fût aussi naturellement fort libéral : mais, dans le dessein de s'élever, il lui fallut gagner les personnes nécessaires ; et, à peine se vit-il maître de l'empire, qu'on le lui ôta malheureusement avec la vie.

Je ne trouve point en César de ces amitiés qu'eut Alexandre pour Éphestion, ni de ces confiances qu'il avoit en Cratérus. Les commerces de César étoient, ou des liaisons pour ses affaires, ou un procédé assez obligeant, mais beaucoup moins passionné pour ses amis. Il est vrai que sa familiarité n'avoit rien de dangereux ; et ceux qui le pratiquoient n'appréhendèrent ni sa colère, ni ses caprices. Comme Alexandre fut extrême, ou il étoit le plus charmant, ou le plus terrible : et on n'alloit jamais sûrement dans une privauté où il engageoit lui-même. Cependant, l'amitié fut sa plus grande passion, après la gloire, dont il ne faut point d'autre témoignage que le sien propre, lorsqu'il s'écria, auprès de la statue d'Achille : *ô, Achille, que je te trouve heureux d'avoir eu un ami fidèle pendant ta vie, et un poëte comme Homère après ta mort !*

Jusqu'ici, nous avons cherché ces deux grands hommes dans leur naturel ; il est temps d'examiner le génie des conquérants, et de les considérer dans toute l'étendue de l'action. Il y a quelque espèce de folie à raisonner sur des choses purement imaginaires ; néanmoins, selon toute la vraisemblance, si Alexandre se fût trouvé en la place de César, il n'auroit employé ses grandes et admirables qualités qu'à sa propre ruine. On peut croire que son humeur altière et ennemie des précautions, l'eût mal conservé dans les persécutions de Sylla ; difficilement eût-il pu chercher sa sûreté dans un éloignement volontaire. Comme il donnoit par un pur mouvement de libéralité, ses largesses lui eussent été pernicieuses. Au lieu d'attendre l'édilité, où les magnificences et les profusions étoient permises, ses dons et ses présents hors de saison l'auroient rendu justement suspect au sénat. Peut-être n'auroit-il pu s'assujettir à des lois qui eussent gêné une âme si impérieuse que la sienne ; et, tentant quelque chose à contre-temps, il auroit eu le destin de Manlius, des Gracques, de Catilina. Mais, si Alexandre eût péri dans la république, César, dont le courage et la précaution alloient d'ordinaire ensemble, ne se fût jamais mis dans l'esprit ce vaste dessein de la conquête de l'Asie.

Il est à croire que César, dont la conduite étoit si fine et si cachée, qu'il entra dans toutes les conspirations, sans être accusé qu'une seule fois, et jamais convaincu; lui qui, dans les divisions qu'il fit naître entre les Gaulois, secouroit les uns, pour opprimer les autres, et les assujettir tous à la fin : il est à croire, dis-je, que ce même César, suivant son génie, auroit soumis ses voisins, et divisé toutes les républiques de la Grèce, pour les assujettir pleinement. Et certes, avoir quitté la Macédoine sans espérance de retour, avoir laissé des voisins mal affectionnés, la Grèce quasi soumise, mais peu affermie dans la sujétion ; avec trente-cinq mille hommes, soixante-dix mille talens [1], et peu de vivres, avoit cherché un roi de Perse que les Grecs appeloient LE GRAND ROI, et dont les simples lieutenants sur les frontières faisoient trembler tout le monde ; c'est ce qui passe l'imagination, et quelque chose de plus que si aujourd'hui la république de Gênes, celles de Lucques et de Raguse entreprenoient la conquête de la France. Si César avait dé-

1. Qui font 390 000 francs de notre monnoie. Si c'étoient des talents d'or, il faut compter dix fois plus.

claré la guerre au GRAND ROI, c'eût été sur les frontières, de proche en proche, et il ne se fût pas tenu malheureux de borner ses États par le Granique. Si l'ambition l'avoit poussé plus avant, pensez-vous qu'il eût refusé les offres de Darius, lui qui offrit toujours la paix à Pompée ; et qu'il ne se fût pas contenté de la fille du roi, avec cinq ou six provinces qu'Alexandre refusa peut-être insolemment ? enfin, si mes conjectures sont raisonnables, il n'auroit point cherché dans les plaines le roi de Perse suivi d'un million d'hommes. Quelque brave, quelque ferme qu'il pût être, je ne sais s'il auroit dormi profondément la nuit qui précéda la bataille d'Arbelles ; je crois du moins qu'il eût été du sentiment de Parménion, et nous n'aurions de lui aucune des réponses d'Alexandre. Cependant il falloit donner ce grand combat pour se rendre maître de l'Asie ; autrement, Darius, eût traîné la guerre de province en province, toute sa vie : il falloit qu'il pérît comme il arriva, et que mille peuples différents le vissent vaincu avec toutes ses forces.

Il est vrai que ce désir de gloire immodéré, et cette ambition trop vaste qui ne laissoit point de repos à Alexandre, le rendirent quelquefois si insupportable aux Macédoniens, qu'ils furent tout prêts de l'abandonner. Mais c'est là particulièrement que parut cette grandeur de courage qui ne s'étonnoit de rien. *Allez, lâches*, leur dit-il, *allez, ingrats, dire en votre pays que vous avez laissé Alexandre avec ses amis, travaillant pour la gloire de la Grèce, parmi des peuples qui lui obéiront mieux que vous.* Dans toute sa vie, Monsieur le Prince [1] n'admire rien plus que cette fierté qu'il eut pour les Macédoniens, et cette confiance de lui-même. « Alexandre, dit-il, abandonné des « siens parmi des barbares mal assujettis, se « sentoit si digne de commander, qu'il ne « croyait pas qu'on pût refuser de lui obéir. « Être en Europe ou en Asie, parmi les Grecs « ou les Perses, tout lui était indifférent : il « pensoit trouver des sujets où il trouvoit des « hommes. »

Ce qu'on dit à l'avantage de César, c'est que les Macédoniens eurent affaire à des nations pleines de mollesse et de lâcheté, et que la conquête des Gaules dont les peuples étoient fiers et belliqueux, fut beaucoup plus difficile aux Romains. Je ne m'amuserai point à examiner le courage des uns et des autres; mais il est certain que César ne trouva pas dans les Gaules de véritables armées. C'étoient des peuples entiers, à la réserve des femmes, des

---

1. Le prince de Condé.

enfants et des vieillards, qui s'armoient tumultuairement pour la défense de leur liberté ; des multitudes de combattants sans ordre et sans discipline ; et à la vérité, si vous en exceptez deux ou trois, César pouvait dire : *Veni, vidi, vici*, en toutes les occasions. Ce qui me fait croire que Labienus commandant les légions, n'eût pas moins assujetti nos provinces à la république, où, selon toutes les apparences, Parménion n'auroit pas donné cette grande bataille qui décida des affaires de l'Asie. Vous trouverez encore cette particularité remarquable, que celui-ci eut besoin du secours d'Alexandre dans le combat ; et que César un jour étoit perdu sans Labienus, qui après avoir tout battu de son côté, envoya la dixième légion le dégager. Soit par le plus grand péril des entreprises, soit pour s'exposer davantage, ou pour être en cela plus malheureux, Alexandre fut cent fois en danger manifeste de sa vie, et reçut souvent de grandes blessures. César eut véritablement ses hasards, mais plus rares ; et je ne sache point qu'il ait été fort blessé dans toutes ses guerres.

Je ne vois pas aussi que les peuples de l'Asie dussent être si mols et si lâches, eux qui ont toujours été formidables à l'Europe. Dans la plus grande puissance de la République, les Romains n'ont-ils pas été malheureux chez les Parthes, qui n'avoient qu'une partie de l'empire de Darius? Crassus y périt avec ses légions, du temps de César; et un peu après, Antoine y fit un voyage funeste et honteux. Pour des conquêtes, on ne peut véritablement attribuer à César que celles des Gaules; car dans la guerre civile, il assujettit la république avec la meilleure partie de ses forces; et la seule bataille de Pharsale le fit maître de cent peuples différents, que d'autres avoient vaincus. Vespasien n'a pas conquis l'empire pour s'être fait empereur par la défaite de Vitellius. Ainsi César a profité des travaux de tous les Romains : les Scipions, Émilius, Marcellus, Marius, Sylla et Pompée, ses propres ennemis, ont combattu pour lui : tout ce qui s'étoit fait en six cents années, fut le fruit d'une seule heure de combat.

Ce qui me semble plus incompréhensible d'Alexandre, c'est qu'en douze ou treize ans, il ait conquis plus de pays que les plus grands États n'ont su faire dans toute l'étendue de leur durée. Aujourd'hui un voyageur est célèbre, pour avoir traversé une partie des nations qu'il a subjuguées; et, afin qu'il ne manquât rien à sa félicité, il a joui paisiblement de son empire, jusqu'à être adoré de ceux qu'il avoit vaincus. En quoi je plains le malheur de César, qui n'a pu donner une forme à l'État, selon ses desseins, ayant été assassiné par ceux qu'il alloit assujettir.

Il me reste une considération à faire sur Alexandre; que tous les capitaines des Macédoniens ont été de grands rois, après sa mort, qui n'étoient que des hommes médiocres, comparés à lui, durant sa vie. Et certes, je lui pardonne en quelque sorte, si, dans un pays où c'étoit une créance reçue que la plupart des dieux avoient leur famille en terre, où Hercule étoit cru fils de Jupiter, pour avoir tué un lion et assommé quelque voleur : je lui pardonne, dis-je, si appuyé de l'opinion de Philippe, qui pensoit que sa femme eût commerce avec un dieu; si trompé par les oracles, si se sentant si fort au-dessus des hommes, il a quelquefois méprisé sa naissance véritable, et cherché son origine dans les cieux. Peut-être faisoit-il couler cette créance parmi les barbares pour en attirer la vénération; et tandis qu'il se donnoit au monde pour une espèce de dieu, le sommeil, le plaisir des femmes, le sang qui couloit de ses blessures, lui faisoient connoître qu'il n'étoit qu'un homme.

Après avoir parlé si longtemps des avantages d'Alexandre, je dirai, en peu de mots, que par la beauté d'un génie universel, César fut le plus grand des Romains en toutes choses : dans les affaires de la république et dans les emplois de la guerre. A la vérité, les entreprises d'Alexandre ont quelque chose de plus étonnant ; mais la conduite et la capacité ne paraissoient pas y avoir la même part. La guerre d'Espagne contre Petreius et Afranius, est une chose que les gens d'une expérience consommée admirent encore. Les plus mémorables siéges des derniers temps ont été formés sur celui d'Alexie[1] : nous devons à César nos forts, nos lignes, nos contrevallations, et généralement tout ce qui fait la sûreté des armées devant les places. Pour ce qui est de la vigueur, la bataille de Munda fut plus contestée que celles d'Asie ; et César courut un aussi grand péril en Égypte, qu'Alexandre dans le bourg des Malliens.

Ils ne furent pas moins différents dans le procédé que dans l'action. Quand César n'avoit pas la justice de son côté, il en cherchoit les apparences : les prétextes ne lui manquoient jamais. Alexandre ne donnoit au monde pour raisons que ses volontés : il suivoit par tout son ambition ou son humeur. César se laissoit

---

1. Ainsi traduisoit-on, alors, le nom d'*Alesia*. Saint-Evremond nous révèle ici une circonstance pleine d'intérêt, et qui n'a pas été mise en lumière par les archéologues et les savants officiers à qui nous devons la polémique vive et piquante, ouverte sur la question de l'emplacement véritable de *L'Alise* assiégée par César.

conduire à son intérêt, ou à sa raison. On n'a guère vu, en personne, tant d'égalité dans la vie, tant de modération dans la fortune, tant de clémence dans les injures. Ces impétuosités qui coûtèrent la vie à Clitus; ces soupçons mal éclaircis qui causèrent la perte de Philotas, et qui, à la honte d'Alexandre, traînèrent ensuite comme un mal nécessaire la mort de Parménion; tous ces mouvements étaient inconnus à César. On ne peut lui reprocher de mort que la sienne, pour n'avoir pas eu assez de soin de sa propre conservation.

Aussi faut-il avouer que, bien loin d'être sujet aux désordres de sa passion, il fut le plus agissant homme du monde, et le moins ému : les grandes, les petites choses le trouvaient dans son assiette, sans qu'il parût s'élever pour celles-là, ni s'abaisser pour celles-ci. Alexandre n'étoit proprement dans son naturel qu'aux extraordinaires. S'il falloit courir, il vouloit que ce fût contre des rois. S'il aimoit la chasse, c'étoit celle des lions. Il avoit peine à faire un présent qui ne fût digne de lui. Jamais si résolu, jamais si gai que dans l'abattement des troupes; jamais si constant, si assuré que dans leur désespoir. En un mot, il commençoit à se posséder pleinement où les hommes d'ordinaire, soit par la crainte, soit par quelqu'autre foiblesse, ont accoutumé de ne se posséder plus. Mais son âme trop élevée, s'ajustoit mal aisément au train commun de la vie ; et peu sûre d'elle-même, il étoit à craindre qu'elle ne s'échappât parmi les plaisirs ou dans le repos.

Ici, je ne puis m'empêcher de faire quelques réflexions sur les héros, dont l'empire a cela de doux, qu'on n'a pas de peine à s'y assujettir. Il ne nous reste pour eux, ni de ces répugnances secrètes, ni de ces mouvements intérieurs de liberté, qui nous gênent dans une obéissance forcée : tout ce qui est en nous, est souple et facile ; mais ce qui vient d'eux est quelquefois insupportable. Quand ils sont nos maîtres par la puissance, et si fort au-dessus de nous par le mérite, ils pensent avoir comme un double empire qui exige une double sujétion ; et souvent c'est une condition fâcheuse de dépendre de si grands hommes, qu'ils puissent nous mépriser légitimement. Cependant, puisqu'on ne règne pas dans les solitudes, et que ce leur est une nécessité de converser avec nous, il seroit de leur intérêt de s'accommoder à notre foiblesse. Nous les révèrerions comme des dieux, s'ils se contentoient de vivre comme des hommes.

Mais finissons un discours qui me devient ennuyeux à moi-même, et disons que par des moyens praticables, César a exécuté les plus grandes choses ; qu'il s'est fait le premier des Romains.

Alexandre étoit naturellemeut au-dessus des hommes : vous diriez qu'il était né le maître de l'univers, et que dans ses expéditions il alloit moins combattre des ennemis, que se faire reconnaître de ses peuples.

V

OBSERVATIONS SUR SALLUSTE ET SUR TACITE,

A M. Vossius[1].

(1668.)

J'ai voulu faire autrefois un jugement fort exact de Salluste et de Tacite ; mais ayant connu depuis que d'autres l'avoient déjà fait, pour ne suivre ni perdre entièrement ma pensée, je me suis réduit à une seule observation que je vous envoie.

Il me semble que le dernier tourne toute chose en politique. Chez lui la nature et la fortune ont peu de part aux affaires ; et je me

---

1. Isaac Vossius, fils de Gérard Jean. Voy. t. I, p. 107.

trompe, ou il nous donne souvent des causes bien recherchées de certaines actions toutes simples, ordinaires et naturelles.

Quand Auguste veut donner des bornes à l'empire, c'est, à son avis, par une jalouse appréhension qu'un autre n'ait la gloire de les étendre. Le même empereur, s'il en est cru, prend des mesures pour s'assurer les regrets du peuple romain, ménageant artificieusement les avantages de sa mémoire, par le choix de son successeur [1].

L'esprit dangereux de Tibère, ses dissimulations sont connues de tout le monde : mais ce n'est pas assez connaître le naturel de l'homme, que de donner à ce prince un artifice universel : la nature n'est jamais si fort réduite, qu'elle ne se garde autant de droits sur nos actions, que nous en pouvons prendre sur ses mouvements. Il entre toujours quelque chose du tempérament dans les desseins les plus concertés ; et il n'est pas croyable que Tibère, assujetti tant d'années aux volontés de Séjan, ou à ses infâmes plaisirs, ait pu avoir toujours dans cette faiblesse et cet abandonnement, un art si recherché et une politique si étudiée.

---

1. Voyez *sup.*, les *Réflexions sur les divers génies du peuple romain*, pag. 119 et 126.

L'empoisonnement de Britannicus ne fait pas autant d'horreur qu'il devroit faire, par l'attachement que donne Tacite à observer la contenance des spectateurs. Tandis qu'un lecteur s'occupe à considérer leurs divers mouvements, l'imprudence effrayée des uns, les profondes réflexions des autres, la froideur dissimulée de Néron, les craintes secrètes d'Agrippine ; l'esprit, détourné de la noirceur de l'action, et de la funeste image de cette mort, laisse échapper le parricide à sa haine, et le pauvre mourant à sa pitié.

La cruauté du même Néron dans la mort de sa mère, a une conduite trop délicate. Quand Agrippine auroit péri véritablement par une petite intrigue de cour si bien menée, il eût fallu supprimer la moitié de l'art ; car le crime trouve moins d'aversion dans les esprits, et si je l'ose dire, il se concilie le jugement des lecteurs, lorsqu'on met tant d'adresse et de dextérité à le conduire.

Presque en toutes choses, Tacite fait des tableaux trop finis, où il ne laisse rien à désirer de l'art, mais où il donne trop peu au naturel. Rien n'est plus beau que ce qu'il représente. Souvent, ce n'est pas la chose qui doit être représentée ; quelquefois il passe au delà des affaires, par trop de pénétration et de profondeur ; quelquefois des spéculations trop fines nous dérobent les vrais objets, pour mettre en leur place de belles idées. Ce que l'on peut dire en sa faveur, c'est que peut-être il nous oblige davantage qu'il n'eût fait en nous donnant des choses grossières, dont la vérité n'importe plus.

Salluste, d'un esprit assez opposé, donne autant au naturel que Tacite à la politique. Le plus grand soin du premier, est de bien connaître le génie des hommes : les affaires viennent après naturellement, par des actions peu recherchées de ces mêmes personnes qu'il a dépeintes.

Si vous considérez avec attention l'éloge de Catilina, vous ne vous étonnerez ni de cet horrible dessein d'opprimer le sénat, ni de ce vaste projet de se rendre maître de la république, sans être appuyé des légions. Quand vous ferez réflexion sur sa souplesse, ses insinuations, son talent à inspirer ses mouvements et à s'unir les factieux; quand vous songerez que tant de dissimulations étoient soutenues par tant de fierté où il étoit besoin d'agir, vous ne serez pas surpris qu'à la tête de tous les ambitieux et de tous les corrompus, il ait été si près de renverser Rome, et de ruiner sa patrie.

Mais Salluste ne se contente pas de nous dépeindre les hommes dans les éloges, il fait qu'ils se dépeignent eux-mêmes dans les harangues, où vous voyez toujours une expression de leur naturel. La harangue de César nous découvre assez qu'une conspiration ne lui déplaît pas. Sous le zèle qu'il témoigne à la conservation des lois et à la dignité du sénat, il laisse apercevoir son inclination pour les conjurés. Il ne prend pas tant de soin à cacher l'opinion qu'il a des enfers; les dieux lui sont moins considérables que les consuls; et, à son avis, la mort n'est autre chose que la fin de nos tourments et le repos des misérables. Caton fait lui-même son portrait, après que César a fait le sien. Il va droit au bien, mais d'un air farouche : l'austérité de ses mœurs est inséparable de l'intégrité de sa vie ; il mêle le chagrin de son esprit et la dureté de ses manières avec l'utilité de ses conseils. Ce seul mot d'*optimo consuli*, qui fâcha tant Cicéron, pour ne pas donner à son mérite assez d'étendue, me fait pleinement comprendre, et les bonnes intentions, et la vaine humeur de ce consul. Enfin, par diverses peintures de différents acteurs, non-seulement je me représente les personnes, mais il me semble voir tout ce qui se passa dans la conjuration de Catilina.

Vous pouvez observer la même chose dans l'histoire de Jugurtha. La description de ses qualités et de son humeur vous prépare à voir l'invasion du royaume; et trois lignes nous dépeignent toute sa manière de faire la guerre. Vous voyez dans le caractère de Métellus, avec le rétablissement de la discipline, un heureux changement des affaires des Romains.

Marius conduit l'armée en Afrique, du même esprit qu'il harangue à Rome. Sylla parle à Bocchus avec le même génie qui paroît dans son éloge; peu attaché au devoir et à la régularité, donnant toutes choses à la passion de se faire des amis : *dein parentes abundè habemus; amicorum, neque nobis neque cuiquam omnium satis fuit.* Ainsi Salluste fait agir les hommes par tempérament, et croit assez obliger son lecteur de les bien faire connoître. Toute personne extraordinaire qui se présente est exactement dépeinte, quand même elle n'auroit pas une part considérable à son sujet. Tel est l'éloge de Sempronia, selon mon jugement, inimitable. Il va même chercher des considérations éloignées, pour nous donner les portraits de Caton et de César, si beaux à la vérité, que je les préfèrerois à des histoires toutes entières.

Pour conclure mon observation sur ces deux auteurs, l'ambition, l'avarice, le luxe, la corruption, toutes les causes générales des désordres de la république, sont très-souvent alléguées par celui-ci. Je ne sais s'il descend assez aux intérêts et aux considérations particulières. Vous diriez que les conseils subtils et raffinés lui semblent indignes de la grandeur de la république; et c'est peut-être par cette raison qu'il va chercher dans la spéculation peu de choses, presque tout dans les passions et dans le génie des hommes.

On voit dans l'histoire de Tacite plus de vices encore, plus de méchancetés, plus de crimes; mais l'habileté les conduit, et la dextérité les manie : on y parle toujours avec dessein, on n'agit point sans mesure; la cruauté est prudente, et la violence avisée. En un mot, le crime y est trop délicat, d'où il arrive que les plus gens de bien goûtent un art de méchanceté qui ne se laisse pas assez connoître, et qu'ils apprennent, sans y penser, à devenir criminels, croyant seulement devenir habiles. Mais laissant là Salluste et Tacite dans leurs caractères différents, je dirai qu'on rencontre peu souvent ensemble, une connoissance délicate des hommes, et une profonde intelligence des affaires.

Ceux qui sont élevés dans les compagnies, qui parlent dans les assemblées, apprennent l'ordre, les formes et toutes les matières qui s'y traitent. Passant de là par les ambassades, ils s'instruisent des affaires du dehors; et il y en a peu, de quelque nature qu'elles soient, dont ils ne deviennent capables par l'application et l'expérience. Mais quand ils viennent à s'établir dans les cours, on les voit grossiers au choix des gens, sans aucun goût du mérite, ridicules dans leurs dépenses et dans leurs plaisirs.

Nos ministres, en France, sont tout à fait exempts de ces défauts-là; je le puis dire de tous sans flatterie, et m'étendre un peu sur M. de Lionne [1], que je connois davantage. C'est en lui proprement que les talents séparés se rassemblent; c'est en lui que se rencontrent une connoissance délicate du mérite des hommes, et une profonde intelligence des affaires.

Dans la vérité, je me suis étonné mille fois qu'un ministre qui a confondu toute la politique des Italiens, qui a mis en désordre la prudence concertée des Espagnols, qui a tourné dans nos intérêts tant de princes d'Allemagne, et fait agir, selon nos desseins, ceux qui se remuent si difficilement pour eux-mêmes; je me suis étonné, dis-je, qu'un homme si consommé dans les négociations, si profond dans les affaires, puisse avoir toute la délicatesse

---

1. Le comte de Lionne, dont il a été déjà question au tome I, page 109, et dans l'*introduction*. Hugues de Lionne étoit, en ce temps-là, ministre des affaires étrangères.

des plus polis courtisans pour la conversation et pour les plaisirs. On peut dire de lui ce qu'a dit Salluste d'un grand homme de l'antiquité : que son loisir est voluptueux, mais que par une juste dispensation de son temps, avec la facilité du travail dont il s'est rendu le maître, jamais affaire n'a été retardée par ses plaisirs[1].

Parmi les divertissements de ce loisir, parmi ses occupations les plus importantes, il ne laisse pas de donner quelques heures aux belles-lettres, dont Atticus, cet honnête homme des anciens, n'avoit pas acquis une connoissance plus délicate dans la douceur de son repos, et la tranquillité de ses études. Il sait de toutes choses infiniment, et la science qui gâte bien souvent le naturel, ne fait qu'embellir le sien : elle quitte ce qu'elle a d'obscur, de difficile, de rude, et lui apporte pleinement tous ses avantages, sans intéresser la netteté et la politesse de son esprit. Personne ne connaît mieux que lui les beaux ouvrages ; personne ne les fait mieux : il sait également juger et produire ; et je suis en peine si on doit estimer plus en

---

1. *Igitur Sulla gentis patritiæ nobilis fuit, familia prope jam exstincta majorum ignavia, litteris Græcis atque Latinis juxta atque doctissumè eruditus, animo ingenti : cupidus voluptatum, sed gloriæ cupidior, otio luxurioso esse, tamen ab negotiis numquam voluptas remorata, etc.* Salluste, *de Bello Jugurt.* 95.

lui la finesse du discernement, ou la beauté du génie. Il est temps de quitter le sien, pour venir à celui des courtisans.

Comme ils sont nourris auprès des rois, comme ils font leur séjour ordinaire auprès des princes, ils se forment un talent particulier à les bien connoître : il n'y a point d'inclination qui leur soit cachée, point d'aversion inconnue, point de faible qui ne leur soit découvert. De là viennent les insinuations, les complaisances, et toutes ces mesures délicates qui font un art de gagner les cœurs, ou de se concilier au moins les volontés : mais, soit manque d'application, soit pour tenir au-dessous d'eux les emplois où l'on s'instruit des affaires, ils les ignorent toutes également, et leurs agréments venant à manquer avec l'âge, rien ne leur apporte de la considération et du crédit.

Ils vieillissent donc dans les cabinets, exposés à la raillerie des jeunes gens, qui ne peuvent souffrir leur censure ; avec cette différence que ceux-ci d'ordinaire font les choses qui leur conviennent, et que les autres ne peuvent s'abstenir de celles qui ne leur conviennent plus ; et certes le plus honnête homme, dont personne n'a besoin, a de la peine à s'exempter du ridicule en vieillissant. Mais il en est comme de ces femmes galantes, à qui le monde plaît encore quand elles ne lui plaisent plus.

Si nous étions sages, notre dégoût répondroit à celui qu'on a pour nous : car dans l'inutilité des conditions où l'on ne se soutient que par le mérite de plaire, la fin des agrémens doit être le commencement de la retraite.

Les gens de robe, au contraire, paroissent moins honnêtes gens quand ils sont jeunes, par un faux air de cour qui les fait réussir dans la ville, et les rend ridicules aux courtisans : mais enfin, la connoissance de leur intérêt les ramène à leur profession ; et devenus habiles avec le temps, ils se trouvent en des postes considérables, où tout le monde généralement a besoin d'eux. Il est bien vrai que les courtisans qui s'élèvent aux honneurs par de grands emplois, ne laissent rien à désirer en leur suffisance ; et leur mérite se trouve pleinement achevé, quand ils joignent à une délicatesse de cour la connoissance des affaires, et l'expérience dans la guerre.

VI

CONVERSATION DE MONSIEUR DE SAINT-ÉVREMOND AVEC LE DUC DE CANDALE[1].

(1668; ébauchée en 1665).

Je ne prétends pas entretenir le public de ce qui me regarde. Il importe peu aux hommes de savoir mes affaires et mes disgrâces; mais on ne sauroit trouver mauvais, sans chagrin, que je fasse réflexion sur ma vie passée, et que je détourne mon esprit de quelques fâcheuses considérations sur des pensées un peu moins désagréables. Cependant, comme il est ridicule de parler toujours de soi, fût-ce à soi-même, plusieurs personnes de grand mérite seront mêlées dans ce discours, qui me fera trouver plus de douceur qu'aucune conversation ne m'en peut

---

1. Le duc de Candale, intime ami de Saint-Evremond étoit mort en 1658, comme nous l'avons dit dans l'Introduction. Cette conversation est supposée tenue en 1650. Saint-Evremond la rédigea, pour se distraire de la douleur que lui causa la mort de M. d'Aubigny, en 1665. Il la remania en 1668, pour M. de Lionne. Sur le duc de Candale, voy. l'*Hist. amour. des Gaules*, édit. de M. P. Boiteau, tome I, page 12 et suiv.

donner, depuis que j'ai perdu celle de M. d'Aubigny [1].

A la prison de Monsieur le Prince [2], j'avois un fort grand commerce avec M. de Candale. Les plaisirs l'avoient fait naître, et il étoit entretenu par de simples agréments, sans dessein et sans intérêt. Il avoit vécu auparavant dans une étroite amitié avec Moret [3] et le chevalier de la Vieuville [4]; et Vineuil [5] avoit donné à cette

---

1. M. d'Aubigny mourut en 1665.
2. En 1650.
3. Le comte de Moret, frère aîné du marquis de Vardes. Tous deux étoient fils de Jacqueline de Bueil, comtesse de Moret, aimée de Henri IV, dont elle eut le comte de Moret, tué en 1632, au combat de Castelnaudary, à côté de Henri de Montmorency. Après la mort de Henri IV, elle avoit épousé (1617) René du Bec, marquis de Vardes, auquel elle porta le comté de Moret. De ce mariage naquirent le comte de Moret, dont il est ici question : homme d'honneur et de mérite, en 1650 lieutenant général, tué plus tard, en 1658, au siége de Gravelines; et le célèbre marquis de Vardes, qui expia par un exil assez mérité le complot perfide qu'il avoit ourdi, avec madame de Soissons, contre mademoiselle de la Vallière.
4. Henri de la Vieuville, chevalier de Malte, fils de Charles de la Vieuville, surintendant des finances, auquel succéda Fouquet, en 1653. Le chevalier de la Vieuville mourut en 1652, à l'âge de 25 ans, des blessures qu'il avoit reçues au siége d'Étampes.
5. Ardier, seigneur ou marquis de Vineuil, fort répandu dans le grand monde, et homme de beaucoup d'esprit. Voy. Tallemant, *Hist. de la comtesse de la Suze*, édit. de P. Paris. — Tome IV, page 231 et *alibi*. Voyez

union le nom de *Ligue*, par une espèce de ridicule qu'elle méritoit assez. En effet, ils avoient mille secrets de bagatelles : ils faisoient des mystères de rien, et se retiroient en particulier dix fois le jour, sans aucun plaisir d'être ensemble, que celui d'être séparés des autres. Je ne laissois pas d'être de leur société, mais jamais de leur confidence, laquelle se rompit à la fin, sans aucun sujet de brouillerie entr'eux-mêmes.

M. de Vardes, en s'en allant à l'armée, avoit laissé à Paris une maîtresse aussi aimable que femme du monde [1]; mais elle avoit été aimée et avoit aimé; et, comme sa tendresse s'étoit épuisée dans ses premières amours, elle n'avoit plus de passion véritable. Ses affaires n'étoient plus qu'un intérêt de galanterie qu'elle conduisoit avec un grand art, d'autant plus qu'elle paroissoit naturelle, et faisoit passer la facilité de son esprit pour une naïveté de sentiments. Son histoire étant connue, elle ne prenoit pas le parti de faire la prude impudem-

---

aussi M. Cousin, *madame de Sablé*; le cardinal de Retz, tome II, page 39, édit. de Champollion; madame de Motteville, Bussy-Rabutin, etc.

1. Madame de Saint-Loup, née de la Rocheposay, et soupçonnée d'être fille du cardinal de Richelieu. Elle joue un rôle dans l'*Hist. amoureuse des Gaules.* Voyez tome I, page 20, édit. de M. Poitevin; et Tallemant, *Histor. de Lepage*, tome VI, page 171, suiv., édit. citée.

ment; mais elle tournoit une vie de peu d'éclat où elle se voyoit réduite, en une vie retirée, et ménageoit avec beaucoup de dessein une fausse négligence. Elle n'alloit pas au Louvre disputer un galant contre ces jeunes beautés qui font tout le bruit dans le monde; elle savait l'en tirer avec adresse, et n'avoit pas moins d'industrie pour le conserver, qu'elle en avoit eu pour se l'acquérir. Un simple commerce de bienséance ne lui eût pas été permis avec une femme tant soit peu aimable; et une amitié ordinaire avec les hommes, se reprochoit comme une tendresse dérobée à son amour. Les plaisirs particuliers lui faisoient craindre un attachement. Elle appréhendoit d'être oubliée dans les divertissements de foule : surtout elle crioit contre les repas du commandeur [1], où l'on respiroit certain air de liberté, ennemi des passions délicates. Enfin, si elle n'avoit tous vos soins, elle se plaignoit d'être abandonnée; et parce qu'elle se disoit tout à vous, elle vouloit que vous fussiez tout à elle.

M. de Vardes absent ne put maintenir long-temps une maîtresse de cette humeur. Elle se rendit à la vue du jeune M. de Candale; encore dit-on que ses desseins avoient prévenu l'im-

---

[1]. Le commandeur de Souvré. Voyez notre INTRODUCTION.

pression que fait la présence, et qu'elle avoit songé à se le mettre entre les mains avant que de le connoître. M. de Vardes fut sensible à ce changement, comme à la perte d'un plaisir qui lui étoit fort cher ; mais en honnête homme il ne s'en fit pas une affaire, et il regarda M. de Candale avec le dépit d'un rival, sans jamais y mêler la haine d'un ennemi.

Moret, dont la gravité représentoit l'honneur en toutes choses, se tint offensé en la personne de son frère, et prit pour un véritable affront ce que l'intéressé avoit reçu comme un simple déplaisir. Ses plaintes furent d'abord assez fières : les voyant mal reçues dans le monde, il changea de discours sans changer de procédé. Il se disoit malheureux de n'avoir pu s'attirer les égards d'une personne pour laquelle il avait eu tant de considération toute sa vie ; il disoit que M. de Candale étoit peu à plaindre, qu'il trouveroit des amis plus dignes de son amitié, et qu'avec beaucoup de déplaisir il se voyoit obligé d'en chercher d'autres sur lesquels il pût faire plus de fondement. C'étoit le langage qu'il tenoit à tout le monde, avec une fausse modestie qui marque plus la bonne opinion qu'on a de soi, que ne feroit une présomption légèrement déclarée. Pour le chevalier de la Vieuville, il se tint désobligé aussitôt que Moret pensa l'être ; et, tant pour lui plaire, que par la vivacité de son naturel, il anima les reproches un peu davantage.

Je voyois M. de Candale à l'ordinaire; et, comme il lui falloit toujours quelque confident, je le devins aussitôt de ses plaintes sur le procédé de ces messieurs, et, peu de temps après, de sa passion pour madame de Saint-Loup. Dans la chaleur de cette nouvelle confidence, il ne pouvoit se passer de moi, pour me confier en secret de petites choses fort chères aux amants, et très-indifférentes à ceux qui sont obligés de les écouter. Je les recevois comme des mystères, et les sentais comme des bagatelles importunes. Mais son humeur étoit agréable, je trouvois son procédé obligeant, et il avoit un air si noble en toute sa personne, que je prenois plaisir à le regarder, au même temps que j'en avois peu à l'entendre. Jusque-là, je n'avois pas eu le moindre dessein dans son commerce. Quand je me vis maître de son esprit, si je l'ose dire, je pensai que je ne ferois pas mal de ménager une personne qui devoit être un jour fort considérable. Alors je me fis une étude particulière de le bien connoître, et n'oubliai rien pour le prendre par tous les endroits où il pouvoit être sensible. Je louois sa maîtresse sans trahir mes sentiments, car elle me paroissoit fort aimable; et je blâmois le procédé de Moret et du chevalier de la

Vieuville, qui, selon mon sens, n'avoient aucune raison.

Il y a des insinuations honnêtes, dont le moins artificieux se peut servir; il y a des complaisances aussi éloignées de l'adulation que de la rudesse. Comme M. de Candale avoit l'âme passionnée, je mêlois dans nos entretiens ce que je connoissois de plus tendre. La douceur de son esprit faisoit une certaine délicatesse; et de cette petite délicatesse il se formoit assez de discernement pour les choses qui n'avoient pas besoin d'être approfondies. Outre le naturel, il y tournoit son esprit par étude; et par étude, je lui fournissois des sujets où il pouvoit employer cette espèce de lumière. Ainsi, nous nous séparions sans aucun de ces dégoûts qui commencent à la fin des conversations; et content de moi, pour l'être de lui, il augmentoit son amitié à mesure qu'il se plaisoit davantage.

Ceux qui cherchent de la docilité dans les esprits, établissent rarement la supériorité du leur, sans faire sentir avec chagrin une humeur impérieuse. Le mérite ne fait pas toujours des impressions sur les plus honnêtes gens; chacun est jaloux du sien jusqu'à ne pouvoir souffrir aisément celui d'un autre. Une complaisance mutuelle concilie ordinairement les volontés; néanmoins, comme on donne autant par là qu'on reçoit, le plaisir d'être flatté se paye chèrement quelquefois, par la peine qu'on se fait à flatter un autre. Mais qui veut bien se rendre approbateur, et ne se soucie pas d'être approuvé, celui-là oblige, à mon avis, doublement : il oblige de la louange qu'il donne, et de l'approbation dont il dispense. C'est un grand secret, dans la familiarité d'un commerce, de tourner les hommes, autant qu'on le peut honnêtement, à leur amour-propre. Quand on sait les rechercher à propos et leur faire trouver en eux des talents dont ils n'avoient pas l'usage, ils nous savent gré de la joie secrète qu'ils sentent de ce mérite découvert, et peuvent d'autant moins se passer de nous, qu'ils en ont besoin pour être agréablement avec eux-mêmes.

Peut-être ai-je tort de quitter des choses particulières, pour m'étendre sur des observations générales; j'y serois plus scrupuleux, si j'avois à entretenir le public d'affaires de grande considération. Comme je ne parle qu'à moi seul sur une matière peu importante, je pratique à mon égard ce que j'ai fait à celui d'un autre; et, ne cherchant qu'à me plaire, je suis ingénieux à tirer de mon esprit des pensées qui me contentent. Je veux donc me laisser aller à ma fantaisie, pourvu que ma fantaisie n'aille pas tout à fait à l'extravagance, car il faut éviter le déréglement aussi bien que la contrainte; et pour revenir à quelque sorte de régularité, je reprends la narration que j'ai commencée.

La première chose que fit la cour, à la détention de Monsieur le Prince, fut d'aller en Normandie, pour en chasser madame de Longueville, et ôter aux créatures de sa maison les gouvernements qui étoient entre leurs mains. Je fis le voyage avec M. de Candale, et deux jours entiers d'un temps et d'un chemin assez fâcheux nous eûmes une conversation presque continue, et assez agréable, pour être fort variée.

Après nous être épuisés à parler de sa passion, de celle de quelques autres, et indifféremment de tous les plaisirs, nous vînmes à tomber insensiblement sur le misérable état où se trouvoit Monsieur le Prince, avec tant de gloire et après tant de grandeur. Je lui dis : « Qu'un prince si grand et si malheureux devoit être plaint de tout le monde; que sa conduite, à la vérité, avoit été peu respectueuse pour la reine, et un peu fâcheuse pour M. le cardinal, mais que c'étoient des fautes à l'égard de la cour et non pas des crimes contre l'État, capables de faire oublier les services importants qu'il avoit rendus; que ces services avoient soutenu M. le cardinal et assuré le pouvoir dont Son Éminence venoit de se servir pour le perdre; que la France eût peut-être succombé au commencement de la régence, sans la bataille de Rocroi qu'il avoit gagnée; que la cour avoit fait toutes les fautes sans lui, après la bataille de Lens, et ne s'étoit sauvée que par lui dans la guerre de Paris; qu'après avoir si bien servi, il n'avoit fait que déplaire par l'impétuosité d'une humeur dont il n'avoit pu être le maître; mais que tous ses desseins et ses actions alloient pleinement au service du roi et à la grandeur du royaume. Je ne sais pas, ajoutai-je, ce que la cour gagnera par sa prison, mais je sais bien que les Espagnols ne pouvoient rien souhaiter de plus favorable. »

Je suis obligé, dit M. de Candale, *je suis obligé à Monsieur le Prince de mille honnêtetés qu'il a eues pour moi, malgré son chagrin contre M. d'Epernon, mon père. J'ai été peut-être un peu plus sensible que je ne devois à des obligations si légères, et je n'ignore point qu'on m'a accusé de ne prendre pas assez de part aux intérêts de ma maison. Tous ces discours ne m'ont pas empêché d'être son serviteur, et ses disgrâces ne m'en empêchent pas encore; mais dans l'attachement que j'ai à la cour, je ne puis donner qu'une douleur secrète à ses malheurs, inutile pour lui, en l'état qu'il est, et ruineuse pour moi, si je la fais paroître.*

« Voilà, repris-je, les sentiments d'un fort

honnête homme, et que je trouve d'autant plus généreux, que la prison de messieurs les princes est la chose la plus avantageuse que vous puissiez désirer. Je vous regarde aujourd'hui comme le plus considérable homme de France, si vous voulez l'être. On vient de mettre nos princes du sang au bois de Vincennes, dont apparemment ils ne sortiront pas sitôt. M. de Turenne et M. de Bouillon se sont éloignés pour les servir. M. de Nemours n'est de rien, tout honnête homme qu'il est, et ne sait présentement quel parti prendre. M. de Guise est prisonnier en Espagne. Tout le reste de nos grands seigneurs est suspect, négligé de M. le cardinal. Dans la situation où sont les choses, si vous ne savez pas faire valoir la considération de vos établissements et les bonnes qualités de votre personne, ne rejettez rien sur la fortune qui vous sert si bien; prenez-vous-en à vous seul, car c'est vous qui manquerez à vous-même. »

Il m'écouta avec la plus grande attention du monde, et plus touché de mon discours que je ne me l'étois imaginé, il me remercia avec chaleur des ouvertures que je lui avois données. Il me dit bonnement que la jeunesse et les plaisirs l'avoient empêché de s'appliquer à rien de sérieux jusques-là; mais qu'il étoit résolu de quitter son inutilité, et de mettre tout en usage pour se donner de la considération. *Je vais vous faire une confidence,* poursuivit-il, *que je n'ai jamais faite à personne : vous ne sauriez croire l'inclination que M. le cardinal a pour moi. Vous savez qu'il a quelque dessein de me faire épouser une de ses nièces; et l'on croira aisément que sa bonne volonté est fondée sur le projet de cette alliance ; j'y en attribue moi-même une partie, mais je ne m'y connois point, ou il a pour moi quelque foible. Je vous confierai encore un plus grand secret : c'est que je ne me sens aucune amitié pour lui, et à vous parler nettement, j'ai le cœur aussi dur pour Son Éminence, que Son Éminence le sauroit avoir pour le reste des courtisans.*

« J'aimerois beaucoup mieux, lui dis-je, que vous eussiez quelque tendresse, car il sera difficile que vos véritables sentiments échappent à sa pénétration. Si vous m'en croyez, vous le verrez rarement en particulier; et lorsque vous y serez obligé, entretenez-le de votre dévouement en général, sans vous laisser conduire dans un détail curieux, qui lui donne le loisir de vous examiner et la facilité de vous connoître. Quand le roi et la reine seront chez lui, quand il cherchera à se divertir avec ses courtisans ordinaires, ne manquez jamais de vous y trouver; et là, par toutes sortes de complaisances et d'agréments, tâchez d'entretenir une amitié qu'il est assez disposé à entretenir de lui-même. S'il étoit d'humeur à se faire un vrai favori, sa familiarité vous seroit avantageuse; mais sa bonne volonté ne pouvant être si pure qu'il n'y entre du dessein, un grand commerce lui fera découvrir tous vos foibles, avant que vous ayez trouvé le moindre des siens. Quelque dissimulation qu'un homme de votre âge puisse avoir, ce ne lui est pas un petit malheur d'avoir à souffrir les observations d'un vieux ministre, supérieur par l'avantage du poste et par celui de l'expérience. Croyez-moi, monsieur, il est dangereux de voir trop souvent un habile homme, quand la différence et souvent la contrariété des intérêts ne permet pas de s'y fier. Si cette maxime peut être reçue chez les autres nations, elle est comme infaillible dans la nôtre, où la pénétration pour découvrir va plus loin que la dissimulation pour se cacher. Ne présumez donc pas de pouvoir combattre M. le cardinal par son art, ni de faire contester vos finesses avec les siennes. Contentez-vous de ménager vos agréments avec beaucoup de conduite, et laissez agir son inclination. L'inclination est un mouvement agréable qui nous est d'autant plus cher qu'il nous semble purement nôtre. Il naît dans le fond de nos tendresses et s'y entretient mollement avec plaisir : en quoi il diffère de l'estime, laquelle est reçue comme une chose étrangère, une chose qui ne s'établit et ne se maintient point en nous par la faveur de nos sentiments, mais par la justice que nous sommes obligés de rendre aux personnes vertueuses.

« Nous allons tomber dans un temps où apparemment M. le cardinal aura besoin de ses serviteurs. Il faut vous faire considérer comme un homme utile, après vous être fait aimer comme une personne agréable. Le moyen d'être tout à fait bien avec lui, c'est de remplir ses vues d'intérêt, aussi bien que les sentiments de son affection ; et c'est ce que vous ferez infailliblement, en lui promettant une grande considération que vous vous serez donnée. Elle ne vous manquera pas, si vous vous éloignez de la conduite de M. d'Epernon, sans vous éloigner de ses intérêts, qui doivent toujours être les vôtres. Heureusement la nature vous a donné une humeur trop opposée à la sienne. Il n'y a rien de si contraire que la douceur de votre esprit et l'autorité du sien ; que votre complaisance et ses chagrins ; que vos insinuations et sa fierté. Laissez-vous donc aller à votre naturel presque en toutes choses ; mais donnez-vous garde de prendre, sans y penser, les sentiments d'une fausse gloire. On démêle malaisément la fausse d'avec la véritable : une hauteur mal entendue passe pour une grandeur d'âme ; et, trop sensible à ce qui vient de la qualité, on est moins animé qu'on ne doit, pour les grandes choses. Voici le portrait de M. d'Epernon, si je ne me trompe. Dans le respect qu'il exige, dans les devoirs qu'on lui rend, il oubliera ce qu'on doit au gouverneur et au colonel[1], pourvu qu'on rende à M. d'Epernon ce qu'on ne lui doit pas. Je ne dis point que la distinction ne doive être agréable aux personnes de grande qualité ; mais il faut se l'attirer, et non pas se la faire présomptueusement soi-même.

« Il seroit honteux de laisser perdre les choses établies par le mérite et par le crédit de ses prédécesseurs : on ne sauroit avoir trop de fermeté à maintenir ces sortes de droits, quand la possession en est laissée ; mais il n'en va pas ainsi en des prétentions nouvelles, qui doivent être établies par délicatesse et par douceur, avant que d'être aperçues. C'est là qu'il vous faut aller adroitement aux autres, pour les faire venir insensiblement à vous ; et au lieu de prendre avec fierté ce qu'on peut refuser avec justice, un habile homme emploie toute son industrie à se faire donner ce qu'il ne demande pas.

« Soyez honnête, officieux, libéral ; que

---

[1]. Le duc d'Epernon étoit alors gouverneur de Guyenne et colonel général de l'infanterie.

chacun trouve chez vous sa commodité et son plaisir, on vous portera volontairement ce que vous exigerez sans succès par une hauteur affectée. Personne n'est blessé du respect qu'il veut bien rendre, parce qu'il peut ne le rendre pas, et qu'il pense donner des marques de son amitié, plutôt que de son devoir. La jalousie de la liberté est une chose commune à tous les hommes; mais diverses gens la font consister en diverses choses. Les uns rejettent toute supériorité : le choix des supérieurs tient lieu de liberté à quelques autres. Le François particulièrement est de cette humeur : impatient de votre autorité et de sa franchise, il ne sauroit recevoir de maîtres sans chagrin, ni demeurer le sien sans dégoût; ennuyé de sa propre possession, il cherche à se donner, et trop content de la disposition de sa volonté, il s'assujettit avec plaisir, si on lui laisse faire sa dépendance. C'est à peu près notre naturel que vous devez consulter, plutôt que le vôtre, dans la conduite que vous avez à tenir.

« Il y a deux choses parmi nous, qui apportent des distinctions fort considérables : la faveur du roi déclarée, et un grand mérite à la guerre bien reconnu. La faveur, qui ne diminue rien, en Espagne, de la jalousie des rangs, lève bien des contestations en France, où chacun se laisse conduire purement à l'intérêt, sous prétexte d'honorer la confiance ou l'inclination du prince. Les plus corrompus, dont le nombre est grand, portent leur servitude où ils croient trouver leur fortune, et ceux qui s'abandonnent le moins ne laissent pas de se faire un mérite de leur souplesse. On voit bien quelques faux généreux, qui mettent ridiculement leur honneur à mépriser les ministres; on voit des esprits rudes qui pensent être fermes, mais il est peu de gens habiles et honnêtes, qui sachent conserver de la dignité en ménageant leurs affaires. A le bien prendre, tout cède à nos favoris, si la cour ne sort pas de sa situation ordinaire.

« Pour le mérite de la guerre, il apporte une considération fort grande; et quand on a commandé dignement de grosses armées, il reste une impression de cette autorité, qui se conserve dans la cour même. On honore avec plaisir un général qui a fait acquérir de l'honneur : ceux même qui en ont le moins acquis se souviennent agréablement des fatigues dans la mollesse. On s'entretient des actions passées dans l'inutilité présente; on rappelle la mémoire du péril, dans la sûreté : l'image de la guerre enfin ne se présente point, dans la paix, sans un souvenir du commandement qu'on a exercé sur nous, et de l'obéissance que nous avons rendue.

« C'est à ce mérite de la guerre que l'ambition vous doit pousser; c'est là que vous devez appliquer tous vos soins, pour arriver quelque jour au commandement des armées. Un emploi si noble et si glorieux égale les sujets aux souverains dans l'autorité; et comme il fait quelquefois d'un particulier un conquérant, il peut faire du prince le mieux établi le dernier des misérables, s'il néglige une vertu nécessaire à soutenir sa fortune. Lorsque vous aurez bien réglé votre conduite, pour la cour, et animé votre ambition, pour la guerre, il vous restera encore à vous donner des amis, dont la réputation bien établie puisse contribuer à la vôtre, et qui fassent valoir votre application nouvelle, quand vous vous donnerez plus de mouvement.

« De tous les hommes que je connois, il n'y en a point avec qui je souhaite un commerce plus particulier qu'avec M. de Palluau[1], et avec M. de Miossens[2]. La grande liaison que j'ai avec l'un et l'autre, pourroit vous rendre suspect le bien que j'en dis toujours; mais ne craignez pas en cela de déférer à mon sentiment, et croyez qu'on trouve malaisément de si honnêtes gens qu'eux dans le monde. J'avoue

1. Philippe de Clérembaut, comte de Palluau. Voy. t. I, p. 189.
2. César-Phœbus d'Albret, comte de Miossens, maréchal de France en 1653; mort en 1676.

pourtant que l'amitié de M. le marquis de Créqui[1] me semble préférable à toute autre : sa chaleur pour ses amis, si vive et si animée, sa fidélité si pure et si nette, me le font estimer infiniment; d'ailleurs, son ambition, son courage, son génie pour la guerre, un esprit universel qui s'étend à tout, ajoutent à l'amitié une considération fort particulière. On lui peut donner sans faveur ce bel éloge qu'on donnoit à un ancien : *Ita ut ad id unum natus esse videretur quod aggrederetur*. Quand son choix le détermina à sa profession, la nature l'avoit préparé à toutes : capable de cent choses différentes, aussi propre à ce qui regarde le métier des autres qu'à ce qui touche le sien. Il pourroit se donner de la réputation par les lettres, s'il ne la vouloit toute par les armes. Une gloire ambitieuse ne souffre point les petites vanités; mais il n'en est pas moins curieux, et cherchant dans une étude secrète le plaisir particulier de s'instruire, il joint à l'avantage de savoir beaucoup le mérite de cacher discrètement ses connoissances. Peut-être ne croyez-vous pas pouvoir rencontrer, dans la jeunesse où il est, ce qu'à peine on attend de l'âge le plus avancé; et j'avoue que nous don-

---

1. François de Créqui, maréchal de France. Voy. t. I, p. 85, et l'INTRODUCTION.

nons quelquefois aux jeunes gens une estime précipitée par la faveur de nos sentiments. Quelquefois aussi nous rendons une justice bien lente à leur vertu, oubliant à louer ce qu'ils font de bien, dans le temps de l'exercice et de l'action, pour donner des louanges à ce qu'ils ont fait, dans la cessation et le repos. Rarement on ajuste la réputation à la vertu, et j'ai vu mille gens en ma vie estimés, ou du mérite qu'ils n'avoient pas encore, ou de celui qu'ils n'avoient déjà plus : on trouve en M. le marquis de Créqui un ajustement si rare. Quelques grandes espérances qu'il donne de l'avenir, il fournit dans le présent de quoi contenter les plus difficiles, et il a seulement à désirer ce que les autres ont à craindre, l'attention des observateurs et la délicatesse des bons juges.

« Un premier ministre, un favori, qui chercheroit dans la cour un sujet digne de sa confiance, n'en sauroit trouver, à mon avis, qui la mérite mieux, que M. de Ruvigny[1]. Vous verrez peut-être, en quelques autres, ou un talent plus brillant, ou de certaines actions d'un plus grand éclat que les siennes. A tout prendre, à juger des hommes par la considération de toute la vie, je n'en connois point qu'on

1. Henri Massués, marquis de Ruvigni. Voy. Tallemant, *passim;* et surtout t. II, p. 230 : t. III, p. 414 à 454, à propos de mesdames de Rohan.

doive estimer davantage, et avec qui l'on puisse entretenir plus longtemps une confidence sans soupçon et une amitié sans dégoût. Quelques plaintes que l'on fasse de la corruption du siècle, on ne laisse pas de rencontrer encore des amis fidèles; mais la plupart de ces gens d'honneur ont je ne sais quoi de rigide qui feroit préférer les insinuations d'un fourbe à une si austère fidélité. Je remarque dans ces hommes, qu'on appelle *solides et essentiels*, une gravité qui vous importune, ou une pesanteur qui vous ennuie. Leur bon sens même, pour vous être utile une fois dans vos affaires, entre mal à propos tous les jours dans vos plaisirs. Cependant, il faut ménager des personnes qui vous gênent, dans la vue que vous pourrez en avoir besoin; et parce qu'ils ne vous tromperont pas, quand vous leur confierez quelque chose, ils se font un droit de vous incommoder, aux heures que vous n'avez rien à leur confier. La probité de M. de Ruvigny, aussi propre que la leur pour la confiance, n'a rien que de facile et d'accommodant pour la compagnie : c'est un ami sûr et agréable, dont la liaison est solide, dont la familiarité est douce, dont la conversation est toujours sensée et toujours satisfaisante.

« La prison de M. le prince a fait sortir de la cour une personne considérable que j'honore infiniment; c'est M. de la Rochefoucault, que son courage et sa conduite feront voir capable de toutes les choses où il veut entrer. Il va trouver de la réputation, où il trouvera peu d'intérêt; et sa mauvaise fortune fera paroître un mérite à tout le monde, que la retenue de son humeur ne laissoit connoître qu'aux plus délicats. En quelque fâcheuse condition où sa destinée le réduise, vous le verrez également éloigné de la foiblesse et de la fausse fermeté : se possédant, sans crainte, dans l'état le plus dangereux, mais ne s'opiniâtrant pas dans une affaire ruineuse, par l'aigreur d'un ressentiment, ou par quelque fierté mal entendue. Dans la vie ordinaire, son commerce est honnête, sa conversation juste et polie. Tout ce qu'il dit est bien pensé; et, dans ce qu'il écrit, la facilité de l'expression égale la netteté de la pensée.

Je ne vous parle point de M. de Turenne; ce seroit trop de présomption à un particulier de croire que ses sentiments pussent être considérés, parmi les témoignages publics et la justice universelle que les nations lui ont rendue. D'ailleurs, il ne faut pas vous entretenir longtemps de personnes éloignées, qui ne peuvent contribuer en rien à vos intérêts.

« Je reviens à M. de Palluau et à M. de Miossens, pour les dépeindre par des qualités qui vous seront ou agréables ou utiles. Vous trouverez dans le commerce de M. de Palluau tous les agréments imaginables, autant de secret et de sûreté que vous en puissiez désirer. N'attendez pas de lui les empressements d'un jeune homme qui s'entête de vous servir, et dont vous avez plus à redouter l'imprudence, qu'à désirer la chaleur. Il fera toujours à propos ce que vous exigerez de lui, et ne manquera point aux offices que sait rendre un courtisan délicat. Si votre amitié est une fois bien liée, il s'intéressera dans votre conduite : plus utile pour la régler par ses conseils, que propre à pousser vos affaires à bout par sa vigueur. Je l'ai toujours vu fort opposé aux faux généreux ; et pour avoir tourné en ridicule l'ostentation d'une probité affectée, plusieurs ont cru qu'il étoit assez indifférent pour la véritable. Je puis dire néanmoins que je n'ai jamais connu, en personne, une honnêteté plus naturelle : sans fourbe, sans artifice, sans finesse, avec ses amis ; attaché à la cour, sans prostitution aucune, et tâchant de plaire avec une délicatesse éloignée de toute sorte d'adulation.

« Une liaison vous sera plus avantageuse pour vos affaires avec M. de Miossens, particulièrement dans une conjoncture comme celle-ci, où l'on devra presque tout à l'industrie. Il va être admirable, dans une cour où il y aura divers intérêts et beaucoup d'intrigues. Il entrera d'abord avec vous, espérant que vous lui serez bon à quelque chose; et si vous vivez bien avec lui, il se fera un honneur particulier de vous être bon à tout. Pour peu que vous soyez soigneux, vous attirerez tous ses soins; si vous êtes complaisant, il sera flatteur; ayez quelque tendresse, il sera plus sensible qu'on ne croit, et qu'il ne pensera lui-même. Alors il quitte les vues d'intérêt, et animant son commerce de toute la chaleur de son amitié, il se charge à la fin de vos affaires comme des siennes : industrieux, ponctuel, diligent à les poursuivre, ne comptant pour rien ces offices généraux dont les liaisons ordinaires s'entretiennent, il ne croira pas que vous deviez être content de lui, et ne le sera pas lui-même, qu'il ne vous ait effectivement servi. Le seul danger qu'il y ait, c'est de choquer la délicatesse de son humeur : un oubli, une indifférence témoignée sans y penser, pourroit faire naître sérieusement la sienne; une raillerie sur une demoiselle qu'il aime, un discours qu'il aura fait, mal pris ou plaisamment tourné, lui seront des injures sensibles; et sans proportion du ressentiment à l'offense, il cherchera peut-être à se venger dans les choses qui vous importent le plus. Comme il n'y a personne plus capable de faire valoir vos bonnes qualités, quand il vous aime, il n'y en a point qui sache pousser si loin vos faibles et vos défauts, quand il croit que vous lui donnez sujet de ne vous aimer pas. Voilà ce que vous avez à craindre de son humeur; mais il n'est pas difficile de vous en garantir. Pour être sûr de lui, vous n'avez qu'à être sûr de vous-même; et si vous avez des égards sur ce qui le touche, j'ose assurer qu'il en aura pour vous encore davantage. »

Pour M. de Palluau, reprit M. de Candale, j'avoue que je m'accommoderois aussi bien avec lui qu'avec homme du monde; et vous m'obligerez, vous qui êtes si fort de ses amis, de le rendre plus particulièrement des miens. J'estime les bonnes qualités de M. de Miossens autant que vous. Je sais qu'on ne peut pas en avoir de meilleures : personne n'a plus d'esprit, et il l'emploie aussi volontiers qu'utilement, pour ses amis; mais il a tenu jusqu'ici un procédé si désobligeant avec moi, que je ne me résoudrai jamais à lui faire aucune avance. S'il lui prenoit envie de me rechercher, ou que vous pussiez nous unir insensiblement, avec adresse, je n'y trouverois pas moins de plaisir que d'avantage.

Moret et le chevalier de la Vieuville avoient donné cette aversion-là à M. de Candale; et il l'auroit assez prise de lui-même, par un secret sentiment de gloire, qui ne pouvoit souffrir la hauteur que M. de Miossens avoit avec lui en toute occasion, et à laquelle son humeur molle et paresseuse ne se donnoit pas la peine de s'opposer. Je ne prétends pas intéresser par là son courage : il en avoit véritablement ; mais la facilité de son esprit et sa nonchalance avoient un air de faiblesse, particulièrement en de petites occasions qui ne lui sembloient pas assez importantes pour troubler la douceur de son repos. Tout ce qui avoit de l'éclat excitoit sa gloire, et sa gloire lui faisoit trouver le véritable usage de son cœur. Je l'ai vu même aller au delà de ce qu'il se devoit, après avoir négligé des choses obscures, qui éclatoient à la fin : capable de hasarder ses établissements et de se perdre lui-même, quand il voyoit sa réputation bien engagée. Il donnoit au monde trop de prise sur lui, par ses négligences ; et le monde pouvoit le pousser trop loin, par un ridicule malicieux, qui lui faisoit perdre la modération de son humeur, ordinairement assez douce, et toujours moins douce que glorieuse.

Voilà quelques traits du portrait de M. DE CANDALE. Comme il a eu assez d'éclat dans le monde, pour laisser la curiosité de le connaître tout à fait, il ne sera pas hors de propos d'en donner une peinture achevée. J'ai connu peu de gens qui eussent tant de qualités différentes ; mais il avoit cet avantage dans le commerce des hommes, que la nature avoit exposé en vue celles qui plaisoient, et caché au fond de son âme ce qui pouvoit donner de l'aversion. Je n'ai jamais vu un air si noble que le sien. Toute sa personne étoit agréable, et il faisoit tout ce qu'on pouvoit faire d'un esprit médiocre, pour la douceur de la conversation et pour les plaisirs. Une légère habitude le faisoit aimer : un profond commerce ne s'entretenoit pas longtemps sans dégoût, peu soigneux qu'il étoit de ménager votre amitié, et fort léger en la sienne.

Dans cette nonchalance pour ses amis, les habiles gens se retiroient sans éclat, et ramenoient la familiarité à une simple connoissance ; les plus tendres se plaignoient de lui, comme d'une maîtresse ingrate dont ils ne pouvoient se détacher. Ainsi, les agréments de sa personne le soutenoient malgré ses défauts, et trouvoient encore des sentiments pour eux en des âmes irritées. Pour lui, il vivoit avec ses amis, comme la plupart des maîtresses avec leurs amants. Quelque service que vous lui eussiez rendu, il cessoit de vous aimer, quand vous cessiez de lui plaire : dégoûté comme elles d'une ancienne habitude, et sensible aux douceurs d'une nouvelle amitié, comme sont les dames aux délicates tendresses d'une passion naissante.

Cependant, il laissoit les vieux engagements

sans les rompre; et vous lui eussiez fait de la peine de vous séparer tout à fait de lui; l'éclat des ruptures ayant je ne sais quelle violence éloignée de son humeur. D'ailleurs, il ne vouloit pas se donner l'exclusion des retours, quand vous lui aviez été ou agréable ou utile. Comme il étoit sensible aux plaisirs et intéressé dans les affaires, il revenoit à vous par vos agréments, et vous recherchoit dans ses besoins : il étoit fort avare et grand dépensier, aimant ce qui paraissoit dans la dépense, blessé de ce qui se consommoit pour paraître. Il étoit facile et glorieux; intéressé, mais fidèle : qualités bizarrement assorties, qui se trouvoient dans un même sujet ensemble. Une de ses plus grandes peines eût été de vous tromper; et quand l'intérêt, maître ordinaire de ses mouvements, lui faisoit manquer de parole, il étoit honteux de vous en avoir manqué, et peu content de lui, jusqu'à ce que vous eussiez oublié le tort qu'il avoit. Alors il se ranimoit d'une chaleur toute nouvelle pour vous, et se sentoit obligé secrètement que vous l'eussiez réconcilié avec lui-même. Hors l'intérêt, il vous désobligeoit rarement : mais vous vous attiriez aussi peu d'offices par son amitié, que d'injures par sa haine; et c'est un assez grand sujet de plainte entre les amis, de n'avoir à se louer que du mal qu'on ne fait pas.

Pour ce qui regarde les femmes, il fut assez longtemps indifférent, ou peu industrieux à se donner leurs bonnes grâces. Quand il leur parut si aimable, elles connurent bien qu'il y alloit plus du leur que du sien, dans sa nonchalance; et très-entendues dans leurs intérêts, elles commencèrent à former des desseins sur un homme qui attendoit un peu tard à en faire sur elles. On l'aima donc, et il sut aimer à la fin. Les dernières années de sa vie, toutes nos dames jetèrent les yeux sur lui. Les plus retirées ne laissoient pas de soupirer en secret : les plus galantes se le disputant, aspiroient à le posséder, comme à leur meilleure fortune. Après les avoir divisées par des intérêts de galanterie, il les réunit dans les larmes par sa mort. Toutes le sentirent aimé; et une tendresse commune fit bientôt une douleur générale. Celles qu'il avoit aimées autrefois, rappelèrent leurs vieux sentiments, et s'imaginèrent de perdre encore ce qu'elles avoient déjà perdu. Plusieurs qui lui étoient indifférentes, se flattoient qu'elles ne l'auroient pas été toujours ; et, se prenant à la mort d'avoir prévenu leur bonheur, elles pleuroient une personne si aimable, dont elles eussent pu être aimées. Il y en eut qui le regrettèrent par vanité; et on vit des inconnues s'insinuer, avec les intéressées, dans un commerce de pleurs, pour se faire quelque mérite de galanterie ; mais sa véritable maîtresse [1] se rendoit illustre par l'excès de son affliction : heureuse si elle ne se fût pas consolée ! Une seule passion fait honneur aux dames ; et je ne sais si ce n'est pas une chose plus avantageuse à leur réputation, que de n'avoir rien aimé.

VII

DISCOURS SUR LES HISTORIENS FRANÇOIS [2].

(1673.)

Il faut avouer que nos Historiens n'ont eu qu'un mérite bien médiocre. Sans l'envie naturelle qu'ont les hommes de savoir ce qui s'est passé dans leur pays, je ne sais comment une personne qui a le bon goût des histoires anciennes, pourroit se résoudre à souffrir l'ennui que donnent les nôtres. Et certes, il est assez étrange que dans une monarchie où il y a eu tant de guerres mémorables et tant de change-

---

1. La comtesse d'Olonne.
2. Saint-Evremond n'écriroit plus de nos jours ce morceau de critique, si bien appliqué à la littérature historique de son temps.

ments signalés dans les affaires ; que parmi des gens qui ont la vertu de faire les grandes choses et la vanité de les dire, il n'y ait pas un historien qui réponde, ni à la dignité de la matière, ni à notre propre inclination.

J'ai cru autrefois qu'on devoit attribuer ce défaut-là à notre langue ; mais quand j'ai considéré depuis que la beauté du françois dans la traduction égaloit presque celle du grec et du latin dans l'original, il m'est venu dans la pensée, malgré moi, que la médiocrité de notre génie se trouve au-dessous de la majesté de l'histoire. D'ailleurs, quand il y auroit parmi nous quelques génies assez élevés, il y a trop de choses nécessaires à la composition d'une belle histoire, pour les pouvoir rencontrer dans une même personne. On trouveroit peut-être un style assez pur et assez noble en quelques-uns de nos auteurs, qui, pour mener une vie éloignée de la cour et des affaires, les traiteroient avec des maximes générales et des lieux communs, qui sentent plus la politique de l'antiquité que la nôtre. Nos habiles gens d'affaires ont une grande connoissance de nos intérêts ; mais ils ont le désavantage de s'être formés à un certain style de dépêches, aussi propre pour les négociations, que peu convenable à la dignité de l'histoire. Ce leur est une chose ordinaire encore de parler fort mal de la guerre, à moins que la fortune ne les y ait jetés autrefois, ou qu'ils n'aient vécu dans la confiance et la familiarité des grands hommes qui la conduisent. Ç'a été un défaut considérable en Grotius, qui, après avoir pénétré les causes de la guerre les plus cachées, l'esprit du gouvernement des Espagnols, la disposition des peuples de Flandre; qui, après être entré dans le vrai génie des nations, après avoir formé le juste caractère des sociétés et celui des personnes principales; si bien expliqué les différents états de la religion, remonté à des sources inconnues au cardinal Bentivoglio et à Strada; n'a pu maintenir dans les esprits l'admiration qu'il y avoit causée, aussitôt qu'il a fallu ouvrir le champ de la guerre, quand il a fallu parler du mouvement des armées, venir à la description des siéges, et au récit des combats.

Nous avons des gens de qualité d'un mérite extraordinaire, qui, pour avoir passé par de grands emplois, avec un bon sens naturel et des connoissances acquises, sont également capables de bien agir et de bien parler; mais ordinairement le génie leur manque, ou ils n'ont pas l'art de bien écrire : outre que rapportant toutes choses à la cour et à la fonction de leurs charges, ils cherchent peu à s'instruire des formes du gouvernement et des ordres du royaume. Ils croiroient se faire tort et prendre l'esprit des gens de robe, contre la dignité de leur profession, s'ils s'appliquoient à la connoissance de nos principales lois. Et sans avoir ces lumières-là, j'oserois assurer qu'il est comme impossible de faire une bonne histoire, remplie, comme elle doit être, de saines et de judicieuses instructions.

Bacon se plaignoit souvent que les historiens prennent plaisir à s'étendre sur les choses étrangères, et qu'ils semblent éviter, comme une langueur, le discours des règlements qui font la tranquillité publique ; que, se laissant aller avec joie au récit des maux qu'apporte la guerre, ils ne touchent qu'avec dégoût les bonnes lois qui établissent le bonheur de la société civile. Ses plaintes me paroissent d'autant mieux fondées, qu'il n'y a pas une histoire chez les Romains où l'on ne puisse connaître le dedans de la république par ses lois, comme le dehors par ses conquêtes. Vous voyez dans Tite Live, tantôt l'abolition des vieilles lois, et tantôt l'établissement des nouvelles ; vous y voyez tout ce qui dépend de la religion et ce qui regarde les cérémonies. La *conjuration de Catilina*, dans Salluste, est toute pleine des constitutions de la république ; et la harangue de César, si délicate et si détournée, ne roule-t-elle pas toute sur la loi *Porcia :* sur les justes considérations qu'eurent leurs pères, pour quitter l'ancienne rigueur dans la punition des citoyens : sur les dangereuses conséquences qui s'ensuivroient, si une ordonnance si sage étoit violée?

Le même César, en ses Commentaires, ne perd jamais l'occasion de parler des mœurs, des coutumes et de la religion des Gaulois. Tacite n'est peut-être que trop rempli d'accusations, de défenses, de lois et de jugements. Quinte Curce, dans une histoire composée pour plaire plus que pour instruire, met à la bouche d'Alexandre les lois des Macédoniens, pour répondre aux reproches d'Hermolaüs, qui avoit conspiré contre sa vie. Cet Alexandre, qui semble n'avoir connu d'autres lois que ses volontés, dans la conquête du monde; cet Alexandre ne dédaigne pas de s'appuyer de l'autorité des lois, pour avoir fait donner le fouet à un jeune garçon, lorsqu'il est le maître de l'univers.

Comme il n'y a point de peuple qui n'ait à se garantir des violences étrangères, quand il est foible, ou à rendre sa condition plus glorieuse par des conquêtes, quand il est puissant; comme il n'y en a point qui ne doive assurer son repos par la constitution d'un bon gouvernement, et la tranquillité de sa conscience par les sentiments de sa religion; aussi n'y a-t-il point d'historien qui ne doive être instruit de tous ces différents intérêts, quand il en entreprend l'histoire; qui ne doive faire connoître ce qui rend les hommes malheureux, afin que l'on l'évite, ou ce qui fait leur bonheur, afin qu'on se le procure. On ne sauroit bien faire l'histoire de France, quelques guerres qu'on ait à décrire, sans faire connoître les ordres du royaume, la diversité de religion, et les libertés de l'Église gallicane.

Il seroit ridicule de vouloir écrire celle d'Angleterre, sans savoir les affaires du Parlement et être bien instruit des différentes religions de ce royaume. Il ne le seroit pas moins d'entreprendre celle d'Espagne, sans savoir exactement les diverses formes de ses conseils, et le mystère de son inquisition, aussi bien que le secret de ses intérêts étrangers, les motifs, et les succès de ses guerres.

Mais, à la vérité, ces diversités de lois, de religion, de politique, de guerre, doivent être mêlées ingénieusement, et ménagées avec une grande discrétion; car un homme qui affecteroit de parler souvent de la constitution et des lois de quelque État, sentiroit plutôt le législateur ou le jurisconsulte, que l'historien. Ce seroit faire des leçons de théologie, que de traiter chaque point de religion avec une curiosité recherchée : on auroit de la peine à le souffrir dans l'histoire de fra Paolo, quelque belle qu'elle puisse être, si on ne pardonnoit l'ennui de ses controverses entre les docteurs, à la nécessité de son sujet [1].

Quoique la description des guerres semble tenir le premier lieu dans l'histoire, c'est se rendre une espèce de conteur fort importun, que d'entasser événement sur événement, sans aucune diversité de matières; c'est trouver le moyen, dans les vérités, d'imiter la manière des vieux faiseurs de romans, dans leurs faux combats et leurs aventures fabuleuses.

Les historiens latins ont su mêler admirablement les diverses connoissances dont j'ai parlé : aussi l'histoire des Romains devoit-elle avoir du rapport avec leur vie, qui étoit partagée aux fonctions différentes de plusieurs professions. En effet, il n'y a guère eu de grands personnages à Rome, qui n'aient passé par les dignités du sacerdoce, qui n'aient été du sénat, et tirés du sénat, pour commander les armées. Aujourd'hui, chaque profession fait un attachement particulier. La plus grande

---

1. Voy. l'*Histoire du concile de Trente*, de fra Paolo Sarpi, trad. de l'italien en français par fr. le Courayer, avec des notes historiques; Londres, 1736, 2 vol. in-fol.; — Amsterdam, 1736, 2 vol in-4; 1751, 3 vol. in-4. L'édition originale fut publiée à Londres, en 1619, in-fol. Sa meilleure édition est de 1757, *ibid.*, 2 vol. in-4, avec les notes de le Courayer.

vertu des gens d'Église est de se donner tout entiers aux choses ecclésiastiques ; et ceux que leur ambition a poussés au maniement des affaires, ont essuyé mille reproches d'avoir corrompu la sainteté de vie où ils s'étoient destinés. Les gens de robe sont traités de ridicules, aussitôt qu'ils veulent sortir de leur profession ; et un homme de guerre ordinairement a de la honte de savoir quelque chose au delà de son métier.

Il est certain néanmoins que les diverses applications des anciens formoient une capacité bien plus étendue ; les mêmes personnes apprenant à bien employer les forces de la république et à contenir les peuples par la révérence de la religion et par l'autorité des lois. C'étoit un grand avantage aux magistrats d'être maîtres des plus fortes impressions qui se fassent sur les esprits, et de saisir tous les sentiments par où ils sont disposés à la docilité, ou contraints à l'obéissance. Ce n'en étoit pas un moindre aux généraux d'avoir appris dans les secrets de leur religion à pouvoir inspirer leurs propres mouvements, et à les faire recevoir avec le même respect que s'ils avoient été inspirés véritablement par les dieux ; d'avoir l'art de tourner toutes choses en présages de bonheur ou d'infortune, et de savoir à propos remplir les soldats de confiance ou de crainte.

Mais il en revenoit encore une autre utilité à la république ; c'est que les magistrats se faisoient connoître pleinement eux-mêmes ; car il étoit impossible que dans ces fonctions différentes, le naturel le plus profond pût également se cacher partout, et que les bonnes et les mauvaises qualités ne fussent à la fin discernées. On découvroit en ces génies bornés que la nature a restreints à certains talents, qu'une humeur douce et paisible qui s'étoit accommodée au ministère de la religion, n'avoit pas quelquefois assez de confiance, pour maintenir les lois en vigueur.

On voyoit quelquefois un sénateur, incorruptible dans les jugements, qui n'avoit ni l'activité, ni la vigilance d'un bon capitaine. Tel étoit un grand homme de guerre, comme Marius, qui se trouvoit sans capacité, en ce qui regardoit la religion et les affaires. A la vérité, il se formoit souvent une suffisance générale, et une vertu pleine partout, qui pouvoit rendre les citoyens utiles au public en toutes choses ; mais souvent aussi une capacité moins étendue faisoit employer les hommes à certains usages où ils étoient seulement propres.

C'est ce qu'on a vu dans le consulat de Cicéron et d'Antonius, où ce premier eut ordre de veiller au salut de la république, selon son talent ; et le second fut envoyé assembler des troupes, avec Pétreius, pour combattre celles de Catilina.

Si on fait réflexion sur ce que j'ai dit, on ne s'étonnera point de trouver d'excellents historiens, chez un peuple où ceux qui écrivoient l'histoire étoient des personnes considérables, auxquelles ils ne manquoit ni génie, ni art pour bien écrire; qui avoient une connoissance profonde des affaires, de la religion, de la guerre, et des hommes. A dire vrai, les anciens avoient un grand avantage sur nous, à connoître les génies par ces différentes épreuves où l'on étoit obligé de passer, dans l'administration de la République; mais ils n'ont pas eu moins de soin pour les bien dépeindre; et qui examinera leurs éloges avec un peu de curiosité et d'intelligence, y découvrira une étude particulière et un art infiniment recherché.

En effet, vous leur voyez assembler des qualités comme opposées, qu'on ne s'imagineroit pas se pouvoir trouver dans une même personne : *Animus audax, subdolus.* Vous leur voyez trouver de la diversité dans certaines qualités qui paroissent tout à fait les mêmes, et qu'on ne sauroit démêler sans une grande délicatesse de discernement : *Subdolus, varius, cujus rei lubet simulator ac dissimulator* [1].

---

1. Salluste, dans le caractère de Catilina; *Conj. Cat.* 5.

Il y a une autre diversité dans les éloges des anciens, plus délicate, qui nous est encore moins connue. C'est une certaine différence, dont chaque vice ou chaque vertu est marquée par l'impression particulière qu'elle prend dans les esprits où elle se trouve. Par exemple, le courage d'Alcibiade a quelque chose de singulier qui le distingue de celui d'Épaminondas, quoique l'un et l'autre aient su exposer leur vie également. La probité de Caton est autre que celle de Catulus; l'audace de Catilina n'est pas la même que celle d'Antoine; l'ambition de Sylla et celle de César n'ont pas une parfaite ressemblance; et de là vient que les anciens, en formant le caractère de leurs grands hommes, forment, pour ainsi dire, en même temps, le caractère des qualités qu'ils leur donnent, afin qu'ils ne paroissent pas seulement ambitieux et hardis, ou modérés et prudents; mais qu'on sache plus particulièrement quelle étoit l'espèce d'ambition et de courage, ou de modération et de prudence qu'ils ont eue.

Salluste [1] nous dépeint Catilina comme un homme de méchant naturel, et la méchanceté de ce naturel est aussitôt exprimée : *Sed ingenio malo pravoque.* L'espèce de son ambition

---

1. Voy. les *Observations sur Salluste et sur Tacite*, p. 155 de ce volume.

est distinguée par le déréglement de ses mœurs, et le déréglement est marqué à l'égard du caractère de son esprit, par des imaginations trop vastes et trop élevées : *Vastus animus immoderata, incredibilia, nimis alta semper cupiebat.* Il avoit l'esprit assez méchant pour entreprendre toutes choses contre les lois, et trop vaste pour se fixer à des desseins proportionnés aux moyens de les faire réussir.

L'esprit hardi d'une femme voluptueuse et impudique, telle qu'étoit Sempronia, eût pu faire croire que son audace alloit à tout entreprendre en faveur de ses amours; mais comme cette sorte de hardiesse est peu propre pour les dangers où l'on s'expose dans une conjuration, Salluste explique d'abord ce qu'elle est capable de faire, par ce qu'elle a fait auparavant : *Quæ multa sæpe virilis audaciæ facinora commiserat.* Voilà l'espèce de son audace exprimée. Il la fait chanter et danser, non avec les façons, les gestes et les mouvements qu'avoient à Rome les chanteuses et les baladines, mais avec plus d'art et de curiosité qu'il n'étoit bienséant à une honnête femme : *Psallere, saltare elegantius quam necesse est probæ.* Quand il lui attribue un esprit assez estimable, il dit en même temps en quoi consistoit le mérite de cet esprit : *Verum ingenium ejus haud absurdum : posse versus facere, jo-*

cos movere, sermone uti, vel modesto, vel molli, vel procaci (*de Conj. Cat.*, 25).

Vous connoîtrez dans l'éloge de Sylla, que son naturel s'accommodoit heureusement à ses desseins. La république alors étant divisée en deux factions, ceux qui aspiroient à la puissance n'avoient point de plus grand intérêt que de s'acquérir des amis, et Sylla n'avoit point de plus grand plaisir que de s'en faire. La libéralité est le meilleur moyen pour gagner les affections : Sylla savoit donner toutes choses. Parmi les choses qu'on donne, il n'y a rien qui assujettisse plus les hommes et assure tant leurs services que l'argent qu'ils reçoivent de nous. C'est en quoi la libéralité de Sylla étoit particulièrement exercée : *Rerum omnium, pecuniæ maxime largitor*[1]. Il étoit libéral de son naturel, libéral de son argent par intérêt. Son loisir étoit voluptueux ; mais ce n'eût pas été donner une idée de ce grand homme, que de le dépeindre avec de la sensualité ou de la paresse : ce qui oblige Salluste de marquer le caractère d'une volupté d'honnête homme, soumise à la gloire, et par qui les affaires ne sont jamais retardées, de peur qu'on

---

1. M. de Saint-Evremond a cité ici Salluste, de mémoire. Cet historien dit : *multarum rerum ac maxume pecuniæ largitor* (des Maizeaux). Salluste, *Jug.*, 95.

ne vînt à soupçonner Sylla d'une mollesse où languissent d'ordinaire les efféminés : *Cupidus voluptatum, sed gloriæ cupidior, otio luxurioso esse, tamen ab negotiis nunquam voluptas remorata.* Il étoit le plus heureux homme du monde, avant la guerre civile; mais ce bonheur n'étoit pas un pur effet du hasard, et sa fortune, quelque grande qu'elle fût toujours, ne se trouva jamais au-dessus de son industrie : *Atque illi, felicissumo omnium ante civilem victoriam, nunquam super industriam fortuna fuit.*

Quand Tacite fait la peinture de Pétrone, il marque les qualités qu'il lui donne, avec ces sortes de distinctions : il lui fait dépenser son bien, non pas en dissipateur, dans la débauche, mais en homme délicat, dans un luxe poli et curieux. Le mépris de la mort, qu'il lui attribue, n'a rien de commun avec celui qu'en ont eu les autres Romains. Ce n'est point la gravité constante de Thraséas, faisant des leçons à celui qui lui apportoit l'ordre de mourir; ce n'est point la constance forcée de Sénèque, qui a besoin de s'animer par le souvenir de ses préceptes et de ses discours; ce n'est point la fermeté dont Helvidius se pique; ce n'est point une résolution formée sur les sentiments des philosophes; c'est une indifférence molle et nonchalante, qui ne laissoit aucun accès dans son âme aux funestes pensées de la mort; c'est une continuation du train ordinaire de sa vie, jusqu'au dernier moment [1].

Mais si les anciens ont eu tant de délicatesse à marquer ces différences, il n'y a pas moins d'art dans le style de leurs éloges pour attacher notre discernement à les connoître. Dans leurs narrations, ils nous engagent à les suivre par la liaison insensible d'un récit agréable et naturel. Ils entraînent notre esprit, dans leurs harangues, par la véhémence du discours; de peur que, s'il demeuroit dans son assiette, il n'examinât le peu de bon sens qu'il y a dans les exagérations de l'éloquence, et n'eût le loisir de former des oppositions secrètes à la persuasion. Ils apportent quelquefois, dans un conseil, raisons sur raisons, pour déterminer les âmes les plus irrésolues au parti qu'elles doivent prendre : mais dans les éloges, où il faut discerner les vices d'avec les vertus, où il faut démêler les diversités qui se rencontrent dans un naturel, où il faut non-seulement distinguer les qualités différentes, mais les différences dont chaque qualité est marquée; on ne doit pas se servir d'un style qui nous engage, ou qui nous entraîne, ni de raisonnements suivis qui assu-

---

1. Voy. le *Jugement sur Sénèque*, *Plutarque et Pétrone*, dans ce volume, TROISIÈME PARTIE.

jettissent le nôtre. Au contraire, il faut nous dégager de tout ce qui nous attire, de ce qui nous impose, de ce qui soumet notre entendement, afin de nous laisser chez nous-mêmes avec un plein usage de nos lumières : attachés néanmoins, autant que nous pouvons l'être, à chaque terme d'un style coupé et d'une construction variée, de peur que l'esprit ne vînt à se dissiper en des considérations trop vagues. Par là, un lecteur est obligé de donner toute son attention aux diverses singularités, et d'examiner séparément chaque trait de la peinture.

C'est ainsi que les anciens formoient leurs éloges. Pour nous, si nous avions à dépeindre un naturel semblable à celui de Catilina, nous aurions de la peine à concevoir dans une même personne des qualités qui paroissent opposées. Tant de hardiesse, avec un si grand artifice, tant de fierté et tant de finesse, tant d'ardeur en ce qu'il désiroit, avec tant de feinte et de dissimulation.

Il y a des différences délicates entre des qualités qui semblent les mêmes, que nous découvrons malaisément. Il y a quelquefois un mélange de vice et de vertu, dans une seule qualité, que nous ne séparerons jamais. Véritablement, il nous est facile de connoître les vertus quand elles sont nettes et entières; et d'ordinaire nous donnons de la prudence dans les conseils, de la promptitude dans l'exécution, et de la valeur dans les combats. Pour ce qui regarde les bonnes mœurs : de la piété envers Dieu, de la probité parmi les hommes, de la fidélité à ses amis ou à son maître. Nous faisons le même usage et des défauts et des vices ; de l'incapacité dans les affaires, de la lâcheté contre les ennemis, de l'infidélité à ses amis, de la paresse, de l'avarice, de l'ingratitude ; mais, où la nature n'a pas mis une grande pureté dans les vertus, où elle a laissé quelque mélange de vertu parmi les vices, nous manquons tantôt de pénétration à découvrir ce qui se cache, tantôt de délicatesse à démêler ce qui se confond.

Ces distinctions particulières qui marquent diversement les qualités, selon les esprits où elles se rencontrent, nous sont encore plus cachées. La diversité de vaillance nous est inconnue. Nous n'avons qu'un même courage pour tous les gens de valeur ; une même ambition pour tous les ambitieux ; une même probité pour tous les gens de bien : et à dire vrai, l'éloge que nous faisons d'un homme de grand mérite, pourroit convenir à tout ce qu'il y a eu de grands personnages de notre temps. Si nous avions à parler de ces ducs de Guise dont la réputation durera toujours, nous les ferions vaillants, généreux, courtois, libéraux, ambitieux, zélés pour la religion catholique, et ennemis déclarés de la protestante; mais les qualités de l'un, trop peu distinguées de celles de l'autre, ne formeroient pas des caractères aussi divers qu'ils le doivent être. Ces vertus, que la morale et les discours généraux nous représentent les mêmes, prennent un air différent par la différence de l'humeur et du génie des personnes qui les possèdent.

Nous jugeons bien que le connétable[1] et l'amiral[2] ont été capables de soutenir le poids des affaires les plus importantes; mais la différence de leur capacité ne se trouve pas assez marquée dans nos auteurs. Ils nous apprennent que d'Andelot[3], Bussy[4] et Gi-

---

1. Anne de Montmorenci, connétable de France, mort le 12 novembre 1567.
2. Gaspard de Coligny, amiral de France, assassiné à Paris, le 24 août, jour du massacre de la Saint-Barthélemy, l'an 1572.
3. François de Coligny, seigneur d'Andelot, frère de l'amiral de Coligny, général de l'infanterie de France, mort le 27 mai 1569.
4. Louis d'Amboise, seigneur de Bussy, marquis de Reinel, capitaine de cinquante hommes d'armes du roi, gouverneur et lieutenant général en Anjou, premier gentilhomme de la chambre du duc d'Alençon, se rendit illustre par son savoir, par son courage et par sa politesse. La reine Marguerite en parle avec éloge dans ses *Mémoires*, et comme une personne qui ne lui étoit pas indifférente : elle avoue même qu'on disoit hautement au roi Henri IV, son mari, qu'*il la servoit*. Bussy fut assas-

vry[1] ont été les plus braves gens du monde ; mais on ne nous dit point qu'il y avoit une opiniâtreté de faction mêlée à la hardiesse de d'Andelot ; qu'il paroissoit quelque chose de vain et d'audacieux dans la bravoure de Bussy ; et que la valeur de Givry avoit toujours un air de chevalerie.

Il y a quelque chose de particulier dans les

---

siné en 1579, ou selon Mézerai en 1580, dans son gouvernement d'Anjou, à l'âge d'environ vingt-huit ans. Le comte de Montsoreau ayant su qu'il voyoit sa femme, la força le poignard sur la gorge, de lui écrire de se rendre incessamment auprès d'elle. Bussy vint ; et dès que le comte sut qu'il étoit dans la chambre de la comtesse, il s'y jeta accompagné de cinq ou six hommes armés. Bussy ne trouvant pas la partie égale, sauta par une fenêtre dans la cour : mais il y fut bientôt attaqué par d'autres personnes. Il se défendit longtemps, avec une vigueur et une fermeté incroyables, et leur vendit bien chèrement sa vie. Brantôme n'a pas osé s'étendre sur la mort tragique de Bussy d'Amboise, dans l'abrégé qu'il a donné de sa vie, au tome III des *Hommes illustres*. (*Des Maizeaux.*)

1. N. de Longvic, seigneur de Givry, tué au siége de Laon en 1594. — « Dans les attaques dit Mezerai, fut tué Givry, le plus accompli cavalier qui fût à la cour, soit pour son héroïque vaillance, soit pour les connoissances qu'il avoit des belles lettres, soit pour l'esprit et pour la galanterie. Un désespoir amoureux conçu de l'infidélité d'une princesse, le jeta si souvent dans les périls, qu'il y demeura comme il le souhaitoit. » — Cette princesse, que Mézerai n'a pas voulu nommer, c'étoit Louise, fille de Henri duc de Guise, assassiné aux États de Blois, en 1588, par ordre de Henri III : elle épousa François de Bourbon, prince de Conti, et mourut en 1631. (*Id.*)

courages, qui les distingue, comme il y a quelque singularité dans les esprits, qui en fait la différence. Le courage du maréchal de Châtillon [1] étoit une intrépidité lente et paresseuse: celui du maréchal de la Meilleraye [2] avoit une ardeur fort propre à presser un siége, et un grand emportement dans les combats de campagne. La valeur du maréchal de Rantzau [3] étoit admirable pour les grandes actions; elle a pu sauver une province, elle a pu sauver une armée; mais on eût dit qu'elle tenoit au-dessous d'elle les périls communs, à la voir si nonchalante pour les petites et fréquentes occasions où le service ordinaire se faisoit. Celle du maréchal de Gassion [4], plus vive et plus agissante, pouvoit être utile à tous les moments : il n'y avoit point de jour qu'elle ne donnât à nos troupes quelque avantage sur les ennemis. Il est vrai qu'on la voyoit moins libre à la vue d'une grosse affaire. Ce maréchal, si aventu-

1. Gaspard de Coligny, maréchal de France, mort en 1646. Voy. son *Histor.*, dans Tallemant, IV, 221.
2. Charles de la Porte, duc de la Meilleraye, maréchal de France, mort en 1664; beau-père de la duchesse Mazarin, et qui avoit rendu de si grands services au cardinal.
3. Josias, comte de Rantzau, de l'illustre maison de Rantzau, dans le duché de Holstein; maréchal de France, mort en 1650.
4. Jean de Gassion, maréchal de France, mort en 1647, d'une blessure qu'il reçut au siége de Lens.

rier pour les partis, si brusque à charger les arrière-gardes, craignoit un engagement entier : occupé de la pensée des événements, lorsqu'il falloit agir plutôt que penser.

Quelquefois nous donnons tout aux qualités, sans avoir égard à ce que l'humeur y mêle du du sien. Quelquefois nous donnons trop à l'humeur, et ne considérons pas assez le fond des qualités. La rêverie de M. de Turenne, son esprit retiré en lui-même, plein de ses projets et de sa conduite, l'ont fait passer pour timide, irrésolu, incertain, quoiqu'il donnât une bataille avec autant de facilité que M. de Gassion alloit à une escarmouche ; et le naturel ardent de monsieur le prince l'a fait croire impétueux dans les combats, lui qui se possède mieux dans la chaleur de l'action qu'homme du monde; lui qui avoit plus de présence d'esprit à Lens, à Fribourg, à Nordlingue et à Senef, qu'il n'en auroit eu peut-être dans son cabinet.

Après un si long discours sur la connoissance des hommes, je dirai que nos historiens ne nous en donnent pas assez, faute d'application, ou de discernement pour les bien connoître. Ils ont cru qu'un récit exact des événements suffisoit pour nous instruire, sans considérer que les affaires se font par des hommes que la passion emporte plus souvent que la politique ne les conduit. La prudence gouverne les sages, mais il en est peu ; et les plus sages ne le sont pas en tout temps : la passion fait agir presque tout le monde, et presque toujours.

Dans les républiques, où les maximes du vrai intérêt devroient être mieux suivies, on voit la plupart des choses se faire par un esprit de faction, et toute faction est passionnée : la passion se trouve partout, le zèle des plus gens de bien n'en est pas exempt. L'animosité de Caton contre César, et la fureur de Cicéron contre Antoine, n'ont guère moins servi à ruiner la liberté, que l'ambition de ceux qui ont établi la tyrannie. L'opposition du prince Maurice et de Barneveld, également mais diversement zélés pour le bien de la Hollande, ont failli à la perdre, lorsqu'elle n'avoit plus rien à craindre des Espagnols. Le prince la vouloit puissante au dehors : Barneveld la vouloit libre au dedans. Le premier la mettoit en état de faire tête à un roi d'Espagne ; le second songeoit à l'assurer contre un prince d'Orange. Il en coûta la vie à Barneveld ; et, ce qui arrive assez souvent, on vit périr par le peuple même les partisans de la liberté.

Je passe des observations sur l'histoire, à des réflexions sur la politique : on me le pardonnera peut-être ; en tout cas je me satisferai moi-même.

Dans les commencements d'une république,

l'amour de la liberté fait la première vertu des citoyens, et la jalousie qu'elle inspire établit la principale politique de l'État. Lassés que sont les hommes des peines, des embarras, des périls qu'il faut essuyer pour vivre toujours dans l'indépendance, ils suivent quelque ambitieux qui leur plaît, et tombent aisément d'une liberté fâcheuse dans une agréable sujétion. Il me souvient d'avoir dit souvent en Hollande, et au pensionnaire même[1], qu'on se mécomptoit sur le naturel des Hollandois. On se persuade que les Hollandois aiment la liberté, et ils haïssent seulement l'oppression. Il y a chez eux peu de fierté dans les âmes, et la fierté de l'âme fait les véritables républicains. Ils appréhenderoient un prince avare, capable de prendre leur bien; un prince violent, qui pourroit leur faire des outrages : mais ils s'accommodent de la qualité de prince avec plaisir. S'ils aiment la république, c'est pour l'intérêt de leur trafic, plus que par une satisfaction qu'ils aient d'être libres. Les magistrats aiment leur indépendance, pour gouverner des gens qui dépendent d'eux : le peuple reconnoît plus aisément l'autorité du prince que celle des magistrats. Lorsqu'un prince d'Orange a voulu surprendre Amsterdam, tout s'est déclaré pour les bourg-

---

1. M. de Witt.

mestres; mais ç'a été plutôt par la haine de la violence que par l'amour de la liberté. Quand un autre s'oppose à la paix[1], après une longue guerre, la paix se fait malgré lui : mais elle se fait par le sentiment de la misère présente; et la considération naturelle qu'on a pour lui, n'est que suspendue, non pas ruinée. Ces coups extraordinaires étant passés, on revient au prince d'Orange. Les républicains ont le déplaisir de voir reprendre au peuple ses premières affections, et ils appréhendent la domination, sans oser paroître jaloux de la liberté.

Dans le temps que le prince d'Orange n'avoit ni charge, ni gouvernement; dans le temps qu'il n'avoit de crédit que par son nom, le pensionnaire et M. de Noortwick étoient les seuls qui osassent prononcer hardiment le mot de RÉPUBLIQUE à la Haye. La maison d'Orange, avoit assez d'autres ennemis; mais ces ennemis parloient toujours des États, avec des expressions générales, qui n'expliquoient point la constitution du gouvernement.

La Hollande, dit Grotius, est une République faite par hasard, qui se maintient par la crainte qu'on a des Espagnols : *Respublica casu facta, quam metus Hispanorum continet*. L'appréhension que donnent les François aujourd'hui

---

1. La paix de Nimègue.

fait le même effet; et la nécessité d'une bonne intelligence unit le prince aux États, les États au prince. Mais, à juger des choses par elles-mêmes, la Hollande n'est ni libre, ni assujettie. C'est un gouvernement composé de pièces fort mal liées, où le pouvoir du prince et la liberté des citoyens ont également besoin de machines pour se conserver.

Venons maintenant à ce. qui regarde les cours, et faisons réflexion sur les effets que les passions y produisent.

En quelle cour les femmes n'ont-elles pas eu du crédit, et en quelles intrigues ne sont-elles pas entrées? Que n'a point fait la princesse d'Eboli sous Philippe II, tout prudent et tout politique qu'il étoit? Les dames n'ont-elles pas retiré Henri le Grand d'une guerre avantageusement commencée? Et ne lui en faisoient-elles pas entreprendre une, incertaine et périlleuse, lorsqu'il fut tué? Les piques du cardinal de Richelieu et du duc de Buckingham, pour une suscription de lettre, ont armé l'Angleterre contre la France. Mme de Chevreuse a remué cent machines, dedans et dehors le royaume. Et que n'a point fait la comtesse de Carlisle? N'animoit-elle pas du fond de White-Hall toutes les factions de Westminster?

C'est une consolation pour nous, de trouver nos foibles en ceux qui ont l'autorité de nous gouverner, et une grande douceur à ceux qui sont distingués par la puissance, d'être faits comme nous pour les plaisirs.

VIII

ÉLOGE DE MONSIEUR DE TURENNE[1].

(1688.)

Je ferois tort à la naissance de M. de Turenne, si je songeois à instruire le public d'une maison aussi illustre et aussi considérable dans toute l'Europe que la sienne. Je ne m'amuserai point à dépeindre tous les traits de son visage; les caractères des grands hommes n'ont rien de commun avec les portraits des belles femmes; mais je puis dire en gros qu'il avoit quelque chose d'auguste et d'agréable; quelque chose en sa physionomie qui faisoit concevoir je ne sais quoi de grand, en son âme et en son esprit. On pouvoit juger, à le voir, que par une disposition particulière, la nature l'avoit préparé à faire tout ce qu'il a fait.

1. Cet éloge devoit trouver sa place dans une histoire de M. de Turenne, entreprise par Saint-Evremond, à la prière de la maison de Bouillon, ainsi que nous l'avons dit, dans l'INTRODUCTION.

Né d'un père aussi autorisé dans le parti protestant que M. de Bouillon l'étoit, il en prit les sentiments de religion, sans zèle indiscret pour la sienne, sans aversion pour celle des autres : précautionné contre une séduction secrète, qui fait voir de la charité pour le prochain, où il n'y a qu'un excès de complaisance pour son opinion. Comme il n'y a rien de bas dans les emplois de la guerre, il passa par les plus petits, par les médiocres, toujours jugé digne de plus grands que ceux qu'il avoit. Toujours distingué par sa naissance, la seule distinction de ses services l'a fait monter par degrés au commandement des armées; et l'on peut dire sans exagérer, que pour arriver aux postes qu'il a eus, jamais homme n'a tant dû à son mérite, et si peu à la fortune.

Je ne m'étendrai point à parler de ses actions, me bornant à quelques particularités peu connues, qui contribueront à former son caractère. Tant qu'il a servi avec Monsieur le Prince, en Allemagne, Monsieur le Prince lui a donné la principale gloire de tout ce qu'on y faisoit; et l'estime qu'il avoit pour lui alla si loin, que s'entretenant avec quelqu'un de tous les généraux de son temps : *Si j'avois à me changer,* dit-il, *je voudrois être changé en M. de Turenne, et c'est le seul homme qui me puisse faire souhaiter ce changement-là.* On ne sauroit croire l'application qu'avoit Monsieur le Prince à l'observer : cherchant à profiter non-seulement de ses actions, mais de ses discours.

Il me souvient qu'il lui demandoit un jour, *quelle conduite il voudroit tenir dans la guerre de Flandre.* « Faire peu de siéges, répondit M. de Turenne, et donner beaucoup de combats. Quand vous aurez rendu votre armée supérieure à celle des ennemis, par le nombre et par la bonté des troupes (ce que vous avez presque fait par la bataille de Rocroi); quand vous serez bien maître de la campagne, les villages vous vaudront des places : mais on met son honneur à prendre une ville forte, bien plus qu'aux moyens de conquérir aisément une province. Si le roi d'Espagne avoit mis en troupes ce qu'il lui a coûté d'hommes et d'argent à faire des siéges et à fortifier des places, il seroit aujourd'hui le plus considérable de tous les rois. »

La première maxime de M. de Turenne, pour la guerre, est celle qu'on attribue à César : *qu'il ne falloit pas croire avoir rien fait, tant qu'il restoit quelque chose à faire.* A peine Philippsbourg avoit capitulé, qu'il se détacha avec ses troupes pour tomber sur le petit corps que Savelli et Colloredo commandoient : il y tomba, il le défit, il marcha à Spire, à Worms, à Mayence, qui se rendirent, et tout cela fut exécuté en six ou sept jours. Il considéroit plus les actions par leurs suites, que par elles-mêmes : il estimoit plus un général qui conservoit un pays, après avoir perdu une bataille, que celui qui l'avoit gagnée, et n'avoit pas su en profiter.

Venons à nos guerres civiles. C'est là qu'on a mieux connu M. de Turenne, pour avoir été plus exposé aux observations des courtisans. On sait qu'il a sauvé la cour à Gergeau [1], et qu'il l'a empêchée de tomber entre les mains de Monsieur le Prince, à Gien. Il a conservé l'État, quand on le croyoit perdu ; il en a augmenté la gloire et la grandeur, lorsque à peine on osoit en espérer la conservation.

Mais un des plus considérables services que M. de Turenne ait rendus, a été sans doute celui qu'il rendit à Gien. La cour y croyoit être dans la dernière sûreté, quand Monsieur le Prince, qui avoit traversé une partie du royaume, lui septième, pour venir joindre M. de Beaufort et M. de Nemours ; quand Monsieur le Prince ne les eût pas sitôt rejoints, qu'il marcha à M. d'Hocquincourt, et tombant au milieu de ses quartiers, les enleva tous l'un après l'autre. Vous ne sauriez croire la consternation que cette malheureuse nouvelle mit

---

1. Voy. Madame de Motteville, III, p. 467 et 475.

à la cour. On n'osoit demeurer dans la ville, on n'osoit s'en éloigner : ne voyant aucun lieu où l'on pût être un peu sûrement. Toute la ressource étoit en M. de Turenne, qui se trouvoit dans un aussi grand embarras. *Jamais*, a-t-il dit depuis, *il ne s'est présenté tant de choses affreuses à l'imagination d'un homme, qu'il s'en présenta à la mienne. Il n'y avoit pas longtemps que j'étois raccommodé avec la cour, et qu'on m'avoit donné le commandement de l'armée, qui en devoit faire la sûreté. Pour peu qu'on ait de considération et de mérite, on a des ennemis et des envieux : j'en avois qui disoient partout que j'avois conservé une liaison secrète avec Monsieur le Prince. M. le cardinal ne le croyoit pas ; mais au premier malheur qui me fût arrivé, peut-être auroit-il eu le même soupçon qu'avoient les autres. De plus, je connoissois M. d'Hocquincourt, qui ne manqueroit pas de dire que je l'avois exposé et ne l'avois point secouru*[1]. *Toutes ces pensées étoient affligeantes ; et le plus grand mal, c'est que Monsieur le Prince venoit à moi le plus fort, et victorieux.*

Dans ce méchant état, que M. de Turenne a dépeint lui-même, il rassembla ses quartiers le mieux qu'il put, et marcha, plus par conjec-

---

1. Voyez, en effet, notre tome I*er*, page 46.

ture que par connoissance, du côté que Monsieur le Prince pouvoit venir. La nuit étoit extrêmement noire; et il n'avoit pour guides que des fuyards, plus capables d'effrayer ses troupes que de le conduire. Heureusement il se trouva le matin à la tête d'un défilé, qu'il falloit passer nécessairement à Monsieur le Prince, s'il vouloit arriver à Gien. M. de Navailles proposa de jeter l'infanterie dans un bois qui bordoit le défilé : M. de Turenne rejeta la proposition, sachant bien que les ennemis qui étoient les plus forts l'en auroient chassée, et que dans le désordre où ils l'auroient mise, il lui eût fallu se retirer à Gien avec la seule cavalerie. Le parti qu'il prit fut de mettre toutes ses troupes sur une ligne, et de s'éloigner cinq ou six cents pas du défilé. Monsieur le Prince, croyant qu'il se retiroit véritablement, fit passer quatorze escadrons qui alloient être suivis de l'armée entière. Alors M. de Turenne, tournant avec toutes ses forces, chargea, rompit, fit repasser le défilé à ces escadrons, dans un désordre incroyable. Monsieur le Prince le voyant en cette posture, crut le passage du défilé impraticable, comme en effet il l'étoit; et on ne fit autre chose le reste de la journée que se canonner. M. de Turenne, fortifié du débris de l'armée de M. d'Hocquincourt et de quelques gens frais, se retira le soir à Gien, où il reçut les applaudissements sincères que donne une cour, qui n'est pas encore bien rassurée du péril qu'elle a couru.

Un détail de ses services rendroit le caractère languissant : un seul tiendra lieu de tous les autres. Il trouva la cour si abandonnée, qu'aucune ville ne la vouloit recevoir : les parlements s'étoient déclarés contre elle, et les peuples, prévenus d'une fausse opinion du bien public, s'attachoient aveuglément à leurs déclarations. M. le duc d'Orléans étoit à la tête des parlements, Monsieur le Prince à celle des troupes; Fuensaldagne s'étoit avancé jusqu'à Chauny, avec vingt mille hommes, et M. de Lorraine n'en étoit pas bien éloigné. Tel étoit l'état de cette cour malheureuse, quand M. de Turenne, après quelques siéges et quelques combats dont je laisse le récit aux historiens; quand M. de Turenne la ramena malgré elle à Paris [1], où le roi ne fut pas sitôt, que son rétablissement dans la capitale fit reconnoître son autorité par tout le royaume. La sûreté du roi bien établie au dedans, M. de Turenne fit sentir sa puissance au dehors, et réduisit l'Espagne à demander une paix qui fut son salut, ne pouvant continuer une guerre qui eût été sa ruine.

1. Voy. *sup.*, dans ce volume, page 93, note 2.

Revenons des faits de M. de Turenne, à une observation plus particulière de sa conduite, de ses qualités, de son génie. Aux bons succès, il poussoit les avantages aussi loin qu'ils pouvoient être poussés ; aux mauvais, il trouvoit toutes les ressources qu'on pouvoit trouver. Il préféroit toujours la solidité à l'éclat : moins sensible à la gloire que ses actions lui pouvoient donner, qu'à l'utilité que l'État en recevoit. Le bien des affaires alloit devant toutes choses : on lui a vu essuyer les mauvais offices de ses envieux, les injures de ses ennemis, les dégoûts de ceux qu'il servoit, pour rendre un véritable service. Modeste en ce qu'il faisoit de plus glorieux, il rendoit les ministres vains et fiers avec lui, par les avantages qu'ils tiroient de ce qu'il avoit fait. Sévère à lui-même, il comptoit tous ses malheurs pour des fautes ; indulgent à ceux qui avoient failli, il faisoit passer leurs fautes pour des malheurs.

Il semble qu'il donnoit trop peu à la fortune pour les événements ; et le voulant convaincre par son propre exemple du pouvoir qu'elle a dans les occasions, on lui dit qu'*il n'avoit peut-être jamais mieux fait qu'à Mariendal et à Rhetel : cependant qu'il avoit perdu ces deux combats, pour avoir été malheureux.* « Je suis content de moi, répondit-il, dans l'action ; mais si je voulois me faire justice un peu sévèrement, je dirois que l'affaire de Mariendal est arrivée pour m'être laissé aller mal à propos à l'importunité des Allemands, qui demandoient des quartiers; et que celle de Rhetel est venue de m'être trop fié à la lettre du gouverneur, qui promettoit de tenir quatre jours, le jour même qu'il se rendit. » A quoi il ajouta : *Quand un homme se vante de n'avoir point fait de fautes à la guerre, il me persuade qu'il ne l'a pas faite longtemps.* Il lui ressouvint toujours de l'importunité de Rosen[1] à demander des quartiers, et de la facilité trop grande qu'il avoit eue à les accorder. Cette réflexion lui fit changer de conduite à l'égard des officiers; il continua les bons traitements qu'il avoit accoutumé de leur faire, mais il ne voulut plus se trouver en état d'en être gêné pour le service.

Le premier embarras dont il se défit fut celui des disputes de l'infanterie : cette vieille habitude, fondée sur une apparence d'honneur, étoit comme un droit que tous les corps vouloient maintenir. L'opposition fut grande, mais le général en vint à bout; et Puységur, le plus intelligent et le plus difficultueux des of-

---

[1]. Conrad, marquis de Rosen, né en Alsace en 1638; colonel d'un régiment de son nom, à Mariendal; lieutenant général, en 1688; maréchal de France, en 1703; mort en 1715.

ficiers: Puységur, ennemi de tous les généraux qu'il ne gouvernoit pas, fut obligé de vendre son régiment et de se retirer, avec sa capacité incommode, à sa maison. Le tour ordinaire des officiers dans le détachement, leur rang aux ordres de bataille, ne furent plus observés. C'est ce qu'on vit à la bataille de Dunkerque, où M. de Turenne choisit le marquis de Créqui pour commander l'aile opposée à Monsieur le Prince, sans aucun égard à l'ancienneté des lieutenants-généraux.

Après avoir changé ces vieilles coutumes, il changea, pour ainsi dire, le génie des nations. Il fit prendre aux étrangers une activité qui ne leur étoit pas naturelle; il fit perdre aux François la légèreté et l'impatience que leur nation avoit toujours eue. Il fit souffrir la fatigue, sans murmurer; il fit oublier la cour aux courtisans qui avoient de l'emploi, comme s'il n'y avoit plus eu d'autre métier que la guerre. Voilà quelle fut la conduite de M. de Turenne pour les officiers; voyons son procédé, à l'égard de Monsieur le cardinal.

Dans le temps que Monsieur le cardinal étoit le plus malheureux, que ses amis cherchoient des prétextes pour l'abandonner, et ses ennemis des occasions pour le perdre, M. de Turenne eut pour lui les mêmes déférences, les mêmes respects qu'on avoit eus dans sa plus haute fortune. Quand Son Éminence eut rétabli son pouvoir, qu'elle régnoit plutôt qu'elle ne gouvernoit, il garda plus de dignité avec elle, qu'il n'en avoit gardé dans ses malheurs. Ce fut le premier qui osa faire sa cour au roi, toutes les personnes considérables ayant leur application entière à Monsieur le cardinal. Il ne sollicita point de grâces, et les avantages qu'il obtint parurent des effets du service rendu à l'État, sans attachement au ministère.

Jamais les vertus des particuliers n'ont été si bien unies avec les qualités des héros, qu'en la personne de M. de Turenne : il étoit facile dans le commerce, délicat dans la conversation, fidèle dans l'amitié. On l'a accusé de ne s'employer pas assez fortement pour ses amis à la cour ; mais il ne s'y employoit pas davantage pour lui-même : une gloire secrète l'empêchant de demander ce qu'il n'étoit pas sûr d'obtenir, il faisoit tout le plaisir qu'il pouvoit faire par lui-même. Les amis, d'ordinaire, pensent qu'on a plus de crédit qu'on n'en a, et qu'on leur doit plus qu'on ne leur doit.

Monsieur de Turenne n'étoit pas incapable d'avoir de l'amour ; sa vertu n'étoit point de ces vertus sèches et dures, qu'aucun sentiment de tendresse n'adoucit : il aimoit plus qu'il ne croyoit, se cachant, autant qu'il lui étoit possible, une passion qu'il laissoit connoître aux autres.

Si les singularités sont des espèces de défauts dans la société, M. de Turenne en avoit deux qu'on reproche à bien peu de gens : un désintéressement trop grand, losqu'on voyoit régner un esprit d'intérêt universel ; et une probité trop pure, dans une corruption générale.

Son changement de religion fut sensible à tous les protestants ; ceux qui l'ont connu ne l'ont attribué, ni à l'ambition, ni à l'intérêt. Dans tous les temps, il avoit aimé à parler de religion, particulièrement avec M. d'Aubigny, disant toujours que *les réformés avoient la doctrine plus saine, mais qu'ils ne devoient pas se séparer, pour la faire prendre insensiblement aux catholiques.* « Quand on avoue qu'on a eu tort de sortir d'une Église, reprit M. d'Aubigny, on est bien prés d'y rentrer ; et si je survis à Mme de Turenne, je vous verrai dans la nôtre. » M. de Turenne sourit, et ce sourire n'expliquoit pas assez si c'étoit pour se moquer de la prédiction de M. d'Aubigny, ou pour l'approuver. Dans l'une et dans l'autre religion, il alloit toujours au bien : huguenot, il n'avoit rien d'opposé à l'intérêt des catholiques ; converti, il n'avoit point de zèle préjudiciable à la sûreté des huguenots. Dans la déférence qu'avoit le roi pour son grand sens, il est à croire qu'il l'auroit suivi, et que les ministres huguenots n'auroient pas à se plaindre de leur ruine, ni le clergé catholique à se repentir de son zèle.

Ceux qui l'ont suivi dans ses dernières campagnes, disent qu'il avoit une valeur plus vive qu'aux précédentes; qu'il étoit plus hasardeux à entreprendre et à se commettre qu'auparavant. Un coup de canon finit une vie si glorieuse[1] : mort désirable (puisqu'il faut mourir) à un si grand homme ! Sa perte fut pleurée de tous les François, regrettée de tous les indifférents; sa personne louée des ennemis, sa vertu admirée de tout le monde. Le roi qu'il avoit si bien servi, voulut qu'il fût enterré à Saint-Denis, avec les rois ses prédécesseurs, se croyant aussi obligé à celui qui lui avoit conservé son royaume, qu'à ceux qui le lui avoient laissé.

1. Le 27 de Juillet 1675.

IX

PARALLÈLE DE MONSIEUR LE PRINCE ET DE MONSIEUR DE TURENNE, SUR CE QUI REGARDE LA GUERRE[1].

(1673-1688.)

Vous trouverez en Monsieur le Prince la force du génie, la grandeur de courage, une lumière vive, nette, toujours présente. M. de Turenne a les avantages du sang-froid, une grande capacité, une longue expérience, une valeur assurée.

Celui-là, jamais incertain dans les conseils, irrésolu dans ses desseins, embarrassé dans ses ordres, prenant toujours son parti mieux qu'homme du monde; celui-ci, se faisant un plan de sa guerre, disposant toutes choses à sa fin, et les conduisant avec un esprit aussi éloigné de la lenteur que de la précipitation.

L'activité du premier se porte au delà des choses nécessaires, pour ne rien oublier qui puisse être utile : l'autre, aussi agissant qu'il le doit être, n'oublie rien d'utile, ne fait rien de superflu ; maître de la fatigue et du repos, il

---

1. Saint-Evremond avoit écrit ce parallèle en 1673 ; mais il le retoucha en 1688, au moment où il s'occupa d'une histoire de M. de Turenne.

travaille à ruiner l'armée des ennemis, il songe à la conservation de la sienne.

Monsieur le Prince, fier dans le commandement, également craint et estimé; M. de Turenne plus indulgent et moins obéi par l'autorité qu'il se donne, que par la vénération qu'on a pour lui.

Monsieur le Prince plus agréable à qui sait lui plaire, plus fâcheux à qui lui déplaît; plus sévère quand on manque, plus touché quand on a bien fait. M. de Turenne plus concerté, excuse les fautes sous le nom de malheurs, et réduit souvent le plus grand mérite à la simple louange de faire bien son devoir. Satisfait du service qu'on lui rend, il ne l'est pas toujours de l'éclat qu'on se donne; et faisant valoir avec plaisir les plus soumis, il regarde avec chagrin les industrieux, qui cherchent leur réputation sous lui, et leur élévation par les ministres.

Monsieur le Prince s'anime avec ardeur aux grandes choses, jouit de sa gloire sans vanité, reçoit la flatterie avec dégoût. S'il prend plaisir qu'on le loue, ce n'est pas la louange de ses actions, c'est la délicatesse de la louange qui lui fait sentir quelque douceur. M. de Turenne va naturellement aux grandes et aux petites choses, selon le rapport qu'elles ont à son dessein : rien ne l'élève dans les bons succès, rien ne l'abat dans les mauvais.

Il n'est point assez de précautions contre les attaques du premier : son audace et sa vigueur rendent foible ce qu'on s'imaginoit de plus fort; le second se dégage de tout danger : il trouve le moyen de se garantir, dans toutes les apparences de sa perte.

Quelques troupes que vous donniez à Monsieur le Prince, vieilles ou nouvelles, connues ou inconnues, il a toujours la même fierté dans le combat : vous diriez qu'il sait inspirer ses propres qualités à toute l'armée. Sa valeur, son intelligence, son action semblent lui répondre de celle des autres. Avec beaucoup de troupes dont M. de Turenne se défie, il cherche ses sûretés : avec peu de bonnes qui ont gagné sa confiance, il entreprend, comme aisé, ce qui paroît impossible.

Quelque ardeur qu'ait Monsieur le Prince pour les combats, M. de Turenne en donnera davantage, pour s'en préparer mieux les occasions; mais il ne prend pas si bien dans l'action ces temps imprévus, qui font gagner pleinement une victoire; c'est par là que ses avantages ne sont pas entiers. Quand l'affaire est contestée, le plan de sa guerre lui revient dans l'esprit, et il remet à une conduite plus sûre ce qu'il voit difficile et douteux dans le combat. Monsieur le Prince a les lumières plus présentes, et l'action plus vive; il remédie lui-même à tout, rétablit ses désordres, et pousse ses avantages. Il tire des troupes tout ce qu'on en peut tirer; il s'abandonne au péril, et il semble qu'il soit résolu de vaincre, ou de ne pas survivre à sa défaite. Ce n'est pas assez pour lui de n'être pas vaincu, il fait sa honte de ne vaincre pas.

Chez M. de Turenne, tout cède au bien des affaires : il essuie le murmure des envieux, les mauvais offices de ses ennemis, le dégoût de ceux qu'il sert, pour rendre un véritable service. Monsieur le Prince a plus d'égards pour les ordres de la cour, jusqu'aux occasions qui se présentent : là, il n'écoute que sa valeur, et ne se tient responsable de ses actions qu'à sa gloire.

Pour Monsieur le Prince victorieux, le plus grand éclat de la gloire; pour Monsieur le Prince malheureux, jamais de honte : ce peut être un préjudice aux affaires, et jamais à sa réputation. La réputation de M. de Turenne est toujours attachée au bien des affaires. Ses actions n'ont rien de particulier qui les distingue, pour être égales et continues : toute sa conduite a moins d'éclat, pour attirer l'applaudissement des peuples, que de solidité pour occuper les réflexions des habiles gens. Tout ce que dit, tout ce qu'écrit, tout ce que fait M. de Turenne, a quelque chose de trop secret pour ceux qui ne sont pas assez pénétrants. On perd beaucoup de ne le comprendre pas assez nettement; et il ne perd pas moins de n'être pas assez expliqué aux autres. La nature lui a donné le grand sens, la capacité, le fond du mérite, autant qu'à homme du monde; et lui a dénié ce feu du génie, cette ouverture, cette liberté d'esprit, qui en fait l'éclat et l'agrément. Il faudra le perdre, pour connoître bien ce qu'il vaut, et il lui coûtera la vie, pour se faire une juste et pleine réputation.

La vertu de Monsieur le Prince n'a pas moins de lumière que de force : elle est funeste aux ennemis, qui en ressentent les effets, et brillante pour ceux qui en tirent les avantages ; mais à dire la vérité, elle a moins de suite et de liaison que celle de M. de Turenne, ce qui m'a fait dire, il y a longtemps, que l'un est plus propre à finir glorieusement des actions, l'autre à terminer utilement une guerre. Dans le cours d'une affaire, on parle plus avantageusement de ce que fait Monsieur le Prince; l'affaire finie, on jouit plus longtemps de ce que M. de Turenne a fait.

J'ajouterai encore cette différence : M. de Turenne est plus propre à servir un roi qui lui confiera son armée; Monsieur le Prince à commander la sienne, et à se donner de la considération par lui-même.

X

APOLOGIE DE MONSIEUR LE DUC DE BEAUFORT, CONTRE LA COUR, LA NOBLESSE ET LE PEUPLE[1].

(1650).

MESSIEURS,

Si j'étois aussi éloquent que ceux qui ont écrit pour la cour ou pour les princes, vous auriez une belle apologie en faveur du duc de Beaufort; mais, n'ayant fait que chasser toute ma vie et jouer à la longue paume avec lui, vous me dispenserez, s'il vous

---

1. Je reproduis ici ce petit pamphlet, quoiqu'il ne soit pas ordinairement compris dans les *OEuvres* de Saint-Evremond. Mais cet ouvrage eut une assez grande célébrité; il est piquant, et Saint-Evremond prit à sa rédaction une part qu'il ne désavoua jamais, et qu'on peut constater facilement, tant sa manière y est souvent marquée. D'ailleurs cette satire spirituelle, composée, en quelque sorte, à table, avec le duc de Candale, Miossens, Moret et autres, complète l'idée qu'on doit garder du rôle de Saint-Evremond pendant la Fronde; M. Girard, qui a laissé une vie du duc d'Epernon, fut, selon des Maizeaux, le secrétaire-rédacteur de cette APOLOGIE. Le duc de Beaufort étoit momentanément réconcilié avec la cour (1650), mais le parti ne l'avoit pas reçu en grâce; l'aventure du jardin de Renard ne pouvoit être si aisément oubliée. Voy. M. de Saint-Aulaire, *Hist. de la Fronde*, t. I, pag. 287, suiv.; et Bazin, t. IV.

plaît, de la fatigue de l'éloquence, et me permettrez d'aller mon grand chemin *sans barguigner* [1].

Pour entrer d'abord en matière, il me semble qu'il y a trois points en mon discours, aussi bien que dans son Avis. Le premier est de *le justifier à la cour*, qui le croit, dit-on, mal intentionné; le second, de *le rétablir auprès de la noblesse*, qui l'a méprisé; le troisième, de lui *redonner l'amitié du public*, qui l'abandonne. Jugez, Messieurs, si j'ai peu de chose à faire et s'il ne seroit pas plus aisé de délivrer les princes et de perdre le cardinal, que de réussir à ce que j'entreprends.

I. Je dis que la cour est tout à fait injurieuse à Monsieur de Beaufort, de croire qu'il a de mauvais sentiments contre elle; et voici comme je raisonne là-dessus. Si Monsieur de Beaufort avoit conservé quelque haine pour la cour, si la réconciliation de Monsieur le cardinal n'étoit pleine de sincérité et de franchise, il se maintiendroit en état de lui nuire, ou de s'en garantir : mais, tant s'en faut. Pour ôter tout sujet de crainte et de soupçon, pour établir une entière confiance, il se décrédite exprès dans le Parlement, il s'attire le mépris des honnêtes gens et la haine des peuples. Quelle apparence donc que Monsieur de Beaufort, faisant toutes les choses qui doivent plaire à la cour, ait dessein de la desservir ou de se brouiller avec elle?

Davantage, s'il étoit vrai qu'il voulut entretenir une confédération désavantageuse à l'autorité du roi, il seroit uni avec les *Frondeurs*, et tous ensemble auroient un même but et les mêmes intérêts;

---

1. Expression ordinaire du duc de Beaufort.

mais chacun sait qu'il a rompu avec Madame de Chevreuse, de peur qu'il ne semblât aller contre le testament de Louis XIII, s'il conservoit quelque sorte de liaison avec elle; quelle apparence donc qu'un homme qui a des respects si délicats pour la mémoire du feu roi, pût avoir des sentiments si pernicieux contre celui-ci?

Pour l'union du ministre et de l'amiral [1], on ne sauroit apparemment la désirer ni plus forte, ni plus étroite; et ils sont trop généreux l'un et l'autre pour croire qu'on ait donné et reçu quatre-vingt mille livres de rente comme un gage trompeur d'une fausse réconciliation.

Mais afin de laisser les conjectures où il y a mille choses concluantes, pourquoi l'auroit-on appelé *Mazarin* sur le Pont-Neuf, au Palais et dans tous les lieux publics? Pourquoi dans la dernière assemblée du Parlement auroit-il sollicité ce qui lui reste d'amis en sa faveur, s'il n'étoit véritablement dans ses intérêts?

On l'accuse de contribuer de tout son crédit à la ruine du duc d'Épernon. Et que peut faire autre chose ce généreux prince, à moins que de souffrir les injures chrétiennement, et de s'enfermer dans un cloître? Ne faut-il pas avouer que jamais persécution ne fut pareille à celle que lui fit le duc de Candale?

---

1. Le duc de Beaufort avoit la charge de grand-amiral, en survivance du duc de Vendôme son père. Voy. Motteville, III, page 187, et le card. de Retz, t. II, édit. citée. C'étoit, comme on sait, la reine mère elle-même qui avoit pris cette charge, à la mort du duc de Brézé, pour ne pas la donner au duc d'Enghien.

et son acharnement à déshonorer un parent si proche, ne mérite-t-il pas bien cette vengeance?

Mais, à dire vrai, ce ne sont qu'intérêts particuliers; et en tous cas, il se venge de ses ennemis, malgré la cour; et, par une espèce de compensation, il fait abandonner ses amis pour lui plaire. Fontrailles et Matha, autrefois si passionnés pour ses intérêts, en ont fait l'expérience; et le comte de Fiesque, après avoir reçu le même traitement, devroit se reprocher toute sa vie l'inutile générosité qu'il eut pour lui.

Concluons donc que jamais personne n'a mieux suivi les intentions de la cour, et que la reine auroit fort mauvaise grâce de lui refuser le gouvernement de Bretagne, si elle croyoit que les grands services qu'il a rendus ne sont pas bien payés par l'Amirauté.

II. Après avoir justifié ce grand duc, pour ce qui regarde la cour, je le veux justifier auprès de la vraie noblesse, et faire voir que rien n'est plus déraisonnable que le mépris qu'on en a fait, depuis quelque temps.

Quand je parle de la vraie noblesse, je n'entends pas ceux que le seul langage de ce prince fait ses ennemis : gens nourris dans la mollesse et dans l'oisiveté, à qui les ruelles ont donné des entretiens tout particuliers.

Monsieur de Beaufort fait gloire d'ignorer des termes trop délicats et capables d'amollir les courages, comme d'affoiblir les esprits. Il ne sait ce que c'est de justesse, ni de discernement; il ne cherche ni la politesse aux repas, ni la propreté aux habits; mais il sait se faire aimer de ses voisins; et quand il a besoin d'amis, il trouve des cent gentilshommes travestis en diables[1], qui ne manquent point de *brocher Bayard*[2]. Voilà quelle est la manière de vivre de ce grand duc. Je vois bien que j'ai à satisfaire la noblesse sur un autre point ; et qu'il y a peu de gentilshommes qui, parlant de l'affaire de Renard[3], ne parlent aussi du peu d'envie qu'on a eu de satisfaire des gens de qualité, si fort offensés. Avant que de venir au détail, je vous dirai que le bon prince s'est repenti mille fois de cette action ; et pour vous montrer que je n'approuve

1. En habit de chasse.
2. Le duc de Beaufort appeloit *brocher Bayard*, courir à toute bride après les chiens, dans les Godis.
3. Renard étoit valet de chambre du commandeur de Souvré. Il s'entendoit fort bien en tapisseries, et il en faisoit apporter chez lui des plus belles, et les vendoit aux personnes de qualité. Le cardinal Mazarin en achetoit souvent, et il avoit quelquefois d'assez longues conversations avec lui, sur ces sortes de choses. Il acheta une petite place, auprès des Tuileries, et on y fit un jardin extrêmement propre, qui étoit le rendez-vous ordinaire des personnes de la cour, lorsqu'elles sortoient des Tuileries. Dans le temps que les *Frondeurs* ne vouloient pas laisser entrer le roi dans Paris, les courtisans ne laissoient pas d'aller aux Tuileries, et de là au jardin de Renard, qui y avoit une entrée. Un jour que le duc de Candale, le marquis de Jarzay, Boutteville, Saint-Mesgrin et quelques autres avoient fait partie d'y souper, les *Frondeurs* l'ayant su, dirent qu'il ne falloit pas souffrir cela, parce que si le peuple les voyoit souvent il s'accoutumeroit insensiblement à voir le roi. Le duc de Beaufort partit là-dessus, suivi de beaucoup de gens ; et les ayant trouvés à table, il chassa les violons, renversa les viandes, et fit tout le désordre dont il étoit capable. (*Des Maizeaux.*) Voy. M. de Saint-Aulaire, déjà cité.

pas l'affaire, ni la suite qu'elle a eue, je l'accuse d'avoir eu trop d'emportement et de courage chez Renard, et trop de réflexion et de sagesse dans le procédé. Mais, pour peu de bonté que vous ayez, Messieurs, vous excuserez un homme qui a pris seulement une chose pour l'autre; qui fut vaillant quand il falloit être sage, et qui fut sage quand il falloit être vaillant : si bien que ce n'est qu'un peu de mécompte ; et vous auriez trop de sévérité, si vous ne lui pardonniez cette méprise.

Et après tout, quand on voudroit prendre les choses à la rigueur, contre qui se devoit battre Monsieur de Beaufort? S'il se fût battu contre Monsieur de Candale, qui étoit le vrai procédé en cette affaire, au moindre désavantage qu'il eût eu, toute la cour s'en fût réjouie : la reine étoit encore aigrie de la guerre de Paris; sa réconciliation avec Monsieur le cardinal Mazarin n'étoit pas encore bien faite ; presque tous les gens du monde s'étoient offerts à Monsieur de Candale : Dieu sait quelle joie, s'il eût reçu quelque blessure ou rendu l'épée ! De se battre contre Boutteville, c'étoit une chose presque aussi fâcheuse; il ne lui pouvoit arriver du désordre, que Monsieur le Prince et tous ses amis n'en eussent pris un merveilleux avantage. De la façon qu'il avoit traité Jarzay, c'étoit une affaire sans quartier; et dans le vœu qu'il a fait d'observer le précepte naturel toute sa vie, il n'avoit garde de se porter à cette inhumanité.

Il est certain qu'il se fût battu contre Moret ; mais celui-ci lui donna un rendez-vous, trop éloigné des chirurgiens, comme lui dit judicieusement Monsieur de Beaufort; et quand à ce que disoit là-dessus

Monsieur de Palluau, qu'il devoit se contenter de a poudre de sympathie, cela est bon à des gens comme lui sans conscience; mais ce prince est trop homme de bien, pour se servir de remèdes qui ne sont pas naturels: Madame de Vendôme lui prêchant toujours qu'il vaut mieux mourir mille fois, que de chercher sa guérison dans la magie.

Voilà les raisons qu'il avoit de ne point tirer l'épée; chacun en aura les sentiments qu'il voudra. Pour moi, je croirai toujours qu'un homme généreux ne sauroit apporter trop de précaution, pour empêcher que ses ennemis n'aient avantage sur lui; ce qui pouvoit arriver à Monsieur de Beaufort, s'il se fût commis avec des personnes désespérées. Mais je veux qu'il ait été emporté de trop de chaleur; et que par l'impétuosité d'un grand cœur, dont il ne fut pas le maître en cette occasion, il ait offensé mal à propos tant d'honnêtes gens; est-ce à dire qu'un outrage ne se puisse réparer que par la mort? Et lorsqu'un grand prince a la bonté de revenir, ses civilités doivent-elles être méprisées? Quels compliments n'a-t-on pas fait aux intéressés? Et quelles satisfactions ne leur a-t-on pas données, si vous en exceptez celle de se battre: satisfaction cruelle et sanglante que toutes les nations ont sujet de nous reprocher? Si ce généreux prince avoit les sentiments aussi délicats pour les injures, que ces messieurs qui se plaignent, quels chagrins ne devoit-il pas ressentir, pour faire voir qu'il n'a rien oublié, qui pût gagner le cœur et l'amitié de la noblesse? Vous savez qu'aussitôt qu'il eut fait son accommodement, il commença à songer à la fortune des honnêtes gens, et résolut d'employer tout son crédit pour les autres, sans penser à ses propres intérêts. Aux uns, ce généreux prince offrit la sûreté de sa protection; aux autres, ce prince libéral offrit tous les avantages qu'on pouvoit tirer de sa faveur; il distribuoit les charges, les gouvernements, et ne put jamais trouver une créature parmi ces gens abusés des espérances de la cour; il n'y en eût point qui ne refusât ses bienfaits. Le dépit qu'il eût de voir ses libéralités méprisées le força de songer à ses affaires; et, malgré le dessein qu'il avoit de ne rien prendre, il se vit réduit à cette fâcheuse nécessité de solliciter ses intérêts.

Voilà le premier déplaisir que le duc de Beaufort reçut des gentilhommes, et particulièrement de la cour; voilà les premières marques de leur mépris, qui a passé en fort peu de temps jusqu'aux injures les plus sanglantes. Dans la guerre de Paris, on ne parloit que de sa générosité et de sa valeur. Voyez quelle est l'injustice du siècle! On prétend le déshonorer aujourd'hui, par les mêmes actions dont est venue sa réputation.

Chacun sait que tout le monde lui fit des compliments sur la mort de Nerlieu[1]; et quand véritablement il ne l'eût pas tué, les plus modestes s'y fussent laissé persuader, aussi bien que lui. Ce même monde, plein de complaisance et d'agrément, en ce temps-là; devenant de mauvaise humeur présentement, lui veut ôter la gloire qu'il lui a donnée; et, par une recherche aussi exacte qu'ingénieuse, trouve, à ce

---

1. Voy. sur cet événement, le card. de Retz, t. I, pag. 277, édit. citée.

qu'on dit, qu'il n'approcha de Nerlieu qu'après sa mort.

Son combat contre Briole étoit allégué comme un combat extraordinaire, qui faisoit trembler tous les héros des romans : aujourd'hui Briole lui arrache son épée[1] comme à un homme perdu, que l'emportement, ou quelque autre passion, avoit mis hors de lui-même.

Ces Messieurs se figurent-ils qu'il soit près de changer de créance aussi légèrement qu'ils ont fait, et qu'une personne qui s'est imaginée d'avoir tué Nerlieu, quand on lui en a fait des compliments, soit résolue de n'en rien croire, lorsqu'il leur prend fantaisie de se dédire. Non, non, Messieurs, vous devez avoir plus de fermeté, et jamais on ne lui reprochera une pareille inconstance. Il pouvoit bien être qu'il ne l'avoit pas tué; mais puisque vous l'avez voulu, si à présent vous tenez le contraire, cela n'empêchera pas qu'il n'ait tué Nerlieu.

Des actions particulières on passe aux qualités de sa personne. On le fait être grossier sans franchise, artificieux sans esprit; et, par un mélange bizarre, il possède souverainement, disent-ils, les artifices de Monsieur de Vendôme et la simplicité de Madame sa mère. Si vous les croyez, il promet à tout le monde, et ne tient jamais sa parole; il envoie trois courriers, dont pas un ne monte à cheval; et se refuse lui-même, de la part de la reine, ce qu'il n'a pas demandé. Que voulez-vous de plus? Il sollicite publiquement pour un homme, et sollicite en particulier contre lui. Je ne sais ce que l'on ne dit point de son

---

1. Voy. le card. de Retz, *loc. cit.*

langage et de son esprit. On lui fait écrire des lettres ridicules à Monsieur de Béthune[1], où je m'assure qu'il ne pensa jamais. Les incidents des procès sont pour lui des *accidents* de la vie ; quand on mange de la viande en carême, il y veut mettre la *politique* : les chambres tendues de noir sont *lubriques*, et les yeux les plus lascifs sont *lugubres*. Laval est mort d'une *confusion* à la tête, et le chevalier de Chabot pour avoir été mal *timpané*[2]. Il n'y a lâcheté qu'on ne lui fasse faire, il n'y a sottise qu'on ne lui fasse dire ; et cependant il faut croire qu'il est sincère et spirituel, et qu'il ne manque de bonne foi ni d'intelligence.

Peut-on s'imaginer qu'une personne nourrie dans l'innocence des plaisirs des champs, soit devenue capable de tant de fourbes ? Peut-on s'imaginer qu'un prince de sa naissance ignore l'usage des termes les plus communs ? Pour moi, je vous avoue qu'au lieu de me figurer des choses si étranges et si désavantageuses à Monsieur de Beaufort, j'admire toujours sa générosité, ou sa patience, à pardonner ou souffrir les injures qu'on lui fait.

Si je ne craignois de passer ici pour déclamateur, je finirois ce chapitre de la noblesse, en l'exhortant de vivre aussi bien avec lui qu'il est résolu de bien

---

1. François, comte de Béthune, l'un des Importants.
2. Le duc de Beaufort ne savoit pas placer les mots et parloit comme les paysans : défaut qu'il tenoit de sa mère, Françoise de Lorraine, fille unique du duc de Mercœur, la plus grossière femme qu'il y eût en France, qui l'avoit élevé à la campagne, où il ne s'occupoit qu'à la chasse. (*Des Maizeaux.*)

vivre avec elle; et, m'adressant aux gentilshommes, je leur dirois de sa part: *Quittez, Messieurs, quittez cette haine malicieuse et ce mépris affecté; rentrez dans les mêmes sentiments où vous étiez à la mort du feu roi; souvenez-vous de ce temps généreux, où tout le monde se jettoit en foule dans ses intérêts; où le colonel des Suisses*[1], *les officiers de la maison du roi, et les gens de qualité, renonçoient à la cour et à leur fortune, pour l'amour de lui. Si vous revenez, Messieurs, il est prêt de vous recevoir, et en état de faire pour vous les mêmes choses qu'il a faites. Si vous ne revenez pas, je vous déclare qu'il vous abandonne, et va tâcher de se rétablir dans l'affection des peuples qui l'ont quitté. Il vous a dû les commencements de sa réputation, mais il vous doit la meilleure partie de son mépris, et se trouve assez déchargé de toute reconnoissance, par les ressentiments où vous le poussez. Messieurs, il n'est pas besoin de* barguigner davantage.

III. Il est temps de venir à sa justification auprès des peuples; et comme il avoue lui-même qu'il leur doit son salut, sa fortune et son crédit, il n'y a rien qu'il ne fasse, pour leur ôter la mauvaise impression qu'ils ont prise, ou par son propre malheur, ou par la malice de ses ennemis.

Ce n'est pas, s'il vouloit s'exempter de reconnoissance, qu'il ne pût distinguer l'obligation; et quiconque voudroit examiner les choses avec la dernière rigueur, trouveroit, sans doute, que leur affection étoit plutôt un effet nécessaire de son étoile, qu'un mouvement libre et obligeant de leurs esprits. Au

---

1. M. de la Chastre.

nom seul de *Monsieur de Beaufort*, les peuples se sont trouvés émus, sans le connoître; et, par je ne sais quelle impulsion, tous les cœurs se sont portés à cette furieuse amitié. Il est certain qu'il est devenu leur pôle, sans les avoir servis, sans les avoir pratiqués, sans avoir rien fait qui pût attirer ni leur gratitude, ni leur amitié, ni leur estime. De cette sorte, ils ont fait pour lui ce qu'ils ne se pouvoient empêcher de faire; et, à parler sainement, il est beaucoup plus obligé au bonheur de sa naissance qu'à leurs bonnes volontés. Cependant, il avoue qu'il leur doit toutes choses, et ne prétend point, par une méconnoissance si exquise, payer de véritables obligations. Il ne proteste pas seulement qu'il sera toujours dans le dessein de servir des peuples qui l'ont servi; il assure qu'il aura pour eux, toute sa vie, des sentiments d'amitié particuliers, une parfaite ressemblance d'humeurs, un secret rapport de pensées, une conformité admirable de langage et de manières, qui doivent maintenir entre eux une liaison éternelle.

Et toutefois, Messieurs de Paris veulent rompre injurieusement; d'une passion qui alloit jusqu'à la folie, on les voit passer à une haine qui va jusqu'à la fureur; ce ne sont que reproches d'inconstance et de perfidie. Et du moment qu'ils l'ont vu moins misérable, ils l'ont traité comme un ingrat, et un corrompu. Souffrez, Messieurs, que je vous parle sans passion. Si j'ai dit quelque chose en sa faveur, ne croyez pas que je sois gagné, ni prévenu, ni que je veuille m'attirer une animosité générale, pour conserver les bonnes grâces d'un particulier. Je fais ici profession d'une sincérité tout entière, et Dieu m'est témoin si je suis d'autre mouvement que celui de la raison.

Trois choses, si je ne me trompe, ont ruiné Monsieur de Beaufort, dans votre esprit ; son accommodement avec Monsieur le cardinal, l'Amirauté qu'il a prise, et les sollicitations qu'il a faites dans les dernières assemblées.

Pour son accommodement, à moins que de le traiter avec beaucoup d'injustice, vous ne le sauriez trouver mauvais. S'il s'étoit accommodé, sans considérer vos intérêts, et n'avoir eu soin que des siens, vous auriez sujet de vous plaindre ; mais il est certain que le but de sa réconciliation est de chercher des moyens plus sûrs et plus faciles de perdre le cardinal. Il a vu toutes les provinces soulevées sans fruit ; il a vu que la haine ouverte et déclarée ne servoit de rien ; il a eu recours aux apparences de l'amitié ; et, comme il dit lui-même, il a fait dessein de le perdre par le cabinet.

Son esprit, aussi capable d'intrigue que de guerre, et de dextérité que de hardiesse, lui fournira mille moyens adroits et ingénieux, sans parler de son étoile politique qui le destine au gouvernement de l'État, et le met au-dessus de toutes les finesses d'Italie.

Si quelque personne, un peu trop délicate sur l'honneur, ne peut approuver que Monsieur de Beaufort conserve les sentiments de ruiner le cardinal, après en avoir reçu des bienfaits si considérables, je lui réponds qu'il n'a point traité avec lui comme son ami ; mais, au contraire, je me persuade qu'en prenant l'Amirauté, il lui a fait le tour du plus cruel ennemi qu'il eût au monde.

Eh! quoi, Messieurs, ne pensez-vous pas que ce prince l'a moins incommodé dans la guerre de Paris que dans la paix? Et, à votre avis, le combat de Vitry n'étoit-il pas plus indifférent à la cour que la négociation de l'Amirauté?

Dans cette guerre, il étoit toujours en état de s'enfuir ou d'être battu, et jamais son courage et sa sûreté ne s'accordoient ensemble. On n'alloit à la campagne qu'avec frayeur; on rentroit peu souvent dans Paris sans honte, et les succès les plus heureux étoient de faire venir du pain, sans combattre.

En ce temps-là, Monsieur de Beaufort, réduit avec vous aux dernières nécessités, ne faisoit, pour dire le vrai, ni beaucoup de peur, ni beaucoup de mal aux troupes de Saint-Germain; mais aujourd'hui qu'il force la cour, qu'il ôte quatre-vingt mille livres de rente à la reine même, vous appelez cela réconciliation et bonne amitié? Non, Messieurs, détrompez-vous, je vous prie, et croyez qu'il a exercé la plus fine de toutes les vengeances.

Si dans le compliment qu'il fallut faire au cardinal pour le remercier de cette affaire, il l'assura d'avoir le même attachement à ses intérêts que Champfleury[1]; il faut croire qu'il ajoutoit la moquerie au premier outrage; et c'est violer le respect qu'on doit à sa qualité de prince, de s'imaginer qu'il ait été capable de cette bassesse. Ceux qui sont dans le haut rang peuvent bien se dire amis des ministres, mais de descendre à l'attachement de capitaine de leurs gardes, cela ne s'est jamais fait; et pour vous ôter tous les soupçons que vous avez injustement pris, je

---

1. Capitaine des gardes du cardinal Mazarin.

vous demande si les défiances de Monsieur de Beaufort sont moindres qu'elles n'étoient auparavant. Lorsqu'une personne de qualité le fait appeler et qu'il renvoie ces Messieurs à Commeny[1], comme on renvoie des créanciers à un intendant, ne faut-il pas dire que c'est un artifice de la cour? Et n'a-t-on pas imprimé une lettre qui témoigne assez le sentiment qu'il a, dans toutes les affaires qui se présentent? Il cherche les précautions que lui donnent la défiance; si l'on délibère au Palais-Royal, si l'on délibère à l'hôtel de Montbazon, ils ont tous leur conseil, et dans leur cabinet on résout toutes les affaires d'importance.

J'avoue que le duc de Beaufort a sollicité pour le cardinal; mais on ne me sauroit denier que c'étoit moins en sa faveur, que contre les princes; et si vous lui donnez moyen de perdre le cardinal, par les princes, et les princes par le cardinal, il vous aura la dernière obligation. C'est le malheur de la situation où il est, plus que la malice de son naturel, qui lui fait craindre tout le monde et n'aimer personne. La bonté qui se peut conserver, parmi des intérêts si délicats, lui reste encore. Il n'envie point à Monsieur le Prince la confiance qu'il témoigne, au bois de Vincennes[2]; et comme il peut arriver tel désordre qui feroit tort à sa gloire, il souhaite qu'il finisse promptement ses jours, pour mettre sa réputation à couvert.

Le tempérament du prince de Conti est, à son

---

1. Officier d'ordonnance du duc de Beaufort.
2. Les princes étoient, à ce moment, prisonniers au château de Vincennes.

avis, si foible et si délicat, que le moindre exercice, une chasse, une débauche, une petite agitation, seroit capable de le faire mourir s'il étoit en liberté. Dans la dévotion où il est, il ne se peut lasser de louer Dieu, de la conversion du duc de Longueville; et la joie qu'il a de lui voir dire son bréviaire ne se sauroit exprimer. Il est fâché que le cardinal soit occupé au gouvernement d'un peuple tumultueux, comme celui de France; et pour exercer la délicatesse de son esprit, il lui souhaite quelque bon emploi, dans l'Italie. Outre les sentiments de bonté qui le portent à désirer la gloire de ces Messieurs, il faut avouer que le soin du bien public ne lui laisse point de repos; l'intérêt de l'État lui devient si précieux, qu'il ne le sauroit souffrir entre les mains de personne, et la vie même lui semble inutile, s'il ne l'emploie charitablement à nous gouverner.

Sans le flatter, Messieurs, il y a peu de chose qu'on ne doive attendre de son zèle et de sa capacité. Faut-il empêcher que l'autorité royale ne soit reconnue? Faut-il en même temps s'opposer à la liberté des princes, et tirer le duc d'Épernon de son gouvernement? Faut-il exciter une sédition pour le bien de l'État, faire tendre les chaînes, armer les factieux? Faut-il se trouver à toutes sortes d'assemblées, au Palais, à l'Hôtel de ville, à tous les conseils? Il n'y a fatigue ni danger qu'il refuse, pour l'amour de vous. On peut attendre de lui ces grands services; et le moindre soupçon qu'on auroit de sa fidélité, lui seroit infiniment sensible. Il est prêt de sacrifier son repos, pour le vôtre.

Il me semble néanmoins qu'on doit avoir de la

considération, et ne rien exiger qui soit au-dessus de ses forces. N'attendez pas qu'il aille imprudemment s'opposer à l'archiduc : on sait bien que la guerre de la campagne lui est inconnue; et, combattre avec des troupes réglées, est pour ce héros une chose nouvelle. C'est à faire aux Gassion, et aux personnes peu considérables par leur naissance, de passer leur vie comme des Cravates[1]; c'est-à-dire, à des gens désespérés, de commettre la fortune d'un État au hasard d'une bataille. Pour lui, que sa condition et sa naissance rendent incapable de bassesse et de folie, il tiendra glorieusement sa place dans les conseils, et employera tout son temps à former un avis qui puisse être dans la bouche de tout le monde, après être sorti de la sienne.

1. On donnoit le nom de *Cravates* à certains corps de cavalerie légère, parce qu'ils avoient été organisés, à la façon des régiments allemands, recrutés en Croatie. Un régiment de *royal Cravates* existoit encore en 1769. On nommoit aussi *Cravates* les chevaux de Croatie.

TROISIÈME PARTIE

MÉLANGES DE LITTÉRATURE

ET DE CRITIQUE

OEUVRES MÊLÉES
DE
SAINT-EVREMOND.

TROISIÈME PARTIE.

MÉLANGES DE LITTÉRATURE
ET DE CRITIQUE.

I

DE L'ÉDUCATION ET DE L'IGNORANCE.

Lettre à Monsieur le comte d'Olonne.

(1656)

Vous me laissâtes, hier, dans une conversation qui devint insensiblement une furieuse dispute. On y dit tout ce que l'on peut dire, à la honte et à l'avantage des lettres. Vous devinez les acteurs, et sçavez qu'ils étoient tous deux fort intéressés à maintenir leur parti : Bautru [1] ayant fort peu d'obligation à la nature, de son génie; et le Commandeur [2] pouvant dire, sans être ingrat, qu'il ne doit son talent ni aux arts ni aux sciences.

La dispute vint sur le sujet de la reine de Suède [3], qu'on louoit de la connoissance qu'elle a de tant de choses. Tout d'un coup le Commandeur se leva; et ôtant son chapeau, d'un air tout particulier : *Messieurs*, dit-il, *si la reine de Suède n'avoit su que les coutumes de son pays, elle y seroit encore. Pour avoir appris notre langue et nos manières; pour s'être mise en état de réussir huit jours en France, elle a perdu son royaume. Voilà ce qu'ont produit sa science, et ses belles lumières, que vous nous vantez.*

Bautru voyant choquer la reine de Suède qu'il estime tant, et les bonnes lettres qui lui sont si chères, perdit toute considération; et commençant par un serment : « Il faut être bien injuste, reprit-il, d'imputer à la reine de Suède, comme un crime, la plus belle action de sa vie. Pour votre aversion aux sciences, je ne m'en étonne point : ce n'est pas d'aujour-

---

1. Sur Bautru, comte de Serrant, voy. le *Dictionnaire* de Bayle, art. BAUTRU (Guillaume); et Tallemant, tome II, page 314 suiv.

2. Le Commandeur de Jars, de la maison de Rochechouart.

3. La reine Christine étoit alors (1656) en France.

d'hui que vous les avez méprisées. Si vous aviez lu les histoires les plus communes, vous sauriez que sa conduite n'est pas sans exemple. Charles-Quint n'a pas été moins admirable par la renonciation de ses États, que par ses conquêtes. Dioclétien n'a-t-il pas quitté l'Empire, et Sylla le pouvoir souverain? Mais toutes ces choses vous sont inconnues; et c'est folie de disputer avec un ignorant. Au reste, où me trouverez-vous un homme extraordinaire, qui n'ait eu des lumières et des connoissances acquises? »

A commencer par Monsieur le Prince, il alla jusqu'à César, de César au grand Alexandre : et l'affaire eût été plus loin, si le Commandeur ne l'eût interrompu avec tant d'impétuosité, qu'il fut contraint de se taire. *Vous nous en contez bien*, dit-il, *avec votre César et votre Alexandre. Je ne sais s'ils étoient savants ou ignorants; il ne m'importe guères. Mais je sais que, de mon temps, on ne faisoit étudier les gentilshommes que pour être d'Église; encore se contentoient-ils le plus souvent du latin de leur bréviaire. Ceux qu'on destinoit à la cour ou à l'armée alloient honnêtement à l'Académie. Ils apprenoient à monter à cheval, à danser, à faire des armes, à jouer du luth, à voltiger, un peu de mathématique, et c'étoit tout. Vous aviez en France mille beaux gens-d'ar-*

mes, galants hommes. C'est ainsi que se formoient les Thermes[1] et les Bellegarde[2]. Du latin! De mon temps, du latin! Un gentilhomme en eût été déshonoré. Je connois les grandes qualités de Monsieur le Prince, et suis son serviteur; mais je vous dirai que le dernier connétable de Montmorency a su maintenir son crédit dans les provinces, et sa considération à la cour, sans savoir lire. Peu de latin, vous dis-je, et de bon françois!

Il fut avantageux au Commandeur que le bon homme eût la goutte; autrement il eût vengé le latin par quelque chose de plus pressant que la colère et les injures. La contestation s'échauffa tout de nouveau: celui-ci résolu, comme Sidias[3], de mourir sur son opinion; celui-là soutenant le parti de l'ignorance, avec beaucoup d'honneur et de fermeté.

Tel étoit l'état de la dispute, quand un prélat charitable[4] voulut accommoder le diffé-

---

1. Paul de la Barthe, maréchal de Thermes.
2. Le duc de Bellegarde, grand écuyer. Voyez les *Mémoires des Hommes illustres*, de Brantôme.
3. Le héros des *fragments d'une histoire comique*, ouvrage de Théophile, où un pédant entêté est fort bien caractérisé. Cet écrit de Théophile se trouve au tome II de ses *OEuvres*, de l'édition de Janet, 1856, pages 2 et suivantes.
4. Le célèbre Lavardin, évêque du Mans. Voy. l'*Introduction*.

rend : ravi de trouver une si belle occasion de faire paroître son savoir et son esprit. Il toussa trois fois, avec méthode, se tournant vers le docteur ; trois fois il sourit, en homme du monde, à notre agréable ignorant ; et lorsqu'il crut avoir assez bien composé sa contenance : *digitis gubernantibus vocem*[1] il parla de cette sorte :

« Je vous dirai, messieurs ; je vous dirai que la science fortifie la beauté du naturel ; et que l'agrément et la facilité de l'esprit donnent des grâces à l'érudition. Le génie seul, sans art, est comme un torrent qui se précipite avec impétuosité. La science, sans naturel, ressemble à ces campagnes sèches et arides, qui sont désagréables à la vue. Or, messieurs, il est question de concilier ce que vous avez divisé mal à propos ; de rétablir l'union où vous avez jeté le divorce. La *science* n'est autre chose qu'une parfaite connoissance : l'*art* n'est rien qu'une règle qui conduit le naturel. Est-ce, monsieur (*s'adressant au Commandeur*), que vous voulez ignorer les choses dont vous parlez, et faire vanité d'un naturel qui se dérègle,

---

[1]. Expression de Pétrone, au sujet de Circé ; chap. cxxvii. (éd. de Burmann). Suétone remarque que Tibère parloit avec des gestes mous et efféminés : *nec sine molli quadam digitorum gesticulatione. In Tiberio, cap.* 98. (Des Maizeaux.)

qui s'éloigne de la perfection? Et vous, monsieur de Bautru, renoncez-vous à la beauté naturelle de l'esprit, pour vous rendre esclave de préceptes importuns, et de connoissances empruntées? »

Il faut finir la conversation, reprit brusquement le Commandeur : *j'aime encore mieux sa science et son latin, que le grand discours que vous nous faites*.

Le bon homme, qui n'étoit pas irréconciliable, s'adoucit aussitôt : et pour rendre la pareille au Commandeur, il préfera son ignorance agréable aux paroles magnifiques du prélat. Pour le prélat, il se retira avec un grand mépris de tous les deux, et une grande satisfaction de lui-même.

II

CARACTÈRE DE MADAME LA COMTESSE D'OLONNE[1].

(1657.)

JE ne pense pas être plus heureux à votre caractère, que nos peintres à votre portrait, où je puis dire que les meilleurs ont perdu leur réputation. Jusqu'ici nous n'avons point vu de beautés si achevées, qui ne soient allées chez

---

1. Catherine-Henriette d'Angennes, comtesse d'Olonne, fille de Charles d'Angennes, seigneur de la Loupe, mariée à Louis de la Trémouille, comte d'Olonne, en 1652. Tout le monde sait ce qu'en a raconté Saint-Simon, et le rôle qu'elle joue dans *l'Histoire amoureuse des Gaules* de Bussy-Rabutin, dont il faut voir l'excellente édition de MM. Boiteau et Livet. Ce *Caractère* a été publié, pour la première fois, dans les *Divers portraits* de Mlle de Montpensier, en 1659, dont nous devons une nouvelle et très-correcte édition à M. de Barthélemy, Paris, 1860, in-8. Le texte imprimé pour Mlle de Montpensier, et celui qui a été reproduit par Des Maizeaux, présentent des variantes que nous avons relevées. Il est inutile d'ajouter que le texte de Des Maizeaux est celui qui nous inspire le plus de confiance, car il a été revu par Saint-Evremond lui-même, tandis que celui de Montpensier est resté chargé des altérations de Segrais, éditeur des *divers portraits*.

eux, pour y chercher de certaines grâces, ou pour s'y défaire de quelques défauts. Vous seule, Madame, êtes au-dessus des arts qui savent flatter et embellir. Ils n'ont jamais travaillé pour vous[1] que malheureusement : jamais sans vous avoir beaucoup intéressée, et fait perdre autant d'avantages à une personne accomplie, qu'ils ont accoutumé d'en donner à celles qui ne le sont pas.

Si vous n'êtes guère obligée à la peinture, vous l'êtes encore moins à la curiosité des ajustements. Vous ne devez rien, ni à la science d'autrui, ni à votre propre industrie, et pouvez en repos vous remettre à la nature des soins qu'elle prend pour vous. Comme il y a peu de négligences heureuses, je ne conseillerois pas aux autres de s'y fier[2].

En effet, la plupart des femmes ne sont agréables que par les agréments qu'elles se font. Tout ce qu'elles mettent pour se parer cache des défauts. Tout ce que l'on vous ôte de votre parure vous rend quelque grâce ; et vous avez autant d'intérêt à revenir purement au naturel, qu'il leur est avantageux de s'en éloigner.

---

1. Texte Montpensier : *sur vous.*
2. Le texte de Mlle de Montpensier porte : *Je ne conseille pas aux autres de se fier à cette sorte de providence.*

Je ne m'amuserai point à des louanges générales, aussi vieilles que les siècles[1]. Le *Soleil* ne me fournira point de comparaison pour vos yeux, ni les *Fleurs* pour votre teint. Je pourrois parler de la régularité du visage, de la délicatesse des traits, des agréments de la bouche, de ce cou si poli et si bien tourné, de cette gorge si bien formée. Mais, au delà des plus curieuses observations, il y a mille choses en vous à penser, qu'on ne peut bien dire, et mille choses qu'on sent mieux qu'on ne les pense.

Croyez-moi, Madame, ne confiez le soin de votre gloire à personne ; car, assurément, vous n'êtes jamais si bien qu'en vous-même. Paroissez au milieu des portraits et des caractères, et vous déferez toutes les images qu'on sauroit donner de vous.

Après vous avoir bien admirée, ce que je trouve de plus extraordinaire, c'est que vous ayiez comme ramassé en vous les charmes divers de différentes beautés : ce qui surprend, ce qui plaît, ce qui flatte, ce qui touche[2].

Votre caractère proprement n'est point un caractère particulier ; c'est celui de toutes les

---

1. Le texte Montpensier ajoute : *Et les seuls restes des beautés qui ne sont plus.*
2. Dans le texte de Montpensier on lit : *ce qui surprend, ce qui touche, ce qui pique et ce qui plaît.*

belles personnes. Tel a résisté à des beautés fières, qui s'est laissé gagner à des beautés délicates. La délicatesse a donné du dégoût à un autre, qui a bien voulu se soumettre à la fierté.

Vous seule êtes le foible de tout le monde. Les emportés y trouvent le sujet de leurs transports; les âmes passionnées reprennent leur tendresse et leur langueur. Esprits différents, diverses humeurs, tempéraments contraires, tout est sujet à votre empire [1].

Ceux qui n'étoient nés ni pour donner, ni pour recevoir de l'amour, conservent la première de ces qualités, et perdent malheureusement l'autre. De là vient qu'il y a quelque ressemblance entre la chaleur de vos amis et la passion de vos amants; qu'on ne sauroit vous admirer sans intérêt; que le jugement des simples spectateurs n'est pas libre. De là vient enfin que tout aime où vous êtes, excepté vous, qui demeurez seule insensible.

Jusqu'ici, j'ai rendu une partie de ce que je devois à votre beauté, et ce n'est pas une de vos moindres louanges que j'aie pu vous louer si longtemps. Présentement, il est juste que je

1. Le texte Montpensier ajoute : *Dans cette confusion, vous faites le malheur des personnes d'entre deux âges, troublez le repos des plus tranquilles, et la raison des plus avisés.*

me donne quelque chose à moi-même; et qu'en parlant de votre esprit et de votre humeur, je me laisse aller à la mienne.

Je ne dirai que des vérités ; et de peur que vous ne croyiez qu'elles vous soient toutes désavantageuses, je commencerai par les charmes de votre conversation, qui ne cèdent en rien à ceux de votre visage.

Oui, Madame, on n'est pas moins touché de vous entendre que de vous voir. Vous pourriez donner de l'amour toute voilée, et faire voir en France, comme on a vu en Espagne, quelque aventure de *la belle invisible*.

On n'a jamais remarqué tant de politesse qu'en vos discours : ce qui est surprenant, rien de si vif et de si juste ; des choses si heureuses et si bien pensées [1].

Mais finissons des louanges dont la longueur est toujours ennuyeuse, quelque véritables qu'elles soient; et préparez-vous à souffrir patiemment ce que j'ai trouvé à redire en vous. Si vous avez de la peine à l'entendre, je n'en ai pas moins eu à le découvrir. Il m'a fallu faire des recherches profondes : et, après une étude fort difficile, voici les défauts que j'ai remarqués.

Je vous ai vue souvent estimer trop des gens

1. Le texte de Montpensier ajoute : *Au reste, l'intelligence fine et la vivacité du sens égale à celle de l'esprit.*

médiocres; et dans certaines docilités, qui véritablement ne vous durent guère, soumettre votre jugement à celui de beaucoup de personnes qui n'en avoient point.

Il me semble aussi que vous vous laissez trop aller à l'habitude. Ce que d'abord vous avez jugé grossier, fort sainement, vous paroît à la fin délicat, sans raison; et quand vous venez à guérir de ces erreurs, c'est plutôt par un retour de votre humeur, que par les réflexions de votre esprit.

Quelquefois, Madame, par un mouvement contraire, pour penser trop, vous passez la vérité du sujet; et les opinions que vous formez sont des choses plus fortement imaginées que solidement connues.

Pour vos actions, elles sont également innocentes et agréables. Mais comme vous pouvez négliger de petites formalités, qui sont de véritables gênes dans la vie, vous avez à craindre l'opinion des sots, et le chagrin de ceux que votre mérite fait vos ennemis.

Les femmes, vos ennemies déclarées, sont contraintes de nous avouer mille avantages que vous avez reçus de la nature. Il y a des occasions où nous sommes obligés de leur confesser qu'on pourroit les ménager mieux, et que vous n'en faites pas toujours ce que d'autres en sauroient faire.

Je finirai par vos inégalités dont vous faites vous-même une agréable peinture. Elles sont fâcheuses à ceux qui les souffrent. Pour moi, j'y trouve quelque chose de piquant; et je vois, quand on se plaint le plus de l'humeur, que c'est alors qu'on s'intéresse le plus pour la personne.

Quoi qu'il en soit, tant s'en faut qu'on puisse prendre avantage sur vous, qu'on n'y sauroit prendre de mesure. On vous désoblige aisément, sans y penser; et même le dessein de vous plaire a produit plus d'une fois le malheur de vous avoir déplu. Croyez-moi, Madame, il faudroit être bien heureux pour trouver de bons moments avec vous, et bien juste pour les prendre. Ce qu'on peut dire véritablement, après vous avoir examinée, c'est qu'il n'y a rien de si malheureux que de vous aimer, mais rien de si difficile que de ne vous aimer pas.

Voilà, Madame, les observations d'un spectateur qui, pour juger de vous plus sainement, a pris soin de demeurer libre. Le moyen qu'il a tenu pour se garantir a été de vous éviter autant qu'il a pu. Encore n'est-ce pas assez de ne vous voir point, quand on vous a vue; et ce remède, ailleurs infaillible, n'apporte pas une sûreté entière, sur votre sujet.

Peut-être, me direz-vous, qu'un homme qui

a des sentiments un peu tendres n'a pas d'ordinaire un jugement si rigoureux. Mais, quand vous prendrez la peine de me dire ce qui vous déplaît, je n'en aurai point à me démentir. Un discernement qui ne vous semble pas être avantageux ne sauroit subsister qu'en votre absence; car, pour [1] répéter ce que j'ai déjà dit : *Paroissez, Madame, au milieu des portraits et des caractères, et vous déferez* [2] *toutes les images qu'on sauroit donner de vous.*

LETTRE A MADAME LA COMTESSE D'OLONNE, EN LUI ENVOYANT SON CARACTÈRE.

Je vous envoie votre *caractère*, qui vous explique le sentiment général, et vous apprend qu'il n'y a rien en France de beau que vous. Ne soyez pas assez rigoureuse à vous-même pour vous dénier une justice que tout le monde vous rend. La plupart des dames se laissent persuader aisément, et reçoivent avec plaisir de douces erreurs. Il seroit bien étrange que vous ne voulussiez pas croire une vérité agréable [3].

Outre l'opinion publique, le jugement de

---

1. Le texte de Mlle de Montpensier porte : *Car pour conclusion, paroissez*, etc.
2. *Ibid.* : *et vous défaites toutes*, etc. Nous avons suivi Des Maizeaux pour la disposition des alinéas.
3. *Agréable* est supprimé dans l'édition Montpensier.

Mme de Longueville est pour vous. Rendez-vous y sans scrupule, et vous croyez hardiment, puisqu'elle le croit, la plus belle chose qu'on ait jamais vue.

De votre beauté, Madame, je passe aux maux qu'elle cause; je passe aux malades, aux mourants qu'on voit pour vous. Ce n'est pas à dessein de vous rendre pitoyable; au contraire, si vous suivez mon conseil, il en coûtera la vie à quelque malheureux. Il y a trop longtemps que les poëtes et les faiseurs de romans nous entretiennent de fausses morts. Je vous en demande une véritable, et ce vous sera un fort beau titre qu'un trépas dont on ne puisse douter[1]. De cinq ou six malades que je connois,

---

1. Au lieu des lignes qui suivent, le texte de Mlle de Montpensier, suivi par les anciennes éditions françoises des OEuvres de Saint-Evremond, donne une page supprimée par Des Maizeaux, probablement d'après les ordres de l'auteur, et parce qu'elle étoit désavouée par lui. Il suffit, en effet, de lire cette page de mauvais goût, pour se convaincre qu'elle n'est pas de Saint-Evremond. Elle contient des allusions personnelles que ce dernier ne s'est jamais permises. Segrais peut être l'auteur de cette addition. On sait déjà combien les altérations sont fréquentes, dans les anciennes éditions des ouvrages de Saint-Evremond. Enfin, il est évident que le *Caractère* a été écrit avant la mort du duc de Candale, arrivée en 1658; or, la page dont il s'agit fait allusion au comte de Grammont qui, dit-on, fut un des consolateurs de la comtesse d'Olonne, après qu'elle eut perdu ce duc si séduisant, dont la mort prématurée fut un sujet de long chagrin pour elle. Voy. *sup.* page 195.

choisissez celui que vous voudrez honorer de vos dernières rigueurs; vous n'aurez pas beaucoup à faire pour le conduire de la maladie à la mort. Faites-le mourir promptement, pour votre satisfaction, et celle de

    Votre, etc.

III

JUGEMENT SUR SÉNÈQUE, PLUTARQUE ET PÉTRONE.

(1664)

E commencerai par Sénèque, et vous dirai avec la dernière impudence, que j'estime beaucoup plus sa personne que ses ouvrages. J'estime le précepteur de Néron, l'amant d'Agrippine, l'ambitieux qui prétendoit à l'empire. Du philosophe et de l'écrivain, je ne fais pas grand cas : je ne suis touché ni de son style ni de ses sentiments. Sa latinité n'a rien de celle du temps d'Auguste, rien de facile, rien de naturel : toutes pointes, toutes imaginations, qui sentent plus la chaleur d'Afrique ou d'Espagne, que la lumière de Grèce ou d'Italie. Vous y voyez des choses coupées, qui ont l'air et le tour de sentences, mais qui n'en ont ni la solidité, ni le bon sens; qui piquent et

poussent l'esprit, sans gagner le jugement. Son discours forcé me communique une espèce de contrainte; et l'âme, au lieu d'y trouver sa satisfaction et son repos, y rencontre du chagrin et de la gêne.

Néron, qui pour être un des plus méchants princes du monde, ne laissoit pas d'être fort spirituel, avoit auprès de lui des espèces de petits maîtres fort délicats, qui traitoient Sénèque de pédant, et le tournoient en ridicule. Je ne suis pas de l'opinion de Berville, qui pensoit que le faux Eumolpe de Pétrone[1] fût le véritable Sénèque. Si Pétrone eût voulu lui donner un caractère injurieux, c'eût été plutôt sous le personnage d'un pédant philosophe, que d'un poëte impertinent. D'ailleurs, il est comme impossible d'y trouver aucun rapport. Sénèque étoit le plus riche homme de l'empire, et louoit toujours la pauvreté : Eu-

---

1. Voy. Pétrone, *Satyr.*, *cap.* xc, *et seq.*, de l'éd. de Burmann. — Quel est ce Berville dont il est ici parlé? Ni Des Maizeaux, ni personne après lui, n'a cherché à l'éclaircir. Je crois que Berville, cité par notre auteur avec une estime familière, n'est autre que Bardouville, gentilhomme normand et fort bel esprit, nommé dans la *Conversation du maréchal d'Hocquincourt*, et qui possédoit la seigneurie de Berville, dont il avoit probablement porté le nom, avant ou en même temps que celui de la seigneurie de Bardouville, laquelle en étoit voisine. Voyez l'ouvrage indiqué par le P. Le Long, t. III, n° 35 281 ; et notre tome I, pages 38 et 39.

molpe, un poëte fort mal dans ses affaires, et au désespoir de sa condition; il se plaignoit de l'ingratitude du siècle, et trouvoit, pour toute consolation, que *bonæ mentis soror est paupertas*. Si Sénèque avoit des vices, il les cachoit avec soin, sous l'apparence de la sagesse : Eumolpe faisoit vanité des siens, et traitoit ses plaisirs avec beaucoup de liberté.

Je ne vois donc pas sur quoi Berville pouvoit appuyer sa conjecture. Mais je suis trompé, si tout ce que dit Pétrone du style de son temps, de la corruption de l'éloquence et de la poésie; si les *controversiæ sententiolis vibrantibus pictæ*, qui le choquoient si fort; si le *vanus sententiarum strepitus*, dont il étoit étourdi, ne regardoient pas Sénèque; si le *per ambages deorumque ministeria*, etc., ne s'adressoit pas à la Pharsale de Lucain; si les louanges qu'il donne à Virgile, à Horace, n'alloient pas au mépris de l'oncle et du neveu.

Quoi qu'il en soit, pour revenir à ce qui me semble de ce philosophe, je ne lis jamais ses écrits, sans m'éloigner des sentiments qu'il veut inspirer à ses lecteurs. S'il tâche de persuader la pauvreté, on meurt d'envie de ses richesses. Sa vertu fait peur, et le moins vicieux s'abandonneroit aux voluptés, par la peinture qu'il en fait. Enfin, il parle tant de la mort, et me laisse des idées si noires, que je fais ce qui m'est possible pour ne pas profiter de sa lecture. Ce que je trouve de plus beau dans ses ouvrages, sont les exemples et les citations qu'il y mêle. Comme il vivoit dans une cour délicate, et qu'il savoit mille belles choses de tous les temps, il en allègue de fort agréables, tantôt de César, d'Auguste, de Mécénas : car après tout, il avoit de l'esprit et de la connoissance infiniment; mais son style n'a rien qui me touche; ses opinions ont trop de dureté, et il est ridicule qu'un homme qui vivoit dans l'abondance, et se conservoit avec tant de soin, ne prêchât que la pauvreté et la mort.

SUR PLUTARQUE.

Montaigne a trouvé beaucoup de rapports entre Plutarque et Sénèque[1] : tous deux grands philosophes, grands prêcheurs de sagesse et de vertu; tous deux précepteurs d'empereurs romains. L'un, plus riche et plus élevé; l'autre, plus heureux dans l'éducation de son disciple. Les opinions de Plutarque (comme dit le même Montaigne) sont plus douces et plus accommodées à la société; celles de Sénèque, plus fermes selon lui, plus dures et plus austères selon moi. Plutarque insinue doucement la sagesse, et veut rendre la vertu familière

---

1. Voy. les *Essais* de Montaigne, liv. II, ch. x.

dans les plaisirs même. Sénèque ramène tous les plaisirs à la sagesse, et tient le seul philosophe heureux. Plutarque, naturel, et persuadé le premier, persuade aisément les autres. L'esprit de Sénèque se bande et s'anime à la vertu; et comme si ce lui étoit une chose étrangère, il a besoin de se surmonter lui-même. Pour le style de Plutarque, n'ayant aucune connoissance du grec, je n'en saurois faire un jugement assuré : mais je vous avouerai que parmi les traités de sa morale, il y en a beaucoup où je ne puis rien comprendre, soit par la grande différence des choses et des manières de son temps à celles du nôtre, ou que véritablement ils soient au-dessus de mon peu d'intelligence. *Le démon familier de* SOCRATE, *la création de l'âme, le rond de la lune*[1], peuvent être admirables à qui les entend. Je vous dirai nettement que je n'en connois pas la beauté; et s'ils sont merveilleux, c'est une merveille qui me passe.

On peut juger par les bons mots des anciens qu'il nous a laissés, par ses dits qu'il ramasse avec tant de soin, par ses longs propos

---

1. Plutarque a fait trois petits traités, intitulés, selon la traduction d'Amyot : *Du démon ou esprit familier de Socrate; de la création de l'âme,* que Platon décrit dans son TIMÆUS; *de la face qui apparoit dedans le rond de la lune.* (Des Maizeaux.)

de table, combien il étoit sensible à la conversation. Cependant, ou il y avoit peu de délicatesse en ces temps-là, ou son goût n'étoit pas tout à fait exquis. Il soutient les matières graves et sérieuses, avec beaucoup de bon sens et de raison ; aux choses qui sont purement de l'esprit, il n'y a rien d'ingénieux ni de délicat.

A dire vrai, les VIES DES HOMMES ILLUSTRES sont le chef-d'œuvre de Plutarque, et, à mon jugement, un des plus beaux ouvrages du monde. Vous y voyez ces grands hommes exposés en vue, et retirés chez eux-mêmes ; vous les voyez dans la pureté du naturel, et dans toute l'étendue de l'action. On y voit la fermeté de Brutus, et cette réponse fière au mauvais génie qui lui parla : on voit qu'il lui restoit malgré lui quelque impression de ce fantôme, que le raisonnement de Cassius eut de la peine à bien effacer. Peu de jours après, on lui voit disposer ses troupes, et donner le combat si heureux de son côté, et si funeste par l'erreur de Cassius. On lui voit retenter la fortune, perdre la bataille, faire des reproches à la vertu, et trouver plus de secours dans son désespoir, que chez une maîtresse ingrate qu'il avoit si bien servie [1].

1. Vo., dans le *Dictionnaire* de Bayle, l'article BRUTUS; et, dans la *Biogr. univers.* de Michaud, au même mot.

Il y a une force naturelle dans le discours de Plutarque, qui égale les plus grandes actions; et c'est de lui proprement qu'on peut dire : *facta dictis exæquata sunt*. Mais il n'oublie ni les médiocres, ni les communes; il examine avec soin le train ordinaire de la vie. Pour ses COMPARAISONS, que Montaigne a trouvées si admirables[1], elles me paroissent véritablement fort belles; mais je pense qu'il pouvoit aller plus avant, et pénétrer davantage dans le fond du naturel. Il y a des replis et des détours en notre âme qui lui sont échappés. Il a jugé de l'homme trop en gros : il ne l'a pas cru si différent qu'il est de lui-même : méchant, vertueux, équitable, injuste, humain et cruel; ce qui lui semble se démentir, il l'attribue à des causes étrangères. Enfin, s'il eût défini Catilina, il nous l'eût donné avare ou prodigue : cet *alieni appetens, sui profusus*, étoit au-dessus de sa connoissance, et il n'eût jamais démêlé ces contrariétés, que Salluste a si bien séparées, et que Montaigne lui-même a beaucoup mieux entendues.

SUR PÉTRONE.

I. Pour juger du mérite de Pétrone, je ne veux que voir ce qu'en dit Tacite[2]; et sans

---

[1]. *Essais*, liv. II, ch. xxxii.
[2]. Tacite, *Annal.*, lib. XVI, cap. xviii-xix. Saint-

mentir, il faut bien que ç'ait été un des plus honnêtes hommes du monde, puisqu'il a obligé un historien si sévère de renoncer à son naturel, et de s'étendre avec plaisir sur les louanges d'un voluptueux. Ce n'est pas qu'une volupté si exquise n'allât autant à la délicatesse de l'esprit qu'à celle du goût. Cet *erudito luxu*, cet *arbiter elegantiarum* [1], est le caractère d'une politesse ingénieuse, fort éloignée des sentiments grossiers d'un vicieux : aussi n'étoit-il pas si possédé de ses plaisirs, qu'il fût devenu incapable des affaires. La douceur de sa vie ne l'avoit pas rendu ennemi des occupations. Il eut le mérite d'un gouverneur, dans son gouvernement de Bithynie; la vertu d'un consul, dans son consulat. Mais, au lieu d'assujettir sa vie à sa dignité, comme font la plupart des hommes, et de rapporter là tous ses chagrins et toutes ses joies, Pétrone, d'un esprit supérieur à ses charges, les ramenoit à lui-même; et pour m'expliquer à la façon de Montaigne, il ne renonçoit pas à l'homme en faveur du magistrat. Pour sa mort, après l'avoir bien examinée, ou je me trompe, ou

---

Evremond a cru que le Pétrone, dont Tacite parle ici, est l'auteur du *Satyricon;* mais l'identité n'est pas démontrée, et de très-bons critiques en ont nié la vraisemblance. Voy. l'article *Pétrone*, de la *Biogr. univers.*

1. Expressions de Tacite, *loc. cit.*

c'est la plus belle de l'antiquité. Dans celle de Caton, je trouve du chagrin et même de la colère. Le désespoir des affaires de la République, la perte de la liberté, la haine de César, aidèrent beaucoup sa résolution; et je ne sais si son naturel farouche n'alla point jusqu'à la fureur, quand il déchira ses entrailles.

Socrate est mort véritablement en homme sage, et avec assez d'indifférence : cependant il cherchoit à s'assurer de sa condition, en l'autre vie, et ne s'en assuroit pas. Il en raisonnoit sans cesse, dans la prison, avec ses amis, assez foiblement; et pour tout dire, la mort lui fut un objet considérable. Pétrone seul a fait venir la mollesse et la nonchalance dans la sienne. *Audiebatque referentes, nihil de immortalitate animæ et sapientium placitis, sed levia carmina et faciles versus*[1]. Il n'a pas seulement continué ses fonctions ordinaires : à donner la liberté à des esclaves, à en faire châtier d'autres; il s'est laissé aller aux choses qui le flattoient, et son âme, au point d'une séparation si fâcheuse, étoit plus touchée de la douceur et de la facilité des vers, que de tous les sentiments des philosophes.

Pétrone, à sa mort, ne nous laisse qu'une image de la vie : nulle action, nulle parole,

---

1. Tacite, *loc. cit.*

nulle circonstance qui marque l'embarras d'un mourant. C'est pour lui proprement, que mourir est cesser de vivre. Le VIXIT des Romains lui appartient justement.

II. Je ne suis pas de l'opinion de ceux qui croyent que Pétrone a voulu reprendre les vices de son temps, et qu'il a composé une Satire avec le même esprit qu'Horace écrivoit les siennes. Je me trompe, ou les bonnes mœurs ne lui ont pas tant d'obligation. C'est plutôt un courtisan délicat qui trouve le ridicule, qu'un censeur public qui s'attache à blâmer la corruption. Et pour dire vrai, si Pétrone avoit voulu nous laisser une morale ingénieuse, dans la description des voluptés, il auroit tâché de nous en donner quelque dégoût. Mais c'est là que paroît le vice, avec toutes les grâces de l'auteur; c'est là qu'il fait voir avec plus de soin l'agrément et la politesse de son esprit.

Davantage, s'il avoit eu dessein de nous instruire, par voie plus fine et plus cachée que celle des préceptes, pour le moins verrions-nous quelque exemple de la justice divine ou humaine sur ces débauchés. Tant s'en faut, le seul homme de bien qu'il introduit, le pauvre Lycas, marchand de bonne foi, craignant bien les dieux, périt misérablement dans la tempête, au milieu de ces corrompus qui sont conservés. Encolpe et Giton s'attachent l'un avec l'autre, pour mourir plus étroitement unis ensemble, et la mort n'ose toucher à leurs plaisirs La voluptueuse Tryphène se sauve dans un esquif avec toutes ses hardes. Eumolpe fut si peu ému du danger, qu'il avoit le loisir de faire quelque épigramme. Lycas, le pieux Lycas[1], appelle inutilement les dieux à son secours; et à la honte de leur providence, il paye ici pour tous les coupables. Si l'on voit quelquefois Encolpe dans les douleurs, elles ne lui viennent pas de son repentir. Il a tué son hôte, il est fugitif, il n'y a sorte de crime qu'il n'ait commis. Grâce à la bonté de sa conscience, il vit sans remords; ses larmes,

---

1. M. Nodot a critiqué cet endroit dans ses notes sur Pétrone; mais mal à propos. Il a cru que M. de Saint-Evremond appelloit Lycas *pieux*, à cause que Pétrone lui donne la qualité de *verecundissimus*. Ce n'est point cela. M. de Saint-Evremond accuse Pétrone de protéger l'impiété et le vice, pendant qu'il fait opprimer la vertu et la piété; et il le prouve par l'exemple de Lycas, qui étant le seul dans la tempête qui craignit la colère des dieux, et mît tout en usage pour l'apaiser, fut aussi le seul de la troupe qui périt misérablement. Ce n'est donc que par rapport à ces mouvements de dévotion qu'il l'appelle le *pieux Lycas*; c'est à cause de l'empressement qu'il a de faire rendre le voile et le sistre d'Isis, et des instances réitérées qu'il fait à Encolpe sur ce sujet. *Tu, inquit, Encolpi, succurre periclitantibus; id est, vestem illam divinam, sistrumque redde navigio. Per fidem, miserere, quemadmodum quidem soles. Et illum quidem vociferantem in mare ventus excussit, repetitumque infesto gurgite procella circumegit, atque hausit.* (Des Maizeaux.) *Satyr.*, 114.

ses regrets ont une cause bien différente ; il se plaint de l'infidélité de Giton qui l'abandonne. Son désespoir est de se l'imaginer dans les bras d'un autre, qui se moque de la solitude où il est réduit. *Jacent nunc amatores obligati noctibus totis, et forsitan mutuis lubidinibus attriti, derident solitudinem meam.*

Tous les crimes lui ont succédé heureusement, à la réserve d'un seul, qui lui a véritablement attiré une punition fâcheuse ; mais c'est un péché, pour qui les lois divines et humaines n'ont point ordonné de châtiment. Il avoit mal répondu aux caresses de Circé, et à la vérité son impuissance est la seule faute qui lui a fait de la peine. Il avoue qu'il a failli plusieurs fois ; mais qu'il n'a jamais mérité la mort qu'en cette occasion. Enfin, sans m'attacher au détail de toute l'histoire, il retombe dans le même crime, et reçoit le supplice mérité, avec une parfaite résignation. Alors il rentre en lui-même, et connoît la colère des dieux :

Hellespontiaci sequitur gravis ira Priapi.

Il se lamente du pitoyable état où il se trouve : *funeratu est pars illa corporis, quâ quondam Achilles eram*[1] ; et pour recouvrer sa vigueur, il se met entre les mains d'une prêtresse de ce Dieu avec de très-bons sentiments

1. Voy. Petrone., *Satyr.*, cap. 127 à 129.

de religion, mais en effet les seuls qu'il paroisse avoir dans toutes ses aventures. Je pourrois dire encore que le bon Eumolpe est couru des petits enfants, quand il récite ses vers : mais quand il corrompt son disciple, la mère le regarde comme un philosophe ; et couchés dans une même chambre, le père ne s'éveille pas, tant le ridicule est sévèrement puni chez Pétrone, et le vice heureusement protégé. Jugez, par là, si la vertu n'a pas besoin d'un autre orateur, pour être persuadée. Je pense qu'il est du sentiment de Bautru[1] : « Qu'honnête homme et bonnes mœurs ne s'accordent pas ensemble. » *Si ergo Petronium adimus, adimus virum ingenio vere aulico, elegantiæ arbitrum, non sapientiæ.*

III. On ne sauroit douter que Pétrone n'ait voulu décrire les débauches de Néron, et que ce Prince ne soit le principal objet de son ridicule : mais de savoir si les personnes qu'il introduit, sont véritables ou feintes, s'il nous donne des caractères à sa fantaisie, ou le propre naturel de certaines gens, la chose est fort difficile, et on ne peut raisonnablement s'en assurer. Je pense, pour moi, qu'il n'y a aucun

---

1. Le même dont il est question dans la lettre au comte d'Olonne, qui précède. Bautru étoit un fort bel esprit. Quelques vers de lui, ou à lui attribués, ont été imprimés dans le *Cabinet satyrique*. Voy. la *Biogr. univ.*

personnage, dans Pétrone, qui ne puisse convenir à Néron. Sous Trimalcion, il se moque apparemment de sa magnificence ridicule, et de l'extravagance de ses plaisirs. Eumolpe nous représente la folle passion qu'il avoit pour le théâtre : *Sub nominibus exoletorum fœminarumque, et novitate cujusque stupri, flagitia principis perscripsit*[1]; et par une agréable disposition de différentes personnes imaginées, il touche diverses impertinences de l'Empereur, et le désordre ordinaire de sa vie.

On pourra dire que Pétrone est bien contraire à soi-même, d'en blâmer les vices, la mollesse et les plaisirs, lui qui fut si ingénieux dans la recherche des voluptés : *Dum nihil amœnum, et molle affluentia putat, nisi quod ei Petronius approbavisset*[2]. Car, à vrai dire, quoique le Prince fût assez corrompu, de son naturel, au jugement de Plutarque, la complaisance de ce courtisan a contribué beaucoup à le jeter dans toute sorte de luxe et de profusion. En cela, comme en la plupart des choses de l'histoire, il faut regarder la différence des temps. Avant que Néron se fût laissé aller à cet étrange abandonnement, personne ne lui étoit si agréable que Pétrone; jusques-là,

1. Tacite, *loc. cit.*
2. Tacite, *ibidem.*

qu'une chose passoit pour grossière, quand elle n'avoit pas son approbation. Cette cour étoit comme une école de voluptés recherchées, où tout se rapportoit à la délicatesse d'un goût si exquis. Je crois même que la politesse de notre auteur devint pernicieuse au public, et qu'il fut un des principaux à ruiner des gens considérables, qui faisoient une profession particulière de sagesse et de vertu. Il ne prêchoit que la libéralité à un Empereur déjà prodigue, la mollesse à un voluptueux. Tout ce qui avoit une apparence d'austérité, avoit pour lui un air ridicule.

Selon mes conjectures, Thraséas eut son tour, Helvidius le sien; et quiconque avoit du mérite sans l'art de plaire, n'étoit pas fâcheux impunément. Dans cette sorte de vie, Néron se corrompoit de plus en plus; et comme la délicatesse des plaisirs vint à céder au désordre de la débauche, il tomba dans l'extravagance de tous les goûts. Alors Tigellin, jaloux des agréments de Pétrone et des avantages qu'il avoit sur lui dans la science des voluptés, entreprit de le ruiner : *quasi adversus æmulum et scientia voluptatum potiorem*[1]. Ce ne lui fut pas une chose mal aisée, car l'Empereur, abandonné comme il étoit, ne pouvoit plus

---

1. Tacite, *loc. cit.*

souffrir un témoin si délicat de ses infamies. Il étoit moins gêné par le remords de ses crimes, que par une honte secrète qu'il sentoit de ses voluptés grossières, quand il se souvenoit de la délicatesse des passées. Pétrone, de son côté, n'avoit pas de moindres dégoûts; et je pense que dans le temps de ses mécontentements cachés, il composa cette Satire ingénieuse, que nous n'avons malheureusement que défigurée.

Nous voyons dans Tacite l'éclat de sa disgrâce; et qu'ensuite de la conspiration de Pison, l'amitié de Sévinus fut le prétexte de sa perte.

IV. Pétrone est admirable par tout, dans la pureté de son style, dans la délicatesse de ses sentiments; mais ce qui me surprend davantage, est cette grande facilité à nous donner ingénieusement toute sorte de caractères. Térence est peut-être l'auteur de l'antiquité qui entre le mieux dans le naturel des personnes. J'y trouve cela à redire, qu'il a trop peu d'étendue: tout son talent est borné à faire bien parler des valets et des vieillards, un père avare, un fils débauché, une esclave, une espèce de Briguelle[1]. Voilà où s'étend la capacité de Té-

---

[1]. Le premier qui fit les intrigues de la comédie italienne, étoit provençal, et s'appelloit Briguelle. Il y réussit si bien, qu'on a donné depuis le nom de Briguelle au valet fourbe, qui conduit les intrigues. (*Des Maizeaux.*)

rence. N'attendez de lui ni galanterie, ni passion, ni les sentiments, ni les discours d'un honnête homme. Pétrone, d'un esprit universel, trouve le génie de toutes les professions, et se forme comme il lui plaît à mille naturels différents. S'il introduit un déclamateur, il en prend si bien l'air et le style, qu'on diroit qu'il a déclamé toute sa vie. Rien n'exprime plus naturellement le désordre d'une vie débauchée que les querelles d'Encolpe et d'Ascylte sur le sujet de Giton.

Quartilla ne représente-t-elle pas admirablement ces femmes prostituées, *quarum sic accensa libido, ut sæpius peterent viros, quam peterentur?* Les noces du petit Giton et de l'innocente Pannychis, ne nous donnent-elles pas l'image d'une impudicité accomplie?

Tout ce que peut faire un sot ridiculement magnifique dans un repas, un faux délicat, un impertinent, vous l'avez, sans doute, au festin de Trimalcion.

Eumolpe nous fait voir la folie qu'avoit Néron pour le théâtre, et sa vanité à réciter ses ouvrages ; et vous remarquerez, en passant, par tant de beaux vers dont il fait un méchant usage, qu'un excellent poëte peut être un malhonnête homme. Cependant comme Encolpe, pour représenter Eumolpe, un faiseur de vers fantasques, ne laisse pas de trouver en sa physionomie quelque chose de grand, il observe judicieusement de ne pas ruiner les idées qu'il nous en donne. Cette maladie qu'il a de composer hors de propos, même *in viciniâ mortis;* sa volubilité à dire ses compositions, en tous lieux et en tous temps, répondent à son début ridicule : *Ego, inquit, poeta sum, et ut spero, non humillimi spiritus, si modo coronis aliquid credendum est, quas etiam ad imperitos deferre gratia solet*[1]. Sa connoissance assez générale, ses actions extraordinaires, ses expédients en de malheureuses rencontres, sa fermeté à soutenir ses compagnons dans le vaisseau de Lycas, cette cour plaisante de chercheurs de successions qu'il s'attire dans Crotone, ont toujours du rapport avec les choses qu'Encolpe s'en étoit promises : *Senex canus, exercitati vultus, et qui videretur, nescio quid magnum promittere.*

Il n'y a rien de si naturel que le personnage de Chrysis : toutes nos confidentes n'en approchent pas ; et, sans parler de sa première conversation avec Polyénos, ce qu'elle lui dit de sa maîtresse, sur l'affront qu'elle a reçu, est d'une naïveté inimitable : *Verum enim fatendum est, ex quâ hora accepit injuriam, apud se non est.* Quiconque a lu Juvénal con-

---

[1]. Petrone, *Satyr.*, 83.

noît assez *impotentiam matronarum*, et leur méchante humeur : *si quando vir aut familiaris infelicius cum ipsis rem habuerat*. Mais il n'y a que Pétrone qui eût pu nous décrire Circé si belle, si voluptueuse et si galante.

OEnothéa, la prêtresse de Priape, me ravit avec les miracles qu'elle promet : avec ses enchantements, ses sacrifices, sa désolation sur la mort de l'oie sacrée, et la manière dont elle s'appaise, quand Polyénos lui fait un présent dont elle peut acheter une oie et des dieux, si bon lui semble.

Philumène, cette honnête dame, n'est pas moins bonne, qui, après avoir escroqué plusieurs héritages, dans la fleur de sa jeunesse et de sa beauté, devenue vieille, et par conséquent inutile à tout plaisir, tâchoit de continuer ce bel art, par le moyen de ses enfants, qu'avec mille beaux discours elle introduisoit auprès des vieillards qui n'en avoient point. Enfin, il n'y a naturel, il n'y a profession, dont Pétrone ne suive admirablement le génie. Il est poëte, il est orateur, il est philosophe, quand il lui plaît.

Pour ses vers, j'y trouve une force agréable, une beauté naturelle : *naturali pulchritudine carmen exsurgit ;* en sorte que Douza[1] ne sau-

---

[1]. Jean Van der Does, en latin Douza, gentilhomme

roit plus souffrir la fougue et l'impétuosité de Lucain, quand il a lu la *Prise de Troye*, ou ce petit essai de la *Guerre civile*, qu'il assure aimer beaucoup mieux

> *Quam vel trecenta Cordubensis illius*
> *Pharsalicorum versuum volumina.*

Je ne sais si je me trompe, mais il me semble que Lucrèce n'a pas traité si agréablement la matière des songes que Pétrone :

> *Somnia, quæ mentes ludunt, volitantibus umbris,*
> *Non delubra Deûm, nec ab æthere numina mittunt;*
> *Sed sibi quisque facit. Nam, cum prostrata sopore*
> *Urget membra quies, et mens sine pondere ludit;*
> *Quidque luce fuit, tenebris agit. Oppida bello*
> *Qui quatit, et flammis miserandas sævit in urbes,*
> *Tela videt, etc*[1].

Et que peut-on comparer à cette nuit voluptueuse, dont l'image remplit l'âme de telle sorte, qu'on a besoin d'un peu de vertu, pour s'en tenir aux simples impressions qu'elle fait sur l'esprit?

> *Qualis nox fuit illa, Dî, Deæque!*
> *Quam mollis torus! Hæsimus calentes,*
> *Et transfudimus hinc et hinc labellis*

hollandois et bon philologue du seizième siècle; auteur des *Præcidanea Petron.*, *lib.* II, *cap.* XII.

1. *Satyric.*, *cap.* CIV.

Errantes animas. Valete Curæ!
Mortalis ego sic perire cœpi[1].

« Quelle nuit, ô bons dieux! Quelle chaleur! Quels baisers! Quelle haleine! Quel mélange d'âmes, en ces chaudes et amoureuses respirations! »

Quoique le style de déclamateur semble ridicule à Pétrone, il ne laisse pas de montrer beaucoup d'éloquence en ses déclamations; et pour faire voir que les plus débauchés ne sont pas incapables de méditation et de retour, la morale n'a rien de plus sérieux, ni de mieux touché, que les réflexions d'Encolpe sur l'inconstance des choses humaines, et sur l'incertitude de la mort.

Quelque sujet qui se présente, on ne peut ni penser plus délicatement, ni s'exprimer avec plus de netteté. Souvent, en ses narrations, il se laisse aller au simple naturel, et se contente des grâces de la naïveté; quelquefois il met la dernière main à son ouvrage, et il n'y a rien de si poli. Catulle et Martial traitent les mêmes choses grossièrement; et si quelqu'un pouvoit trouver le secret d'envelopper les ordures avec un langage pareil au sien, je réponds pour les

---

1. *Satyric.*, cap. LXXIX. Quelques philologues lisent : *Valete curæ mortales!* Voy. *ibi*, Burmann, et Antonius sur Pétrone, édit. de 1781.

dames, qu'elles donneroient des louanges à sa discrétion.

Mais ce que Pétrone a de plus particulier, c'est qu'à la réserve d'Horace, en quelques odes, il est peut-être le seul de l'antiquité qui ait su parler de galanterie. Virgile est touchant dans les passions : les amours de Didon, les amours d'Orphée et d'Eurydice ont du charme et de la tendresse; toutefois, il n'a rien de galant, et la pauvre Didon, tant elle avoit l'âme pitoyable, devint amoureuse du pieux Énée, au récit de ses malheurs. Ovide est spirituel et facile, Tibulle délicat, cependant il falloit que leurs maîtresses fussent plus savantes que Mlle de Scudéri. Comme ils allèguent les dieux, les fables et des exemples tirés de l'antiquité la plus éloignée, ils promettent toujours des sacrifices; et je pense que M. Chapelain a pris d'eux la manière de *brûler* les cœurs *en holocauste*[1]. Lucien, tout ingénieux qu'il est, devient grossier, sitôt qu'il parle d'amour. Ses courtisanes ont plutôt le langage des lieux pu-

---

1. Chapelain fait parler le comte de Dunois (amoureux de la Pucelle d'Orléans), en ces termes :

> Pour ces célestes yeux, et ce front magnanime,
> Je sens un feu subtil, qui surpasse l'estime :
> Je n'en souhaite rien ; et si j'en suis amant,
> D'un amour sans désir je le suis seulement.
> De ce feu toutefois, que me sert l'innocence,
> Si tout sage qu'il est, il me fait violence?

blics, que les discours des ruelles. Pour moi, qui suis grand admirateur des anciens, je ne laisse pas de rendre justice à notre nation, et de croire que nous avons sur eux en ce point un grand avantage. Et sans mentir, après avoir bien examiné cette matière, je ne sache aucun de ces grands génies, qui eût pu faire parler d'amour Massinisse et Sophonisbe, César et Cléopâtre, aussi galamment que nous les avons ouï parler en notre langue[1]. Autant que les autres nous le cèdent, autant Pétrone l'emporte sur nous. Nous n'avons point de roman qui nous fournisse une histoire si agréable que la MATRONE D'ÉPHÈSE[2]. Rien de si galant que les poulets de Circé et de Polyénos[3]; toute leur

> Hélas! Il me dévore, et mon cœur embrasé,
> Déjà par sa chaleur est de force épuisé.
> Et soit! consumons-nous d'une flamme si belle,
> Brûlons en holocauste au feu de la Pucelle;
> Laissons-nous pour sa gloire en cendres convertir,
> Et tenons à bonheur d'en être le martyr.
>
> LA PUCELLE, Liv. II, à la fin.

1. Voyez la *Sophonisbe*, et la *Mort de Pompée*, de Pierre Corneille.

2. On trouve, dans les OEuvres de Saint-Evremond, publiées, soit à Paris, soit en Hollande, une traduction en prose de ce conte de la MATRONE D'ÉPHÈSE. Mais cette traduction est fort différente, dans les éditions données d'après Des Maizeaux, et dans les éditions de Barbin, ou on la trouve très-altérée. — L'imitation de la Fontaine otant tout intérêt à cette prose, je me suis abstenu de la reproduire ici.

3. Voy. les chapitres CXXIX et CXXX du *Satyricon*.

aventure, soit dans l'entretien, soit dans les descriptions, a un caractère fort au-dessus de la politesse de notre siècle. Jugez cependant s'il eût traité délicatement une belle passion, puisque c'étoit ici une affaire de deux personnes qui, à leur première vue, devoient goûter le dernier plaisir.

IV

DISSERTATION SUR LA TRAGÉDIE DE RACINE INTITULÉE : ALEXANDRE LE GRAND.

A madame Bourneau [1].

(1666; retouché en 1668.)

Depuis que j'ai lu le Grand Alexandre, la vieillesse de Corneille me donne bien moins d'alarmes, et je n'appréhende plus tant de voir finir avec lui la tragédie. Mais je voudrois qu'avant sa

---

1. Ce fragment de critique a donné lieu, entre Saint-Evremond et M. de Lionne, à un échange de lettres qu'on trouvera dans la Correspondance. — Madame Bourneau étoit une femme d'esprit, épouse du premier président des Élus, de Saumur. Elle avoit accompagné madame de Comminges, ambassadrice, en Angleterre, en 1665. Voy. notre Introduction.

mort il adoptât l'auteur de cette pièce, pour former, avec la tendresse d'un père, son vrai successeur. Je voudrois qu'il lui donnât le bon goût de cette antiquité qu'il possède si avantageusement ; qu'il le fît entrer dans le génie de ces nations mortes, et connoître sainement le caractère des héros qui ne sont plus. C'est, à mon avis, la seule chose qui manque à un si bel esprit. Il a des pensées fortes et hardies, des expressions qui égalent la force de ses pensées ; mais vous me permettrez de vous dire, après cela, qu'il n'a pas connu Alexandre ni Porus. Il paroît qu'il a voulu donner une plus grande idée de Porus que d'Alexandre, en quoi il n'étoit pas possible de réussir ; car l'histoire d'Alexandre, toute vraie qu'elle est, a bien de l'air d'un roman : et faire un plus grand héros, c'est donner dans le fabuleux ; c'est ôter à son ouvrage, non-seulement le crédit de la vérité, mais l'agrément de la vraisemblance. N'imaginons donc rien de plus grand que ce maître de l'univers ; ou nos imaginations seront trop vastes et trop élevées. Si nous voulons donner avantage sur lui à d'autres héros, ôtons-leur les vices qu'il avoit, et donnons-leur les vertus qu'il n'avoit pas : ne faisons pas Scipion plus grand, quoiqu'on n'ait jamais vu chez les Romains une âme si élevée que la sienne ; il le faut faire plus juste, allant plus au bien, plus modéré, plus tempérant et plus vertueux.

Que les plus favorables à César contre Alexandre, n'allèguent en sa faveur ni la passion de la gloire, ni la grandeur de l'âme, ni la fermeté du courage. Ces qualités sont si pleines dans le Grec, que ce seroit en avoir trop que d'en avoir plus. Mais qu'ils fassent le Romain plus sage en ses entreprises, plus habile dans les affaires, plus étendu dans ses intérêts, plus maître de lui dans ses passions.

Un juge fort délicat du mérite des hommes s'est contenté de faire ressembler à Alexandre celui dont il vouloit donner la plus haute idée : il n'osoit pas lui attribuer de plus grandes qualités, il lui ôtoit les mauvaises : *Magno illi Alexandro, sed sobrio neque iracundo simillimus*[1].

Peut-être que notre auteur est entré dans ces considérations, en quelque sorte; peut-être que pour faire Porus plus grand, sans donner dans le fabuleux, il a pris le parti d'abaisser son Alexandre. Si ç'a été son dessein, il ne pouvoit pas mieux réussir; car il en fait un prince si médiocre, que cent autres le pourroient emporter sur lui, comme Porus. Ce n'est

---

1. Velleius Paterculus (Hist. *lib.* II, *cap.* xli), parlant de César.

pas qu'Ephestion n'en donne une belle idée ; que Taxile, que Porus même ne parlent avantageusement de sa grandeur ; mais, quand il paroît lui-même, il n'a pas la force de la soutenir, si ce n'est que, par modestie, il veuille paroître un simple homme chez les Indiens, dans le juste repentir d'avoir voulu passer pour un dieu parmi les Perses. A parler sérieusement, je ne connois ici d'Alexandre que le seul nom : son génie, son humeur, ses qualités, ne me paroissent en aucun endroit. Je cherche, dans un héros impétueux, des mouvements extraordinaires qui me passionnent, et je trouve un prince si peu animé, qu'il me laisse tout le sang-froid où je puis être. Je m'imaginois, en Porus, une grandeur d'âme qui nous fût plus étrangère : le héros des Indes devoit avoir un caractère différent de celui des nôtres. Un autre ciel, pour ainsi parler, un autre soleil, une autre terre, y produisent d'autres animaux et d'autres fruits : les hommes y paroissent tout autres par la différence des visages, et plus encore, si je l'ose dire, par une diversité de raison : une morale, une sagesse singulière à la région y semble régler, et conduire d'autres esprits dans un autre monde. Porus, cependant, que Quinte-Curce dépeint tout étranger aux Grecs et aux Perses, est ici purement François : au lieu de nous transporter aux Indes, on l'amène en France, où il s'accoutume si bien à notre humeur, qu'il semble être né parmi nous, ou du moins y avoir vécu toute sa vie.

Ceux qui veulent représenter quelque héros des vieux siècles doivent entrer dans le génie de la nation dont il a été, dans celui du temps où il a vécu, et particulièrement dans le sien propre. Il faut dépeindre un roi de l'Asie autrement qu'un consul romain : l'un parlera comme un monarque absolu, qui dispose de ses sujets comme de ses esclaves ; l'autre comme un magistrat qui anime seulement les lois, et fait respecter leur autorité à un peuple libre. Il faut dépeindre autrement un vieux Romain furieux pour le bien public, et agité d'une liberté farouche, qu'un flatteur du temps de Tibère, qui ne connoissoit plus que l'intérêt, qui s'abandonnoit à la servitude. Il faut dépeindre différemment des personnes de la même condition et du même temps, quand l'histoire nous en donne de différents caractères. Il seroit ridicule de faire le même portrait de Caton et de César, de Catilina et de Cicéron, de Brutus et de Marc-Antoine, sous ombre qu'ils ont vécu, dans la République, en même temps. Le spectateur, qui voit représenter ces anciens sur nos théâtres, suit les mêmes règles pour en bien juger, que le poëte pour les bien dépeindre ; et pour y réussir mieux, il éloigne son esprit de tout ce qu'il voit en usage, tâche à se défaire du goût de son temps, renonce à son propre naturel, s'il est opposé à celui des personnes qu'on représente : car les morts ne sauroient entrer en ce que nous sommes, mais la raison, qui est de tous les temps, nous peut faire entrer en ce qu'ils ont été.

Un des grands défauts de notre nation, c'est de ramener tout à elle, jusqu'à nommer étrangers, dans leur propre pays, ceux qui n'ont pas bien, ou son air, ou ses manières. De là vient qu'on nous reproche justement de ne savoir estimer les choses que par le rapport qu'elles ont avec nous, dont Corneille a fait une injuste et fâcheuse expérience, dans sa Sophonisbe. Mairet, qui avoit dépeint la sienne infidèle au vieux Syphax, et amoureuse du jeune et victorieux Massinisse, plut quasi généralement à tout le monde, pour avoir rencontré le goût des dames et le vrai esprit des gens de la cour. Mais Corneille, qui fait mieux parler les Grecs que les Grecs, les Romains que les Romains, les Carthaginois que les citoyens de Carthage ne parloient eux-mêmes; Corneille, qui, presque seul, a le bon goût de l'antiquité, a eu le malheur de ne plaire pas à notre siècle, pour être entré dans le génie de ces nations, et avoir conservé à la fille d'Asdrubal son véritable caractère.

Ainsi, à la honte de nos jugements, celui qui a surpassé tous nos auteurs, et qui s'est peut-être ici surpassé lui-même, à rendre à ces grands noms tout ce qui leur étoit dû, n'a pu nous obliger à lui rendre tout ce que nous lui devions, asservis par la coutume aux choses que nous voyons en usage, et peu disposés par la raison à estimer des qualités et des sentiments qui ne s'accommodent pas aux nôtres.

Concluons, après une considération assez étendue, qu'Alexandre et Porus devoient conserver leur caractère tout entier; que c'étoit à nous à les regarder sur les bords de l'Hydaspe, tels qu'ils étoient; non pas à eux de venir, sur les bords de la Seine, étudier notre naturel et prendre nos sentiments. Le discours de Porus devoit avoir quelque chose de plus étranger et de plus rare. Si Quinte-Curce s'est fait admirer, dans la harangue des Scythes, par des pensées et des expressions naturelles à leur nation, l'auteur se pouvoit rendre aussi merveilleux en nous faisant voir, pour ainsi parler, la rareté du génie d'un autre monde.

La condition différente de ces deux rois, où chacun remplit si bien ce qu'il se devoit dans la sienne, leur vertu diversement exercée dans la diversité de leur fortune, attirent la considération des historiens, et les obligent à nous en laisser une peinture. Le poëte, qui pouvoit ajouter à la vérité des choses, ou les parer du moins de tous les ornements de la poésie, au lieu d'en employer les couleurs et les figures à les embellir, a retranché beaucoup de leur beauté; et, soit que le scrupule d'en dire trop ne lui en laisse pas dire assez, soit par sécheresse et stérilité, il demeure beaucoup au-dessous du véritable. Il pouvoit entrer dans l'intérieur, et tirer du fond de ces grandes âmes, comme fait Corneille, leurs plus secrets mouvements; mais il regarde à peine les simples dehors, peu curieux à bien remarquer ce qui paroît, moins profond à pénétrer ce qui se cache.

J'aurois souhaité que le fort de la pièce eût été à nous représenter ces grands hommes, et que, dans une scène digne de la magnificence du sujet, on eût fait aller la grandeur de leurs âmes jusqu'où elle pourroit aller. Si la conversation de Sertorius et de Pompée[1] a tellement rempli nos esprits, que ne devoit-on pas espérer de celle de Porus et d'Alexandre, sur un sujet si peu commun? J'aurois voulu encore que l'auteur nous eût donné une plus grande idée de cette guerre. En effet, ce passage de l'Hy-

---

1. Voyez le *Sertorius* de Corneille, act. III, sc. 1.

daspe, si étrange qu'il se laisse à peine concevoir : une grande armée de l'autre côté, avec des chariots terribles et des éléphants alors effroyables ; des éclairs, des foudres, des tempêtes qui mettoient la confusion partout, quand il fallut passer un fleuve si large sur de simples peaux ; cent choses étonnantes qui épouvantèrent les Macédoniens, et qui surent faire dire à Alexandre qu'*enfin il avoit trouvé un péril digne de lui ;* tout cela devoit fort élever l'imagination du poëte, et dans la peinture de l'appareil, et dans le récit de la bataille.

Cependant on parle à peine des camps des deux rois, à qui l'on ôte leur propre génie pour les asservir à des princesses purement imaginées. Tout ce que l'intérêt a de plus grand et de plus précieux parmi les hommes, la défense d'un pays, la conservation d'un royaume, n'excite point Porus au combat ; il y est animé seulement par les beaux yeux d'Axiane, et l'unique but de sa valeur est de se rendre recommandable auprès d'elle. On dépeint ainsi les chevaliers errants, quand ils entreprennent une aventure ; et le plus bel esprit, à mon avis, de toute l'Espagne, ne fait jamais entrer don Quichotte dans le combat, qu'il ne se recommande à Dulcinée.

Un faiseur de romans peut former ses héros

à sa fantaisie; il importe peu aussi de donner la véritable idée d'un prince obscur, dont la réputation n'est pas venue jusqu'à nous; mais ces grands personnages de l'antiquité, si célèbres dans leur siècle, et plus connus parmi nous que les vivants même : les Alexandre, les Scipion, les César, ne doivent jamais perdre leur caractère entre nos mains; car le spectateur le moins délicat sent qu'on le blesse, quand on leur donne des défauts qu'ils n'avoient pas, ou qu'on leur ôte des vertus qui avoient fait sur son esprit une impression agréable. Leurs vertus, établies une fois chez nous, intéressent l'amour-propre comme notre vrai mérite : on ne sauroit y apporter la moindre altération, sans nous faire sentir ce changement avec violence. Surtout, il ne faut pas les défigurer dans la guerre, pour les rendre plus illustres dans l'amour. Nous pouvons leur donner des maîtresses de notre invention, nous pouvons mêler de la passion avec leur gloire; mais gardons-nous de faire un Antoine d'un Alexandre, et ne ruinons pas le héros établi par tant de siècles, en faveur de l'amant que nous formons à notre fantaisie.

Rejeter l'amour de nos tragédies, comme indigne des héros, c'est ôter ce qui nous fait tenir à eux, par un secret rapport, par je ne sais quelle liaison qui demeure encore entre leurs âmes et les nôtres; mais pour les vouloir ramener à nous par ce sentiment commun, ne les faisons pas descendre au-dessous d'eux, ne ruinons pas ce qu'ils ont au-dessus des hommes. Avec cette retenue, j'avouerai qu'il n'y a point de sujets où une passion générale, que la nature a mêlée en tout, ne puisse entrer sans peine et sans violence. D'ailleurs, comme les femmes sont aussi nécessaires pour la représentation que les hommes, il est à propos de les faire parler, autant qu'on peut, de ce qui leur est le plus naturel, et dont elles parlent mieux que d'aucune chose. Otez aux unes l'expression des sentiments amoureux, et aux autres l'entretien secret où les fait aller la confidence, vous les réduisez ordinairement à des conversations ennuyeuses. Presque tous leurs mouvements, comme leurs discours, doivent être des effets de leur passion; leurs joies, leurs tristesses, leurs craintes, leurs désirs doivent sentir un peu d'amour, pour nous plaire.

Introduisez une mère qui se réjouit du bonheur de son cher fils, ou s'afflige de l'infortune de sa pauvre fille, sa satisfaction ou sa peine fera peu d'impression sur l'âme des spectateurs. Pour être touchés des larmes et des plaintes de ce sexe, voyons une amante qui pleure la mort d'un amant: non pas une femme qui se désole à la perte d'un mari. La douleur des maîtresses, tendre et précieuse, nous touche bien plus que l'affliction d'une veuve artificieuse ou intéressée, et qui, toute sincère qu'elle est quelquefois, nous donne toujours une idée noire des enterrements et de leurs cérémonies lugubres.

De toutes les veuves qui ont jamais paru sur le théâtre, je n'aime à voir que la seule Cornélie[1], parce qu'au lieu de me faire imaginer des enfants sans père, et une femme sans époux, ses sentiments tout romains rappellent dans mon esprit l'idée de l'ancienne Rome, et du grand Pompée.

Voilà tout ce qu'on peut raisonnablement accorder à l'amour sur nos théâtres; mais qu'on se contente de cet avantage, où la régularité même pourroit être intéressée, et que ses plus grands partisans ne croient pas que le premier but de la tragédie soit d'exciter des tendresses dans nos cœurs. Aux sujets véritablement héroïques, la grandeur d'âme doit être ménagée devant toutes choses. Ce qui seroit doux et tendre, dans la maîtresse d'un homme ordinaire, est souvent faible et honteux, dans l'amante d'un héros. Elle peut s'entretenir, quand elle est seule, des combats intérieurs qu'elle sent en elle-même ; elle peut

---

1. Voy. le *Pompée* de Corneille.

soupirer en secret de son tourment, confier à une chère et sûre confidente ses craintes et ses douleurs; mais, soutenue de sa gloire et fortifiée par sa raison, elle doit toujours demeurer maîtresse de ses sentiments passionnés, et animer son amant aux grandes choses, par sa résolution, au lieu de l'en détourner par sa foiblesse.

En effet, c'est un spectacle indigne de voir le courage d'un héros amolli par des soupirs et des larmes; et, s'il méprise fièrement les pleurs d'une belle personne qui l'aime, il fait moins paroître la fermeté de son cœur que la dureté de son âme.

Pour éviter cet inconvénient-là, Corneille n'a pas moins d'égard au caractère des femmes illustres qu'à celui de ses héros. Émilie anime Cinna à l'exécution de leur dessein [1], et va dans son cœur ruiner tous les mouvements qui s'opposent à la mort d'Auguste. Cléopâtre a de la passion pour César, et met tout en usage pour sauver Pompée [2] : elle seroit indigne de César, si elle ne s'oppose à la lâcheté de son frère; et César indigne d'elle, s'il est capable d'approuver cette infamie. Dircé, dans l'OEDIPE, conteste de grandeur de courage avec

---

1. Voy. *Cinna*, act. I, sc. III.
2. Dans la tragédie de *Pompée*.

Thésée, tournant sur soi l'explication funeste de l'oracle, qu'il vouloit s'appliquer pour l'amour d'elle.

Mais il faut considérer Sophonisbe [1], dont le caractère eût pu être envié des Romains même. Il faut la voir sacrifier le jeune Massinisse au vieux Syphax, pour le bien de sa patrie ; il faut la voir écouter aussi peu les scrupules du devoir, en quittant Syphax, qu'elle avoit fait les sentiments de son amour, en se détachant de Massinisse ; il faut la voir qui soumet toutes sortes d'attachements : ce qui nous lie, ce qui nous unit, les plus fortes chaînes, les plus douces passions, à son amour pour Carthage, à sa haine pour Rome ; il faut la voir enfin, quand tout l'abandonne, ne se pas manquer à elle-même, et dans l'inutilité des cœurs qu'elle avoit gagnés, pour sauver son pays, tirer du sien un dernier secours, pour sauver sa gloire et sa liberté.

Corneille fait parler ses héros avec tant de bienséance, que jamais il ne nous eût donné la conversation de César avec Cléopâtre [2] si César eût cru avoir les affaires qu'il eut dans Alexandrie ; quelque belle qu'elle puisse être, jusqu'à rendre l'entretien d'un amoureux

---

1. Voy. la *Sophonisbe* de Corneille.
2. Voy. *Pompée*, act. IV. sc. III.

agréable aux personnes indifférentes qui l'écoutent, il s'en fût passé assurément, à moins que de voir la bataille de Pharsale pleinement gagnée, Pompée mort, et le reste de ses partisans en fuite. Comme César se croyoit alors le maître de tout, on a pu lui faire offrir une gloire acquise et une puissance apparemment assurée; mais quand il a découvert la conspiration de Ptolomée, quand il voit ses affaires en mauvais état, et sa propre vie en danger, ce n'est plus un amant qui entretient sa maîtresse de sa passion, c'est le général romain qui parle à la reine du péril qui les regarde, et la quitte avec empressement, pour aller pourvoir à leur sûreté commune.

Il est donc ridicule d'occuper Porus de son seul amour, sur le point d'un grand combat qui alloit décider pour lui de toutes choses; il ne l'est pas moins d'en faire sortir Alexandre, quand les ennemis se rallient. On pourroit l'y faire entrer avec empressement, pour chercher Porus, non pas l'en tirer avec précipitation, pour aller revoir Cléophile : lui qui n'eut jamais ces impatiences amoureuses, et à qui la victoire ne paroissoit assez pleine que lorsqu'il avoit ou détruit, ou pardonné. Ce que je trouve pour lui de plus pitoyable, c'est qu'on lui fait perdre beaucoup d'un côté, sans lui faire rien gagner de l'autre. Il est aussi peu héros d'amour que de guerre; l'histoire se trouve défigurée, sans que le roman soit embelli : guerrier dont la gloire n'a rien d'animé qui excite notre ardeur, amant dont la passion ne produit rien qui touche notre tendresse.

Voilà ce que j'avois à dire sur Alexandre et sur Porus. Si je ne me suis pas attaché régulièrement à une critique exacte, c'est que j'ai moins voulu examiner la pièce en détail, que m'étendre sur la bienséance qu'on doit garder à faire parler les héros; sur le discernement qu'il faut avoir, dans la différence de leurs caractères; sur le bon et le mauvais usage des tendresses de l'amour dans la tragédie, rejetées trop austèrement par ceux qui donnent tout aux mouvements de la *crainte* et de la *pitié*, et recherchées avec trop de délicatesse par ceux qui n'ont de goût que pour cette sorte de sentiments.

V

LETTRE DE M. DE CORNEILLE A M. DE SAINT-EVREMOND, POUR LE REMERCIER DES LOUANGES QU'IL LUI AVOIT DONNÉES, DANS LA DISSERTATION SUR L'ALEXANDRE DE RACINE.

(1668.)

MONSIEUR,

L'OBLIGATION que je vous ai est d'une nature à ne pouvoir jamais vous en remercier dignement; et dans la confusion où j'en suis, je m'obstinerois encore dans le silence, si je n'avois peur qu'il ne passât auprès de vous pour ingratitude. Bien que les suffrages de l'importance du vôtre nous doivent toujours être très-précieux, il y a des conjonctures qui en augmentent infiniment le prix. Vous m'honorez de votre estime, en un temps où il semble qu'il y ait un parti fait pour ne m'en laisser aucune. Vous me soutenez, quand on se persuade qu'on m'a abattu; et vous me consolez glorieusement de la délicatesse de notre siècle, quand vous daignez m'attribuer le bon goût de l'antiquité. C'est un merveilleux avantage pour un homme qui ne peut douter que la postérité ne veuille bien s'en rapporter à vous : aussi je vous avoue, après cela, que je pense avoir quelque droit de traiter de ridicules ces vains trophées qu'on établit sur le débris imaginaire des miens, et de regarder avec pitié ces opiniâtres entêtements qu'on avoit pour les anciens héros refondus à notre mode.

Me voulez-vous bien permettre d'ajouter ici que vous m'avez pris par mon foible, et que ma Sophonisbe, pour qui vous montrez tant de tendresse, a la meilleure part de la mienne? Que vous flattez agréablement mes sentiments, quand vous confirmez ce que j'ai avancé, touchant la part que l'amour doit avoir dans les belles tragédies, et la fidélité avec laquelle nous devons conserver à ces vieux illustres, ces caractères de leur temps, de leur nation et de leur humeur! J'ai cru jusques ici que l'amour étoit une passion trop chargée de foiblesse, pour être la dominante, dans une pièce héroïque : j'aime qu'elle y serve d'ornement, et non pas de corps; et que les grandes âmes ne la laissent agir qu'autant qu'elle est compatible avec de plus nobles impressions. Nos doucereux et nos enjoués sont de contraire avis, mais vous vous déclarez du mien. N'est-ce pas assez pour vous en être redevable au dernier point, et me dire toute ma vie,

Votre très-humble et très-obéissant serviteur,   CORNEILLE.

RÉPONSE DE M. DE SAINT-EVREMOND A M. DE CORNEILLE.

Monsieur,

Je ne doute pas que vous ne fussiez le plus reconnoissant homme du monde d'une grâce qu'on vous feroit, puisque vous vous sentez obligé d'une justice qu'on vous rend. Si vous aviez à remercier tous ceux qui ont les mêmes sentiments que moi de vos ouvrages, vous devriez des remerciements à tous ceux qui s'y connoissent. Je vous puis répondre que jamais réputation n'a été si bien établie que la vôtre, en Angleterre et en Hollande. Les Anglois, assez disposés naturellement à estimer ce qui leur appartient, renoncent à cette opinion souvent bien fondée, et croient faire honneur à leur Benjamin Johnson [1], de le nommer le Corneille d'Angleterre. M. Waller, un des plus beaux esprits du siècle, attend toujours vos pièces nouvelles, et ne manque pas d'en

---

1. Benjamin Johnson (ou Ben Jonson), célèbre poëte anglois, fleurissoit sous les règnes de la reine Élisabeth, de Jacques Ier et de Charles Ier. Comme il étoit versé dans la lecture des anciens, il en profita habilement, et donna au théâtre anglois une forme et une régularité qu'il n'avoit point eu jusqu'alors. Il a fait des tragédies, comme le *Séjan* et le *Catilina*, qui ont eu l'approbation des connoisseurs. Mais on estime surtout ses comédies, particulièrement celles qui ont pour titre : *Volpone ou Renard*, l'*Alchimiste*, la *Foire de la Saint-Barthelemy*

traduire un acte ou deux en vers anglois, pour sa satisfaction particulière¹. Vous êtes le seul de notre nation, dont les sentiments aient l'avantage de toucher les siens. Il demeure d'accord qu'on parle et qu'on écrit bien en France : il n'y a que vous, dit-il, de tous les François, qui sache penser. M. Vossius, le plus grand admirateur de la Grèce, qui ne sauroit souffrir la moindre comparaison des Latins aux Grecs, vous préfère à Sophocle et à Euripide.

Après des suffrages si avantageux, vous me surprenez de dire que votre réputation est attaquée en France. Seroit-il arrivé du bon goût comme des modes, qui commencent à s'établir chez les étrangers, quand elles se passent à Paris? Je ne m'étonnerois point qu'on prît quelque dégoût pour les vieux héros, quand on en voit un jeune qui efface toute leur gloire; mais si on se plaît encore à les

---

et la *Femme qui ne parle point*. M. de Saint-Evremond étoit charmé de cette dernière pièce. Benjamin Johnson mourut en 1637, âgé de soixante-trois ans. Il est enterré dans l'abbaye de Westminster. Pour toute épitaphe, on s'est contenté de mettre ces paroles sur sa tombe : O rare Ben Johnson! (*Des Maizeaux.*)

1. M. Waller a travaillé à la traduction angloise du *Pompée* de Corneille, conjointement avec Charles Sackville, comte de Dorset, un des plus beaux esprits d'Angleterre, mort en 1706. C'est tout ce qui nous reste de ses traductions de Corneille. (*Id.*)

voir représenter sur nos théâtres, comment peut-on ne pas admirer ceux qui viennent de vous? Je crois que l'influence du mauvais goût s'en va passer; et la première pièce que vous donnerez au public fera voir, par le retour de ses applaudissements, le recouvrement du bon sens et le rétablissement de la raison. Je ne finirai pas sans vous rendre grâces très-humbles de l'honneur que vous m'avez fait. Je me trouverois indigne des louanges que vous donnez à mon jugement; mais comme il s'occupe le plus souvent à bien connoître la beauté de vos ouvrages, je confonds nos intérêts, et me laisse aller avec plaisir à une vanité mélée avec la justice que je vous rends.

VI

PROBLÈME A L'IMITATION DES ESPAGNOLS.

A Mademoiselle de Quérouaille[1].

(1671)

Je ne sais ce qui nuit le plus au bonheur de la vie des femmes, ou de s'abandonner à tous les mouvements de la passion, ou de suivre tous les sentiments de la vertu : je ne sais si leur abandonnement est suivi de plus de maux, que la contrainte ne leur ôte de plaisirs. J'ai vu des voluptueuses au désespoir du mépris où elles étoient tombées ; j'ai vu des prudes soupirer de leur vertu. Leur cœur, gêné de leur sagesse, cherchoit à se soulager, par des soupirs, du secret tourment de n'oser aimer. Enfin, j'ai vu les unes pousser des regrets vers l'estime qu'elles avoient perdue; j'ai vu les

---

1. Mlle de Querouaille, ou de Kerhouall, jeune Bretonne, conduite en Angleterre, par Madame, inspira de l'amour à Charles II, qui la nomma *duchesse de Portsmouth*. Voy. M. Capefigue, *la Duchesse de Portsmouth*, 1860, in-18, et madame de Sevigné, *Passim*. Dans un moment où elle hésitoit, sur le parti qu'elle prendroit avec le roi, Saint-Evremond lui adressa les pages qui suivent.

autres pousser des désirs, vers les voluptés qu'elles n'osoient prendre. Heureuse qui peut se conduire discrètement, sans gêner ses inclinations! Car, s'il y a de la honte à aimer sans retenue, il y a bien de la peine à passer la vie sans amour.

Pour éviter ce dernier malheur, Mademoiselle, il sera bon que vous suiviez un avis que je veux vous donner, sans intérêt. Ne rebutez pas trop sévèrement les tentations, en ce pays-ci; elles y sont modestes, elles ont plus de pudeur à s'offrir, que n'en doit avoir une honnête fille à les écouter. Peut-être êtes-vous assez vaine pour ne vous contenter que de vous-même; mais vous vous lasserez bientôt d'être seule à vous plaire et à vous aimer; et, quelque complaisance que fournisse l'amour propre, vous aurez besoin de celui d'un autre pour le véritable agrément de votre vie. Laissez-vous donc aller à la douceur des tentations, au lieu d'écouter votre fierté. Votre fierté vous feroit bientôt retourner en France, et la France vous jetteroit, selon le destin de beaucoup d'autres, en quelque couvent; mais, quand vous choisiriez de votre propre mouvement ce triste lieu de retraite, encore faudroit-il auparavant vous être rendue digne d'y entrer. Quelle figure y ferez-vous, si vous n'avez pas le caractère d'une pénitente? La vraie pénitente est celle qui s'afflige et se mortifie au souvenir de ses fautes. De quoi fera pénitence une bonne fille qui n'aura rien fait? Vous paroîtrez ridicule aux autres sœurs, qui se repentent avec un juste sujet, de vous repentir par pure grimace.

Voici un autre inconvénient que vous ne manquerez pas d'essuyer : c'est qu'au lieu de porter au couvent le dégoût de l'amour, le couvent vous en fera naître l'envie. Ce lieu saint change l'amour en dévotion, quand on a aimé dans le monde. Ce lieu, plus dangereux que les lieux profanes, change la dévotion en amour, quand on n'en a pas fait l'expérience. Alors, toute la ferveur de votre zèle s'étant convertie en amour, vous soupirerez inutilement pour ses plaisirs; et, dans la difficulté de les goûter, vous vous représenterez sans cesse, pour votre tourment, la facilité que vous en aviez dans le monde. Ainsi, vous serez consumée de regrets, ou dévorée de désirs, selon que votre âme se tournera au souvenir de ce que vous avez pu faire, ou à l'imagination de ce que vous ne pourrez exécuter.

Mais ce qu'il y aura de plus étrange pour vous, dans le couvent, c'est que votre raison ne contribuera pas moins que votre passion à vous rendre malheureuse. Plus vous serez éclairée, plus vous aurez à souffrir de l'imbécillité d'une vieille supérieure ; et les lumières de votre esprit ne serviront qu'à exciter le murmure de votre cœur. Sous une contenance mortifiée, vous aurez des sentiments révoltés ; et, obéissant à des ordres, où vous ne pourrez sincèrement vous soumettre, ni ouvertement vous opposer, vous passerez des jours malheureux dans le désespoir de votre condition, avec la grimace d'une fausse pénitente. Triste vie, ma pauvre sœur, d'être obligée à pleurer, par coutume, le péché qu'on n'a pas fait, dans le temps que vient l'envie de le faire !

Voilà le misérable état des bonnes filles qui portent au couvent leur innocence. Elles y sont malheureuses, pour n'avoir pas fait un bon fondement de leur repentir ; fondement si nécessaire aux maisons religieuses, qu'il faudra vous envoyer aux eaux, par pitié, pour vous faire, s'il est possible, quelque petit sujet de pénitence.

Soit que vous demeuriez dans le monde, comme je le souhaite, soit que vous en sortiez, comme je le crains, votre intérêt est d'accommoder deux choses qui paroissent incompatibles, et qui ne le sont pas : l'Amour et la Retenue. On vous a dit peut-être qu'il vaut mieux n'aimer point du tout que d'aimer avec cette contrainte ; mais la règle de ma retenue n'a rien d'austère, puisqu'elle prescrit seulement de n'aimer qu'une personne à la fois. Celle qui n'en aime qu'une se donne seulement; celle qui en aime plusieurs s'abandonne; et de cette sorte de bien, comme des autres, l'usage est honnête, et la dissipation honteuse.

VII

DE LA TRAGÉDIE ANCIENNE ET MODERNE.

(1672.)

On n'a jamais vu tant de règles pour faire de belles tragédies; et on en fait si peu, qu'on est obligé de représenter toutes les vieilles. Il me souvient que l'abbé d'Aubignac en composa, une selon toutes les lois qu'il avoit impérieusement données pour le théâtre[1]. Elle ne réussit point; et comme il se vantoit partout d'être le seul de nos auteurs qui eût bien suivi les préceptes d'ARISTOTE : *Je sais bon gré à M. d'Aubignac,* dit Monsieur le Prince, *d'avoir si bien suivi*

---

1. François Hédelin, abbé d'Aubignac, né en 1604, mort en 1676. Il publia en 1657 un traité de la *Pratique du théâtre*, qui obtint assez de succès et d'autorité. Quelque temps après, il donna une tragédie en prose, intitulée *Zénobie*, qui fut sifflée; c'est d'elle qu'il s'agit.

les règles d'Aristote; mais je ne pardonne point aux règles d'Aristote d'avoir fait faire une si méchante tragédie à M. d'Aubignac.

Il faut convenir que la Poétique d'Aristote est un excellent ouvrage : cependant il n'y a rien d'assez parfait pour régler toutes les nations et tous les siècles. Descartes et Gassendi ont découvert des vérités qu'Aristote ne connoissoit pas ; Corneille a trouvé des beautés pour le théâtre qui ne lui étoient pas connues ; nos philosophes ont remarqué des erreurs dans sa Physique ; nos poëtes ont vu des défauts dans sa Poétique, pour le moins à notre égard, toutes choses étant aussi changées qu'elles le sont.

Les dieux et les déesses causoient tout ce qu'il y avoit de grand et d'extraordinaire, sur le théâtre des Anciens, par leurs haines, par leurs protections; et de tant de choses surnaturelles, rien ne paroissoit fabuleux au peuple, dans l'opinion qu'il avoit d'une société entre les dieux et les hommes. Les dieux agissoient presque toujours par des passions humaines; les hommes n'entreprenoient rien sans le conseil des dieux, et n'exécutoient rien sans leur assistance. Ainsi, dans ce mélange de la divinité et de l'humanité, il n'y avoit rien qui ne se pût croire.

Mais toutes ces merveilles aujourd'hui nous

sont fabuleuses. Les dieux nous manquent et nous leur manquons; et si, voulant imiter les anciens en quelque façon, un auteur introduisoit des anges et des saints sur notre scène, il scandaliseroit les dévots comme profane, et paroîtroit imbécile aux libertins. Les prédicateurs ne souffriroient point que la chaire et le théâtre fussent confondus, et qu'on allât apprendre de la bouche des comédiens, ce qu'on débite avec autorité dans les églises, à tous les peuples.

D'ailleurs, ce seroit donner un grand avantage aux libertins, qui pourroient tourner en ridicule, à la comédie, les mêmes choses qu'ils reçoivent, dans les temples, avec une apparente soumission, et par le respect du lieu où elles sont dites, et par la révérence des personnes qui les disent[1].

---

[1]. C'est ce qu'on a vu dans le quinzième et le seizième siècle, où les histoires de l'Ancien et du Nouveau Testament étoient représentées, ou, pour parler le langage de ce temps-là, étoient *jouées par personnages* sur des théâtres publics. Castelvetro dit qu'on *jouoit* à Rome la *Passion* de Jésus-Christ de telle manière, que les spectateurs éclatoient de rire. On la *jouoit* aussi en France, et j'ai vu une pièce imprimée en 1541, sous ce titre : *S'ensuit le mystère de la Passion de Notre Seigneur Jésus-Christ, nouvellement reveu et corrigé, oultre les precédentes impressions, avec les additions faictes par très-éloquent et scientifique docteur maistre Jean Michel; lequel mystère fut joué à Angiers moult triumphamment, et dernièrement à Paris;*

Mais posons que nos docteurs abandonnent toutes les matières saintes à la liberté du théâ-

avec le nombre des personnages qui sont à la fin dudit livre et sont en nombre CXII.

On *jouoit* de même les *Actes des Apôtres*. Cet ouvrage, qui contient deux volumes, est intitulé : *Le premier volume des catholiques Œuvres et Actes des Apostres rédigé en escript par saint Luc, évangeliste et hystoriographe deputé par le Sainct Esperit : icellui sainct Luc escripvant à Theophile, avecques plusieurs hystoires en icellui inserez des gestes des Cesars.... le tout veu et corrigé bien et duement, selon la vraie verité, et joué par personnages à Paris, en l'hostel de Flandres, l'an mil cinq cens XLI, avec privilége du Roy*, etc. M. Bayle en a donné quelques extraits dans le *Supplément* de son *Dictionnaire*, à l'article *Choquet* (Louis).

Les désordres causés par ces sortes de *Jeux* furent représentés au Parlement de Paris d'une manière très-vive et très-forte, en 1541, par le procureur du roi. « Pendant lesdits Jeux (dit-il, parlant du *Mystère de la Passion* et des *Actes des Apôtres*), le commun peuple, dès huit à neuf heures du matin, és jours de festes, délaissoit sa messe paroissiale, sermon et vespres, pour aller esdits Jeux garder sa place, et y être jusqu'à cinq heures du soir; eut cessé la prédication, car n'eussent eu les prédicateurs qui les eust escouté. Et retournant desdits Jeux, se mocquoient hautement et publiquement par les rues desdits Jeux et des joueurs, contrefaisant quelque langage impropre qu'ils avoient oüis desdits Jeux ou autre chose mal faite, criant par dérision que le *Saint Esprit n'avoit pas voulu descendre*, et par d'autres mocqueries. Et le plus souvent les prêtres des paroisses, pour avoir leur passe-temps d'aller esdits Jeux, ont délaissé dire vespres les jours de fêtes, ou les ont dites tous seuls dès l'heure de midy, heure non accoustumée : et même les chantres ou chappellains de la sainte chapelle de ce palais, tant que lesdits Jeux ont duré (il avoit dit auparavant tre; faisons en sorte que les moins dévots les écoutent avec toute la docilité que peuvent avoir les personnes les plus soumises : il est certain que de la doctrine la plus sainte, des actions les plus chrétiennes, et des vérités les plus utiles, on fera les tragédies du monde qui plairont le moins.

L'esprit de notre religion est directement opposé à celui de la tragédie. L'humilité et la patience de nos saints sont trop contraires aux vertus des héros que demande le théâtre. Quel zèle, quelle force le ciel n'inspire-t-il pas à Néarque et à Polyeucte[1]? et que ne font pas ces nouveaux chrétiens pour répondre à ces heureuses inspirations? L'amour et les charmes d'une jeune épouse chèrement aimée ne font aucune impression sur l'esprit de Polyeucte. La considération de la politique de Félix, comme moins touchante, fait moins d'effet. Insensible aux prières et aux menaces, Polyeucte a plus d'envie de mourir pour Dieu, que les autres hommes n'en ont de vivre pour eux. Néanmoins, ce qui eût fait un beau sermon faisoit une misérable tragédie, si les

---

qu'on les *avoit fait durer l'espace de six ou sept mois*), ont dit vespres les jours de festes, à l'heure de midy, et encore les disoient en poste et à la légère, pour aller esdits Jeux, etc. » (*Des Maizeaux.*)

1. Voy. le *Polyeucte* de Corneille.

entretiens de Pauline et de Sévère, animés d'autres sentiments et d'autres passions, n'eussent conservé à l'auteur la réputation que les vertus chrétiennes de nos martyrs lui eussent ôtée.

Le théâtre perd tout son agrément dans la représentation des choses saintes, et les choses saintes perdent beaucoup de la religieuse opinion qu'on leur doit, quand on les représente sur le théâtre.

A la vérité, les histoires du vieux Testament s'accommoderoient beaucoup mieux à notre scène. Moïse, Samson, Josué, y feroient tout un autre effet que Polyeucte et Néarque. Le merveilleux qu'ils y produiroient a quelque chose de plus propre pour le théâtre. Mais il me semble que les prêtres ne manqueroient pas de crier contre la profanation de ces histoires sacrées, dont ils remplissent leurs conversations ordinaires, leurs livres, et leurs sermons. Et à parler sainement, le passage de la mer Rouge, si miraculeux; le soleil arrêté dans sa course à la prière de Josué, les armées défaites par Samson avec une mâchoire d'âne; toutes ces merveilles, dis-je, ne seroient pas crues à la comédie, parce qu'on y ajoute foi dans la Bible : mais on en douteroit bientôt dans la Bible, parce qu'on n'en croiroit rien à la comédie.

Si ce que je dis est fondé sur de bonnes et solides raisons, il faut nous contenter de choses purement naturelles, mais extraordinaires, et choisir, en nos héros, des actions principales qui soient reçues dans notre créance comme humaines, et qui nous donnent de l'admiration comme rares et élevées au-dessus des autres. En deux mots, il ne nous faut rien que de grand, mais d'humain : dans l'humain, éviter le médiocre; dans le grand, le fabuleux.

Je ne veux pas comparer la PHARSALE à l'ÉNÉÏDE; je connois la juste différence de leur valeur : mais à l'égard de l'élévation, Pompée, César, Caton, Curion, Labienus ont plus fait pour LUCAIN que n'ont fait pour VIRGILE Jupiter, Mercure, Junon, Vénus et toute la suite des autres déesses et des autres dieux.

Les idées que nous donne Lucain des grands hommes sont véritablement plus belles, et nous touchent plus, que celles que nous donne Virgile des immortels. Celui-ci a revêtu ses dieux de nos foiblesses, pour les ajuster à la portée des hommes; celui-là élève ses héros jusqu'à pouvoir souffrir la comparaison des dieux :

Victrix causa diis placuit, sed victa Catoni.

Dans Virgile, les dieux ne valent pas des

héros ; dans Lucain , les héros valent des dieux.

Pour vous dire mon véritable sentiment : je crois que la tragédie des anciens auroit fait une perte heureuse, en perdant ses dieux avec ses oracles et ses devins.

C'étoit par ces dieux, ces oracles, ces devins, qu'on voyoit régner au théâtre un esprit de superstition et de terreur, capable d'infecter le genre humain de mille erreurs, et de l'affliger encore de plus de maux. Et à considérer les impressions ordinaires que faisoit la tragédie, dans Athènes, sur l'âme des spectateurs, on peut dire que Platon étoit mieux fondé pour en défendre l'usage, que ne fut Aristote pour le conseiller ; car la tragédie consistant, comme elle faisoit, aux mouvements excessifs de la *crainte* et de la *pitié* : n'étoit-ce pas faire du théâtre une école de frayeur et de compassion, où l'on apprenoit à s'épouvanter de tous les périls, et à se désoler de tous les malheurs?

On aura de la peine à me persuader qu'une âme accoutumée à s'effrayer, sur ce qui regarde les maux d'autrui, puisse être dans une bonne assiette, sur les maux qui la regardent elle-même. C'est peut-être par là que les Athéniens devinrent si susceptibles des impressions de la peur, et que cet esprit d'épouvante, inspiré au théâtre avec tant d'art, ne devint que trop naturel dans les armées.

A Sparte et à Rome, où le public n'exposoit à la vue des citoyens que des exemples de valeur et de fermeté, le peuple ne fut pas moins fier et hardi dans les combats, que ferme et constant dans les calamités de la république. Depuis qu'on eut formé dans Athènes cet art de craindre et de se lamenter, on mit en usage à la guerre ces malheureux mouvements qui avoient été comme appris aux représentations.

Ainsi l'esprit de superstition causa la déroute des armées, et celui de lamentation fit qu'on se contenta de pleurer les grands malheurs, quand il falloit y chercher quelque remède. Mais comment n'eût-on pas appris à se désoler, dans cette pitoyable école de commisération? Ceux qu'on y représentoit étoient des exemples de la dernière misère, et des sujets d'une médiocre vertu.

Telle étoit l'envie de se lamenter, qu'on exposoit bien moins de vertus que de malheurs, de peur qu'une âme élevée à l'admiration des héros ne fût moins propre à s'abandonner à la pitié pour un misérable; et, afin de mieux imprimer les sentiments de crainte et d'affliction aux spectateurs, il y avoit toujours sur le théâtre des chœurs d'enfants, de vierges, de vieillards, qui fournissoient à chaque événement, ou leurs frayeurs, ou leurs larmes.

Aristote connut bien le préjudice que cela pourroit faire aux Athéniens ; mais il crut y apporter assez de remède, en établissant une certaine *purgation*, que personne jusqu'ici n'a entendue, et qu'il n'a pas bien comprise lui-même, à mon jugement : car y a-t-il rien de si ridicule que de former une science qui donne sûrement la maladie, pour en établir une autre qui travaille incertainement à la guérison ? que de mettre la perturbation dans une âme, pour tâcher après de la calmer, par les réflexions qu'on lui fait faire, sur le honteux état où elle s'est trouvée ?

Entre mille personnes qui assisteront au théâtre, il y aura peut-être six philosophes, qui seront capables d'un retour à la tranquillité, par ces sages et utiles méditations ; mais la multitude ne fera point ces réflexions, et on peut presque assurer que, par l'habitude de ce qu'on voit au théâtre, on s'en formera une de ces malheureux mouvements.

On ne trouve pas les mêmes inconvénients dans nos représentations, que dans celles de l'antiquité, puisque notre crainte ne va jamais à cette superstitieuse terreur qui produisoit de si méchants effets pour le courage. Notre crainte n'est le plus souvent qu'une agréable inquiétude, qui subsiste dans la suspension des esprits; c'est un cher intérêt que prend notre âme aux sujets qui attirent son attention.

On peut dire à peu près la même chose de la pitié, à notre égard. Nous la dépouillons de toute sa foiblesse, et nous lui laissons tout ce qu'elle peut avoir de charitable et d'humain. J'aime à voir plaindre l'infortune d'un grand homme malheureux; j'aime qu'il s'attire de la compassion, et qu'il se rende quelquefois maître de nos larmes; mais je veux que ces larmes tendres et généreuses regardent ensemble ses malheurs et ses vertus; et qu'avec le triste sentiment de la pitié, nous ayons celui d'une admiration animée, qui fasse naître en notre âme comme un amoureux désir de l'imiter.

Il nous restoit à mêler un peu d'amour, dans la nouvelle tragédie, pour nous ôter mieux ces noires idées que nous laissoit l'ancienne, par la superstition et par la terreur. Et dans la vérité, il n'y a point de passion qui nous excite plus à quelque chose de noble et de généreux qu'un honnête amour. Tel peut s'abandonner lâchement à l'insulte d'un ennemi peu redoutable, qui défendra ce qu'il aime jusqu'à la mort, contre les attaques du plus vaillant. Les animaux les plus foibles et les plus timides, les animaux que la nature a formés pour toujours craindre et toujours fuir, vont fièrement au devant de ce qu'ils craignent le plus, pour garantir le sujet de leur amour. L'amour a une chaleur qui sert de courage à ceux qui en ont le moins. Mais, à confesser la vérité, nos auteurs ont fait un aussi méchant usage de cette belle passion, qu'en ont fait les anciens de leur crainte et de leur pitié : car, à la réserve de huit ou dix pièces, où ses mouvements ont été ménagés avec beaucoup d'avantage, nous n'en avons point où les amants et l'amour ne se trouvent également défigurés.

Nous mettons une tendresse affectée où nous devons mettre les sentiments les plus nobles. Nous donnons de la mollesse à ce qui devroit être le plus touchant; et quelquefois nous pensons exprimer naïvement les grâces du naturel, que nous tombons dans une simplicité basse et honteuse.

Croyant faire les rois et les empereurs de parfaits amants, nous en faisons des princes ridicules; et à force de plaintes et de soupirs, où il n'y auroit ni à plaindre ni à soupirer, nous les rendons imbéciles comme amants et comme princes. Bien souvent nos plus grands héros aiment en bergers sur nos théâtres, et l'innocence d'une espèce d'amour champêtre leur tient lieu de toute gloire et de toute vertu.

Si une comédienne a l'art de se plaindre et de pleurer d'une manière touchante, nous lui donnons des larmes, aux endroits qui demandent de la gravité; et, parce qu'elle plaît mieux quand elle est sensible, elle aura partout indifféremment de la douleur.

Nous voulons un amour quelquefois naïf, quelquefois tendre, quelquefois douloureux, sans prendre garde à ce qui désire de la naïveté, de la tendresse, de la douleur; et cela vient de ce que, voulant partout de l'amour, nous cherchons de la diversité dans les manières, n'en mettant presque jamais dans les passions.

J'espère que nous trouverons un jour le véritable usage de cette passion devenue trop ordinaire. Ce qui doit être l'adoucissement des choses, ou trop barbares, ou trop funestes; ce qui doit toucher noblement les âmes, animer les courages et élever les esprits, ne sera pas toujours le sujet d'une petite tendresse affectée, ou d'une imbécile simplicité. Alors nous n'aurons que faire de porter envie aux anciens. Sans un amour trop grand pour l'antiquité, ou un trop grand dégoût pour notre siècle, on ne fera point des tragédies de Sophocle et d'Euripide les modèles des pièces de notre temps.

Je ne dis point que ces tragédies n'aient eu ce qu'elles devoient avoir pour plaire au goût des Athéniens; mais qui pourroit traduire en françois, dans toute sa force, l'OEdipe même, ce chef-d'œuvre des anciens, j'ose assurer que rien au monde ne nous paroîtroit plus barbare, plus funeste, plus opposé aux vrais sentiments qu'on doit avoir.

Notre siècle a du moins cet avantage, qu'il y est permis de haïr librement les vices, et d'avoir de l'amour pour les vertus. Comme les dieux causoient les plus grands crimes, sur le théâtre des anciens, les crimes captivoient le respect des spectateurs, et on n'osoit pas trouver mauvais ce qui étoit abominable. Quand Agamemnon sacrifia sa propre fille, et une fille tendrement aimée, pour appaiser la colère des dieux, ce sacrifice barbare fut regardé comme une pieuse obéissance, comme le dernier effet d'une religieuse soumission.

Que si l'on conservoit, en ce temps-là, les vrais sentiments de l'humanité, il falloit murmurer contre la cruauté des dieux, en impie; et si l'on vouloit être dévot envers les dieux, il falloit être cruel et barbare envers les hommes : il falloit faire, comme Agamemnon, la dernière violence à la nature et à son amour :

Tantum Relligio potuit suadere malorum,

dit Lucrèce, sur ce sacrifice barbare.

Aujourd'hui nous voyons représenter les hommes sur le théâtre, sans l'intervention des dieux, plus utilement cent fois pour le public et pour les particuliers; car il n'y aura dans nos tragédies, ni de scélérat qui ne se déteste, ni de héros qui ne se fasse admirer. Il y aura peu de crimes impunis, peu de vertus qui ne soient récompensées. Avec les bons exemples que nous donnons au public, sur le théâtre; avec ces agréables sentiments d'amour et d'admiration, discrètement ajoutés à une crainte et à une pitié rectifiées, on arrivera chez nous à la perfection que désire Horace :

Omne tulit punctum qui miscuit utile dulci;

ce qui ne pouvoit jamais être, selon les règles de l'ancienne Tragédie.

Je finirai par un sentiment hardi et nouveau : c'est qu'on doit rechercher à la tragédie, devant toutes choses, une grandeur d'âme bien exprimée, qui excite en nous une tendre admiration. Il y a dans cette sorte d'admiration quelque ravissement pour l'esprit; le courage y est élevé, l'âme y est touchée.

VIII

SUR LES CARACTÈRES DES TRAGÉDIES.

(1672.)

J'ai eu dessein autrefois de faire une tragédie, et ce qui me faisoit le plus de peine, c'étoit de me défendre d'un sentiment secret d'amour propre, qui nous laisse renoncer difficilement à nos qualités, pour prendre celles des autres. Il me souvient que je formois mon caractère, sans y penser, et que le héros descendoit insensiblement au peu de mérite de Saint-Evremond, au lieu que Saint-Evremond devoit s'élever aux grandes vertus de son héros. Il étoit de mes passions, comme de mon caractère; j'exprimois mes mouvements, voulant exprimer les siens. Si j'étois amoureux, je tournois toutes choses sur l'amour ; si je me trouvois pitoyable, je ne manquois pas de fournir des infortunes à ma pitié : je faisois dire ce que je sentois moi-même, et pour comprendre tout en peu de mots, je me représentois sous le nom d'autrui. N'accusons pas quelques héros de nos tragédies de verser des pleurs qui devoient couler seulement en quelques endroits ; ce sont les larmes des poëtes, qui, trop sensibles de leur naturel, ne peuvent résister à la tendresse qu'ils se sont formée. S'ils ne faisoient qu'entrer dans le sentiment des héros, leur âme, prêtée seulement à la douleur, pourroit garder quelque mesure dans la passion ; mais pour s'en faire une propre à eux-mêmes, ils expriment avec vérité ce qu'ils devoient représenter dans la vraisemblance. C'est un grand secret de savoir nous exprimer avec justesse, en ce qui regarde les pensées, et beaucoup plus en ce qui touche le sentiment ; car l'âme a bien plus de peine à se défaire de ce qu'elle sent, que l'esprit à se dégager de ce qu'il pense.

Véritablement la passion doit être remplie, mais jamais outrée ; et si les spectateurs étoient réduits à choisir entre deux vices, ils souffriroient le défaut plus aisément que l'excès. Celui qui ne pousse pas assez les mouvements, ne contente pas : c'est ne pas donner sujet de se louer ; celui qui les outre blesse l'esprit : c'est donner sujet de se plaindre. Le premier laisse à notre imagination le plaisir d'ajouter d'elle-même ce qu'il n'a su fournir ; le second nous donne la peine de retrancher, toujours difficile et ennuyeuse. Quand le cœur particulièrement s'est senti touché, autant qu'il doit l'être, il cherche à se soulager. Revenus de ces mouvements aux lumières de l'esprit, nous jugeons peu favorablement de la tendresse et des larmes. Celles du plus malheureux doivent être ménagées avec grande discrétion ; car le spectateur le plus tendre a bientôt séché les siennes : *Cito arescit lacryma in aliena miseria* [1].

En effet, si on s'afflige trop longtemps sur le théâtre, ou nous nous moquons de la foiblesse de celui qui pleure, ou la longue pitié d'un long tourment qui fait passer les maux d'autrui en nous-mêmes, blesse la nature qui a dû être seulement touchée. Toutes les fois que je me trouve à des pièces fort touchantes, les larmes des acteurs attirent les miennes, avec une douceur secrète que je sens à m'attendrir ; mais si l'affliction continue, mon âme s'en trouve incommodée, et attend avec impatience quelque changement, qui la délivre d'une impression douloureuse. J'ai vu arriver souvent en de longs discours de tendresse, que l'auteur donne à la fin toute autre idée que celle de l'amant qu'il a dessein de représenter. Cet amant devient quelquefois un philosophe, qui raisonne

---

[1]. *Nihil est tam miserabile, quàm ex beato miser. Et hoc totum quidem moveat, si bonâ ex fortunâ quis cadat, et à quorum caritate divellatur, quæ amittat, aut amiserit; in quibus malis sit, futurusve sit exprimatur breviter.* CITO ENIM ARESCIT LACRYMA, PRÆSERTIM IN ALIENIS MALIS. Cic., *Part. Orat.* § 17. (57, Orelli.)

dans la passion, ou qui nous explique par une espèce de leçon, de quelle manière elle s'est formée. Quelquefois l'esprit du spectateur qui poussoit d'abord son imagination jusqu'à la personne qu'on représente, revient à soi-même, désabusé qu'il est, et ne connoît plus que le poëte, qui, dans une espèce d'élégie, nous veut faire pleurer de la douleur qu'il a feinte, ou qu'il s'est formée.

Un homme se mécompte auprès de moi, en ces occasions; il tombe dans le ridicule, quand il prétend me donner de la pitié. Je trouve plus ridicule encore qu'on fasse l'éloquent, à se plaindre de ses malheurs. Celui qui prend la peine d'en discourir, m'épargne celle de l'en consoler. C'est la nature qui souffre, c'est à elle de se plaindre : elle cherche quelquefois à dire ce qu'elle sent, pour se soulager; non pas à le dire éloquemment, pour se complaire.

Je suis aussi peu persuadé de la violence d'une passion qui est ingénieuse à s'exprimer par la diversité des pensées. Une âme touchée sensiblement ne laisse pas à l'esprit la liberté de penser beaucoup, et moins encore de se divertir dans la variété de ses conceptions. C'est en quoi je ne puis souffrir la belle imagination d'Ovide : il est ingénieux dans la douleur; il se met en peine de faire voir de l'esprit, quand vous n'attendez que du sentiment. Virgile touche d'une impression toute juste, où il n'y a rien de languissant, rien de trop poussé. Comme il ne vous laisse rien à désirer, il n'a aussi rien qui vous blesse; et c'est là que votre âme se rend avec plaisir à une proportion si aimable.

Je m'étonne que dans un temps où l'on tourne toutes les pièces de théâtre sur l'amour, on en ignore assez et la nature et les mouvements. Quoique l'amour agisse diversement selon la diversité des complexions, on peut rapporter à trois mouvements principaux tout ce que nous fait sentir une passion si générale : *aimer, brûler, languir.*

Aimer simplement, est le premier état de notre âme, lorsqu'elle s'émeut par l'impression de quelque objet agréable ; là il se forme un sentiment secret de complaisance en celui qui aime, et cette complaisance devient ensuite un attachement à la personne qui est aimée. *Brûler*, est un état violent, sujet aux inquiétudes, aux peines, aux tourments : quelquefois aux troubles, aux transports, au désespoir, en un mot, à tout ce qui nous inquiète ou qui nous agite. *Languir*, est le plus beau des mouvements de l'amour ; c'est l'effet délicat d'une flamme pure qui nous consume doucement ; c'est une maladie chère et tendre qui nous fait haïr la pensée de notre guérison. On l'entretient secrètement, au fond de son cœur; et, si elle vient à se découvrir, les yeux, le silence, un soupir qui nous échappe, une larme qui coule malgré nous, l'expriment mieux que ne pourroit faire toute l'éloquence du discours.

Pour ces longues conversations de tendresse, ces soupirs poussés incessamment, ces pleurs à tout moment répandus, ils pourront se rapporter à quelque autre cause. Si l'on m'en veut croire, ils tiendront moins de l'amour que de la sottise de celui qui aime. La passion m'est trop précieuse, pour la couvrir d'une honte étrangère où elle n'a aucune part. Peu de larmes suffisent aux amants, pour exprimer leur amour; quand ils en ont trop, ils expliquent moins leur passion que leur foiblesse. J'ose dire qu'une dame qui aura pitié de son amant, sur les discrètes et respectueuses expressions du mal qu'elle cause, se moquera de lui comme d'un misérable pleureur, s'il gémit éternellement auprès d'elle.

J'ai observé que Cervantes estime toujours, dans ses chevaliers, le mérite vraisemblable; mais il ne manque jamais à se moquer de leurs combats fabuleux, et de leurs pénitences ridicules. Par cette dernière considération, il faut préférer DON GALAOR au bon AMADIS DE GAULE : *Porque tenia condicion muy acomo-*

dada para todo; que no era cavallero melindroso, ni tan lloron como su hermaño [1].

Un grand défaut des auteurs, dans les tragédies, c'est d'employer une passion pour une autre; de mettre de la douleur, où il ne faut que de la tendresse; de mettre, au contraire, du désespoir, où il ne faut que de la douleur. Dans les TRAGÉDIES de Quinault, vous désireriez souvent de la douleur, où vous ne voyez que de la tendresse. Dans le TITUS de Racine, vous voyez du désespoir, où il ne faudroit qu'à peine de la douleur. L'histoire nous apprend que Titus, plein d'égards et de circonspection, renvoya Bérénice en Judée, pour ne pas donner le moindre scandale au peuple romain; et le poëte en fait un désespéré qui se veut tuer lui-même, plutôt que de consentir à cette séparation.

Corneille n'a pas eu des sentiments plus justes, sur le sujet de son Titus [2]; il nous le représente prêt à quitter Rome, et à laisser le gouvernement de l'empire, pour aller faire l'amour en Judée. Certes, il va contre la vérité et la vraisemblance, ruinant le naturel de Titus et le caractère de l'empereur, pour donner tout

---

1. Michel Cervantes, dans son HISTOIRE *de l'admirable Don Quichotte de la Manche*, t. I, ch. I.
2. Dans sa comédie héroïque, intitulée: TITE ET BÉRÉNICE.

à une passion éteinte : c'est vouloir que ce prince s'abandonne à Bérénice, comme un fou, lorsqu'il s'en défait, comme un homme sage ou dégoûté.

J'avoue qu'il y a de certains sujets où la bienséance et la raison même favorisent les sentiments de la passion ; et alors la passion le doit emporter sur le caractère. Horace veut qu'on représente Achille agissant, colère, inexorable, croyant que les lois n'ont pas été faites pour lui, et ne connoissant que la force pour tout droit en ses entreprises[1] ; mais c'est dans son naturel ordinaire qu'on le doit dépeindre ainsi. C'est le caractère qu'Homère lui donne, lorsqu'il dispute sa captive à Agamemnon ; cependant, ni Homère ni Horace n'ont pas voulu éteindre l'humanité dans Achille ; et Euripide a eu tort de lui donner si peu d'amour pour Iphigénie, sur le point qu'elle devoit être sacrifiée. Le sacrificateur étoit touché de compassion, et l'amant paroît comme insensible : s'il a de la colère, il la trouve dans son naturel ; son cœur ne lui fournit rien pour Iphigénie. On m'avouera que l'humanité demandoit de la pitié ; que la nature, que la bienséance même exigeoient de la tendresse ; et tous les gens de bon goût blâmeront le poëte d'avoir

---

1. Horat., *de Arte Poet.*, v. 120 à 122, Orelli.

trop considéré le caractère, lorsqu'il falloit avoir de grands égards pour la passion. Mais, quand une passion est connue généralement de tout le monde, c'est là qu'il faut donner le moins qu'on peut au caractère.

En effet, si vous aviez à dépeindre Antoine depuis qu'il fut abandonné à son amour, vous ne le dépeindriez pas avec les belles qualités que la nature lui avoit données. Antoine, amoureux de Cléopâtre, n'est pas l'Antoine ami de César. D'un homme brave, audacieux, entreprenant, il s'en est fait un foible, mou et paresseux; d'un homme qui n'avoit manqué en rien, ni à son intérêt, ni à son parti, il s'en est fait un qui s'est manqué à lui-même, et qui s'est perdu.

Horace, que j'ai allégué, forme un caractère de la vieillesse, qu'il nous prescrit de garder fort soigneusement. Si nous avons quelque vieillard à représenter, il veut que nous le dépeignions amassant du bien, et s'abstenant de celui qu'il peut avoir amassé; que nous le dépeignions froid, timide, chagrin, peu satisfait du présent, et grand donneur de louanges à tout ce qu'il a vu dans sa jeunesse[1]. Mais, si vous avez à représenter un vieillard fort amoureux, vous ne lui donnerez ni froideur, ni

---

1. Horat., *de Arte poet.*, v, 166 et suiv.

crainte, ni paresse, ni chagrin; vous ferez un libéral d'un avare, un complaisant d'un homme fâcheux et difficile. Il trouvera à redire à toutes les beautés qu'il a vues, et admirera seulement celle qui l'enchante; il fera toutes choses pour elle, et n'aura plus de volonté que la sienne : pensant regagner, par la soumission, ce qu'il perd par le dégoût que son âge peut donner;

Et sous un front ridé, qu'on a droit de haïr,
Il croit se faire aimer, à force d'obéir [1].

Tel a été, et tel est dépeint, par Corneille, le vieil et infortuné Syphax. Avant qu'il fût charmé de Sophonisbe, il avoit tenu la balance entre les Carthaginois et les Romains; devenu amoureux, sur ses vieux jours, il perdit ses États et se perdit lui-même, pour avoir eu trop d'assujettissement aux volontés de sa femme.

Quand j'ai parlé de la passion, ç'a été proprement de l'amour que j'ai entendu parler : les autres passions servent à former le caractère, au lieu de le ruiner. Être naturellement gai, triste, colère, timide, c'est avoir les humeurs, les qualités, les affections qui composent un caractère : être fort amoureux, c'est avoir pris une passion qui ne ruine pas seulement les qualités d'un caractère, mais qui

1. Corneille, dans la *Sophonisbe*.

assujettit les mouvements des autres passions. Il est certain qu'une âme qui aime bien, ne se porte aux autres passions que selon qu'il plaît à son amour. Si elle a de la colère contre un amant, l'amour l'excite et l'appaise; elle pense haïr, et ne fait qu'aimer; l'amour excuse l'ingratitude, et justifie l'infidélité; les tourments d'une véritable passion sont des plaisirs; on en connoît les peines, lorsqu'elle est passée, comme après la rêverie d'une fièvre on sent les douleurs. En aimant bien, l'on n'est jamais misérable : on croit l'avoir été, quand on n'aime plus.

Une beauté qui sait toucher les cœurs,
N'a pas en son pouvoir de faire un misérable;
Auprès d'une personne aimable,
Les appas tiennent lieu d'assez grandes faveurs.

IX

A UN AUTEUR QUI ME DEMANDOIT MON SENTIMENT, D'UNE PIÈCE OU L'HÉROÏNE NE FAISOIT QUE SE LA-MENTER.

(1672.)

La princesse dont vous faites l'héroïne de votre pièce, me plairoit assez si vous aviez un peu ménagé ses larmes; mais vous la faites pleurer avec excès : et, dès qu'il y aura quelque retour à la justesse du sentiment, le trop de larmes rendra ceux qu'on représente moins touchants, et ceux qui voient représenter moins sensibles. Corneille n'a pas plu à la multitude, en ces derniers temps, pour avoir été chercher ce qu'il y a de plus caché dans nos cœurs, ce qu'il y a de plus exquis dans le sentiment, et de plus délicat dans la pensée. Après avoir comme usé les passions ordinaires dont nous sommes agités, il s'est fait un nouveau mérite à toucher des tendresses plus recherchées, de plus fines jalousies et de plus secrètes douleurs : mais cette étude de pénétration étoit trop délicate pour les grandes assemblées; de sorte qu'une découverte si précieuse lui a fait perdre quelque estime dans le monde, quand elle devoit lui donner une nouvelle réputation.

Il est certain que personne n'a mieux entendu la nature que Corneille; mais il l'a expliquée différemment, selon ses temps différents. Étant jeune, il en exprimoit les mouvements; étant vieux, il nous en découvre les ressorts. Autrefois, il donnoit tout au sentiment; il donne plus aujourd'hui à la connoissance; il ouvre le cœur avec tout son secret : il le produisoit avec tout son trouble. Quelques autres ont suivi plus heureusement la disposition des esprits, qui n'aiment aujourd'hui que la douleur et les larmes : mais je crains pour vous quelque retour du bon goût, justement sur votre pièce, et qu'on ne vienne à désapprouver le trop grand usage d'une passion dont on enchante présentement tout le monde.

J'avoue qu'il n'y a rien de si touchant que le sentiment douloureux d'une belle personne affligée; c'est un nouveau charme qui unit toutes nos tendresses, par les impressions de l'amour et de la pitié mêlées ensemble. Mais, si la belle affligée continue à se désoler trop longtemps, ce qui nous touchoit nous attriste; lassés de la consoler, quand elle aime encore à se plaindre, nous la remettons comme une importune entre les mains des vieilles et des parents, qui gouvernent dans toutes les formes de la condoléance une si ennuyeuse désolation.

Un auteur bien entendu dans les passions n'épuisera jamais la douleur d'une affligée : cet épuisement est suivi d'une indolence qui apporte une langueur infaillible aux spectateurs. Les premières larmes sont naturelles à la passion qu'on exprime ; elles ont leur source dans le cœur, et portent la douleur d'un cœur affligé dans un cœur tendre. Les dernières sont purement de l'esprit du poëte ; l'art les a formées, et la nature ne veut pas les reconnoître. L'affliction doit avoir quelque chose de touchant, et la fin de l'affliction quelque chose d'animé, qui puisse faire sur nous une impression nouvelle. Il faut que l'affliction se termine par une bonne fortune, qui finit les malheurs avec la joie, ou par une grande vertu qui attire notre admiration. Quelquefois, elle s'achève par la mort ; et il en naît en nos âmes une commisération propre et naturelle à la tragédie ; mais ce ne doit jamais être après de longues lamentations, qui donnent plus de mépris pour la foiblesse, que de compassion pour le malheur.

Je n'aime pas au théâtre une mort qui se pleure davantage par la personne qui se meurt, que par ceux qui la voient mourir. J'aime les grandes douleurs avec peu de plaintes, et un sentiment profond : j'aime un désespoir qui ne s'exhale pas en paroles, mais où la nature accablée succombe, sous la violence de la passion. Les longs discours expliquent plus notre regret à la vie, que notre résolution la mort : parler beaucoup dans ces occasions, c'est languir dans le désespoir, et perdre tout le mérite de sa douleur :

O! Silvia, tu se' morta,

et s'évanouir comme Aminte[1] :

Non, je ne pleure pas, madame, mais je meurs,

et mourir comme Eurydice[2].

Il est certain que nos maux se soulagent en pleurant ; et la plus grande peine du monde un peu adoucie, ranime le désir de vivre, à mesure qu'elle soulage le sentiment. Il en est de notre raisonnement comme de nos larmes : pour peu que nous raisonnions dans l'infortune, la raison nous porte à l'endurer plutôt qu'à mourir. Faisons guérir, au théâtre, ceux que nous faisons beaucoup pleurer et beaucoup se plaindre : donnons plus de maux que de larmes et de discours, à ceux que nous avons dessein d'y faire mourir.

1. Aminte du Tasse, act. III, sc. II.
2. Dans Suréna, tragédie de Corneille, act. V, sc. v.

X

RÉFLEXIONS SUR NOS TRADUCTEURS.

(1673.)

Les ouvrages de nos traducteurs sont estimés généralement de tout le monde. Ce n'est pas qu'une fidélité fort exacte fasse la recommandation de notre d'Ablancourt[1]; mais il faut admirer la force admirable de son expression, où il n'y a ni rudesse ni obscurité. Vous n'y trouverez pas un terme à désirer, pour la netteté du sens : rien à rejetter, rien qui nous choque, ou qui nous dégoûte. Chaque mot y est mesuré pour la justesse des périodes, sans que le style en paroisse moins naturel; et cependant une syllabe de plus ou de moins, ruineroit je ne sais quelle harmonie qui plaît autant à l'oreille que celle des vers. Mais, à mon avis, il a l'obligation de ces avantages au discours des anciens qui règle le sien; car, sitôt qu'il revient de leur génie au sien propre, comme dans ses

---

[1]. Nicolas Perrot d'Ablancourt, de l'Académie françoise, né en 1606, mort en 1664; auteur d'un grand nombre de traductions, qu'on appela les *belles infidèles*.

préfaces et dans ses lettres, il perd la meilleure partie de toutes ces beautés ; et un auteur admirable, tant qu'il est animé de l'esprit des Grecs et des Latins, devient un écrivain médiocre, quand il n'est soutenu que de lui-même. C'est ce qui arrive à la plupart de nos traducteurs ; de quoi ils me paroissent convaincus, pour sentir les premiers leur stérilité. Et, en effet, celui qui met son mérite à faire valoir les pensées des autres, n'a pas grande confiance de pouvoir se rendre recommandable par les siennes : mais le public lui est infiniment obligé du travail qu'il se donne, pour apporter des richesses étrangères où les naturelles ne suffisent pas. Je ne suis pas de l'humeur d'un homme de qualité que je connois, ennemi déclaré de toutes les versions : c'est un Espagnol savant et spirituel (*don Antonio de Cordova*), qui ne sauroit souffrir qu'on rende communes aux paresseux les choses qu'il a apprises chez les anciens avec de la peine.

Pour moi, outre que je profite en mille endroits des recherches laborieuses des traducteurs, j'aime que la connoissance de l'antiquité devienne plus générale ; et je prends plaisir à voir admirer ces auteurs par les mêmes gens qui nous eussent traités de pédants, si nous les avions nommés, quand ils ne les entendoient pas. Je mêle donc ma reconnoissance à celle du public; mais je ne donne pas mon estime, et puis être fort libéral de louanges pour la traduction, lorsque j'en serai fort avare pour le génie de son auteur. Je puis estimer beaucoup les versions de d'Ablancourt, de Vaugelas, de Du Ryer, de Charpentier et de beaucoup d'autres, sans faire grand cas de leur esprit, s'il n'a paru par des ouvrages qui viennent d'eux-mêmes.

Nous avons les versions de deux poëmes latins en vers françois, qui méritent d'être considérées autant pour leur beauté, que pour la difficulté de l'entreprise. Celle de Brébeuf a été généralement estimée, et je ne suis ni assez chagrin, ni assez sévère, pour m'opposer à une si favorable approbation. J'observerai néanmoins qu'il a poussé la fougue de Lucain, en notre langue, plus loin qu'elle ne va dans la sienne; et que, par l'effort qu'il a fait pour égaler l'ardeur de ce poëte, il s'est allumé lui-même, si on peut parler ainsi, beaucoup davantage. Voilà ce qui arrive à Brebeuf assez souvent; mais il se relâche quelquefois, et quand Lucain rencontre heureusement la véritable beauté d'une pensée, le traducteur demeure beaucoup au-dessous, comme s'il vouloit paroître facile et naturel, où il lui seroit permis d'employer toute sa force. Vous remarquerez cent fois la vérité de ma première observation;

et la seconde ne vous paroîtra pas moins juste en quelques endroits. Par exemple, pour rendre :

Victrix causa Diis placuit, sed victa Catoni,

Brébeuf a dit seulement :

Les dieux servent César, et Caton suit Pompée.

C'est une expression basse qui ne répond pas à la noblesse de la latine. Outre que c'est mal entrer dans le sens de l'auteur ; car Lucain qui a l'esprit tout rempli de la vertu de Caton, le veut élever au-dessus des dieux, dans l'opposition des sentiments sur le mérite de la cause ; et Brébeuf tourne une image noble de Caton, élevé au-dessus des dieux, en celle de Caton, assujetti à Pompée.

Quant à Segrais, il demeure partout bien au-dessous de Virgile : ce qu'il avoue lui-même aisément ; car il seroit fort extraordinaire qu'on pût rendre une traduction égale à un si excellent original. D'ailleurs un des plus grands avantages du poëte consiste dans la beauté de l'expression : ce qu'il n'est pas possible d'égaler dans notre langue, puisque jamais on n'a su le faire dans la sienne. Segrais doit se contenter d'avoir mieux trouvé le génie de Virgile, que pas un de nos auteurs ; et quelque grâce qu'ait perdu l'Énéide entre ses mains, j'ose dire qu'il surpasse de bien loin tous ces poëmes que nos François ont mis au jour, avec plus de confiance que de succès.

La grande application de Segrais à connoître l'esprit du poëte paroît dans la préface, autant que dans la version; et il me semble qu'il a bien réussi à juger de tout, excepté des caractères. En cela, je ne puis être de son sentiment; et il me pardonnera, si, pour avoir été dégoûté mille fois de son héros, je ne perds pas l'occasion de parler ici du peu de mérite du bon Énée.

Quoique les conquérants aient ordinairement plus de soin de faire exécuter leurs ordres sur la terre, que d'observer religieusement ceux du ciel : comme l'Italie étoit promise à ce Troyen par les dieux, c'est avec raison que Virgile lui a donné un grand assujettissement à leurs volontés ; mais quand il nous le dépeint si dévot, il doit lui attribuer une dévotion pleine de confiance, qui s'accommode avec le tempérament des héros : non pas un sentiment de religion scrupuleux, qui ne subsiste jamais avec la véritable valeur. Un général qui croyoit bien en ses dieux, devoit augmenter la grandeur de son courage, par l'espérance de leur secours. Sa condition étoit malheureuse, s'il n'y savoit croire qu'avec une superstition qui lui ôtoit le naturel usage de son entendement et de son cœur. C'est ce qui arriva au pauvre Nicias, qui perdit l'armée des Athéniens, et se perdit lui-même, par la crédule et superstitieuse opinion qu'il eut du courroux des dieux. Il n'en est pas ainsi du grand Alexandre. Il se croyoit fils de Jupiter, pour entreprendre des choses plus extraordinaires. Scipion, qui feint ou qui pense avoir un commerce avec les dieux, en tire avantage pour relever sa république, et pour abattre celle des Carthaginois. Faut-il que le fils de Vénus, assuré par Jupiter de son bonheur et de sa gloire future, n'ait de piété que pour craindre les dangers, et pour se défier du succès de toutes les entreprises? Segrais, là-dessus, défend une cause qui lui fait de la peine; et il a tant d'affection pour son héros, qu'il aime mieux ne pas exprimer le sens de Virgile dans toute sa force, que de découvrir nettement les frayeurs honteuses du pauvre Énée.

Extemplo Æneæ solvuntur frigore membra;
Ingemit, et duplices tendens ad sidera palmas,
Talia voce refert : O terque quaterque beati,
Queis ante ora patrum, Trojæ sub mœnibus altis,
Contigit oppetere[1]*!*

---

1. Virgile, *Énéid.*, *lib.* I, v. 96-100. Voici la traduction de Segrais :

Énée en est surpris; il lève au ciel les yeux,
Et déplore en ces mots son sort injurieux :

J'avoue que ces sortes de saisissements se font en nous, malgré nous-mêmes, par un défaut de tempérament : mais puisque Virgile pouvoit former celui d'Énée à sa fantaisie, je m'étonne qu'il lui en ait donné un, susceptible de cette frayeur. On fait honneur aux philosophes des vices de complexion, quand ils savent les corriger par la sagesse. Socrate avoue aisément de méchantes inclinations que la philosophie lui a fait vaincre. Mais la nature doit être toute belle dans les héros; et si, par une nécessité de la condition humaine, il faut qu'elle pèche en quelque chose, leur raison est employée à modérer des transports, non pas à surmonter des foiblesses. Souvent même leurs impulsions ont quelque chose de divin qui est au-dessus de la raison. Ce qu'on appelle *déréglement* dans les autres, n'est en eux qu'une pleine liberté, où leur âme se déploie dans toute son étendue. On fait de leur impétuosité cette vertu héroïque qui emporte notre admiration sans reconnoître notre jugement. Mais les passions basses les déshonorent; et si l'amitié exige quelquefois d'eux les craintes et les douleurs, (ce qu'on voit d'Achille pour Pa-

> O trois et quatre fois mort bienheureuse et belle,
> La mort de ces Troyens, qui d'une ardeur fidèle,
> Combattant près des murs de leur triste cité
> Aux yeux de leurs parents perdirent la clarté !

trocle, et d'Alexandre pour Éphestion), il ne leur est pas permis, dans leurs propres dangers et dans leurs malheurs particuliers, ni de faire voir la même peur, ni de faire entendre les mêmes plaintes. Or Énée fait craindre et pleurer sur tout ce qui le regarde. Il est vrai qu'il fait la même chose pour ses amis; mais on doit moins l'attribuer à une passion noble et généreuse, qu'à une source inépuisable d'appréhensions et de pleurs, qui lui en fournit naturellement pour lui et pour les autres.

Extemplo Æneæ solvuntur frigore membra;
Ingemit, et duplices tendens ad sidera palmas, etc.

Saisi qu'il est de ce froid par tous les membres, le premier signe de vie qu'il donne, c'est de gémir; puis il tend les mains au ciel, et apparemment il imploreroit son assistance, si l'état où il est lui laissoit la force d'élever son esprit aux dieux, et d'avoir quelque attention à la prière. Son âme, qui ne peut être appliquée à quoi que ce soit, s'abandonne aux lamentations; et semblable à ces veuves désolées qui voudroient être mortes, disent-elles, avec leurs maris, au premier embarras qui leur survient, le pauvre Énée regrette de n'avoir pas péri devant Troye avec Hector, et tient bienheureux ceux qui ont laissé leurs os au sein d'une si douce et si chère terre. Un autre croira que c'est pour envier leur bonheur ; je suis persuadé que c'est par la crainte du péril qui le menace.

Vous remarquerez encore que toutes ces lamentations commencent presque aussitôt que la tempête. Les vents soufflent impétueusement, l'air s'obscurcit ; il tonne, il éclaire, les vagues deviennent grosses et furieuses : voilà ce qui arrive dans tous les orages. Il n'y a jusques-là ni mât qui se rompe, ni voiles qui se déchirent, ni rames brisées, ni gouvernail perdu, ni ouverture par où l'eau puisse entrer dans le navire ; et c'étoit là du moins qu'il falloit attendre à se désoler : car il y a mille jeunes garçons en Angleterre, et autant de femmes en Hollande, qui s'étonnent à peine où le héros témoigne son désespoir.

Je trouve une chose remarquable dans l'Énéide, c'est que les dieux abandonnent à Enée toutes les matières de pleurs. Qu'il conte la destruction de Troye si pitoyablement qu'il lui plaira, ils ne se mêleront pas de régler ses larmes ; mais sitôt qu'il y a une grande résolution à prendre, ou une exécution difficile à faire, ils ne se fient ni à sa capacité, ni à son courage, et ils font presque toujours ce qu'ailleurs les grands hommes ont accoutumé d'entreprendre et d'exécuter. Je sais combien l'intervention des dieux est nécessaire au poëme épique : mais cela n'empêche pas qu'on ne dût laisser plus de choses à la vertu du héros ; car si le héros est trop confiant, qui au mépris des dieux veut tout fonder sur lui-même, le dieu est trop secourable, qui pour faire tout, anéantit le mérite du héros.

Personne n'a mieux entendu que Longin cette économie délicate de l'assistance du ciel et de la vertu des grands hommes. « Ajax, dit-il, se trouvant dans un combat de nuit effroyable, ne demande pas à Jupiter qu'il le sauve du danger où il se rencontre : cela seroit indigne de lui ; il ne demande pas qu'il lui donne des forces surnaturelles pour vaincre avec sûreté : il auroit trop peu de part à la victoire ; il demande seulement de la lumière, afin de pouvoir discerner les ennemis, et exercer contre eux sa propre vaillance : *Da lucem ut videam*[1].

Le plus grand défaut de la Pharsale, c'est de n'être proprement qu'une histoire en vers, où des hommes illustres font presque tout, par des moyens purement humains. Pétrone[2] l'en blâme avec raison, et remarque judicieusement que : *per ambages, Deorumque ministeria, et fabulosum sententiarum tormentum, præcipitandus est liber spiritus, ut potius furentis animi vaticinatio appareat, quam religiosæ*

---

1. Longin, *Traité du sublime*, chap. VIII.
2. *Satyr.*, cap. CXVIII.

orationis sub testibus fides. Mais l'Énéide est une fable éternelle, où l'on introduit les dieux pour conduire et pour exécuter toutes choses. Quant au bon Énée, il ne se mêle guère des desseins importants et glorieux : il lui suffit de ne pas manquer aux offices d'une âme pieuse, tendre et pitoyable. Il porte son père sur ses épaules; il regrette sa chère Creüse conjugalement; il fait enterrer sa nourrice, et dresse un bûcher à son pilote, en répandant mille larmes.

C'étoit un pauvre héros dans le paganisme, qui pourroit être un grand saint chez les chrétiens : fort propre à nous donner des miracles, et plus digne fondateur d'un ordre que d'un État. A le considérer par les sentiments de religion, je puis révérer sa sainteté; si j'en veux juger par ceux de la gloire, je ne saurois souffrir un conquérant qui ne fournit de lui que des larmes aux malheurs et des craintes à tous les périls qui se présentent; je ne puis souffrir qu'on le rende maître d'un si beau pays que l'Italie, avec des qualités qui lui convenoient mieux pour perdre le sien, que pour en conquérir un autre.

Virgile étoit sans doute bien pitoyable. A mon avis, il ne fait plaindre les désolés Troyens de tant de malheurs, que par une douceur secrète qu'il trouvoit à s'attendrir. S'il n'eût été de ce tempérament-là, il n'eût pas donné tant d'amour au bon Énée pour sa chère terre; car les héros se défont aisément du souvenir de leur pays, chez les nations où ils doivent exécuter de grandes choses. Leur âme toute tournée à la gloire, ne garde aucun sentiment pour ces petites douceurs. Il falloit donc que les Troyens se lamentassent moins de leur misère. Des gens de guerre, qui veulent exciter notre pitié pour leur infortune, n'inspirent que du mépris pour leur foiblesse ; mais Énée particulièrement, devoit être occupé de son grand dessein, et détourner ses pensées de ce qu'il avoit souffert, sur l'établissement qu'il alloit faire. Celui qui alloit fonder la grandeur et la vertu des Romains, devoit avoir une élévation et une magnanimité dignes d'eux.

Aux autres choses, Segrais ne sauroit donner trop de louanges à l'*Énéide*; et peut-être que je suis touché du quatrième et du sixième livre autant que lui-même. Pour les caractères, j'avoue qu'ils ne me plaisent pas, et je trouve ceux d'Homère aussi animés, que ceux de Virgile fades et dégoûtants.

En effet, il n'y a point d'âme qui ne se sente élevée, par l'impression que fait sur elle le caractère d'Achille. Il n'y en a point à qui le courage impétueux d'Ajax ne donne quelque mouvement d'impatience. Il n'y en a point qui ne s'anime et ne s'excite par la valeur de Diomède. Il n'y a personne à qui le rang et la gravité d'Agamemnon n'imprime quelque respect; qui n'ait de la vénération pour la longue expérience et pour la sagesse de Nestor; à qui l'industrie avisée du fin et ingénieux Ulysse n'éveille l'esprit. La valeur infortunée d'Hector le fait plaindre de tout le monde. La condition misérable du vieux roi Priam, touche l'âme la plus dure; et quoique la beauté ait comme un privilége secret de se concilier les affections, celle de Pâris, celle d'Hélène n'attirent que de l'indignation, quand on considère le sang qu'elles font verser, et les funestes malheurs dont elles sont cause. De quelque façon que ce soit, tout anime dans Homère, tout émeut; mais dans Virgile, qui peut ne s'ennuyer pas avec le bon Énée et son cher Achate? Si vous exceptez Nisus et Euryalus (qui, à la vérité vous intéressent dans toutes leurs aventures), vous languirez de nécessité avec tous les autres : avec un Ilionée, un Sergeste, Mnestée, Cloante, Gyas, et le reste de ces hommes communs qui accompagnent un chef médiocre.

Jugez par là combien nous devons admirer la poésie de Virgile, puisque malgré la vertu des héros d'Homère, et le peu de mérite des siens, les meilleurs critiques ne trouvent pas qu'il lui soit inférieur.

XI

SUR LES TRAGÉDIES.

(1677.)

'AVOUE que nous excellons aux ouvrages de théâtre; et je ne croirai point flatter Corneille, quand je donnerai l'avantage à beaucoup de ses tragédies, sur celles de l'antiquité. Je sais que les anciens tragiques ont eu des admirateurs dans tous les temps, mais je ne sais pas si cette sublimité dont on parle est bien fondée. Pour croire que Sophocle et Euripide sont aussi admirables qu'on nous le dit, il faut s'imaginer bien plus de choses de leurs ouvrages, qu'on n'en peut connoître par des traductions; et selon mon sentiment, les termes et la diction doivent avoir une part considérable à la beauté de leurs tragédies.

Il me semble voir, au travers des louanges que leur donnent leurs plus renommés partisans, que la grandeur, la magnificence, et la dignité surtout, leur étoient des choses fort peu connues : c'étoient de beaux esprits resserrés dans le ménage d'une petite république, à qui une liberté nécessiteuse tenoit lieu de toutes choses. Que s'ils étoient obligés de représenter la majesté d'un grand roi, ils entroient mal dans une grandeur inconnue, pour ne voir que des objets bas et grossiers, où leurs sens étoient comme assujettis.

Il est vrai que les mêmes esprits, dégoûtés de ces objets, s'élevoient quelquefois au sublime et au merveilleux; mais alors ils faisoient entrer tant de dieux et de déesses dans leurs tragédies, qu'on n'y reconnoissoit presque rien d'humain. Ce qui étoit grand étoit fabuleux; ce qui étoit naturel étoit pauvre et misérable. Chez Corneille, la grandeur se connoît par elle-même : les figures qu'il emploie sont dignes d'elle, quand il veut la parer de quelque ornement; mais d'ordinaire, il néglige ces vains dehors; il ne va point chercher dans les cieux de quoi faire valoir ce qui est assez considérable sur la terre; il lui suffit de bien entrer dans les choses, et la pleine image qu'il en donne, fait la véritable impression qu'aiment à recevoir les personnes de bon sens.

En effet, la nature est admirable partout, et quand on a recours à cet éclat étranger, dont on pense embellir les objets, c'est souvent une confession tacite qu'on n'en connoît pas la propriété. De là viennent la plupart de nos figures et de nos comparaisons, que je ne puis approuver si elles ne sont rares, tout à fait nobles et tout à fait justes ; autrement, c'est chercher, par adresse, une diversion, pour se dérober aux choses que l'on ne fait pas connoître. Quelque beauté cependant que puissent avoir les comparaisons, elles conviennent beaucoup plus au poëme épique qu'à la tragédie. Dans le poëme épique, l'esprit cherche à se plaire hors de son sujet ; dans la tragédie, l'âme, pleine de sentiments et possédée de passions, se tourne malaisément au simple éclat d'une ressemblance.

Ramenons notre discours à ces anciens, dont il s'est insensiblement éloigné ; et, cherchant à leur faire justice, confessons qu'ils ont beaucoup mieux réussi à exprimer les qualités de leurs héros qu'à dépeindre la magnificence des grands rois. Une idée confuse des grandeurs de Babylone avoit gâté plutôt qu'élevé leur imagination ; mais leur esprit ne pouvoit pas s'abuser sur la force, la constance, la justice et la sagesse, dont ils avoient tous les jours des exemples devant les yeux. Leurs sens, dégagés du faste, dans une république médiocre, laissoient leur raison plus libre à considérer les hommes par eux-mêmes.

Ainsi, rien ne les détournoit d'étudier la nature humaine, de s'appliquer à la connoissance des vices et des vertus, des inclinations et des génies. C'est par là qu'ils ont appris à former si bien les caractères, qu'on n'en sauroit désirer de plus justes, selon le temps où ils ont vécu, si on se contente de connoître les personnes par leurs actions.

Corneille a cru que ce n'étoit pas assez de les faire agir ; il est allé au fond de leur âme chercher le principe de leurs actions ; il est descendu dans leur cœur, pour y voir former les passions et y découvrir ce qu'il y a de plus caché dans leurs mouvements. Quant aux anciens tragiques, ou ils négligent les passions pour être attachés à représenter exactement ce qui se passe, ou ils font les discoureurs au milieu des perturbations mêmes, et vous disent des sentences, quand vous attendez du trouble et du désespoir.

Corneille ne dérobe rien de ce qui se passe : il met en vue toute l'action, autant que le peut souffrir la bienséance ; mais aussi donne-t-il au sentiment tout ce qu'il exige, conduisant la nature sans la gêner, ni l'abandonner à elle-même. Il a ôté du théâtre des anciens ce qu'il y avoit de barbare ; il a adouci l'horreur de leur scène par quelques tendresses d'amour judicieusement dispensées ; mais il n'a pas eu moins de soin de conserver aux sujets tragiques notre crainte et notre pitié, sans détourner l'âme des véritables passions qu'elle y doit sentir, à de petits soupirs ennuyeux, qui pour être cent fois variés, sont toujours les mêmes.

Quelques louanges que je donne à cet excellent auteur, je ne dirai pas que ses pièces soient les seules qui méritent de l'applaudissement, sur notre théâtre. Nous avons été touchés de MARIANE, de SOPHONISBE, d'ALCIONÉE, de VENCESLAS, de STILICON, d'ANDROMAQUE, de BRITANNICUS[1], et de plusieurs autres à qui je ne prétends rien ôter de leur beauté pour ne les nommer pas.

J'évite autant que je puis d'être ennuyeux; et il me suffira de dire qu'aucune nation ne sauroit disputer à la nôtre l'avantage d'exceller aux tragédies. Pour celles des Italiens, elles ne valent pas la peine qu'on en parle; les nommer seulement est assez, pour inspirer de l'ennui. Leur FESTIN DE PIERRE feroit mourir de langueur un homme assez patient, et je ne l'ai jamais vu, sans souhaiter que l'auteur de la pièce fût foudroyé avec son athée[2].

1. Tristan est l'auteur de la *Mariane*; Mairet, de la *Sophonisbe*; du Ryer, de l'*Alcionée*; Rotrou, du *Venceslas*; Corneille le jeune, du *Stilicon*; Racine, de l'*Andromaque* et du *Britannicus*. (Des Maizeaux).

2. Cette tragi-comédie du *Festin de Pierre*, qui ennuyoit Saint-Evremond, avoit pourtant un succès populaire, à Paris. Elle fut traduite de l'italien en françois, par de Villiers; Amsterd. 1660, in-12. Molière s'empara de ce sujet, en 1665, et le fit jouer par sa troupe. La foule s'y porta, comme au théâtre italien. Mais on sait les

Il y a de vieilles tragédies angloises[1] où il faudroit, à la vérité, retrancher beaucoup de choses ; mais avec ce retranchement, on pourroit les rendre tout à fait belles. En toutes les autres de ce temps-là, vous ne voyez qu'une matière informe et mal digérée, un amas d'événements confus, sans considération des lieux ni des temps, sans aucun égard à la bienséance. Les yeux, avides de la cruauté du spectacle, y veulent voir des meurtres et des corps sanglants ; en sauver l'horreur par des récits, comme on fait en France, c'est dérober à la vue du peuple ce qui le touche le plus.

Les honnêtes gens désapprouvent une cou-

---

clameurs que suscita cette représentation, où une cabale irritée vit la reproduction des attaques du *Tartuffe*, joué pour la première fois l'année précédente. La pièce fut défendue, et ne fut imprimée qu'après la mort de Molière, dans l'édition de ses *OEuvres*, de 1682 ; encore y fut-elle mutilée. La première édition complète et conforme à l'original, ne fut imprimée qu'en 1683, à Amsterdam, petit in-12. Cependant, Thomas Corneille avoit pu faire jouer, en 1677, au théâtre de la rue Guénégaud, son imitation en vers de la pièce en prose de Molière : imitation qui ne fut imprimée elle-même qu'en 1683. Un *Nouveau festin de Pierre* avoit été publié par Rosimond, à Paris, 1670, in-12. — Saint-Evremond n'avoit ni vu jouer, ni lu l'ouvrage de Molière, lorsqu'il écrivoit, en 1677, à Londres, les lignes qu'on vient de lire. Il ne connoissoit pas davantage l'ouvrage de Thomas Corneille. — Voy. Taschereau, *Hist. de Molière*, pag. 108, suiv.; et le *Catalog.* de ma bibliothèque, pag. 236, suiv.

1. Comme le *Catilina* et le *Sejan* de Ben Jonson.

tume établie par un sentiment peut-être assez inhumain; mais une vieille habitude, ou le goût de la nation en général, l'emporte sur la délicatesse des particuliers. Mourir est si peu de chose aux Anglois, qu'il faudroit, pour les toucher, des images plus funestes que la mort même. De là vient que nous leur reprochons assez justement de donner trop à leurs sens, sur le théâtre. Il nous faut souffrir aussi le reproche qu'ils nous font de passer dans l'autre extrémité, quand nous admirons chez nous des tragédies par de petites douceurs qui ne font pas une impression assez forte sur les esprits. Tantôt peu satisfaits, dans nos cœurs, d'une tendresse mal formée, nous cherchons dans l'action des comédiens à nous émouvoir encore; tantôt nous voulons que l'acteur, plus transporté que le poëte, prête de la fureur et du désespoir à une agitation médiocre, à une douleur trop commune. En effet, ce qui doit être tendre n'est souvent que doux; ce qui doit former la pitié fait à peine la tendresse : l'émotion tient lieu du saisissement, l'étonnement de l'horreur. Il manque à nos sentiments quelque chose d'assez profond; les passions à demi touchées n'excitent en nos âmes que des mouvements imparfaits, qui ne savent ni les laisser dans leur assiette, ni les enlever hors d'elles-mêmes.

XII

SUR NOS COMÉDIES; EXCEPTÉ CELLES DE MOLIÈRE, OU L'ON TROUVE LE VRAI ESPRIT DE LA COMÉDIE ; ET SUR LA COMÉDIE ESPAGNOLE.

(1677.)

Pour la comédie, qui doit être la représentation de la vie ordinaire, nous l'avons tournée tout à fait sur la galanterie, à l'exemple des Espagnols; sans considérer que les anciens s'étoient attachés à représenter la vie humaine, selon la diversité des humeurs; et que les Espagnols, pour suivre leur propre génie, n'avoient dépeint que la seule vie de Madrid, dans leurs intrigues et leurs aventures.

J'avoue que cette sorte d'ouvrage auroit pu avoir dans l'antiquité un air noble, et je ne sais quoi de plus galant; mais c'étoit plutôt le défaut de ces siècles-là, que la faute des auteurs. Aujourd'hui, la plupart de nos poëtes savent aussi peu ce qui est des mœurs, qu'on savoit en ces temps-là ce qui est de la galanterie. Vous diriez qu'il n'y a plus d'avares, de prodigues, d'humeurs douces et accommodées à la société, de naturels chagrins et austères.

Comme si la nature étoit changée, et que les hommes se fussent défaits de ces divers sentiments, on les représente tous sous un même caractère, dont je ne sais point la raison ; si ce n'est que les femmes aient trouvé, dans ce siècle-ci, qu'il ne doit plus y avoir au monde que des galants.

Nous avouerons bien que les esprits de Madrid sont plus fertiles en invention que les nôtres ; et c'est ce qui nous a fait tirer d'eux la plupart de nos sujets, lesquels nous avons remplis de tendresses et de discours amoureux, et où nous avons mis plus de régularité et de vraisemblance. La raison en est qu'en Espagne, où les femmes ne se laissent presque jamais voir, l'imagination du poëte se consomme aux moyens ingénieux de faire trouver les amants en même lieu ; et en France, où la liberté du commerce est établie, la grande délicatesse de l'auteur est employée dans la tendre et amoureuse expression des sentiments.

Une femme de qualité espagnole [1] lisoit, il n'y a pas longtemps, le roman de CLÉOPATRE ; et comme, après un long récit d'aventures, elle eut tombé sur une conversation délicate d'un amant et d'une amante également passionnés : *que d'esprit mal employé*, dit-elle ;

1. La princesse d'Isenghien.

à quoi bon tous ces beaux discours, quand ils sont ensemble?

C'est la plus belle réflexion que j'aie ouï faire de ma vie ; et Calprenède, quoique François, devoit se souvenir qu'à des amants nés sous un soleil plus chaud que celui d'Espagne, les paroles étoient assez inutiles en ces occasions. Mais le bon sens de cette dame ne seroit pas reçu dans nos galanteries ordinaires, où il faut parler mille fois d'une passion qu'on n'a pas, pour la pouvoir persuader ; et où l'on se voit tous les jours, pour se plaindre, avant que de trouver une heure à finir ce faux tourment.

La Précieuse de Molière est dépeinte ridicule dans la chose, aussi bien que dans les termes, de ne vouloir pas *prendre le roman par la queue*, quand il s'agit de traiter avec des parents l'affaire sérieuse d'un mariage ; mais ce n'eût pas été une fausse délicatesse avec un galant, d'attendre sa déclaration, et tout ce qui vient par degrés, dans le procédé d'une galanterie.

Pour la régularité et la vraisemblance, il ne faut pas s'étonner qu'elles se trouvent moins chez les Espagnols que chez les François. Comme toute la galanterie des Espagnols est venue des Maures, il y reste je ne sais quel goût d'Afrique, étranger des autres nations, et trop extraordinaire pour pouvoir s'accommoder à la justesse des règles. Ajoutez qu'une vieille impression de chevalerie errante, commune à toute l'Espagne, tourne les esprits des cavaliers aux aventures bizarres. Les filles, de leur côté, goûtent cet air-là, dès leur enfance, dans les livres de chevalerie, et dans les conversations fabuleuses des femmes qui sont auprès d'elles. Ainsi les deux sexes remplissent leur esprit des mêmes idées; et la plupart des hommes et des femmes qui aiment, prendroient le scrupule de quelque amoureuse extravagance, pour une froideur indigne de leur passion.

Quoique l'amour n'ait jamais des mesures bien réglées, en quelque pays que ce soit, j'ose dire qu'il n'y a rien de fort extravagant, en France, ni dans la manière dont on le fait, ni dans les événements ordinaires qu'il y produit. Ce qu'on appelle une *belle passion*, a de la peine même à se sauver du ridicule; car les honnêtes gens, partagés à divers soins, ne s'y abandonnent pas comme font les Espagnols, dans l'inutilité de Madrid, où rien ne donne du mouvement que le seul amour.

A Paris, l'assiduité de notre cour nous attache; la fonction d'une charge ou le dessein d'un emploi nous occupe : la fortune l'emportant sur les maîtresses, dans un lieu où l'usage est de préférer ce qu'on se doit à ce qu'on aime. Les femmes, qui ont à se régler là-dessus sont elles-mêmes plus galantes que passionnées ; encore se servent-elles de la galanterie pour entrer dans les intrigues. Il y en a peu que la vanité et l'intérêt ne gouvernent, et c'est à qui pourra mieux se servir, elles des galants, et les galants d'elles, pour arriver à leur but.

L'amour ne laisse pas de se mêler à cet esprit d'intérêt, mais bien rarement il en est le maître; car la conduite que nous sommes obligés de tenir aux affaires nous forme à quelque régularité pour les plaisirs, ou nous éloigne au moins de l'extravagance. En Espagne, on ne vit que pour aimer. Ce qu'on appelle AIMER, en France, n'est proprement que parler d'amour, et mêler aux sentiments de l'ambition la vanité des galanteries.

Ces différences considérées, on ne trouvera pas étrange que la COMÉDIE des Espagnols, qui n'est autre chose que la représentation de leurs aventures, soit aussi peu régulière que les aventures : il n'y aura pas à s'étonner que la COMÉDIE des François, qui ne s'éloigne guère de leur usage, conserve des égards, dans la représentation des amours, qu'ils ont ordinairement dans les amours mêmes. J'avoue que le bon sens, qui doit être de tous les pays du monde, établit certaines choses dont on ne doit se dispenser nulle part ; mais il est difficile de ne pas donner beaucoup à la coutume, puisque Aristote même, dans sa Poétique, a mis quelquefois la perfection en ce qu'on croyoit de mieux, à Athènes, et non pas en ce qui est véritablement le plus parfait.

La comédie n'a pas plus de privilége que les lois, qui, devant toutes être fondées sur la justice, ont néanmoins des différences particulières, selon le divers génie des peuples qui les ont faites ; et, si on est obligé de conserver l'air de l'antiquité, s'il faut garder le caractère des héros qui sont morts il y a deux mille ans, quand on les représente sur le théâtre ; comment peut-on ne suivre pas les humeurs, et ne s'ajuster pas aux manières de ceux qui vivent, lorsqu'on représente à leurs yeux ce qu'ils font eux-mêmes tous les jours ?

Quelque autorité cependant que se donne la coutume, la raison sans doute a les premiers droits, mais il ne faut pas que son exactitude soit rigide ; car, aux choses qui vont purement à plaire, comme la comédie, il est fâcheux de nous assujettir à un ordre trop austère, et de commencer par la gêne, en des sujets où nous ne cherchons que le plaisir.

XIII

DE LA COMÉDIE ITALIENNE.

(1677.)

Voila ce que j'avois à dire de la comédie françoise et de la comédie espagnole; je dirai présentement ce que je pense de l'italienne. Je ne parlerai point de l'Aminte, du Pastor Fido, de la Philis de Scire, et des autres comédies de cette nature-là : il faudroit connoître mieux que je ne fais les grâces de la langue italienne; je prétends parler seulement en ce discours, de la comédie qui se voit ordinairement sur le théâtre. Ce que nous voyons en France, sur celui des Italiens, n'est pas proprement comédie, puisqu'il n'y a pas un véritable plan de l'ouvrage, que le sujet n'a rien de bien lié, qu'on n'y voit aucun caractère bien gardé, ni de composition où le beau génie soit conduit, au moins selon quelques règles de l'art. Ce n'est ici qu'une espèce de concert mal formé entre plusieurs acteurs, dont chacun fournit de soi ce qu'il juge à propos pour son personnage. C'est, à le bien prendre, un ramas de

Concetti impertinents, dans la bouche des amoureux, et de froides bouffonneries, dans celle des *Zanis*[1]. Vous ne voyez de bon goût nulle part. Vous voyez un faux esprit qui règne, soit en des pensées pleines de *Cieux*, de *Soleils*, d'*Étoiles* et d'*Éléments*; soit dans une affectation de naïveté qui n'a rien du vrai naturel.

J'avoue que les Bouffons sont inimitables; et de cent imitateurs que j'ai vus, il n'y en a pas un qui soit parvenu à leur ressembler. Pour les grimaces, les postures, les mouvements; pour l'agilité, la disposition; pour les changements d'un visage qui se démonte comme il lui plaît, je ne sais s'ils ne sont pas préférables aux mimes et aux pantomimes des anciens. Il est certain qu'il faut bien aimer la méchante plaisanterie, pour être touché de ce qu'on entend; il faut être aussi bien grave et bien composé, pour ne rire pas de ce qu'on voit; et ce seroit un goût trop affecté de ne se plaire pas à leur action, parce qu'un homme délicat ne prendra pas de plaisir à leurs discours.

Toutes les représentations où l'esprit a peu de part, ennuient à la fin; mais elles ne laissent pas de surprendre et d'être agréables, quelque temps avant de nous ennuyer. Comme

---

1. Personnages bouffons des comédies italiennes.

la bouffonnerie ne divertit un honnête homme que par de petits intervalles, il faut la finir à propos et ne pas donner le temps à l'esprit de revenir à la justesse du discours, et à l'idée du vrai naturel. Cette économie serait à désirer dans la comédie italienne, où le premier dégoût est suivi d'un nouvel ennui, plus lassant encore; et où la variété, au lieu de vous récréer, ne vous apporte qu'une autre sorte de langueur.

En effet, quand vous êtes las des Bouffons qui ont trop demeuré sur le théâtre, les Amoureux paroissent, pour vous accabler. C'est, à mon avis, le dernier supplice d'un homme délicat; et on auroit plus de raison de préférer une prompte mort à la patience de les écouter, que n'en eut le Lacédémonien de Boccalini, lorsqu'il préféra le gibet à l'ennuyeuse lecture de la *Guerre de Pise*, dans Guichardin[1]. Si quelqu'un trop amoureux de la vie, a pu essuyer une lassitude si mortelle; au lieu de re-

---

1. *Instantissimamente supplicò, che per tutti gl'anni della sua vita lo condannassero a remare in una Galea, che lo murassero trà due mura, e che per misericordia fino lo scorticassero vivo; perche il legger quei Discorsi senza fine, quei Consigli tanto tediosi, quelle fredissime Concioni, fatte nella presa d'ogni vil Colombaia, era crepacuore che superava tutti gl'aculei Inglesi, etc.* Boccal., Ragguagli di Parnasso, Cent. I, Ragg. VI. Je ne sais ce que Boccalini entend par *aculei Inglesi* (Des Maizeaux).

mettre son esprit par quelque diversité agréable, il ne trouve de changement que par une autre importunité, dont le Docteur le désespère. Je sais que pour bien dépeindre la sottise d'un Docteur, il faut faire en sorte qu'il tourne toutes ses conversations sur la science dont il est possédé : mais que, sans jamais répondre à ce qu'on lui dit, il cite mille auteurs et allègue mille passages, avec une volubilité qui le met hors d'haleine, c'est introduire un fou qu'on devroit mettre aux Petites Maisons, et non pas ménager à propos l'impertinence de son Docteur.

Pétrone a toute une autre économie dans le ridicule d'Eumolpe ; la pédanterie de Sidias est autrement ménagée par Théophile ; le caractère de Caritidés dans les FACHEUX de Molière, est tout à fait juste; on n'en peut rien retrancher, sans défigurer la peinture qu'il en fait. Voilà les savants ridicules, dont la représentation seroit agréable sur le théâtre. Mais c'est mal divertir un honnête homme, que de lui donner un misérable Docteur que les livres ont rendu fou, et qu'on devroit enfermer soigneusement, comme j'ai dit, pour dérober à la vue du monde l'imbécillité de notre condition et la misère de notre nature.

C'est pousser trop loin mes observations sur la comédie italienne; et pour recueillir, en peu de mots ce que j'ai assez étendu, je dirai qu'au lieu d'amants agréables, vous n'avez que des discoureurs d'amour affectés; au lieu de comiques naturels, des Bouffons incomparables, mais toujours Bouffons; au lieu de Docteurs ridicules, de pauvres savants insensés. Il n'y a presque pas de personnage qui ne soit outré, à la réserve de celui du Pantalon, dont on fait le moins de cas, et le seul néanmoins qui ne passe pas la vraisemblance.

La tragédie fut le premier plaisir de l'ancienne république; et les vieux Romains, possédés seulement d'une âpre vertu, n'alloient chercher aux théâtres que des exemples qui pouvoient fortifier leur naturel et entretenir leurs dures et austères habitudes. Quand on joignit la douceur de l'esprit pour la conversation, à la force de l'âme pour les grandes choses, on se plut aussi à la comédie; et tantôt on cherchoit de fortes idées, tantôt on se divertissoit par les agréables.

Sitôt que Rome vint à se corrompre, les Romains quittèrent la tragédie, et se dégoûtèrent de voir au théâtre une image austère de l'ancienne vertu. Depuis ce temps-là, jusqu'au dernier de la république, la comédie fut le délassement des grands hommes, le divertissement des gens polis, et l'amusement du peuple, ou relâché ou adouci.

Un peu devant la guerre civile, l'esprit de la tragédie revint animer les Romains, dans la disposition secrète d'un génie qui les préparoit aux funestes révolutions qu'on vit arriver. César en composa une, et beaucoup de gens de qualité en composèrent aussi. Les désordres cessés sous Auguste, et la tranquillité bien rétablie, on chercha toutes sortes de plaisirs. Les comédies recommencèrent, les pantomimes eurent leur crédit, et la tragédie ne laissa pas de se conserver une grande réputation. Sous le règne de Néron, Sénèque prit des idées funestes, qui lui firent composer les tragédies qu'il nous a laissées. Quand la corruption fut pleine et le vice général, les pantomimes ruinèrent tout à fait la tragédie et la comédie : l'esprit n'eut plus de part aux représentations, et la seule vue chercha dans les postures et les mouvements, ce qui peut donner à l'âme des spectateurs des idées voluptueuses.

Les Italiens aujourd'hui se contentent d'être éclairés du même soleil, de respirer le même air et d'habiter la même terre qu'ont habitée autrefois les vieux Romains ; mais ils ont laissé pour les histoires cette vertu sévère qu'ils exerçoient, ne croyant pas avoir besoin de la tragédie, pour s'animer à des choses dures qu'ils n'ont pas envie de pratiquer. Comme ils aiment la douceur de la vie ordinaire, et les plaisirs de la vie voluptueuse, ils ont voulu former des représentations qui eussent du rapport avec l'une et avec l'autre; et de là est venu le mélange de la comédie et de l'art des pantomimes, que nous voyons sur le théâtre des Italiens. C'est à peu près ce qu'on peut dire des Italiens qui ont paru en France jusqu'à présent.

Tous les acteurs de la troupe qui joue aujourd'hui, sont généralement bons, jusqu'aux Amoureux; et pour ne leur pas faire d'injustice, non plus que de grâce, je dirai que ce sont d'excellents comédiens qui ont de fort méchantes comédies. Peut-être n'en sauroient-ils faire de bonnes, peut-être ont-ils raison de n'en avoir pas; et le comte de Bristol[1], reprochant un jour à Cintio qu'il n'y avoit pas assez de vraisemblance dans leurs pièces, Cintio répondit, que *s'il y en avoit davantage, on verroit de bons comédiens mourir de faim avec de bonnes comédies.*

1. Georges Digby, comte de Bristol, mort en 1676. Voy. notre INTRODUCTION.

XIV

DE LA COMÉDIE ANGLOISE.

(1677.)

IL n'y a point de comédie qui se conforme plus à celle des anciens que l'angloise, pour ce qui regarde les mœurs. Ce n'est point une pure galanterie pleine d'aventures et de discours amoureux, comme en Espagne et en France; c'est la représentation de la vie ordinaire, selon la diversité des humeurs et les différents caractères des hommes. C'est un *Alchimiste*, qui par les illusions de son art, entretient les espérances trompeuses d'un vain curieux; c'est une personne *simple et crédule*, dont la sotte facilité est éternellement abusée; c'est quelquefois un *Politique* ridicule, grave, composé, qui se concerte sur tout, mystérieusement soupçonneux; qui croit trouver des desseins cachés dans les plus communes intentions, qui pense découvrir de l'artifice dans les plus innocentes actions de la vie; c'est un *Amant bizarre*, un *faux Brave*, un *faux Savant* : l'un, avec des extravagances naturelles; les autres, avec de ridicules affectations. A la vérité, ces fourberies, ces simplicités, cette politique, et le reste de ces caractères ingénieusement formés, se poussent trop loin, à notre avis, comme ceux qu'on voit sur notre théâtre demeurent un peu languissants, au goût des Anglois; et cela vient peut-être de ce que les Anglois pensent trop, et de ce que les François d'ordinaire ne pensent pas assez.

En effet, nous nous contentons des premières images que nous donnent les objets; et pour nous arrêter aux simples dehors, l'apparent presque toujours nous tient lieu du vrai, et le facile du naturel. Sur quoi je dirai, en passant, que ces deux dernières qualités sont quelquefois très-mal à propos confondues. Le facile et le naturel conviennent assez dans leur opposition à ce qui est dur ou forcé : mais quand il s'agit de bien entrer dans la nature des choses, ou dans le naturel des personnes, on m'avouera que ce n'est pas toujours avec facilité qu'on y réussit. Il y a je ne sais quoi d'intérieur, je ne sais quoi de caché, qui se découvriroit à nous, si nous savions approfondir les matières davantage. Autant qu'il nous est mal aisé d'y entrer, autant il est difficile aux Anglois d'en sortir. Ils deviennent maîtres de la chose à quoi ils pensent, qu'ils ne le sont pas de leur pensée. Possédés de leur esprit, quand ils possèdent leur sujet, ils creusent encore où il n'y a plus rien à trouver, et passent la juste et naturelle idée qu'il faut avoir, par une recherche trop profonde.

A la vérité, je n'ai point vu de gens de meilleur entendement que les François qui considèrent les choses avec attention, et les Anglois qui peuvent se détacher de leurs trop grandes méditations, pour revenir à la facilité du discours, et à certaine liberté d'esprit qu'il faut posséder toujours, s'il est possible. Les plus honnêtes gens du monde, ce sont les François qui pensent et les Anglois qui parlent.

Je me jetterois insensiblement en des considérations trop générales; ce qui me fait reprendre mon sujet de la comédie, et passer à une différence considérable qui se trouve entre la nôtre et la leur : c'est qu'attachés à la régularité des anciens, nous rapportons tout à une action principale, sans autre diversité que celle des moyens qui nous y font parvenir. Il faut demeurer d'accord qu'un événement principal doit être le but et la fin de la représentation, dans la tragédie, où l'esprit sentiroit quelque violence dans les diversions qui détourneroient sa pensée. L'infortune d'un roi misérable, la mort funeste et tragique d'un grand héros, tiennent l'âme fortement attachée à ces importants objets; et il lui suffit, pour toute variété, de savoir les divers moyens qui conduisent à cette principale action. Mais la comédie étant faite pour nous divertir, et non pas pour nous occuper; pourvu que le vraisemblable soit gardé, et que l'extravagance soit évitée, au sentiment des Anglois, les diversités font des surprises agréables, et des changements qui plaisent; au lieu que l'attente continuelle d'une même chose, où l'on ne conçoit rien d'important, fait nécessairement languir notre attention.

Ainsi donc, au lieu de représenter une fourberie signalée, conduite par des moyens qui se rapportent tous à la même fin, ils représentent un trompeur insigne, avec des fourberies diverses, dont chacune produit son effet particulier par sa propre constitution. Comme ils renoncent presque toujours à l'unité d'action, pour représenter une personne principale qui les divertit par des actions différentes; ils quittent souvent aussi cette personne principale, pour faire voir diversement ce qui arrive, en des lieux publics, à plusieurs personnes. Ben-Johnson en a usé de la sorte dans BARTHOLOMEW FAIR[1]. On vient de faire la même chose dans EPSOM-WELLS[2]; et dans toutes les deux comé-

---

1. C'est-à-dire, *la Foire de la Saint-Barthélemy*.
2. C'est-à-dire, *les Eaux d'Epsom*. Cette comédie est de Shadwell.

dies, on représente comiquement ce qui se passe de ridicule, en ces lieux publics.

On voit quelques autres pièces où il y a comme deux sujets, qui entrent si ingénieusement l'un dans l'autre, que l'esprit des spectateurs (qui pourroit être blessé par un changement trop sensible) ne trouve qu'à se plaire dans une agréable variété qu'ils produisent. Il faut avouer que la régularité ne s'y rencontre pas; mais les Anglois sont persuadés que les libertés qu'on se donne pour mieux plaire, doivent être préférées à des règles exactes, dont un auteur stérile et languissant se fait un art d'ennuyer.

Il faut aimer la règle, pour éviter la confusion; il faut aimer le bon sens qui modère l'ardeur d'une imagination allumée; mais il faut ôter à la règle toute contrainte qui gêne, et bannir une raison scrupuleuse, qui, par un trop grand attachement à sa justesse, ne laisse rien de libre et de naturel. Ceux que la nature a fait naître sans génie, ne pouvant jamais se le donner, donnent tout à l'art qu'ils peuvent acquérir; et pour faire valoir le seul mérite qu'ils ont d'être réguliers, ils n'oublient rien à décrier les ouvrages qui ne le sont pas tout à fait. Pour ceux qui aiment le ridicule, qui prennent plaisir à bien connoître le faux des esprits, qui sont touchés des vrais caractères, ils trouveront les belles comédies des Anglois selon leur goût, autant et peut-être plus qu'aucunes qu'ils aient jamais vues.

Notre Molière, à qui les anciens ont inspiré le bon esprit de la comédie, égale leur Ben Johnson à bien représenter les diverses humeurs et les différentes manières des hommes : l'un et l'autre conservant dans leurs peintures un juste rapport avec le génie de leur nation. Je croirois qu'ils ont été plus loin que les anciens en ce point-là ; mais on ne sauroit nier qu'ils n'aient eu plus d'égard aux caractères qu'au gros des sujets, dont la suite aussi pourroit être mieux liée, et le dénoûment plus naturel.

XV

SUR LES OPÉRAS.

A M. le duc de Buckingham [1].

(1677.)

Il y a longtemps, mylord, que j'avois envie de vous dire mon sentiment sur les OPÉRAS, et de vous parler de la différence que je trouve entre la manière de chanter des Italiens et celle des François [2]. L'occasion que j'ai eue d'en parler, chez Mme Mazarin, a plutôt augmenté que satisfait cette envie : je la contente aujourd'hui, mylord, dans le discours que je vous envoie.

Je commencerai par une grande franchise, en vous disant que je n'admire pas fort les comédies en musique, telles que nous les voyons présentement. J'avoue que leur magnificence me plaît assez, que les machines ont

---

1. George Villiers, duc de Buckingham, mort en 1687. Voy. l'INTRODUCTION.
2. Voy. un livre assez intéressant, pour l'histoire de l'art : le *Parallèle des Italiens et des François, en ce qu regarde la musique et les Opéras*, de l'abbé Raguenet, historien médiocre de Cromwell et de Turenne, mort en 1720 ; et le *Traité des représentations en musique*, du P. Ménestrier.

quelque chose de surprenant, que la musique en quelques endroits est touchante, que le tout ensemble paroît merveilleux ; mais il faut aussi m'avouer que ces merveilles deviennent bientôt ennuyeuses ; car, où l'esprit a si peu à faire, c'est une nécessité que les sens viennent à languir. Après le premier plaisir que nous donne la surprise, les yeux s'occupent et se lassent ensuite d'un continuel attachement aux objets. Au commencement des concerts, la justesse des accords est remarquée, il n'échappe rien de toutes les diversités qui s'unissent pour former la douceur de l'harmonie ; quelque temps après, les instruments nous étourdissent, la musique n'est plus aux oreilles qu'un bruit confus qui ne laisse rien distinguer. Mais qui peut résister à l'ennui du récitatif, dans une modulation qui n'a ni le charme du chant, ni la force agréable de la parole ? L'âme, fatiguée d'une longue attention, où elle ne trouve rien à sentir, cherche en elle-même quelque secret mouvement qui la touche. L'esprit, qui s'est prêté vainement aux impressions du dehors, se laisse aller à la rêverie, ou se déplaît dans son inutilité ; enfin, la lassitude est si grande, qu'on ne songe qu'à sortir, et le seul plaisir qui reste à des spectateurs languissants, c'est l'espérance de voir finir bientôt le spectacle qu'on leur donne.

La langueur ordinaire où je tombe aux *Opéras*, vient de ce que je n'en ai jamais vu qui ne m'ait paru méprisable, dans la disposition du sujet et dans les vers. Or, c'est vainement que l'oreille est flattée et que les yeux sont charmés, si l'esprit ne se trouve pas satisfait. Mon âme, d'intelligence avec mon esprit plus qu'avec mes sens, forme une résistance secrète aux impressions qu'elle peut recevoir, ou pour le moins elle manque d'y prêter un consentement agréable, sans lequel les objets les plus voluptueux même ne sauroient me donner un grand plaisir. Une sottise chargée de musique, de danses, de machines, de décorations, est une sottise magnifique, mais toujours sottise; c'est un vilain fonds, sous de beaux dehors, où je pénètre avec beaucoup de désagrément.

Il y a une autre chose, dans les *Opéras*, tellement contre la nature, que mon imagination en est blessée : c'est de faire chanter toute la pièce depuis le commencement jusqu'à la fin, comme si les personnes qu'on représente s'étoient ridiculement ajustées pour traiter en musique et les plus communes et les plus importantes affaires de leur vie. Peut-on s'imaginer qu'un maître appelle son valet, ou qu'il lui donne une commission, en chantant; qu'un ami fasse, en chantant, une confidence à son ami; qu'on délibère, en chantant, dans un conseil; qu'on exprime avec du chant les ordres qu'on donne, et que mélodieusement on tue les hommes à coups d'épée et de javelot, dans un combat? C'est perdre l'esprit de la représentation, qui sans doute est préférable à celui de l'harmonie; car celui de l'harmonie ne doit être qu'un simple accompagnement; et les grands maîtres du théâtre l'ont ajoutée comme agréable, non pas comme nécessaire, après avoir réglé tout ce qui regarde le sujet et le discours. Cependant l'idée du musicien va devant celle du héros, dans les *Opéras*; c'est Luigi, c'est Cavalli, c'est Cesti[1], qui se présentent à l'imagination. L'esprit ne pouvant concevoir un héros qui chante, s'attache à celui qui le fait chanter; et on ne sauroit nier qu'aux représentations du Palais-Royal, on ne songe cent fois plus à Lulli, qu'à Thésée ni à Cadmus.

Je ne prétends pas néanmoins donner l'exclusion à toute sorte de chant, sur le théâtre. Il y a des choses qui doivent être chantées; il y en a qui peuvent l'être, sans choquer la bien-

---

1. Ces compositeurs avoient été appelés en France, par le cardinal Mazarin, dès l'année 1647. Voy. Planelli, *dell' Opera in musica*, Naples, 1772; Fetis, *Biogr. univers. des musiciens*, Paris, 1860; et Sutherland, *hist. de l'Opéra* (en anglais), 1861, 2 vol. in-8.

séance ni la raison. Les vœux, les sacrifices, et généralement tout ce qui regarde le service des dieux, s'est chanté chez toutes les nations et dans tous les temps. Les passions tendres et douloureuses s'expriment naturellement par une espèce de chant : l'expression d'un amour que l'on sent naître, l'irrésolution d'une âme combattue de divers mouvements, sont des matières propres pour les Stances, et les stances le sont assez pour le chant. Personne n'ignore qu'on avoit introduit des Chœurs sur le théâtre des Grecs; et il faut avouer qu'ils pourroient être introduits avec autant de raison sur le nôtre. Voilà quel est le partage du chant, à mon avis; tout ce qui est de la conversation et de la conférence, tout ce qui regarde les intrigues et les affaires, ce qui appartient au conseil et à l'action, est propre aux comédiens qui récitent, et ridicule dans la bouche des musiciens qui le chantent. Les Grecs faisoient de belles tragédies, où ils chantoient quelque chose : les Italiens et les François en font de méchantes, où ils chantent tout.

Si vous voulez savoir ce que c'est qu'un *Opéra*, je vous dirai que c'est *un travail bizarre de poésie et de musique, où le poëte et le musicien, également gênés l'un par l'autre, se donnent bien de la peine à faire un méchant ouvrage.* Ce n'est pas que vous n'y puissiez trouver des paroles agréables et de fort beaux airs; mais vous trouverez plus sûrement à la fin le dégoût des vers où le génie du poëte a été contraint, et l'ennui du chant où le musicien s'est épuisé dans une trop longue musique. Si je me sentois capable de donner conseil aux honnêtes gens qui se plaisent au théâtre, je leur conseillerois de reprendre le goût de nos belles comédies, où l'on pourroit introduire des danses et de la musique, qui ne nuiroient en rien à la représentation. On y chanteroit un prologue avec des accompagnements agréables; dans les intermèdes, le chant animeroit des paroles qui seroient comme l'esprit de ce qu'on auroit représenté. La représentation finie, on viendroit à chanter un épilogue, ou quelque réflexion sur les plus grandes beautés de l'ouvrage; on en fortifieroit l'idée, et feroit conserver plus chèrement l'impression qu'elles auroient fait sur les spectateurs. C'est ainsi que vous trouveriez de quoi satisfaire les sens et l'esprit : n'ayant plus à désirer le charme du chant dans une pure représentation, ni la force de la représentation dans la langueur d'une continuelle musique.

Il me reste encore à vous donner un avis pour toutes les comédies où l'on met du chant : c'est de laisser l'autorité principale au poëte pour la direction de la pièce. Il faut que la musique soit faite pour les vers, bien plus que les vers pour la musique. C'est au musicien a suivre l'ordre du poëte, dont Lulli seul doit être exempt, pour connoître les passions et aller plus avant dans le cœur de l'homme que les auteurs. Cambert[1] a sans doute un fort beau génie, propre à cent musiques différentes, et toutes bien ménagées, avec une juste économie des voix et des instruments. Il n'y a point de récitatif mieux entendu ni mieux varié que le sien ; mais, pour la nature des passions, pour la qualité des sentiments qu'il faut exprimer, il doit recevoir des auteurs les lu-

---

1. Après que Luigi s'en fut retourné en Italie, Cambert, organiste de l'église, aujourd'huy démolie, de Saint-Honoré, composa un petit opéra françois, qui fut joué à Issy (1659), et où tout le monde courut. Ce succès fut suivi d'un autre, et plus tard il obtint avec l'abbé Perrin le privilége de l'Académie royale de musique, créée en 1669, où il fit représenter *Pomone* (1671), *les Peines et les plaisirs de l'amour*, et *Ariane*. L'abbé Perrin avoit donné les vers pour *Pomone* et *Ariane*, et on les trouva détestables. Gilbert fit les vers du troisième opéra, et le marquis de Sourdillac inventa toutes les machines. On n'avoit pas encore représenté l'*Ariane*, lorsque madame de Montespan fit ôter l'Opéra à Cambert, pour le donner à Lulli ; de quoi Cambert inconsolable se résolut à passer en Angleterre, où, par le crédit de Saint-Evremond, il obtint la maîtrise de la musique particulière du roi Charles II. Mais il ne garda pas longtemps cet emploi et mourut en 1677. Il vivoit encore, quand Saint-Evremond écrivit ces lignes.

mières que Lulli leur sait donner, et s'assujettir à la direction, quand Lulli, par l'étendue de sa connoissance, peut être justement leur directeur.

Je ne veux pas finir mon discours sans vous entretenir du peu d'estime qu'ont les Italiens pour nos *Opéras*, et du grand dégoût que nous donnent ceux d'Italie. Les Italiens, qui s'attachent tout à fait à la représentation, ne sauroient souffrir que nous appelions OPÉRA un enchaînement de danses et de musique, qui n'ont pas un rapport bien juste et une liaison assez naturelle avec les sujets. Les François, accoutumés à la beauté de leurs ouvertures, à l'agrément de leurs airs, au charme de leurs symphonies, souffrent avec peine l'ignorance ou le méchant usage des instruments aux *Opéras* de Venise, et refusent leur attention à un long récitatif, qui devient ennuyeux par le peu de variété qui s'y rencontre. Je ne saurois vous dire proprement ce que c'est que leur RÉCITATIF, mais je sais bien que ce n'est ni chanter, ni réciter; c'est une chose inconnue aux anciens, qu'on pourroit définir *un méchant usage du chant et de la parole*. J'avoue que j'ai trouvé des choses inimitables dans l'*Opéra* de Luigi, et pour l'expression des sentiments, et pour le charme de la musique; mais le récitatif ordinaire ennuyoit beaucoup, en sorte que les Italiens mêmes attendoient avec impatience les beaux endroits, qui venoient à leur opinion trop rarement. Je comprendrai les plus grands défauts de nos opéras en peu de paroles : on y pense aller à une représentation, et l'on ne représente rien ; on y veut voir une comédie, et l'on n'y trouve aucun esprit de la comédie.

Voilà ce que j'ai cru pouvoir dire de la différente constitution des *Opéras*. Pour la manière de chanter, que nous appelons en France EXÉCUTION, je crois, sans partialité, qu'aucune nation ne sauroit le disputer à la nôtre. Les Espagnols ont une disposition de gorge admirable; mais avec leurs fredons et leurs roulements, ils semblent ne songer à autre chose dans leur chant qu'à disputer la facilité du gosier aux rossignols. Les Italiens ont l'expression fausse, ou du moins outrée, pour ne connoître pas avec justesse la nature ou le degré des passions. C'est éclater de rire, plutôt que chanter, lorsqu'ils expriment quelque sentiment de joie. S'ils veulent soupirer, on entend des sanglots qui se forment dans la gorge avec violence, non pas des soupirs qui échappent secrètement à la passion d'un cœur amoureux. D'une réflexion douloureuse, ils font les plus fortes exclamations : les larmes de l'absence sont des pleurs de funérailles; le triste devient lugubre dans leurs bouches ; ils font des cris au lieu de plaintes, dans la douleur; et quelquefois, ils expriment la langueur de la passion comme une défaillance de la nature. Peut-être qu'il y a du changement, aujourd'hui, dans leur manière de chanter; et qu'ils ont profité de notre commerce, pour la propreté d'une exécution polie, comme nous avons tiré avantage du leur, pour les beautés d'une plus grande et plus hardie composition.

J'ai vu des comédies, en Angleterre, où il y avoit beaucoup de musique; mais, pour en parler discrétement, je n'ai pu m'accoutumer au chant des Anglois. Je suis venu trop tard en leur pays, pour pouvoir prendre un goût si différent de tout autre. Il n'y a point de nation qui fasse voir plus de courage dans les hommes, et plus de beauté dans les femmes : plus d'esprit dans l'un et dans l'autre sexe. On ne peut pas avoir toutes choses. Où tant de bonnes qualités sont communes, ce n'est pas un si grand mal que le bon goût y soit rare : il est certain qu'il s'y rencontre assez rarement; mais les personnes en qui on le trouve l'ont aussi délicat que gens du monde, pour échapper à celui de leur nation par un art exquis, ou par un très-heureux naturel.

Solus Gallus cantat; il n'y a que le François qui chante. Je ne veux pas être injurieux à toutes les autres nations, et soutenir ce qu'un auteur a bien voulu avancer : *Hispanus flet, dolet Italus, Germanus boat, Flander ululat, solus Gallus cantat;* je lui laisse toutes ces belles distinctions, et me contente d'appuyer mon sentiment de l'autorité de Luigi, qui ne pouvoit souffrir que les Italiens chantassent ses airs, après les avoir ouï chanter à M. Nyert, à Hilaire, à la petite la Varenne. A son retour en Italie, il se rendit tous les musiciens de sa nation ennemis, disant hautement à Rome, comme il avoit dit à Paris, que pour rendre une musique agréable, il falloit des airs italiens dans la bouche des François. Il faisoit peu de cas de nos chansons, excepté de celles de Boisset, qui attirèrent son admiration. Il admira le concert de nos violons, il admira nos luths, nos clavecins, nos orgues; et quel charme n'eût-il pas trouvé à nos flûtes, si elles avoient été en usage en ce temps-là ! Ce qui est certain, c'est qu'il demeura fort rebuté de la rudesse et de la dureté des plus grands maîtres d'Italie, quand il eut goûté la tendresse du toucher et la propreté de la manière de nos François.

Je serois trop partial, si je ne parlois que de nos avantages. Il n'y a guère de gens qui aient la compréhension plus lente, et pour le sens des paroles, et pour entrer dans l'esprit du compositeur, que les François; il y en a peu qui entendent moins la quantité, et qui trouvent avec tant de peine la prononciation ; mais après qu'une longue étude leur a fait surmonter toutes ces difficultés, et qu'ils viennent à posséder bien ce qu'ils chantent, rien n'approche de leur agrément. Il nous arrive la même chose sur les instruments, et particulièrement dans les concerts, où rien n'est bien sûr, ni bien juste, qu'après une infinité de répétitions ; mais rien de si propre et de si poli, quand les répétitions sont achevées. Les Italiens, profonds en musique, nous portent leur science aux oreilles, sans douceur aucune : les François ne se contentent pas d'ôter à la science la première rudesse, qui sent le travail de la composition ; ils trouvent, dans le secret de l'exécution, comme un charme pour notre âme, et je ne sais quoi de touchant qu'ils savent porter jusqu'au cœur.

J'oubliois à vous parler des machines, tant il est facile d'oublier les choses qu'on voudroit qui fussent retranchées. Les machines pourront satisfaire la curiosité des gens ingénieux pour des inventions de mathématiques, mais elles ne plairont guère, au théâtre, à des personnes de bon goût. Plus elles surprennent, plus elles divertissent l'esprit de son attention au discours ; et plus elles sont admirables, et moins l'impression de ce merveilleux laisse à l'âme de tendresse, et du sentiment exquis dont elle a besoin, pour être touchée du charme de la musique. Les anciens ne se servoient de machines, que dans la nécessité de faire venir quelque dieu; encore les poëtes étoient-ils trouvés ridicules, presque toujours, de s'être laissé réduire à cette nécessité-là. Si l'on veut faire de la dépense, qu'on la fasse pour les belles décorations, dont l'usage est plus naturel, et plus agréable, que n'est celui des machines. L'antiquité, qui exposoit des dieux à ses portes, et jusqu'à ses foyers; cette antiquité, dis-je, toute vaine et crédule qu'elle étoit, n'en exposa néanmoins que fort rarement sur le théâtre. Après que la créance en a été perdue, les Italiens ont rétabli, en leurs *Opéras*, des dieux éteints dans le monde, et n'ont pas craint d'occuper les hommes de ces vanités ridicules, pourvu qu'ils donnassent à leurs pièces un plus grand éclat, par l'introduction de cet éblouissant et faux merveilleux. Ces divinités de théâtre ont abusé assez longtemps l'Italie. Détrompée heureusement à la fin, on la voit renoncer à ces mêmes dieux qu'elle avoit rappelés, et revenir à des choses qui n'ont pas véritablement la dernière justesse, mais qui sont moins fabuleuses, et que le bon sens, avec un peu d'indulgence, ne rejette pas.

Il nous est arrivé, au sujet des dieux et des

machines, ce qui arrive presque toujours aux Allemands, sur nos modes. Nous venons de prendre ce que les Italiens abandonnent; et, comme si nous voulions réparer la faute d'avoir été prévenus dans l'invention, nous poussons, jusques à l'excès, un usage qu'ils avoient introduit mal à propos, mais qu'ils ont ménagé avec retenue. En effet, nous couvrons la terre de divinités, et les faisons danser par troupes, au lieu qu'ils les faisoient descendre, avec quelque sorte de ménagement, aux occasions les plus importantes. Comme l'Arioste avoit outré le merveilleux des poëmes, par le fabuleux incroyable, nous outrons le fabuleux des *Opéras* par un assemblage confus de dieux, de bergers, de héros, d'enchanteurs, de fantômes de furies, de démons. J'admire Lulli, aussi bien pour la direction des danses, qu'en ce qui touche les voix et les instruments; mais la constitution de nos *Opéras* doit paroître bien extravagante à ceux qui ont le bon goût du vraisemblable et du merveilleux.

Cependant on court hasard de se décrier par ce bon goût, si on ose le faire paroître; et je conseille aux autres, quand on parle devant eux de l'*Opéra*, de se faire à eux-mêmes un secret de leurs lumières. Pour moi, qui ai passé l'âge et le temps de me signaler dans le monde, par l'esprit des modes et par le mérite des fantaisies, je me résous de prendre le parti du bon sens, tout abandonné qu'il est, et de suivre la raison dans sa disgrâce, avec autant d'attachement que si elle avoit encore sa première considération. Ce qui me fâche le plus de l'entêtement où l'on est pour l'*Opéra*, c'est qu'il va ruiner la tragédie, qui est la plus belle chose que nous ayons, la plus propre à élever l'âme, et la plus capable de former l'esprit.

Concluons, après un si long discours, que la constitution de nos *Opéras* ne sauroit être guère plus défectueuse. Mais il faut avouer, en même temps, que personne ne travaillera si bien que Lulli sur un sujet mal conçu ; et qu'il est difficile de faire mieux que Quinault, en ce qu'on exige de lui.

XVI

ÉCLAIRCISSEMENT SUR CE QU'ON A DIT DE LA MUSIQUE DES ITALIENS.

(1685)

On m'a rendu de si méchants offices, à l'égard des Italiens, que je me sens obligé de me justifier, auprès des personnes dont je désirerois l'approbation, et appréhenderois la censure. Je déclare donc qu'après avoir écouté *Syphace*, *Ballarini* et *Buzzolini* avec attention ; qu'après avoir examiné leur chant, avec le peu d'esprit et de connoissance que je puis avoir, j'ai trouvé qu'ils chantoient divinement bien ; et si je savois des termes qui fussent au-dessus de cette expression, je m'en servirois pour faire valoir leur capacité davantage[1].

Je ne saurois faire un jugement assuré des François. Ils remuent trop les passions : ils mettent un si grand désordre en nos mouvements, que nous en perdons la liberté du discernement, que les autres nous ont laissée pour trouver la sûreté de leur mérite dans la justesse de nos approbations.

La première institution de la musique a été faite pour tenir notre âme dans un doux repos; ou la remettre dans son assiette, si elle en étoit sortie. Ceux-là sont louables, qui par une connoissance égale des cœurs et du chant, suivent des ordres si utilement établis. Les François n'ont aucun égard à ces principes; ils inspirent la crainte, la pitié, la douleur; ils in-

[1]. Ces habiles musiciens étoient venus en Angleterre, où ils obtinrent un grand succès. Saint-Evremond, cédant à l'obsession de ses amis, qui lui demandoient de rétracter ce qu'il avoit dit à l'avantage des François, dans ses réflexions SUR LES OPÉRAS, écrivit cet *Éclaircissement*, où règne une ironie, sur laquelle il ne faut pas se méprendre. Voy. notre INTRODUCTION.

quiètent, ils agitent, ils troublent, quand il leur plaît; ils excitent les passions que les autres appaisent; ils gagnent le cœur, par un charme qu'on pourroit nommer une espèce de séduction. Avez-vous l'âme tendre et sensible? Aimez-vous à être touché? Écoutez la Rochouas[1], Baumaviel, Duménil; ces maîtres secrets de l'intérieur, qui cherchent encore la grâce et la beauté de l'action, pour mettre nos yeux dans leurs intérêts. Mais voulez-vous admirer la capacité, la science, la profondeur dans les choses difficiles? la facilité de chanter tout sans étude, l'art d'ajuster la composition à sa voix, au lieu d'accommoder sa voix à l'intention du compositeur? voulez-vous admirer une longueur d'haleine incroyable pour les tenues, une facilité de gosier surprenante pour les passages? Entendez *Syphace, Ballarini* et *Buzzolini*, qui dédaignant les faux mouvements du cœur, s'attachent à la plus noble partie de vous-même, et assujettissent les lumières les plus certaines de votre esprit.

1. Var. *la Rochechouart.*

XVII

DÉFENSE DE QUELQUES PIÈCES DE THÉATRE DE M. CORNEILLE.

A M. de Barillon[1].

(1677)

Je n'ai jamais douté de votre inclination à la vertu, mais je ne vous croyois pas scrupuleux jusqu'au point de ne pouvoir souffrir Rodogune, sur le théâtre, parce qu'elle veut inspirer à ses amants le dessein de faire mourir leur mère, après que la mère a voulu inspirer à ses enfants le dessein de faire mourir une maîtresse. Je vous supplie, Monsieur, d'oublier la douceur de notre naturel, l'innocence de nos mœurs, l'humanité de notre politique, pour considérer les coutumes barbares et les maximes criminelles des princes de l'Orient. Quand vous aurez fait réflexion qu'en toutes les familles royales de l'Asie, les pères se défont de leurs enfants, sur le plus léger soupçon; que les en-

---

1. Ambassadeur extraordinaire de France en Angleterre. Voyez ce que nous avons dit de ce personnage, dans l'INTRODUCTION.

fants se défont de leurs pères, par l'impatience de régner; que les maris font tuer leurs femmes, et les femmes empoisonner leurs maris; que les frères comptent pour rien le meurtre des frères; quand vous aurez considéré un usage si détestable, établi parmi les rois de ces nations, vous vous étonnerez moins que Rodogune ait voulu venger la mort de son époux sur Cléopâtre, qu'elle ait voulu assurer sa vie, recouvrer sa liberté, et mettre un amant sur le trône, par la perte de la plus méchante femme qui fut jamais. Corneille a donné aux jeunes princes tout le bon naturel qu'ils auroient dû avoir pour la meilleure mère du monde : il a fait prendre à la jeune reine le parti qu'exigeoit d'elle la nécessité de ses affaires.

Peut-être me direz-vous que ces crimes-là peuvent s'exécuter en Asie, et ne se doivent pas représenter en France. Mais quelle raison vous oblige de refuser notre théâtre à une femme qui n'a fait que conseiller le crime pour son salut, et de l'accorder à ceux qui l'ont fait eux-mêmes sans aucun sujet? Pourquoi bannir de notre scène Rodogune, et y recevoir avec applaudissement Electre et Oreste? Pourquoi Atrée y fera-t-il servir à Thyeste ses propres enfants dans un festin? Pourquoi Néron y fera-t-il empoisonner Britannicus? Pourquoi Hérode, roi des Juifs, roi de ce peuple aimé de

Dieu, fera-t-il mourir sa femme? Pourquoi Amurat fera-t-il étrangler Roxane et Bajazet? Et venant des Juifs et des Turcs aux chrétiens, pourquoi Philippe II, ce prince si catholique, fera-t-il mourir don Carlos, sur un soupçon fort mal éclairci? La Nouvelle la plus agréable que nous ayons[1] a renouvelé la mémoire d'une chose ensevelie, et a produit une tragédie, en Angleterre[2], dont le sujet a su plaire à tous les Anglois. Rodogune, cette pauvre princesse opprimée, n'a pas demandé un crime pour un crime. Elle a demandé sa sûreté, qui ne pouvoit s'établir que par un crime; mais un crime, à l'égard d'un Capucin, plus qu'à l'égard d'un Ambassadeur, un crime dont Machiavel auroit fait une vertu politique, et que la méchanceté de Cléopâtre peut faire passer pour une justice légitimement exercée.

Une chose que vous trouviez fort à redire, Monsieur, c'est qu'on ait rendu une jeune princesse capable d'une si forte résolution. Je ne sais pas bien son âge; mais je sais qu'elle étoit reine, et qu'elle étoit veuve. Une de ces

---

1. *Don Carlos*, nouvelle historique, par l'abbé de Saint-Real, ami de Saint-Évremond et de la duchesse Mazarin. Voy. l'introduction.
2. Composée par Thom. Otway, en 1676. Ce sujet a plus tard inspiré à Schiller un de ses plus beaux drames.

qualités suffit pour faire perdre le scrupule à une femme, à quelque âge que ce soit. Faites grâce, Monsieur, faites grâce à Rodogune. Le monde vous fournira de plus grands crimes que le sien, où vous pourrez faire un meilleur usage de la vertueuse haine que vous avez pour les méchantes actions.

A madame la duchesse Mazarin.

II. Il me semble que Rodogune n'est pas mal justifiée : faisons la même chose pour Emilie, auprès de Madame Mazarin. Suspendez votre jugement, Madame; Emilie n'est pas fort coupable d'avoir exposé Cinna aux dangers d'une conspiration. Ne la condamnez pas, de peur de vous condamner vous-même : c'est par vos propres sentiments que je veux défendre les siens; c'est par Hortense que je prétends justifier Emilie.

Emilie avoit vu la proscription de sa famille; elle avoit vu massacrer son père, et, ce qui étoit plus insupportable à une Romaine, elle voyoit la république assujettie par Auguste. Le désir de la vengeance et le dessein de rétablir la liberté lui firent chercher des amis, à qui les mêmes outrages pussent inspirer les mêmes sentiments, et que les mêmes sentiments pussent unir pour perdre un usurpateur. Cinna, neveu de Pompée, et le seul reste de cette grande maison, qui avoit péri pour la république, joignit ses ressentiments à ceux d'Emilie; et tous deux venant à s'animer par le souvenir des injures, autant que par l'intérêt du public, formèrent ensemble le dessein hardi de cette illustre et célèbre conspiration.

Dans les conférences qu'il fallut avoir pour conduire cette affaire, les cœurs s'unirent aussi bien que les esprits; mais ce ne fut que pour animer davantage la conspiration; et jamais Emilie ne se promit à Cinna, qu'à condition qu'il se donneroit tout entier à leur entreprise. Ils conspirèrent donc, avant que de s'aimer; et leur passion, qui mêla ses inquiétudes et ses craintes à celles qui suivent toujours les conjurations, demeura soumise au désir de la vengeance, et à l'amour de la liberté.

Comme leur dessein étoit sur le point de s'exécuter, Cinna, se laissant toucher à la confiance, et aux bienfaits d'Auguste, fit voir à Emilie une âme sujette aux remords, et toute prête à changer de résolution; mais Emilie, plus Romaine que Cinna, lui reprocha sa foiblesse, et demeura plus fortement attachée à son dessein que jamais. Ce fut là qu'elle dit des injures à son amant; ce fut là qu'elle imposa des conditions que vous n'avez pu souffrir, et que vous approuverez, Madame, quand vous vous serez mieux consultée. Le désir de la vengeance fut la première passion d'Emilie : le dessein de rétablir la république se joignit au désir de la vengeance ; l'amour fut un effet de la conspiration, et il entra dans l'âme des conspirateurs, plus pour y servir que pour y régner.

Joignons à la douceur de venger nos parens,
La gloire qu'on remporte à punir les tyrans ;
Et faisons publier par toute l'Italie :
La liberté de Rome est l'œuvre d'Émilie.
On a touché son âme, et son cœur s'est épris ;
Mais elle n'a donné son amour qu'à ce prix[1].

Vous êtes née à Rome, Madame, et vous y avez reçu l'âme des Porcies et des Arries[2], au lieu que les autres qu'on y voit naître n'y prennent que le génie des Italiens. Avec cette âme toute grande, toute romaine, si vous viviez aujourd'hui dans une république qu'on opprimât ; si vos parents y étoient proscrits, votre maison désolée, et, ce qui est le plus odieux à une personne libre, si votre égal étoit devenu votre maître ; ce couteau que vous avez acheté pour vous tuer, quand vous verrez la ruine de votre patrie ; ce couteau ne seroit-il pas essayé contre le tyran, avant que d'être em-

---

1. Paroles d'Émilie à sa confidente, dans *Cinna*.
2. Femmes de Brutus et de Pétus.

ployé contre vous-même? Vous conspireriez sans doute; et un misérable amant qui voudroit vous inspirer la foiblesse d'un repentir, seroit traité plus durement par Hortense, que Cinna ne le fut par Emilie.

Je m'imagine que nous vivons dans une même république, dont un citoyen ambitieux opprime la liberté. En cet état déplorable, je vous offrirois un vieux Cinna, qui feroit peu d'impression sur votre cœur; mais, quand vous lui auriez ordonné de punir le tyran, il ne reviendroit pas vous trouver avec des remords, avec cette vertu apparente qui cache des mouvements de crainte, et des sentiments d'intérêt. Il recevroit la confidence et les bienfaits du nouvel Auguste, comme des outrages; les périls ne feroient que l'animer à vous servir; il se porteroit enfin si généreusement à l'exécution de l'entreprise, que vous le plaindriez mort, pour avoir obéi à vos ordres, ou le loueriez vivant, après les avoir exécutés.

Que la condition du vieux philosophe est malheureuse! Il ne se soucie point de gloire; et le mieux qui lui puisse arriver, c'est qu'un peu de louange soit le prix de tous ses services. Encore cette apparence de grâce, toute vaine qu'elle est, ne lui est accordée que bien rarement; il voit même beaucoup plus de disposition à lui donner des chagrins que des louanges.

Et Dieu conserve M. l'ambassadeur de Portugal[1] ! S'il n'étoit plus au monde, le philosophe seroit exposé le premier aux mauvais traitements que Son Excellence essuie tous les jours.

A Messieurs de ***.

III. Si je dispute quelquefois avec vous, Messieurs, ce n'est que pour remplir le vide du jeu et pour vous ôter l'ennui d'une conversation trop languissante. Je conteste à dessein de vous céder, et vous oppose de foibles raisons, tout préparé à reconnoître la supériorité des vôtres.

Dans cette vue, j'ai soutenu que le MENTEUR étoit une bonne comédie, que le sujet du CID étoit heureux, et que cette pièce faisoit un très-bel effet sur le théâtre, quoiqu'elle ne fût pas sans défaut; j'ai soutenu que RODOGUNE étoit un fort bel ouvrage, et que l'OEDIPE devoit passer pour un chef-d'œuvre de l'art. Pouvois-je vous faire un plus grand plaisir, Messieurs, que de vous donner une si juste occasion de me contredire, et de faire valoir la force et la netteté de votre jugement aux dépens du mien?

J'ai soutenu que pour faire une belle comédie, il falloit choisir un beau sujet, le bien dis-

---

[1]. Le comte de Mélos, apparemment maltraité par la duchesse Mazarin.

poser, le bien suivre, et le mener naturellement à la fin ; qu'il falloit faire entrer les caractères dans les sujets, et non pas former la constitution des sujets après celle des caractères ; que nos actions devoient précéder nos qualités et nos humeurs ; qu'il falloit remettre à la philosophie de nous faire connoître ce que sont les hommes, et à la comédie de nous faire voir ce qu'ils font ; et qu'enfin ce n'est pas tant la nature humaine qu'il faut expliquer, que la condition humaine qu'il faut représenter sur le théâtre.

Ne vous ai-je pas bien servis, Messieurs, quand je me suis rendu ridicule par de si sottes propositions ? Pouvois-je faire plus pour vous, que d'exposer à votre censure la rudesse d'un vieux goût qui a fait voir le raffinement du vôtre ? Vous avez raison, Messieurs, vous avez raison de vous moquer des songes d'Aristote et d'Horace, des rêveries de Heinsius et de Grotius, des caprices de Corneille et de Ben-Johnson, des fantaisies de Rapin[1], et de Boileau. La seule règle des honnêtes gens, c'est

---

1. Réné Rapin, jésuite, né en 1621, mort en 1687 ; homme de beaucoup d'esprit, critique fin et délicat, auteur du poëme latin des JARDINS (*Hortorum libri IV*), qui eut un grand succès, et de plusieurs ouvrages de critique, ou de piété, qui firent dire de lui qu'il servoit Dieu et le monde, par semestre.

la mode. Que sert une raison qui n'est point reçue, et qui peut trouver à redire à une extravagance qui plaît?

J'avoue qu'il y a eu des temps où il falloit choisir de beaux sujets, et les bien traiter: il ne faut plus aujourd'hui que des caractères; et je demande pardon au poëte de la comédie de M. le duc de Buckingham, s'il m'a paru ridicule, quand il se vantoit d'avoir trouvé l'invention de faire des comédies sans sujet[1]. J'ai les mêmes excuses à vous faire, Messieurs : comme vous avez le même esprit, je vous ai tous offensés également; ce qui m'oblige à vous donner une pareille satisfaction. Mais je ne prétends pas me raccommoder simplement avec vous, sur la comédie; j'espère que vous me ferez, à l'avenir, un traitement plus favorable en tout, et que Madame Mazarin me sera moins opposée qu'elle n'est.

Que vous ai-je fait, madame la duchesse, pour me traiter de la façon que vous me traitez? Il n'y a que moi, et le diable de Quevedo, à qui l'on impute toutes les qualités contraires. Vous me trouvez fade dans les louanges, vous me trouvez piquant dans les vérités : si je veux me taire, je suis trop discret; si je veux parler, je suis trop libre. Quand je dispute, la contes-

---

1. Voyez la comédie du duc de Buckingham, intitulée : *The Rehearsal*, c'est-à-dire *la répétition des rôles*.

tation vous choque; quand je m'empêche de disputer, ma retenue vous paroît méprisante et dédaigneuse. Dis-je des nouvelles? je suis mal informé; n'en dis-je pas? je fais le mystérieux. A l'Hombre, on se défie de moi comme d'un pipeur, et on me trompe comme un imbécile. On me fait les injustices, et on me condamne. Je suis puni du tort qu'ont les autres : Tout le monde crie, tout le monde se plaint, et je suis le seul à souffrir.

Je vous ai l'obligation de toutes ces choses, Madame, sans compter que vous me donnez au public pour tel qu'il vous plaît. Vous me faites révérer ceux que je méprise, mépriser ceux que j'honore, offenser ceux que je crains. Quartier! madame la duchesse; je me rends. Ce n'est pas vaincre, que d'avoir affaire à des gens rendus. Portez vos armes contre les rebelles, forcez les opiniâtres, et gouvernez avec douceur les soumis : la différence des uns aux autres ne doit pas durer longtemps. Un jour viendra (et ce grand jour n'est pas loin) que le comte de Mélos ne murmurera plus à l'Hombre, et que le baron de la Taulade perdra sans chagrin. Pour moi, j'ai abandonné les VISIONNAIRES[1], et le MENTEUR. Racine est préféré à Cor-

1. De Desmarets de Saint-Sorlin; comédie qui eut une grande réputation, au dix-septième siècle, et qui n'est pas sans intérêt. L'auteur avoit été fort dissipé,

neille, et les caractères l'emportent sur les sujets. Je ne renonce pas seulement à mon opinion, Madame ; je maintiens les vôtres avec plus de fermeté que M. de Villiers n'en peut avoir à soutenir la beauté de ses parentes. J'ai changé l'ordre de mes louanges, et de mes censures. Dès les cinq heures du soir, je blâmerai ce que vous jugerez blâmable, et je louerai à minuit ce que vous croirez digne d'être loué. Pour dernier sacrifice, je continuerai, tant qu'il vous plaira, la maudite société que nous avons eue, M. l'ambassadeur de France, M. le comte de Castelmelhor[1], et moi. Proposez quelque chose de plus difficile ; vos ordres, Madame, le feront exécuter.

en sa jeunesse, et lié avec Saint-Evremond. Il tomba plus tard dans une dévotion outrée, et dans l'extravagance littéraire.

1. Dom Louis de Vasconcellos y Sousa, comte de Castelmelhor, premier ministre et favori d'Alphonse, roi de Portugal. Après la révolution qui arriva en Portugal, en 1667, il fut obligé de se retirer à Turin, d'où il obtint permission de passer en Angleterre. Il y demeura dix ou douze ans, et retourna ensuite en Portugal (*Des Maizeaux.*)

XVIII

DISSERTATION SUR LE MOT *VASTE*.

A Messieurs de l'Académie françoise.

(1677).

APRÈS m'être condamné moi-même sur le mot de Vaste, je me persuadois qu'on devoit être content de ma rétractation : mais puisque Messieurs de l'Académie ont jugé à propos que leur censure fût ajoutée à la mienne, je déclare que mon désaveu n'étoit pas sincère ; c'étoit un pur effet de docilité et un assujettissement volontaire de mes sentiments à ceux de Madame Mazarin [1]. Aujourd'hui, je reprends contre eux la raison que j'avois quittée pour elle, et que tout honnête homme feroit vanité d'avoir perdue.

---

1. Voy. dans l'INTRODUCTION qu'elle fut l'occasion qui donna sujet à Saint-Evremond d'écrire cette dissertation. La Duchesse avoit dit, en louant Richelieu : *qu'il avoit l'esprit vaste.* Saint-Evremond prétendit que l'expression n'étoit pas juste, et la discussion s'animant, on convint de s'en rapporter à l'Académie françoise, qui consultée par l'abbé de Saint-Réal, décida que la critique de Saint-Evremond n'étoit pas fondée. Ce dernier répondit par la *Dissertation* que voici.

On peut disputer à Messieurs de l'Académie le droit de régler notre langue, comme il leur plaît. Il ne dépend pas des auteurs d'abolir de vieux termes, par dégoût, et d'en introduire de nouveaux, par fantaisie. Tout ce qu'on peut faire pour eux, c'est de les rendre maîtres de l'usage, lorsque l'usage n'est pas contraire au jugement et à la raison. Il y a des auteurs qui ont perfectionné les langues; il y en a qui les ont corrompues; et il faut revenir au bon sens, pour en juger. Jamais Rome n'a eu de si beaux esprits que sur la fin de la République : la raison en étoit qu'il y avoit encore assez de liberté, parmi les Romains, pour donner de la force aux esprits, et assez de luxe pour leur donner de la politesse et de l'agrément. En ce temps, où la beauté de la langue étoit à son plus haut point; ce temps où il y avoit à Rome de si grands génies : César, Salluste, Cicéron, Hortensius, Brutus, Asinius Pollio, Curion, Catulle, Atticus, et beaucoup d'autres qu'il seroit inutile de nommer ; en ce temps, il étoit juste de se soumettre à leur sentiment, et de recevoir avec docilité leurs décisions. Mais lorsque la langue est venue à se corrompre, sous les empereurs, lorsqu'on préféroit Lucain à Virgile, et Sénèque à Cicéron, étoit-on obligé d'assujettir la liberté de son jugement à l'autorité de ceux qui faisoient les beaux esprits? Et Pétrone n'est-il pas loué par tous les gens de bon goût, d'en avoir eu assez pour tourner en ridicule l'éloquence de son temps? pour avoir connu le faux jugement de son siècle, pour avoir donné à Virgile et à Horace toutes les louanges qui leur étoient dues? *Homerus testis et Lyrici, Romanusque Virgilius, et Horatii curiosa felicitas*[1].

Venons des Latins aux François. Quand Nervèze[2] faisoit admirer sa fausse éloquence, la cour n'auroit-elle pas eu obligation à quelque bon esprit qui l'eût détrompée? Quand on a vu Coëffeteau charmer tout le monde, par ses métaphores, et que les *maîtresses voiles de son éloquence*[3] passoient pour une merveille; quand la langue fleurie de Cohon[4], qui n'avoit ni force, ni solidité, plaisoit à tous les faux polis, aux faux délicats; quand l'affectation de Balzac, qui ruinoit la beauté naturelle des pensées, passoit pour un style majestueux et

---

1. Pétrone, *Satyr.*, cap. 118.
2. Nervèze a publié un volume d'*Épitres morales* pleines de *phœbus* et de galimatias, et des romans qui, malgré leur mauvais goût, eurent une certaine faveur, sous la régence d'Anne d'Autriche; on disoit : *Parler Nervèze*. Voy. Tallemant, tom. I, pag. 207 et 209, édit. de P. Paris; et tome IV, pag. 321 et 325.
3. Expressions de Coëffeteau.
4. Célèbre prédicateur, du temps de Richelieu, et de la Fronde; très-dévoué à Mazarin; mort en 1670, évêque de Nîmes.

magnifique, n'auroit-on pas rendu un grand service au public de s'opposer à l'autorité que ces messieurs se donnoient, et d'empêcher le mauvais goût, que chacun d'eux a établi différemment, dans son temps ?

J'avoue qu'on n'a pas le même droit, contre Messieurs de l'Académie. Vaugelas, d'Ablancourt, Patru, ont mis notre langue dans sa perfection ; et je ne doute point que ceux qui écrivent, aujourd'hui, ne la maintiennent dans l'état où ils l'ont mise. Mais si quelque jour une fausse idée de politesse rendoit le discours foible et languissant ; si pour aimer trop à faire des contes et à écrire des nouvelles, on s'étudioit à une facilité affectée, qui ne peut être autre chose qu'un faux naturel ; si un trop grand attachement à la pureté, produisoit enfin de la sécheresse ; si pour suivre toujours l'ordre de la pensée, on ôtoit à notre langue le beau tour qu'elle peut avoir; et que, la dépouillant de tout ornement, on la rendît barbare, pensant la rendre naturelle ; alors ne seroit-il pas juste de s'opposer à des corrupteurs qui ruineroient le bon et véritable style, pour en former un nouveau, aussi peu propre à exprimer les sentiments forts, que les pensées délicates ?

Qu'ai-je affaire de rappeler le passé, ou de prévoir l'avenir ? Je reconnois la juridiction de l'Académie : qu'elle décide si Vaste est en usage, ou s'il n'y est pas; je me rendrai à son jugement. Mais pour connoître la force et la propriété du terme, pour savoir si c'est un blâme, ou une louange, elle me permettra de m'en rapporter à la raison. Ce petit discours fera voir si je l'ai eue.

J'avois soutenu qu'Esprit vaste se prend en bonne, ou en mauvaise part, selon les choses qu'y s'y trouvent ajoutées; qu'un Esprit vaste, *merveilleux*, *pénétrant*, marquoit une capacité admirable; et qu'au contraire un Esprit vaste *et démesuré*, étoit un esprit qui se perdoit en des pensées vagues : en de belles, mais vaines idées, en des desseins trop grands, et peu proportionnés aux moyens qui nous peuvent faire réussir. Mon opinion me paroissoit assez modérée. Il me prend envie de nier que Vaste puisse, jamais, être une louange, et que rien soit capable de rectifier cette qualité. Le grand est une perfection dans les esprits, le *vaste* toujours un vice. L'étendue juste et réglée fait le grand, la grandeur démesurée fait le *vaste :* vastitas, *grandeur excessive*.

Le *vaste* et l'*affreux* ont bien du rapport : les choses *vastes* ne conviennent point avec celles qui font sur nous une impression agréable. *Vasta solitudo* n'est pas de ces solitudes qui donnent un repos délicieux, qui charment les peines des amants, qui enchantent les maux des misérables; c'est une solitude sauvage, où nous nous étonnons d'être seuls, où nous regrettons la perte de la compagnie, où le souvenir des plaisirs perdus nous afflige, où le sentiment des maux présents nous tourmente. Une *maison vaste* a quelque chose d'affreux à la vue; des *appartements vastes* n'ont jamais donné envie à personne d'y loger; des *jardins vastes* ne sauroient avoir, ni l'agrément qui vient de l'art, ni les grâces que peut donner la nature; de *vastes forêts* nous effraient; la vue se dissipe et se perd à regarder de *vastes campagnes.*

Les rivières d'une juste grandeur nous font voir des bords agréables, et nous inspirent insensiblement la douceur de leur cours paisible : les fleuves trop larges, les débordements, les inondations nous déplaisent par leurs agitations; nos yeux ne sauroient souffrir leur *vaste étendue.* Les pays sauvages qui n'ont point encore reçu de culture, les pays ruinés par la désolation de la guerre, les terres désertes et abandonnées, ont quelque chose de *vaste* qui fait naître en nous, comme un sentiment secret d'horreur, vastus, *quasi vastatus*; Vaste est à peu près la même chose que *gâté*, que *ruiné.* Passons des solitudes, des forêts, des campagnes, des rivières, aux animaux et aux hommes.

Les baleines, les éléphants, se nomment *Vastæ et immanes belluæ*. Ce que les poëtes ont peint de plus monstrueux, les Cyclopes, les géants, sont nommés *vastes* :

Vastos que ab rupe Cyclopas
Prospicio[1].
Vasta se mole moventem
Pastorem Polyphemum.

Parmi les hommes, ceux qui excédoient notre stature ordinaire, ceux que la grosseur ou la grandeur distinguoit des autres, étoient nommés chez les Latins, *Vasta Corpora*.

Vastus a passé jusqu'aux coutumes et aux manières. Caton, qui avoit d'ailleurs tant de bonnes qualités, étoit un homme vastis *moribus*, à ce que disoient les Romains. Il n'y avoit aucune élégance en ses discours, aucune grâce, ni en sa personne, ni en ses actions : il avoit un air rustique et sauvage, en toutes choses. Les Allemands, aujourd'hui civilisés et polis, en beaucoup de lieux, vouloient autrefois que ce qui étoit chez eux et autour d'eux, eût quelque chose de *vaste*. Leur habitation, leur train, leur suite, leurs équipages, leurs assemblées, leurs festins, vastum *aliquid redolebant;* c'est-à-dire, qu'ils se plaisoient à

---

1. Virg. *Æneid..*, *Lib. III*, v. 647-648 et 656-57.

une grandeur démesurée, où il n'y avoit ni politesse, ni ornement. J'ai remarqué que le mot de VASTE a quatre ou cinq significations, dans Cicéron, toutes en mauvaise part : *Vasta solitudo*, *Vastus et agrestis*[1], *Vasta et immanis bellua* [2], *Vastam et hiantem orationem* [3]. La signification la plus ordinaire de *Vastus*, c'est *trop spacieux, trop étendu, trop grand, démesuré.*

On me dira peut-être que VASTE ne signifie pas, en français, ce que *Vastus* peut signifier en latin, dans tous les sens qu'on lui a donnés. Je l'avoue. Mais pourquoi ne conservera-t-il pas sa signification la plus naturelle, comme DOULEUR, VOLUPTÉ, LIBERTÉ, FAVEUR, HONNEUR, AFFLICTION, CONSOLATION, et mille mots de cette nature-là, conservent la leur? Encore y a-t-il une raison pour VASTE, qui ne se trouve point pour les autres; c'est qu'il n'y a jamais eu de terme français qui exprimât véritablement ce que le *Vastus* des Latins savoit exprimer; et nous ne l'avons pas rendu françois, pour augmenter un nombre de mots qui signifient la même chose; c'est pour donner à notre langue ce qui lui manquoit, ce qui la rendoit défectueuse.

1. CICERON, *in Somn. Scip.* § 6; *De Oratore, Lib. I*, § 25.
2. *De Divin. Lib. I*, § 24.
3. *Rhetor. ad Herenn. Lib. IV*, § 12.

Nous pensons plus fortement que nous ne nous exprimons : il y a toujours une partie de notre pensée qui nous demeure. Nous ne la communiquons presque jamais pleinement; et c'est par l'esprit de pénétration, plus que par l'intelligence des paroles, que nous entrons tout à fait dans la conception des auteurs. Cependant, comme si nous appréhendions de bien entendre ce que pensent les autres, ou de faire comprendre ce que nous pensons nous-mêmes, nous affoiblissons les termes qui auroient la force de l'exprimer. Mais, en dépit que nous en ayons, VASTE conservera, en françois, la véritable signification qu'il a, en latin. On dit *trop vaste*, comme on dit *trop insolent*, *trop extravagant*, *trop avare*; et c'est l'excès d'une méchante qualité : on ne dit point *assez vaste*, parce qu'ASSEZ marque une situation, une consistance, une mesure juste et raisonnable; et du moment qu'une chose est *vaste*, il y a de l'excès, il y a du trop : *assez* ne sauroit jamais lui convenir. Venons à examiner particulièrement l'ESPRIT VASTE, puisque c'est le sujet de la question.

Ce que nous appelons l'ESPRIT, se distingue en trois facultés : le jugement, la mémoire, l'imagination. Un jugement peut être loué d'être *solide*, d'être *profond*, d'être *délicat* à discerner, *juste* à définir; mais à mon avis, jamais homme de bon sens ne lui donnera la qualité de *vaste*. On dit qu'une *mémoire* est *heureuse*, qu'elle est *fidèle*, qu'elle est propre à recevoir et à garder les espèces : mais il n'est pas venu à ma connoissance qu'on l'ait nommée *vaste* qu'une fois [1], à mon avis, mal à propos. *Vaste* se peut appliquer à une *imagination* qui s'égare, qui se perd, qui se forme des visions, et des chimères.

Je n'ignore pas qu'on a prétendu louer Aristote, en lui attribuant un *génie vaste*. On a cru que cette même qualité de *vaste* étoit une grande louange pour Homère. On dit qu'Alexandre, que Pyrrhus, que Catilina, que César, que Charles-Quint, que le cardinal de Richelieu, ont eu l'ESPRIT VASTE : mais si on prend la peine de bien examiner tout ce qu'ils ont fait, on trouvera que les beaux ouvrages, que les belles actions doivent s'attribuer aux autres qualités de leur esprit, et que les erreurs et les fautes doivent être imputées à ce qu'ils ont eu de *vaste*. Ils ont eu ce *vaste*, je l'avoue : mais ç'a été leur vice, et un vice qui ne leur est pardonnable, qu'en considération de leurs vertus. C'est une erreur de notre jugement, de faire leur mérite d'une chose qui ne peut être excusée que par indulgence : s'ils n'étoient presque toujours grands, on ne leur permettroit

1. Dans Patru.

pas d'être quelquefois *vastes*. Venons à l'examen de leurs ouvrages et de leurs actions; donnons à chaque qualité les effets qui véritablement lui appartiennent : commençons par les ouvrages d'Aristote.

Sa Poétique en est un des plus achevés; mais à quoi sont dûs tant de préceptes judicieux, tant d'observations justes, qu'à la netteté de son jugement? On ne dira pas que c'est à son *esprit vaste*. Dans sa Politique, qui régleroit encore aujourd'hui des législateurs, c'est comme sage, comme prudent, comme habile, qu'il règle les diverses constitutions des États : ce ne fut jamais comme *vaste*. Personne n'est jamais entré si avant que lui dans le cœur de l'homme, comme on le peut voir dans sa Morale et dans sa Rhétorique, au chapitre des *passions;* mais c'est comme pénétrant qu'il y est entré, comme un philosophe qui savoit faire de profondes réflexions, qui avoit fort étudié ses propres mouvements, et fort observé ceux des autres. Ne fondez pas le mérite du *vaste* là-dessus; il n'y eut jamais aucune part. Aristote avoit proprement l'*esprit vaste*, dans la Physique, et c'est de là que sont venues toutes ses erreurs; par-là, il s'est perdu dans les principes, dans la *matière première*, dans les cieux, dans les astres et dans le rest de ses fausses opinions.

Pour Homère, il est merveilleux tant qu'il est purement humain : juste dans les caractères, naturel dans les passions, admirable à bien connaître, et à bien exprimer, ce qui dépend de notre nature. Quand son *esprit vaste* s'est étendu sur celle des dieux, il en a parlé si extravagamment, que Platon l'a chassé de sa république, comme un fou.

Sénèque a eu tort de traiter Alexandre d'un téméraire, qui devoit sa grandeur à sa fortune. Plutarque me paroît avoir raison, lorsqu'il attribue ses conquêtes à sa vertu, plus qu'à son bonheur. En effet, considérez Alexandre, à son avénement à la couronne; vous trouverez qu'il n'a pas eu moins de conduite que de courage, pour s'établir dans les états de son père. Le mépris que l'on faisoit de la jeunesse du prince, porta ses sujets à remuer, et ses voisins à entreprendre : il punit des séditieux et assujettit des inquiets. Toutes choses étant pacifiées, il prit des mesures pour se faire élire général des Grecs contre les Perses ; et ces mesures furent si bien prises, qu'on n'en eût pas attendu de plus justes du politique le plus consommé. Il fut élu, il entreprit cette guerre ; il fit faire mille fautes aux lieutenants de Darius, et à Darius lui-même, sans en faire aucune. Si la grandeur de son courage ne l'avoit fait passer pour téméraire, par les périls où il s'exposoit, sa conduite nous auroit laissé l'idée d'un prince prudent, d'un prince sage : je vous le dépeins grand et habile en tout ce qu'il a fait de beau. Vous le voulez *vaste*; et c'est à ce *vaste* qu'il a dû tout ce qu'il a entrepris, mal à propos.

Un désir de gloire que rien ne bornoit, lui fit faire une guerre extravagante contre les Scythes. Une vanité démesurée lui persuada qu'il étoit fils de Jupiter. Le *vaste* s'étendit jusqu'à sa douleur, lorsque sa douleur le porta à sacrifier des nations entières aux mânes d'Ephestion. Après qu'il eut conquis le grand empire de Darius, il pouvoit se contenter du monde que nous connoissons ; mais son *esprit vaste* forma le dessein de la conquête d'un autre. Comme *vaste*, il entreprit son expédition des Indes, où l'armée le voulut abandonner, où sa flotte faillit à se perdre; d'où il revint à Babylone triste, confus, incertain, se défiant des dieux et des hommes. Beaux effets de l'*esprit vaste* d'Alexandre !

Peu de princes ont eu l'*esprit* si *vaste* que Pyrrhus ; sa conversation avec Cynéas, cette conversation qui n'est ignorée de personne, le témoigne assez. Sa valeur, son expérience à la guerre, lui faisoient gagner des combats; son *esprit vaste* qui embrassoit toutes choses, ne lui permit pas de venir à bout d'aucune. C'étoit entreprise sur entreprise, guerre sur guerre; nul fruit de la guerre. Vainqueur en Italie, vainqueur en Sicile, en Macédoine, vainqueur partout, nulle part bien établi; sa fantaisie prévalant sur sa raison, par de nouveaux desseins chimériques qui l'empêchoient de tirer aucun avantage des bons succès.

On parle de Catilina, comme d'un homme détestable : on eût dit la même chose de César, s'il avoit été aussi malheureux, dans son entreprise, que Catilina le fut dans la sienne. Il est certain que Catilina avoit d'aussi grandes qualités que nul autre des Romains; la naissance, la bonne mine, le courage, la force du corps, la vigueur de l'esprit : *nobili genere natus, magna vi et animi et corporis*, etc. Il fut lieutenant de Sylla, comme Pompée; d'une maison beaucoup plus illustre que ce dernier, mais de moindre autorité dans le parti. Après la mort de Sylla, il aspira aux emplois que l'autre sut obtenir; et, si rien n'étoit trop grand pour le crédit de Pompée, rien n'étoit assez élevé pour l'ambition de Catilina. L'impossible ne lui paroissoit qu'extraordinaire, l'extraordinaire lui sembloit commun et facile : *Vastus animus immoderata, incredibilia, nimis alta cupiebat*[1].

Et par là vous voyez le rapport qu'il y a d'un *esprit vaste* aux choses démesurées. Les gens de bien condamnent son crime, les poli-

---

1. Salluste, *Catil.*, § V.

tiques blâment son entreprise, comme mal conçue; car tous ceux qui ont voulu opprimer la république, excepté lui, ont eu pour eux la faveur du peuple, ou l'appui des légions. Catilina n'avoit ni l'un ni l'autre de ces secours; son industrie et son courage lui tinrent lieu de toutes choses, dans une affaire si grande et si difficile. Il se fit lui-même une armée de soldats ramassés, qui n'avoient presque ni armes, ni subsistance; et ces troupes combattirent avec autant d'opiniâtreté, que jamais troupes aient combattu. Chaque soldat avoit l'audace de Catilina, dans le combat; Catilina, la capacité d'un grand capitaine, la hardiesse du soldat le plus résolu et le plus brave : jamais homme ne mourut avec une fierté si noble. Il est difficile au plus homme de bien qui lira cette bataille, d'être fort pour la république contre lui : impossible de ne pas oublier son crime, pour plaindre son malheur. Il eût pu acquérir sûrement une grande autorité, selon les lois. Cet ambitieux, si *vaste* dans ses projets, aspira toujours à la puissance, et se porta, à la fin, à cette conspiration funeste qui le perdit.

Qui fut plus grand, plus habile que César? Quelle adresse, quelle industrie n'eut-il pas pour renvoyer une multitude innombrable de Suisses, qui cherchoient à s'établir dans les Gaules? Il eut besoin d'autant de prudence que de valeur, pour défaire et chasser loin de lui les Allemands : il eut une dextérité admirable à ménager les Gaulois, se prévalant de leurs jalousies particulières, pour les assujettir les uns par les autres. Quelque chose de *vaste*, qui se mêloit dans son esprit avec ses belles qualités, lui fit abandonner ses mesures ordinaires, pour entreprendre l'expédition d'Angleterre : expédition chimérique, vaine pour sa réputation, et tout à fait inutile pour ses intérêts. Que de machines n'a-t-il pas employées, pour lever les obstacles qui s'opposoient au dessein de sa domination ! Il ruina le crédit de tous les gens de bien, qui pouvoient soutenir la République : il fit bannir Cicéron par Clodius qui venoit de coucher avec sa femme ; il donna tant de dégoût à Catulus et à Lucullus, qu'ils abandonnèrent les affaires ; il rendit la probité de Caton odieuse, la grandeur de Pompée suspecte ; il souleva le peuple contre ceux qui protégeoient la liberté. Voilà ce qu'a fait César, contre les défenseurs de l'État ; voici ce qu'il fit, avec ceux qui lui aidèrent à le renverser. Son inclination pour les factieux se découvrit, à la conjuration de Catilina : il fut des amis de Catilina, et complice secret de son crime ; il rechercha l'amitié de Clodius, homme violent et téméraire ; il se lia avec Crassus, plus riche que bon citoyen ; il se servit de Pompée, pour acquérir du crédit. Dès qu'on songea à donner des bornes à son autorité, et à prévenir l'établissement de sa puissance, il n'oublia rien pour ruiner Pompée; il mit Antoine dans ses intérêts; il gagna Curion et Dolabella; il s'attacha Hirtius, Oppius, Balbus, et tout autant qu'il put de gens inquiets, audacieux, entreprenants, capables de travailler, sous lui, à la ruine de la République.

Des mesures si fines, si artificieuses; des moyens si cachés et si délicats; une conduite si étudiée, en toutes choses; tant de dissimulation, tant de secret, ne peuvent s'attribuer à un *esprit vaste:* ses fautes, ses malheurs, sa ruine, sa mort, ne doivent s'imputer qu'à cet esprit. Ce fut cet esprit qui l'empêcha d'assujettir Rome, comme il le pouvoit, ou de la gouverner, comme il l'eût dû; c'est ce qui lui donna fantaisie de faire la guerre aux Parthes, quand il falloit s'assurer mieux des Romains. Dans un État incertain, où les Romains n'étoient ni citoyens, ni sujets, où César n'étoit ni magistrat ni tyran, où il violoit toutes les lois de la République et ne savoit pas établir les siennes: confus, égaré, dissipé, dans les *vastes idées* de sa grandeur, ne sachant régler ni ses pensées, ni ses affaires, il offensoit le Sénat et se fioit à des Sénateurs; il s'abandonnoit à des infidèles, à des ingrats, qui, préférant la liberté à toutes les vertus, aimèrent mieux assassiner un ami, et un bienfaiteur, que d'avoir un maître. Louez, messieurs, louez l'*esprit vaste;* il a coûté à César l'empire et la vie.

Bautru, qui étoit un assez bon juge du mérite des grands hommes, avoit coutume de préférer Charles-Quint, à tout ce qu'il y avoit eu de plus grand, dans l'Europe, depuis les Romains. Je ne veux pas décider, mais je pourrois croire que son esprit, son courage, son activité, sa vigueur, sa magnanimité, sa confiance, l'ont rendu plus estimable qu'aucun prince de son temps. Lorsqu'il prit le gouvernement de ses états, il trouva l'Espagne révoltée contre le cardinal Ximénès, qui en avoit la régence. L'humeur austère, et les manières dures de ce cardinal, étoient insupportables aux Espagnols. Charles fut obligé de venir en Espagne ; et les affaires étant passées des mains de Ximénès dans les siennes, tous les grands se mirent dans leur devoir, et toutes les villes rentrèrent bientôt dans l'obéissance.

Charles-Quint fut plus habile, ou plus heureux que François Ier, dans leur concurrence pour l'Empire. François se trouvoit plus riche et plus puissant ; Charles l'emporta par sa fortune, ou par la supériorité de son génie. Le gain de la bataille de Pavie, et la prise de Rome, laissèrent prisonniers, entre ses mains, un roi de France et un pape : triomphe qui a passé tous ceux des Romains. La grande Ligue de Smalcalde fut ruinée par sa conduite et par sa valeur. Il changea toute la face des affaires d'Allemagne; transféra l'Électorat de Saxe d'une branche à une autre : de Frédéric vaincu et dépouillé, à Maurice qui avoit suivi le parti du victorieux. La religion même fut soumise à la victoire, et elle reçut de la volonté de l'Empereur, le fameux INTÉRIM[1] dont on parlera toujours. Mais cet *esprit vaste* embrassa trop de choses pour en régler aucune. Il ne fit pas réflexion qu'il pouvoit plus par autrui que par lui-même; et dans le temps qu'il croyoit avoir assujetti Rome et l'Empire, Maurice tournant contre lui les armées qu'il sembloit commander pour son service, faillit à le surprendre à Inspruck, l'obligea de se sauver en chemise, et de se retirer en toute diligence à Villach.

Il est certain que Charles-Quint avoit de grandes qualités, et qu'il a fait de très-grandes choses; mais cet *esprit vaste* dont on le loue, lui a fait faire beaucoup de fautes et lui a causé bien des malheurs. C'est à cet esprit que

---

[1]. C'étoit une espèce de règlement, que Charles-Quint fit, en 1548, sur les articles de foi qu'il vouloit qu'on crût généralement, en Allemagne, en attendant qu'un Concile en eût décidé. (*Des Maizeaux.*) Voy. J. Sleidan, *de Statu religionis*, etc., édit. de Francfort, 1785-86, 3 vol in-8º.

sont dues de funestes entreprises en Afrique; c'est à lui que sont dus divers desseins, aussi mal conçus que mal suivis; à lui que sont dus ces voyages, de nations en nations, où il entroit moins d'intérêt que de fantaisie. C'est cet *esprit vaste* qui l'a fait nommer *Chevalier errant* par les Espagnols, et qui a donné le prétexte aux mal affectionnés, de l'estimer plus grand voyageur, que grand conquérant. Admirez, messieurs, admirez la vertu de cet *esprit vaste* : il tourne les héros en chevaliers errants, et donne aux vertus héroïques l'air des aventures fabuleuses.

Je pourrois faire voir que cet *esprit vaste* fut cause de toutes les disgrâces du dernier duc de Bourgogne, aussi bien que de celles de Charles-Emmanuel, duc de Savoie; mais j'ai impatience de venir au cardinal de Richelieu, pour démêler, en sa personne, les différents effets du grand et du *vaste*.

On peut dire du cardinal de Richelieu, que c'étoit un fort grand génie; et comme grand, il apporta des avantages extraordinaires à notre État; mais, comme *vaste* (ce qu'il étoit quelquefois), il nous a menés bien près de notre ruine. Entrant dans le ministère, il trouva que la France était gouvernée par l'esprit de Rome et par celui de Madrid. Nos ministres recevoient toutes les impressions que M. de Marquemont[1] leur donnoit; le pape inspiroit toutes choses à cet ambassadeur; les Espagnols, toutes choses au pape. Le roi, jaloux de la grandeur de son État, autant qu'un roi le peut être, avoit intention d'en suivre les intérêts : les artifices de ceux qui gouvernoient lui laissoient suivre ceux des étrangers; et si le cardinal de Richelieu ne se fût rendu maître des conseils, le prince, naturellement ennemi de l'Espagne et de l'Italie, eût été bon Espagnol et bon Italien, malgré toute son aversion. Je veux rapporter une chose peu connue, mais très-véritable. M. de Marquemont écrivit une grande lettre au cardinal de Richelieu sur les affaires de la Valteline; et pour se rendre nécessaire auprès du nouveau ministre, il l'instruisit avec soin des mesures délicates qu'il falloit tenir, lorsqu'on avoit affaire aux Italiens et aux Espagnols. Pour réponse, le cardinal de Richelieu lui écrivit quatre lignes, dont voici le sens :

Le roi a changé de conseil, et le conseil de maxime. On envoyera une armée dans la Valteline, qui rendra le pape plus facile, et nous fera avoir raison des Espagnols.

1. Denis-Simon de Marquemont, archevêque de Lyon, alors ambassadeur de France auprès du pape; élevé au cardinalat, l'année même où il est mort, à Rome, en 1626, à l'âge de 54 ans.

M. de Marquemont fut fort surpris de la sécheresse de cette lettre, et plus encore du nouvel esprit qui alloit régner dans le ministère. Comme il étoit habile homme, il changea le plan de sa conduite, et demanda pardon au ministre d'avoir été assez présomptueux, pour vouloir donner des lumières, lorsqu'il en devoit recevoir : avouant l'erreur où il avoit été, d'avoir cru qu'on pouvoit réduire les Espagnols à un traité raisonnable, par la seule négociation. M. de Senecterre a dit souvent que cette petite lettre du cardinal de Richelieu à M. de Marquemont a été la première chose qui a fait comprendre le dessein qu'avoit le cardinal d'abaisser la puissance d'Espagne, et de rendre à notre nation la supériorité qu'elle avoit perdue.

Mais, pour entreprendre au dehors, il falloit être assuré du dedans ; et le parti huguenot étoit si considérable, en France, qu'il sembloit faire un autre État dans l'État : cela n'empêcha pas Richelieu de le réduire. Comme on avoit fait la guerre assez malheureusement, durant le ministère du connétable de Luynes, il fallut faire un plan tout nouveau ; et ce plan produisit des effets aussi heureux, que l'autre avoit eu des succès peu favorables. On ne doutoit point que la Rochelle ne fût l'âme du parti. C'est là que se faisoient les délibérations, que les desseins se formoient, que les intérêts de cent et cent villes venoient à s'unir; et c'étoit de là qu'un corps composé de tant de parties séparées, recevoit la chaleur et le mouvement. Il n'y avoit donc qu'à prendre la Rochelle : la Rochelle tombant, faisoit tomber tout. Mais, lorsqu'on venoit à considérer la force de cette place; lorsque l'on songeoit au monde qui la défendroit, et au zèle de tous ces peuples; quand on considéroit la facilité qu'il y avoit à la secourir, qu'on voyoit la mer toute libre, et par là les portes ouvertes aux étrangers : alors on croyoit imprenable ce qui n'avoit jamais été pris. Il n'y avoit qu'un cardinal de Richelieu qui n'eût pas désespéré de le pouvoir prendre. Il espéra, et ses espérances lui firent former le dessein de ce grand siége. Dans la délibération, toutes les difficultés furent levées; dans l'exécution, toutes vaincues. On se souviendra éternellement de cette digue fameuse, de ce grand ouvrage de l'art, qui fit violence à la nature, qui donna de nouvelles bornes à l'Océan. On se souviendra toujours de l'opiniâtreté des assiégés, et de la constance des assiégeants. Que serviroit un plus long discours? On prit la Rochelle; et à peine se fut-elle rendue, que l'on fit une grande entreprise au dehors.

Le duché de Mantoue étant échu par succession au duc de Nevers, la France s'y voulut établir, et l'Espagne assembla une armée, pour l'en empêcher. L'Empereur, sous prétexte de ses droits, mais en effet pour servir l'Espagne, fit passer des troupes en Italie; et le duc de Savoie, qui étoit entré dans les intérêts de la maison d'Autriche, nous devoit arrêter, au passage des montagnes, pour donner loisir aux Espagnols et aux Allemands d'exécuter leurs desseins. Tant d'oppositions furent inutiles : le Pas-de-Suse fut forcé, l'armée de l'Empereur se perdit, Spinola mourut de regret de n'avoir pas pris Casal, et le duc de Nevers reconnu duc de Mantoue demeura paisible possesseur de son État.

Tandis que l'armée de l'Empereur se ruinoit en Italie, on fit entrer le roi de Suède en Allemagne, où il gagna des batailles, prit des villes, étendit ses conquêtes depuis la mer Baltique jusqu'au Rhin : il devenoit trop puissant pour nous, lorsqu'il fut tué ; sa mort laissa les Suédois trop foibles, pour nos intérêts. Ce fut là le chef-d'œuvre du ministère du cardinal de Richelieu. Il retint des troupes qui vouloient repasser en Suède; il fortifia les bonnes intentions d'une jeune reine mal établie, et s'assura si bien du général Banier, que la guerrre se fit sous le nouveau règne, avec la même vigueur qu'elle s'étoit faite sous ce grand roi. Quand le duc de Weimar, et le maréchal de Horn, eurent perdu la bataille de Nordlingue, le cardinal de

Richelieu redoubla les secours, fit passer de grandes armées en Allemagne, arrêta le progrés des impériaux, et donna moyen aux Suédois de rétablir leurs affaires, dans l'Empire.

Voilà ce qu'a fait le cardinal de Richelieu, comme grand, comme magnanime, comme sage, comme ferme. Voyons ce qu'il a fait, par son *esprit vaste*.

La prison de l'électeur de Trèves nous fournit le sujet, ou le prétexte, de déclarer la guerre aux Espagnols; et ce dessein étoit digne de la grande âme du cardinal de Richelieu : mais cet *esprit vaste* qu'on lui a donné, se perdit dans l'étendue de ses projets. Il prit de si fausses mesures pour le dehors, et donna un si méchant ordre au dedans, que nos affaires vraisemblablement en devoient être ruinées. Le cardinal se mit en tête le dessein le plus chimérique que l'on ait jamais vu; c'étoit d'attaquer la Flandre par derrière, et lui ôter toute la communication qu'elle pouvoit avoir avec l'Allemagne, par le moyen de la Meuse.

Il s'imagina qu'il prendroit Bruxelles, et feroit tomber les Pays-Bas en même temps. Pour cet effet, il envoya une armée de trente-cinq mille hommes joindre celle du prince d'Orange, dans le Brabant. Mais au lieu d'enfermer la Flandre entre la Meuse et la Somme, il enferma notre armée entre les places de la Flandre et celles de la Meuse; en sorte qu'il ne venoit ni vivres, ni munitions, dans notre camp; et sans exagération, la misère y fut si grande, qu'après avoir levé le siége de Louvain, soutenu par de simples écoliers, les officiers et les soldats revinrent en France, non pas en corps comme des troupes, mais séparés, et demandant par aumône leur subsistance, comme des pèlerins. Voici ce que produisit l'*esprit vaste* du cardinal, par le projet chimérique de la jonction de deux armées.

La seconde campagne, ce même esprit dissipé en ses idées, prit moins de mesures encore. Les ennemis forcèrent M. le comte de Soissons, qui défendoit le passage de Bray, avec un corps peu considérable. La Somme passée, ils se rendirent maîtres de la campagne, prirent nos villes, qu'ils trouvèrent dépourvues de toutes choses; portèrent la désolation jusqu'à Compiègne, et la frayeur jusque dans Paris. Belle louange pour le cardinal de Richelieu, d'avoir été *vaste* dans ses projets!

Cette même qualité, que Messieurs de l'Académie font tant valoir, ne lui fit pas faire moins de fautes à la campagne d'Aire. Il entreprit un grand siége en Flandre, au même temps que Monsieur le comte entroit en Champagne, avec une armée. A peine eûmes-nous pris Aire, que le maréchal de La Meilleraye fut poussé, et la ville assiégée par les ennemis. Que si Monsieur le comte n'eût pas été tué, après avoir gagné la bataille de Sedan [1], on pouvoit s'attendre au plus grand désordre du monde, dans la disposition où étoient les esprits.

Si Messieurs de l'Académie avoient connu particulièrement M. de Turenne, ils auroient pu voir que l'*esprit vaste* du cardinal de Richelieu n'avoit aucune recommandation auprès de lui. Ce grand général admiroit cent qualités de ce grand ministre; mais il ne pouvait souffrir le *vaste* dont il est loué. C'est ce qui lui a fait dire que *le cardinal Mazarin étoit plus sage que le cardinal de Richelieu; que les desseins du cardinal Mazarin étoient justes et réguliers; ceux du cardinal de Richelieu plus grands et moins concertés, pour venir d'une imagination qui avoit trop d'étendue.*

Voilà, messieurs, une partie des raisons que j'avois à vous dire, contre le Vaste. Si je ne me suis pas soumis au jugement que vous avez donné, en faveur de Mme Mazarin, c'est que j'ai trouvé, dans vos écrits, une censure du Vaste, beaucoup plus forte que celle qu'on verra dans ce discours. En effet, messieurs,

---

[1]. Louis de Bourbon, comte de Soissons, tué, en 1641, à la bataille de la Marfée, près Sedan, où il commandoit les Espagnols, dans le parti desquels il venoit de passer.

vous avez donné des bornes si justes à vos esprits, que vous semblez condamner vous-mêmes le mot que vous défendez [1].

[1]. Dans un ancien manuscrit de M. Saint-Evremond, au lieu de cette dernière période : *En effet, messieurs, vous avez donné des bornes si justes à vos esprits*, etc.; on trouve quelques traits fort vifs, contre Messieurs de l'Académie françoise, que M. de Saint-Evremond jugea à propos de supprimer, lorsqu'il communiqua cette pièce à ses amis. Cependant j'ai cru que le lecteur ne seroit pas fâché de voir ce morceau. Le voici :

« En effet, messieurs, travailleriez-vous, depuis quarante ans, à retrancher huit ou dix mots de notre langue, sans la juste aversion que vous avez conçue, contre l'*esprit vaste?*

« Ceux qui ont eu le plus de réputation, parmi vous, ont vieilli sur des traductions : faisant métier proprement d'assujettir leur sens à celui des autres. Y a-t-il rien de si opposé à l'*esprit vaste?*

« Si vous laissiez agir votre génie, dans toute son étendue, vous pourriez faire des historiens dignes de la grandeur de notre État. Cependant, messieurs, vous vous contentez d'écrire quelque relation polie, ou quelque petite Nouvelle galante. N'est-ce pas prendre toutes les précautions possibles contre le *vaste?*

« Quelques-uns imitent Horace servilement ; quelques autres veulent accommoder les ouvrages des Grecs et des Latins à notre goût, et personne n'oseroit s'abandonner à son imagination. Tant on a peur de ce *vaste*, où la justesse de vos règles seroit mal gardée !

« Je ne m'alarme donc point, messieurs, du jugement que vous venez de donner. Ce que vous écrivez dément ce que vous dites. Vos ouvrages, monuments éternels de votre haine contre le *vaste*, ruinent votre décision.

« Dans la vérité, messieurs, tout ce que vous faites est

XIX.

PORTRAIT DE MADAME LA DUCHESSE MAZARIN.

(1677.)

N m'accuse à tort d'avoir trop de complaisance pour Mme Mazarin : il n'y a personne dont Madame Mazarin ait plus à se plaindre que de moi. Depuis six mois, je cherche malicieusement en elle quelque chose qui déplaise ; et malgré moi, je n'y trouve rien que de trop aimable, que de trop charmant. Une curiosité chagrine me fait examiner chaque trait de son visage, à dessein d'y rencontrer ou de l'irrégularité qui me choque, ou du désagrément qui me dégoûte. Que je réussis mal dans mon

---

si judicieusement borné, qu'un homme de bon sens ne vous accusera jamais d'avoir donné une approbation sincère à l'*esprit vaste*.

« Si quelqu'un a pu le faire avec fondement, ç'a été M. Patru ; lui, qui sur les plus petits sujets du monde, sur des sujets de gradués, de curés, de religieuses, et autres matières plus sèches et plus stériles encore, a fait voir une étendue d'esprit qu'on pourroit nommer *vaste*, si elle n'étoit pas trop sagement réglée. Jamais homme n'a mieux employé sa raison que lui ; et jamais auteurs ne se sont si bien servis de celle des anciens, que M. Racine et M. Despréaux ont su faire. » (*Des Maizeaux.*)

dessein ! Tous ses traits ont une beauté particulière, qui ne cède en rien à celle des yeux ; et ses yeux, du consentement de tout le monde, sont les plus beaux de l'univers.

Voici une chose dont je ne me console point. Ses dents, ses lèvres, sa bouche et toutes les grâces qui l'environnent, se trouvent assez confondues parmi les grandes et les diverses beautés de son visage : mais, si on les compare à ces belles bouches qui font le charme des personnes qu'on admire le plus, elles défont tout, elles effacent tout : ce qui est peu distingué en elle, ne laisse pas considérer ce qu'il y a de plus remarquable dans les autres. La malice de ma curiosité ne s'arrête pas là. Je vais chercher quelque défaut, en sa taille, et je trouve je ne sais quelle grâce de la nature, répandue si heureusement en toute sa personne, que la bonne grâce des autres ne me paroît plus que contrainte et affectation.

Quand Mme Mazarin plaît trop, dans sa négligence, je lui conseille de s'ajuster avec soin, espérant que l'ajustement et la parure ne manqueront pas de ruiner ses agréments naturels : mais à peine elle est parée, que je suis contraint d'avouer qu'on n'a jamais vu à personne un air si grand et si noble que le sien. Mon chagrin ne s'apaise pas encore. Je la veux voir, dans sa chambre, au milieu de ses chiens, de ses guenons, de ses oiseaux ; et je m'attends que le désordre de sa coiffure et de ses habits, lui fera perdre l'éclat de cette beauté qui nous étonnoit à la cour. Mais c'est là qu'elle est cent fois plus aimable; c'est là qu'un charme plus naturel donne du dégoût pour tout art, pour toute industrie; c'est là que la liberté de son esprit et de son humeur n'en laisse à personne qui la voye.

Que feroit le plus grand de ses ennemis ? Je lui souhaite une maladie qui puisse ruiner ses appas : mais nous sommes plus à plaindre qu'elle dans ses douleurs. Ses douleurs ont un charme, qui nous cause plus de mal qu'elle n'en souffre.

Après m'être laissé attendrir par ses maux, je cherche à m'attirer des outrages qui m'irritent. Je choque à dessein toutes ses opinions ; j'excite sa colère dans la dispute ; je me fais faire des injustices au jeu : j'insinue moi-même les moyens de mon oppression, pour me donner le sujet d'un véritable ressentiment. Que me sert toute cette belle industrie ? Ses mauvais traitements plaisent au lieu d'irriter ; et ses injures, plus charmantes que ne seroient les caresses des autres, sont autant de chaînes qui me lient à ses volontés. Je passe de son sérieux à sa gaieté. Je la veux voir sérieuse, pensant la trouver moins agréable : je la veux voir plus libre, espérant de la trouver indiscrète. Sérieuse, elle fait estimer son bon sens : enjouée, elle fait aimer son enjouement.

Elle sait autant qu'un homme peut savoir, et cache sa science avec toute la discrétion que doit avoir une femme retenue. Elle a des connaissances acquises, qui ne sentent en rien l'étude qu'elle a employée pour les acquérir : elle a des imaginations heureuses, aussi éloignées d'un air affecté qui nous déplaît, que d'un naturel outré qui nous blesse.

J'ai vu des femmes qui se faisoient des amants par l'avantage de leur beauté, qui les perdoient par les défauts de leur esprit : j'en ai vu qui nous engageoient, pour être belles et spirituelles ensemble, et qui rebutoient comme indiscrètes, peu sûres et intéressées. Avec Mme Mazarin, passez du visage à l'esprit, des qualités de l'esprit à celles de l'âme, vous trouverez que tout vous attire, tout vous attache, tout vous lie, et que rien ne sauroit vous dégager. On se défend des autres, par la raison ; c'est la raison qui nous livre, et qui nous assujettit à son pouvoir. Ailleurs, notre amour commence d'ordinaire où finit notre raison ; ici, notre amour ne sauroit finir que notre raison ne soit perdue.

Ce que je trouve de plus extraordinaire, en Mme Mazarin, c'est qu'elle inspire toujours de nouveaux désirs ; que dans l'habitude d'un commerce continuel, elle fait sentir toutes les tendresses et les douceurs d'une passion naissante : c'est la seule femme pour qui l'on puisse être éternellement constant, et avec laquelle on se donne, à toute heure, le plaisir de l'inconstance. Jamais on ne change, pour sa personne : on change à tout moment, pour ses traits; et on goûte en quelque façon cette joie vive et nouvelle qu'une infidélité en amour nous fait sentir.

Tantôt la bouche est abandonnée pour les yeux, tantôt on abandonne les yeux pour la bouche. Les joues, le nez, les sourcils, le front, les cheveux, les oreilles même (tant la nature a voulu rendre toutes choses parfaites en ce beau corps !), les oreilles s'attirent nos inclinations à leur tour, et nous font goûter le plaisir du changement. A considérer ses traits séparés, on diroit qu'il y a une secrète jalousie entre eux, et qu'ils ne cherchent qu'à s'enlever des amants. A considérer leur rapport; à les considérer unis et liés ensemble, on leur voit former une beauté, qui ne souffre ni d'inconstance pour elle, ni de fidélité pour les autres. J'ai assez parlé des choses qui nous paroissent : devinons la perfection des endroits cachés, et disons par conjecture, que le mérite de ce qu'on ne voit point, passe de bien loin tout ce qu'on voit.

XX.

L'AMITIÉ SANS AMITIÉ.

A M. le comte de Saint-Albans[1].

J'AI cru longtemps que les femmes avoient un assez grand avantage sur nous, en ce que nous ne sommes aimés que des moins sages, et que le plus sage des hommes[2] a trouvé à propos de les aimer toute sa vie. Le plus galant de l'antiquité, le plus vertueux, le plus grand, Alcibiade, Agesilas, Alexandre, ont connu d'autres appas que ceux des dames. Le plus magnanime des Romains, Scipion, l'honneur d'une république, à qui on ne peut rien reprocher que l'ingratitude qu'elle eut pour lui; Scipion est loué d'une continence qui ne fut autre chose que le peu de goût, que le peu de sentiment qu'il eut pour elles. César, qu'il suffit de nommer pour tout éloge, ne se montra difficile à

---

1. Mme la duchesse Mazarin fit imprimer cette pièce de Saint-Evremond à Londres, en 1681, et y mit malicieusement ce titre qu'on a conservé.

2. Salomon. Voy. *infra*, pag. 452; et une lettre au comte de Grammont, de 1680, dans la CORRESPONDANCE.

aucun amour. Salomon fut bien éloigné de ces partages et de ces dégoûts; il s'attacha pleinement aux femmes, insensible à tous autres charmes que les leurs.

C'est une chose assez surprenante que les plus galants, les grands hommes, les gens de bien, les magnanimes, aient pu se passer de l'amour des femmes; et, comme si cet amour étoit réservé pour le caractère du sage, que Salomon en ait fait la plus ordinaire occupation de sa vie. Il est surprenant, je l'avoue; mais après y avoir fait quelque réflexion, je n'y trouve rien qui doive étonner. Les galants de l'antiquité avoient une grande répugnance pour la sujétion. Amoureux de tous agréments, ils se gardoient la liberté de passer d'un sexe à l'autre, à leur fantaisie. L'amour des femmes auroit amolli le courage des grands hommes; la vertu des gens de bien en eût été altérée; la grandeur d'âme des magnanimes en eût pu être affoiblie : mais la sagesse couroit peu de danger avec les femmes. Le sage, supérieur à leurs foiblesses, à leurs inégalités, à leurs caprices, sait les gouverner comme il lui plaît, ou il s'en défait comme bon lui semble. Tandis qu'il voit les autres dans la servitude, agités de quelque passion malheureuse, il goûte une douceur qui charme ses maux, qui lui ôte le sentiment de mille ennuis, qu'on ne rend pas insensibles par la raison. Ce n'est pas qu'il ne puisse tomber en quelque erreur; la nature humaine ne laisse à notre âme aucun état assuré : mais il n'est pas longtemps, sans retrouver ses lumières égarées, et sans rétablir la tranquillité qu'il a perdue.

C'est ce qu'on a vu pratiquer à Salomon, lequel aima les femmes toute sa vie; mais, différemment, selon les temps différents. Étant jeune, il eut la tendresse d'un amant : ses expressions molles et amoureuses le témoignent assez; et il suffit de lire le Cantique des Cantiques, pour s'en convaincre. Qu'on me pardonne, si je n'y cherche pas un sens mystique. On ne me persuadera jamais que Salomon ait voulu faire parler Jésus-Christ à son Église, avec des sentiments plus mous, et des expressions plus lascives que n'en ont eu Catulle pour Lesbie, Ovide pour Corinne; en vers plus tendres que ceux de Pétrarque pour Laure, plus galants que ceux de Voiture pour Belize. Je crois que Salomon ne parloit pas même à une épouse. Tant d'amour, tant d'ardeur, regardoit une maîtresse chèrement aimée. Il aima moins toutefois qu'il ne fut aimé. Il avoit connu par l'expérience de ses amours que les femmes sont plus passionnées que les hommes. C'est une vérité dont l'Écriture même a pris la peine de nous assurer; car, voulant exprimer les sentiments que David et Jonathan avoient l'un pour l'autre, *ils s'aimoient*, dit-elle[1], *de l'amour d'une femme :* pour montrer que c'étoit le plus tendre des amours.

Salomon, dans la vigueur de son âge, fait voir moins de tendresse et de sincérité, dans ses affections. Il employa jusqu'à la réputation de sa sagesse, pour se faire aimer. C'est par là qu'il tira tant d'or de la reine de Saba, de cette reine follement éprise de la sagesse, qui voulut quitter son royaume pour voir un sage.

Comme Salomon approcha de la vieillesse, il changea de conduite avec les femmes. Lorsqu'il eut perdu le mérite de plaire, il s'en fit un d'obéir. Il pouvoit commander, il pouvoit contraindre ; mais il ne voulut rien devoir à la puissance ; il voulut que la docilité et la soumission lui tinssent lieu de ses agréments passés. Tout roi, tout sage qu'il est, il se soumet aux maîtresses, sur ses vieux jours : croyant qu'en cet âge triste et malheureux, il faut se dérober autant qu'on peut à soi-même, et qu'il vaut mieux se livrer aux charmes d'une beauté qui enchante nos maux, qu'à des réflexions qui

---

[1]. Au second livre de Samuel, ch. I. L'hébreu dit : l'amour que vous aviez pour moi étoit extrême : il passoit l'amour des femmes. C'est David qui parle ainsi de Jonathan, qu'il venoit de perdre. (*Des Maizeaux.*)

nous attristent, et à des imaginations qui nous effraient.

Je n'ignore pas que Salomon a été blâmé de cette dernière conduite; mais quoique sa raison parût affoiblie, il ne laissoit pas d'être sage à son égard. Il adoucissoit par là ses chagrins, flattoit ses douleurs, détournoit des maux qu'il ne pouvoit vaincre; et la sagesse, qui ne trouvoit plus les moyens de le faire heureux, se servoit utilement de diversions, pour le rendre moins misérable. A peine commençons-nous à vieillir, que nous commençons à nous déplaire, par un dégoût qui se forme secrètement en nous de nous-mêmes. Alors notre âme, vide d'amour propre, se remplit aisément de celui qu'on nous inspire; et ce qui n'auroit plu que légèrement autrefois, par la résistance de nos sentiments, nous charme et nous assujettit dans notre foiblesse. C'est par là que les maîtresses disposent à leur gré des vieux amants, et les femmes des vieux maris; c'est par là que Syphax s'abandonna aux volontés de Sophonisbe, et qu'Auguste fut gouverné par Livie; et pour ne pas tirer tous mes exemples de l'antiquité, c'est ainsi que M. de Senecterre[1], digne d'être nommé avec les rois et les empereurs,

---

1. Père du maréchal de la Ferté. Voy. Tallemant, I, p. 224 et suiv., édit. citée.

par le seul mérite d'honnête homme; c'est ainsi que ce courtisan, aussi sage que délicat et poli, se laissoit aller mollement à l'amitié d'une jeune femme, qu'il avoit épousée sur ses vieux jours. *Si vous saviez*, disoit-il à ses amis, *quel est l'état d'un homme de mon âge, qui n'a que soi-même à se présenter dans la solitude, vous ne vous étonneriez pas que j'aie cherché une compagnie qui me plaît, à quelque prix que ce fût.* Je ne l'en blâmai jamais. Comment blâmer une chose que Salomon a autorisée, par son exemple, et que M. le maréchal d'Estrées vient d'autoriser par le sien[1]? Cependant, malgré toutes ces autorités, j'estimerois beaucoup une personne qui auroit assez de force d'esprit pour conserver le goût de la liberté jusqu'à la fin de ses jours.

Ce n'est pas qu'une pleine indépendance soit toujours louable; de ces gens si libres et si détachés, se font les indifférents et les ingrats. Évitons l'assujettissement et la liberté entière, pour nous contenter d'une liaison douce et honnête, aussi agréable à nos amis qu'à nous-mêmes. Si on me demande plus que de la chaleur et des soins, pour les intérêts de ceux que

---

1. Le maréchal d'Estrées épousa en troisièmes noces et à l'âge de 94 ans, Gabrielle de Longueval, fille d'Achille de L., Sr de Manicamp. Voy. son Historiette, dans Tallemant, 1, p. 383 et suiv.

j'aime; plus que mes petits secours, tout foibles qu'ils sont dans les besoins; plus que la discrétion dans le commerce et le secret dans la confidence, qu'on aille chercher ailleurs des amitiés; la mienne ne sauroit fournir rien davantage.

Les passions violentes sont inégales, et font craindre le désordre du changement. En amour, il les faut laisser pour les Polexandres et les Cyrus, dans les Romans; en amitié, pour Oreste et Pylade, dans les comédies. Ce sont des choses à lire et à voir représenter, qu'on ne trouve point dans le monde; et heureusement on ne les y trouve pas, car elles y produiroient des aventures bien extravagantes.

Qu'a fait Oreste, ce grand et illustre exemple d'amitié? qu'a-t-il fait qui ne doive donner de l'horreur? Il a tué sa mère et assassiné Pyrrhus; il est tombé en de si étranges fureurs, qu'il en coûte la vie aux comédiens qui tâchent de les bien représenter [1]. Observons avec attention la nature de ces attachements uniques qu'on vante si fort, et nous trouverons qu'ils sont formés d'une mélancolie noire qui fait

---

1. Montfleuri fit de si grands efforts pour jouer le rôle d'Oreste, dans l'*Andromaque* de Racine, qu'il tomba malade et en mourut. La même chose, à peu près, étoit arrivée à Mondori, dans une représentation de la *Mariane* de Tristan; mais il n'en mourut pas : il en resta paralytique.

tous les misanthropes. En effet, se réduire à n'aimer qu'une seule personne, c'est se disposer à haïr toutes les autres; et ce qu'on croit une vertu admirable, à l'égard d'un particulier, est un grand crime, envers tout le monde. Celui qui nous fait perdre le commerce des hommes, par un abandonnement pareil au sien, nous fait perdre plus qu'il ne vaut, eût-il un mérite considérable. Faisons les désintéressés tant qu'il nous plaira, renfermons tous nos désirs dans la pureté de notre passion, n'imaginant aucun bien qui ne vienne d'elle; nous languirons cependant en cette belle amitié, si nous ne tirons de la société générale des commodités et des agréments qui animent la particulière.

L'union de deux personnes attachées entièrement l'une avec l'autre, cette belle union a besoin de choses étrangères, qui excitent le goût du plaisir et le sentiment de la joie. Avec toute la sympathie du monde, tout le concert, toute l'intelligence, elle aura de la peine à fournir la consolation de l'ennui qu'elle fait naître. C'est dans le monde et dans un mélange de divertissements et d'affaires, que les liaisons les plus agréables et les plus utiles sont formées. Je fais plus de cas de la liaison de M. le maréchal d'Estrées et de M. de Senecterre, qui ont vécu cinquante ans à la cour dans une confidence toujours égale; je fais plus de cas de la confiance que M. de Turenne a eue en M. de Ruvigny, quarante ans durant, que de ces amitiés toujours citées, et jamais mises en usage parmi les hommes.

Il n'y a rien qui contribue davantage à la douceur de la vie que l'amitié; il n'y a rien qui en trouble plus le repos que les amis, si nous n'avons pas assez de discernement pour les bien choisir. Les amis importuns font souhaiter des indifférents agréables. Les difficiles nous donnent plus de peine, par leur humeur, qu'ils ne nous apportent d'utilité, par leurs services. Les impérieux nous tyrannisent : il faut haïr ce qu'ils haïssent, fût-il aimable; il faut aimer ce qu'ils aiment, quand nous le trouverions désagréable et fâcheux. Il faut faire violence à notre naturel, asservir notre jugement, renoncer à notre goût, et, sous le beau nom de *complaisance*, avoir une soumission générale pour tout ce qu'impose leur autorité. Les jaloux nous incommodent : ennemis de tous les conseils qu'ils ne donnent pas, chagrins du bien qui nous arrive sans leur entremise, joyeux et contents du mal qui nous vient par le ministère des autres.

Il y a des amis de profession, qui se font un honneur de prendre notre parti sur tout; et ces vains amis ne servent à autre chose qu'à aigrir le monde contre nous, par des contestations indiscrètes. Il y en a d'autres, qui nous justifient quand personne ne nous accuse; qui par une chaleur imprudente, nous mettent en des affaires où nous n'étions pas, et nous en attirent que nous voudrions éviter. Se contente qui voudra de ces amitiés; pour moi, je ne me satisfais pas d'une bonne volonté nuisible; je veux que cette bonne volonté soit accompagnée de discrétion et de prudence. L'affection d'un homme ne raccommode point ce que sa sottise a gâté. Je lui rends grâces de son zéle impertinent, et lui conseille d'en faire valoir le mérite parmi les sots. Si les lumières de l'entendement ne dirigent les mouvements du cœur, les amis sont plus propres à nous fâcher qu'à nous plaire, plus capables de nous nuire que de nous servir.

Cependant, on ne parle jamais que du cœur, dans tous les discours qu'on entend faire sur l'amour et sur l'amitié. Les poëtes en deviennent importuns, les amants ennuyeux et les amis ridicules. On ne voit autre chose, à nos comédies, que des filles de roi qui donnent le cœur et refusent la main, ou des princesses qui offrent la main et ne sauroient consentir à donner le cœur. Les amants se rendent fades à demander éternellement la pureté de ce cœur; et les amis, érigés en précieux, le veulent avoir comme les amants. Ce n'est pas en connoître bien la nature; car, pour un peu de chaleur mal réglée, pour quelque tendresse inégale et incertaine qu'il peut avoir, il n'y a caprice, ingratitude, infidélité, qu'on n'en doive craindre.

On nomme l'Amour aveugle, fort mal à propos, n'en déplaise aux rêveries des poëtes et aux fantaisies des peintres. L'Amour n'est autre chose qu'une passion dont le cœur fait d'ordinaire un méchant usage. Le cœur est un aveugle, à qui sont dues toutes nos erreurs : c'est lui qui préfère un sot à un honnête homme; qui fait aimer de vilains objets, et en dédaigner de fort aimables; qui se donne aux plus laids, aux plus difformes, et se refuse aux plus beaux et aux mieux faits.

C'est lui qui pour un nain a fait courir le monde
  A l'ami de Joconde[1].

C'est lui qui déconcerte les plus régulières; qui enlève les prudes à la vertu, et dispute les saintes à la grâce. Aussi peu soumis à la règle dans le couvent, qu'au devoir dans les familles; infidèle aux époux; moins sûr aux amants; troublé le premier, il met le désordre et le dérèglement dans les autres : il agit sans conseil et connoissance. Révolté contre la raison qui le doit conduire, et mû secrètement par des ressorts cachés qu'il ne comprend pas, il donne

---

1. Voy. dans les *Contes* de la Fontaine la nouvelle intitulée *Joconde*.

et retire ses affections sans sujet; il s'engage sans dessein, rompt sans mesure, et produit enfin des éclats bizarres, qui déshonorent ceux qui les souffrent et ceux qui les font.

Voilà où aboutissent les amours et les amitiés fondées sur le cœur. Pour ces liaisons justes et raisonnables, dont l'esprit a su prendre la direction, il n'y a point de rupture à appréhender; car, ou elles durent toute la vie, ou elles se dégagent insensiblement, avec discrétion et bienséance. Il est certain que la nature a mis en nos cœurs quelque chose d'aimant (si on le peut dire), quelque principe secret d'affection, quelque fonds caché de tendresse qui s'explique et se rend communiquable avec le temps; mais l'usage n'en a été reçu et autorisé parmi les hommes, qu'autant qu'il peut rendre la vie plus tranquille et plus heureuse. C'est sur ce fondement qu'Épicure l'a tant recommandé à ses disciples; que Cicéron nous y exhorte par ses discours, et nous y convie par des exemples; que Sénèque, tout rigide et tout austère qu'il est, devient doux et tendre, aussitôt qu'il parle de l'amitié; que Montagne enchérit sur Sénèque, par des expressions plus animées; que Gassendi explique les avantages de cette vertu, et dispose ses lecteurs, autant qu'il lui est possible, à se les donner.

Toutes personnes raisonnables, tous les

honnêtes gens imitent en cela les philosophes, sur le fondement que l'amitié doit contribuer, plus qu'aucune autre chose, à notre bonheur. En effet, on ne se détacheroit point en quelque façon de soi-même pour s'unir à un autre, si on ne trouvoit plus de douceur en cette union que dans les premiers sentiments de l'amour propre. L'amitié des sages ne voit rien de plus précieux qu'elle, dans le monde; celle des autres, impétueuse et déconcertée, trouble la paix de la société publique, et le plaisir des commerces particuliers. C'est une amitié sauvage que la raison désavoue, et que nous pourrions souhaiter à nos ennemis, pour nous venger de leur haine.

Mais, quelque honnêtes, quelque réglés que soient les amis, c'est une chose incommode que d'en avoir trop : nos soins partagés ne nous laissent ni assez d'application pour ce qui nous touche, ni assez d'attention pour ce qui regarde les autres. Dans l'épanchement d'une âme qui se répand universellement sur tout, les affections dissipées ne s'attachent proprement à rien. Vivons pour peu de gens qui vivent pour nous; cherchons la commodité du commerce avec tout le monde, et le bien de nos affaires avec ceux qui peuvent nous y servir.

XXI.

OBSERVATIONS SUR LE GOUT ET LE DISCERNEMENT DES FRANÇOIS.

(1683.)

Quoique le génie ordinaire des François paroisse assez médiocre, il est certain que ceux qui se distinguent parmi nous, sont capables de produire les plus belles choses : mais quand ils savent les faire, nous ne savons pas les estimer; et si nous avons rendu justice à quelque excellent ouvrage, notre légèreté ne le laisse pas jouir longtemps de la réputation que nous lui avons donnée. Je ne m'étonne point que le bon goût ne se trouve pas, en des lieux où règne la barbarie ; et qu'il n'y ait point de discernement, où les lettres, les arts et les disciplines sont perdus. Il seroit ridicule aussi de chercher une lumière si exquise en certains temps d'imbécillité et d'ignorance : mais ce qui est étonnant, c'est de voir, dans la cour la mieux polie, le bon et le mauvais goût, le vrai et le faux esprit, être tour à tour à la mode, comme les habits.

J'ai vu des gens considérables passer tantôt pour les ornements de la cour, et tantôt être traités de ridicules; revenir à l'approbation, retomber dans le mépris, sans qu'il y eût aucun changement ni en leur personne, ni en leur conduite. Un homme se retire chez lui, avec l'approbation de tout le monde, qui se trouve le lendemain un sujet de raillerie, sans savoir ce que peut être devenue l'opinion qu'on avoit de son mérite. La raison en est qu'on juge rarement des hommes par des avantages solides, que fasse connoître le bon sens; mais par des manières dont l'applaudissement finit aussitôt que la fantaisie qui les a fait naître.

Les ouvrages des auteurs sont sujets à la même inégalité de notre goût. Dans ma jeunesse, on admiroit Théophile, malgré ses irrégularités et ses négligences, qui échappoient au peu de délicatesse des courtisans de ce temps-là. Je l'ai vu décrié depuis par tous les versificateurs, sans aucun égard à sa belle imagination et aux grâces heureuses de son génie. J'ai vu qu'on trouvoit la poésie de Malherbe admirable dans le tour, la justesse et l'expression. Malherbe s'est trouvé négligé, quelque temps après, comme le dernier des poëtes : la fantaisie ayant tourné les François aux énigmes, au burlesque et aux bouts-rimés.

J'ai vu Corneille perdre sa réputation, s'il

étoit possible qu'il la perdît, à la représentation de l'une de ses meilleures pièces [1]. J'ai vu les deux meilleurs comédiens du monde [2] exposés à nos railleries; et l'influence de ce faux esprit étant passée, ils se firent admirer comme auparavant, par un heureux retour de notre bon goût. Les airs de Boisset, qui charmèrent autrefois si justement toute la cour, furent laissés bientôt pour des chansonnettes; et il fallut que Luigi, le premier homme de l'univers en son art, que Luigi les vînt admirer d'Italie, pour nous faire repentir de cet abandonnement, et leur redonner la réputation qu'une pure fantaisie leur avoit ôtée. Si vous en demandez la raison, je vous dirai que l'industrie tient lieu en France du plus grand mérite, et que l'art de se faire valoir donne plus souvent la réputation que ce qu'on vaut.

Comme les bons juges sont aussi rares que les bons auteurs; comme il est aussi difficile de trouver le discernement dans les uns, que le génie dans les autres; chacun cherche à donner de la réputation à ce qui lui plaît; et il arrive que la multitude fait valoir ce qui a du rapport à son mauvais goût, ou tout au plus à son

---

1. La *Sophonisbe*.
2. Floridor et Montfleuri.

intelligence médiocre. Ajoutez que la nouveauté a un charme pour nous, dont nos esprits se défendent malaisément. Le mérite où nous sommes accoutumés, laisse former avec le temps une habitude ennuyeuse; et les défauts sont capables de nous surprendre agréablement, en ce que nous n'avons pas vu. Les choses les plus estimables qui ont paru beaucoup parmi nous, ne font plus leur impression, comme bonnes; elles apportent le dégoût, comme vieilles. Celles, au contraire, à qui on ne devroit aucune estime, sont moins souvent rejetées comme méprisables, que recherchées comme nouvelles.

Ce n'est pas qu'il n'y ait en France des esprits bien sains, qui ne se dégoûtent jamais de ce qui doit plaire, et jamais ne se plaisent à ce qui doit donner du dégoût : mais la multitude, ou ignorante ou préoccupée, étouffe le petit nombre des connoisseurs. D'ailleurs, les gens du plus grand éclat font tout valoir à leur fantaisie; et quand une personne est bien à la mode, elle peut donner le prix également aux choses où elle se connoît, et à celles où elle ne se connoît pas.

Il n'y a point de pays où la raison soit plus rare qu'elle est en France : quand elle s'y trouve, il n'y en a pas de plus pure dans l'univers. Communément tout est fantaisie; mais une fantaisie si belle, et un caprice si noble en ce qui regarde l'extérieur, que les étrangers, honteux de leur bon sens, comme d'une qualité grossière, cherchent à se faire valoir chez eux par l'imitation de nos modes, et renoncent à des qualités essentielles, pour affecter un air et des manières qu'il ne leur est presque pas possible de se donner. Aussi ce changement éternel aux meubles et aux habits, qu'on nous reproche, et qu'on suit toujours, devient, sans y penser, une sagesse bien grande : car outre une infinité d'argent que nous en tirons, c'est un intérêt plus solide qu'on ne croit, d'avoir des François répandus partout, qui forment l'extérieur de tous les peuples sur le nôtre; qui commencent par assujettir les yeux, où le cœur s'oppose encore à nos lois; qui gagnent les sens en faveur de notre empire, où les sentiments tiennent encore pour la liberté.

Heureux donc ce caprice noble et galant, qui se fait recevoir de nos plus grands ennemis ; mais nous devrions nous défaire de celui qui veut régner dans les arts, et qui décide impérieusement des productions de l'esprit, sans consulter ni le bon goût, ni la raison. Quand nous sommes arrivés à la perfection de quelque chose, nous devrions fixer notre délicatesse à la connoître, et la justice que nous lui devons, à l'estimer éternellement : sans cela, on pourra nous faire un reproche bien fondé, que les étrangers sont plus justes estimateurs du mérite de nos ouvrages que nous-mêmes. Nous verrons les bonnes choses, qui viennent de nous, conserver ailleurs leur réputation, quand elles n'en ont plus en France; nous verrons ailleurs nos sottises rejetées par le bon sens, quand nous les élevons au ciel par un entêtement ridicule.

Il y a un vice opposé à celui-ci, qui n'est pas plus supportable; c'est de nous attacher avec passion à ce qui s'est fait dans un autre temps que le nôtre, et d'avoir du dégoût pour tout ce qui se fait en celui où nous vivons. Horace a formé là-dessus le caractère de la vieillesse, et un vieillard à la vérité est merveilleusement dépeint,

Difficilis, querulus, laudator temporis acti.

Dans cet âge triste et malheureux, nous imputons aux objets les défauts qui viennent purement de notre chagrin; et lorsqu'un doux souvenir détourne notre pensée de ce que nous sommes, sur ce que nous avons été, nous attribuons des agréments à beaucoup de choses qui n'en avoient point, parce qu'elles rappellent dans notre esprit l'idée de notre jeunesse, où tout nous plaisoit, par la disposition de nos sentiments.

Mais ce n'est pas à la seule vieillesse qu'on doit imputer cette humeur-là : il y a des gens qui croient se faire un mérite de mépriser tout ce qui est nouveau, et qui mettent la solidité à faire valoir tous les vieux ouvrages. Il y en a qui, de leur propre naturel, sont mécontents de ce qu'ils voient, et amoureux de ce qu'ils ont vu. Ils diront des merveilles d'une vieille cour, où il n'y avoit rien que de médiocre, au mépris de la grandeur et de la magnificence qu'ils ont devant les yeux. Ils donneront mille louanges à des morts d'une assez commune vertu, et auront de la peine à souffrir la gloire du plus grand héros, s'il vit encore. Le premier obstacle à leur estime, c'est de vivre; la plus favorable recommandation, c'est d'avoir été. Ils loueront, après la mort d'un homme, ce qu'ils ont blâmé en lui, durant sa vie; et leur esprit, dégagé du chagrin de leur humeur, rendra sainement à la mémoire ce qu'il avoit dérobé injustement à la personne.

J'ai toujours cru que pour faire un sain jugement des hommes, et de leurs ouvrages, il les falloit considérer par eux-mêmes; avoir du mépris ou de la vénération pour les choses passées, selon leur peu de valeur ou leur mérite. J'ai cru qu'il ne falloit pas s'opposer aux nouvelles, par esprit d'aversion; ni les rechercher, par amour de la nouveauté; mais les rejeter ou les recevoir, selon le véritable sentiment qu'on en doit prendre. Il faut se défaire de nos caprices, et de toute la bizarrerie de notre humeur; ce qui n'est pourtant qu'un empêchement à bien connoître les choses. Le point le plus essentiel est d'acquérir un vrai discernement, et de se donner des lumières pures. La nature nous y prépare, l'expérience et le commerce des gens délicats achèvent de nous y former.

XXII.

ORAISON FUNÈBRE DE MADAME LA DUCHESSE MAZARIN[1].

(1684.)

J'ENTREPRENDS aujourd'hui une chose sans exemple; j'entreprends de faire l'Oraison funèbre d'une personne qui se porte mieux que son orateur. Cela vous surprendra, messieurs; mais s'il est permis de prendre soin de son tombeau, d'y mettre des inscriptions, et de donner plus

---

1. Mme Mazarin ayant dit un jour qu'elle souhaiteroit bien de savoir ce qu'on diroit d'elle après sa mort; cela donna occasion à M. de Saint-Evremond de composer cette pièce.

d'étendue à notre vanité, que la nature n'en a voulu donner à notre vie; si tous les vivants peuvent se destiner le lieu où ils doivent être, lorsqu'ils ne vivront plus; si Charles-Quint a fait faire ses funérailles, et a bien voulu assister à son service, deux ans durant; trouverez-vous étrange, messieurs, qu'une beauté plus illustre par ses charmes, que ce grand empereur par ses conquêtes, veuille jouir du bonheur de sa mémoire, et entendre pendant sa vie ce qu'on pourroit dire d'elle après sa mort? Que les autres tâchent d'exciter vos regrets pour quelque morte, je veux attirer vos larmes pour une mortelle; pour une personne qui mourra un jour, par le malheur nécessaire de la condition humaine, et qui devroit toujours vivre par l'avantage de ses merveilleuses qualités.

Pleurez, messieurs, n'attendant pas à regretter un bien perdu; donnez vos pleurs à la funeste pensée qu'il le faudra perdre : pleurez, pleurez. Quiconque attend un malheur certain, peut déjà se dire malheureux : Hortense mourra; cette merveille du monde mourra un jour : l'idée d'un si grand mal mérite vos larmes.

> Vous y viendrez à ce triste passage,
> Hortense, hélas! vous y viendrez un jour;
> Et perdrez là ce beau visage
> Qu'on ne vit jamais sans amour.

Détournons notre imagination de sa mort sur sa naissance, pour dérober un moment à notre douleur. Hortense Mancini est née à Rome, d'une famille illustre; ses parents ont toujours été considérables. Mais, quand ils auroient tous gouverné des empires, comme son oncle[1]; ni eux, ni ce maître de la France ne lui auroient pas apporté tant d'éclat qu'elle leur en donne. Le ciel a formé ce grand ouvrage, sur un modèle inconnu au siècle où nous sommes : à la honte de notre temps, il a voulu donner à Hortense une beauté de l'ancienne Grèce, et une vertu de la vieille Rome. Laissons écouler son enfance dans ses *Mémoires* [2]. Son enfance a eu cent naïvetés aimables, mais rien d'assez important pour notre sujet. Je vous demande, messieurs, je vous demande de l'admiration et des larmes : pour les obtenir, j'ai des vertus et des malheurs à vous présenter.

Le cardinal Mazarin ne fut pas longtemps sans connoître les avantages de sa belle nièce ; et pour faire justice aux grâces de la nature, il destina Hortense à porter son nom, et à posséder ses richesses après sa mort. Elle avoit des charmes qui pouvoient engager des rois à la

1. Le cardinal Mazarin.
2. Les *Mémoires* de la duchesse Mazarin, attribués à Saint-Evremond, sont de l'abbé de Saint-Réal.

rechercher par amour, et des biens capables de les y obliger par intérêt. Une conjoncture favorable venant s'unir à ces grands motifs, le roi de la Grande-Bretagne la fit demander en mariage [1], et le cardinal plus propre à gouverner des souverains qu'à faire des souveraines, perdit une occasion qu'il rechercha depuis inutilement. La reine, mère du roi d'Angleterre, se chargea elle-même de la négociation [2] : mais un roi rétabli se souvint du peu de considération qu'on avoit eu pour un roi chassé, et on rejeta, à Londres, les propositions qui n'avoient pas été acceptées à Saint-Jean-de-Luz.

Que ne veniez-vous, madame? tout eût cédé à vos charmes; et vous rendriez aujourd'hui une grande nation aussi heureuse que vous le seriez. Le ciel est venu à bout en quelque sorte de son dessein : il vous avoit destinée à faire les délices de l'Angleterre, et vous les faites.

Cette grande affaire ayant manqué, on examina le mérite de nos courtisans, pour vous donner un mari digne de vous. Monsieur le cardinal fut tenté de choisir le plus honnête homme : mais il sut vaincre la tentation; et

1. Charles II, étoit alors exilé en France. Voyez l'Introduction sur l'année 1675.
2. Ce fut le véritable sujet du voyage que la reine-mère d'Angleterre fit, à Londres, en 1661.

un faux intérêt prévalant sur son esprit, il vous livra à celui qui paroissoit le plus riche. Rejetons la première faute de ce mariage sur Son Éminence. M. Mazarin n'est pas à blâmer d'avoir fait tous ses efforts, pour obtenir la plus belle femme, et la plus grande héritière de l'Europe.

Mme Mazarin a cru que l'obéissance étoit son premier devoir, et elle s'est rendue aux volontés de son oncle, autant par reconnoissance que par soumission. M. le cardinal, qui devoit connoître la contrariété naturelle que le ciel avoit inspirée dans leurs cœurs, l'opposition invincible des qualités de l'un et de l'autre : M. le cardinal n'a rien connu, rien prévu; ou a préféré un peu de bien, un petit intérêt, quelque avantage apparent, au repos d'une nièce qu'il aimoit si fort. Il est le premier coupable de ces nœuds mal assortis, de ces chaînes infortunées, de ces liens formés si mal à propos, et si justement rompus. Ici toute la réputation qu'a eue le cardinal s'est évanouie. Il a gouverné le cardinal de Richelieu, qui gouvernoit le royaume; mais il a marié sa nièce à M. Mazarin : toute sa réputation est perdue. Il a gouverné Louis XIII, après la mort de son grand ministre, et la reine régente après la mort du roi son époux; mais il a marié sa nièce à M. Mazarin : toute sa réputation est perdue.

S'il y avoit quelque grâce à faire à Son Eminence, il faudroit rejeter sa faute sur la foiblesse d'un mourant : c'est trop demander à l'homme, que de lui demander d'être sage, quand il se meurt.

Il me souvient que le lendemain de ces tristes noces, les médecins assurèrent le maréchal de Clerembaut que M. le cardinal se portoit mieux. *C'est un homme perdu*, dit le maréchal ; *il a marié sa nièce à M. Mazarin : le transport s'est fait au cerveau, la tête est attaquée, c'est un homme mort.* Excusons donc ce grand cardinal sur sa maladie, excusons-le sur la misère de notre condition : il n'y a personne à qui une pareille excuse ne puisse être un jour nécessaire. Pleurons par compassion et par intérêt : quel sujet, messieurs, manque à nos larmes ?

Pleurons, pleurons ; et c'est peu que des pleurs,
    Pour de si funestes malheurs :
N'attendons pas la perte de ces charmes :
Infortunés liens, vous valez bien nos larmes !

Je sens que ma compassion va s'étendre jusque sur M. Mazarin : celui qui fait le malheur des autres, fait pitié lui-même. Voyez l'état auquel il se trouve, messieurs ; et vous serez aussi disposés que moi à le plaindre. M. Mazarin gémit sous le poids des biens et des honneurs, dont on l'a chargé ; la fortune qui l'élève en apparence, l'accable en effet. La grandeur lui est un supplice; l'abondance une misère. Il a raison de haïr un mariage qui l'a engagé dans les affaires du monde; et avec raison il s'est repenti d'avoir obtenu ce qu'il avoit tant désiré. Sans ce mariage, si funeste aux intéressés, il mèneroit une vie heureuse à la Trappe, ou en quelque autre société sainte et retirée. Les intérêts du monde l'ont fait tomber dans les mains des dévots du siècle, de ces fourbes spirituels qui font une cour artificieuse, qui tendent des piéges secrets à la bonté des âmes simples et innocentes; de ces âmes qui, par l'esprit d'une sainte usure, se ruinent à prêter à des gens qui promettent cent et cent d'intérêt en l'autre monde.

Mais le plus grand mal n'est pas à donner, encore qu'on donne mal à propos; c'est à laisser perdre, et à laisser prendre. Un conseil dévotement imbécile fait couvrir des nudités; un pareil scrupule fait défigurer des statues; un jour on enlève les tableaux; un autre les tapisseries sont emportées : les gouvernements sont vendus, l'argent s'écoule; tout se dissipe, et on ne jouit de rien. Voilà, messieurs, le misérable état où se trouve M. Mazarin : ne mérite-t-il pas d'avoir part aux larmes que nous répandons?

Mais Mme Mazarin est mille fois plus à

plaindre : c'est à ses douleurs que nous devons la meilleure partie de notre pitié. Cet époux, qui se sent peu digne de son épouse, ne la laisse voir à personne : il la tire de Paris, où elle est élevée, pour la mener de province en province, de ville en ville, de campagne en campagne, toujours sûre du voyage, toujours incertaine du séjour. L'assiduité n'apporte aucun dégoût, la contrainte ne fait sentir aucun chagrin qu'il ne donne. Il n'oublie rien pour se rendre haïssable; et il auroit pu s'épargner des soins que la nature avoit déjà pris. Comme ceux qui offensent ne pardonnent point, M. Mazarin fait plus de mal, plus on en souffre; et il arrive par degrés à être le tyran d'une personne, dont tous les honnêtes gens voudroient être les esclaves.

Il sembloit que Mme Mazarin n'avoit pas d'autres maux à craindre, après ce qu'elle avoit souffert. On se trompoit, messieurs; le plus grand étoit encore à venir. Mme Mazarin, plus jalouse de sa raison que de sa beauté et de sa fortune, se trouve assujettie à un homme qui prend toutes les lumières du bon sens pour des crimes, et toutes les visions de la fantaisie pour des grâces du ciel extraordinaires. Ce ne sont que révélations, que prophéties : il avertit de la part des anges; il commande, il menace de la part de Dieu. Il ne faut plus chercher les volontés du ciel dans l'Écriture, ni dans la Tradition ; elles se forment dans l'imagination et s'expliquent par la bouche de M. Mazarin.

Vous avez souffert d'être ruinée par un dissipateur, d'être traitée en esclave par un tyran; vous voici, Hortense, à la merci d'un prophète, qui va chercher dans l'imposture des faux dévots, et dans les visions des fanatiques, de nouvelles inventions pour vous tourmenter : les artifices des fourbes, la simplicité des idiots, tout s'unit, tout se joint pour votre persécution.

Cherchez, messieurs, la femme la plus docile, la plus soumise, et la mettez à de semblables épreuves, elle ne souffrira pas huit jours avec son mari, ce que Mme Mazarin a souffert cinq ans avec le sien. Qu'on s'étonne qu'elle n'ait pas voulu se séparer plus tôt d'un tel époux, qu'on admire sa patience; s'il y a un reproche à lui faire, ce n'est pas de l'avoir quitté, c'est d'avoir demeuré si longtemps avec lui. Que faisoit votre gloire, madame, dans le temps d'un esclavage si honteux? Vous vous rendiez indigne des bienfaits de M. le cardinal, vous trahissiez ses intentions, par une lâche obéissance, qui laissoit ruiner la fortune qu'on vous avoit donnée à soutenir. Vous vous rendiez indigne des grâces du ciel, qui vous a fait naître avec de si grands avantages, hasardant vos lumières dans le long et contagieux commerce que vous aviez avec M. Mazarin. Remerciez Dieu de la bonne et sage résolution qu'il vous a fait prendre : votre liberté est son ouvrage; s'il ne vous avoit inspiré ses intentions, une timidité naturelle, une conduite scrupuleuse, une mauvaise honte vous eût retenue auprès de votre mari, et vous vous trouveriez encore assujettie à ses folles inspirations.

Rendez grâces à Dieu, madame : il vous a sauvée. Ce salut vous coûte toutes vos richesses, il est vrai; mais vous avez conservé votre raison : la condition est assez heureuse. Vous êtes privée de tout ce que vous teniez de la fortune; mais on n'a pu vous ôter les avantages que la nature vous a donnés : la grandeur de votre âme, les lumières de votre esprit, les charmes de votre visage vous demeurent; la condition est assez heureuse. Quand M. Mazarin laisse oublier le nom de M. le cardinal en France, vous en augmentez la gloire chez les étrangers : la condition est assez heureuse. Il n'y a point de peuples qui n'aient une soumission volontaire au pouvoir de votre beauté; point de reines qui ne doivent porter plus d'envie à votre personne que vous n'en devez porter à leur grandeur : la condition est assez heureuse.

Vous êtes admirée en cent et cent climats,
Toutes les nations sont vos propres États :

Et de petits esprits vous nomment *Vagabonde*,
Quand vous allez régner en tous les lieux du monde[1].

Quel pays y a-t-il que Mme Mazarin n'ait pas vu? Quel pays a-t-elle vu qui ne l'ait pas admirée? Rome a eu pour elle autant d'admiration que Paris. Cette Rome, de tous temps si glorieuse, est plus vaine de l'avoir donnée au monde, que d'avoir produit tous ses héros ; elle croit qu'une beauté si extraordinaire est préférable à toute valeur, et qu'il y a plus de conquêtes à faire par ses yeux, que par les armes de ses grands hommes. L'Italie vous sera éternellement obligée, madame, de l'avoir défaite de ces règles importunes, qui n'apportent l'ordre qu'avec contrainte; de lui avoir ôté une science de formalités, de cérémonies, de civilités concertées, d'égards médités, qui rendent les hommes insociables, dans la société même. C'est Mme Mazarin qui a banni toute grimace, toute affectation ; qui a ruiné cet art du dehors qui règle les apparences; cette étude de l'extérieur qui compose les visages. C'est elle qui a

---

1. Vers de Saint-Evremond, dans une épître à la duchesse Mazarin, où l'épithète de *vagabonde* est une allusion à la querelle qui s'éleva, au sujet des deux PHÈDRE, de Racine et de Pradon ; querelle ou Mme de Mazarin fut vivement attaquée, et traitée de *vagabonde*, par l'auteur d'une satire qui fit du bruit et qu'on attribua à Despréaux. Voy. l'INTRODUCTION.

rendu ridicule une gravité qui tenoit lieu de prudence; une politique sans affaires et sans intérêts, occupée seulement à cacher l'inutilité où l'on se trouve. C'est elle qui a introduit une liberté douce et honnête qui a rendu la conversation plus agréable, les plaisirs plus purs et plus délicats.

Une fatalité l'avoit fait venir à Rome; une fatalité l'en fait sortir. Madame la connétable voulut quitter monsieur son mari, et en fit confidence à sa chère sœur. La sœur, toute jeune qu'elle étoit, lui représenta ce qu'auroit pu représenter une mère, pour l'en détourner; mais la voyant résolue à l'exécution de son dessein, elle suivit, par amitié, celle qui n'avoit pu être détournée, par prudence; et partagea avec elle les dangers de la fuite, les inquiétudes, les embarras qui suivent de pareilles résolutions. La fortune, qui peut beaucoup dans nos entreprises et plus dans nos aventures, a fait errer Madame la connétable de nation en nation, et l'a jetée enfin dans un couvent, à Madrid. La raison conseilla le repos à Mme Mazarin, et un esprit de retraite l'obligea d'établir son séjour à Chambéry.

Là, elle a trouvé en elle-même, par ses réflexions; dans le commerce des savants, par les conférences; dans les livres, par l'étude, dans la nature, par des observations, ce que la cour ne donne point aux courtisans; ou pour être trop occupés dans les affaires : ou pour être trop dissipés dans les plaisirs. Mme Mazarin a vécu trois ans entiers à Chambéry, toujours tranquille et jamais obscure : quelque désir qu'elle ait eu de se cacher, son mérite lui établit malgré elle un petit empire; et en effet elle commandoit à la ville, et à toute la nation. Chacun reconnoissoit avec plaisir les droits que la nature lui avoit donnés; et celui qui avoit les siens, par sa naissance, les eût volontiers oubliés, pour entrer dans la même sujétion où entroient ses peuples. Les plus honnêtes gens quittoient la cour, et négligeoient le service de leur prince, pour s'appliquer plus particulièrement à celui de Mme Mazarin; et des personnes considérables des pays éloignés se faisoient un prétexte du voyage d'Italie, pour la venir voir. C'est une chose bien extraordinaire d'avoir vu établir une cour à Chambéry ; c'est comme un prodige, qu'une beauté qui avoit voulu se cacher en des lieux presque inaccessibles, ait fait plus de bruit dans l'Europe, que toutes les autres ensemble.

Les plus belles personnes de chaque nation avoient le déplaisir d'entendre toujours parler d'une absente; les objets les plus aimables avoient un ennemi secret, qui ruinoit toutes les impressions qu'ils pouvoient faire : c'étoit l'idée de Mme Mazarin, qu'on conservoit précieusement, après l'avoir vue, et qu'on se formoit avec plaisir, où l'on ne la voyoit pas.

Telle étoit la conduite de Mme Mazarin; telle étoit sa condition, quand la duchesse d'York, sa parente, passa par Chambéry, pour venir trouver le duc son époux. Le mérite de la duchesse, sa beauté, son esprit, sa vertu donnoient envie à Mme Mazarin de l'accompagner; mais ses affaires ne le permettoient pas, et il fallut remettre son voyage à un autre temps. La curiosité de voir une grande cour, qu'elle n'avoit pas vue, la fortifioit dans cette pensée; la mort du duc de Savoie[1] la détermina.

Ce prince avoit eu pour elle un sentiment commun à tous ceux qui la voyoient. Il l'avoit admirée à Turin, et cette admiration avoit passé, dans l'esprit de Mme de Savoie, pour un véritable amour. Une impression jalouse et chagrine produisit un procédé peu obligeant pour celle qui l'avoit causée; et il n'en fallut pas davantage pour obliger Mme Mazarin à sortir d'un pays, où la nouvelle régente étoit absolue. S'éloigner d'elle, et s'approcher de Mme la duchesse d'York, ne fut qu'une même résolution. Hortense la déclara à ses

---

1. Charles Emmanuel II, duc de Savoie, mourut le 12 de juin 1675.

amis, qui n'oublièrent rien pour l'en détourner; mais ce fut inutilement. On n'a jamais vu tant de larmes. Elle ne fut pas insensible à la douleur que l'on avoit de son départ; des personnes touchées si vivement la surent toucher. Cependant la résolution étoit prise, et malgré tous ces regrets on voulut partir.

Quel autre courage, que celui de Mme Mazarin, eût fait entreprendre un voyage si long, si difficile et si dangereux? Il lui fallut traverser des nations sauvages, et des nations armées; adoucir les unes, et se faire respecter des autres. Elle n'entendoit le langage d'aucun de ces peuples, mais elle étoit entendue. Ses yeux ont un langage universel, qui se fait entendre des hommes. Que de montagnes, que de forêts, que de rivières il fallut passer! Qu'elle essuya de vents, de neiges, de pluies! et que les difficultés des chemins, que la rigueur du temps, que des incommodités extraordinaires firent peu de tort à sa beauté! Jamais Hélène ne parut si belle qu'étoit Hortense : mais Hortense, cette belle innocente persécutée, fuyoit un injuste époux, et ne suivoit pas un amant. Avec le visage d'Hélène, Mme Mazarin avoit l'air, l'équipage d'une reine des Amazones : elle paroissoit également propre à charmer et à combattre.

On eût dit qu'elle alloit donner de l'amour

à tous les princes qui étoient sur son passage, et commander toutes les troupes qu'ils commandoient. Le premier eût dépendu d'elle; mais ce n'étoit pas son dessein. Elle fit quelque essai du second; car les troupes recevoient ses ordres plus volontiers que ceux de leurs généraux. Après avoir fait plus de trois cents lieues, elle arriva en Hollande, et ne demeura à Amsterdam que le temps qu'il faut pour voir les raretés d'une ville si singulière et si renommée. Sa curiosité satisfaite, elle en partit pour la Brille, et s'embarqua à la Brille pour l'Angleterre.

Il manquoit à ce voyage une tempête; il en vint une qui dura cinq jours : tempête, aussi furieuse que longue; tempête, qui fit perdre conseil et résolution aux matelots, et aux passagers toute espérance. Madame Mazarin fut seule exempte de lamentation : moins importune à demander au ciel qu'il la conservât, que soumise et résignée à ses volontés. Il étoit arrêté qu'elle verroit l'Angleterre : elle y aborda, et se rendit à Londres en peu de temps[1].

Tous les peuples avoient une grande curiosité de la voir; les dames une plus grande alarme de son arrivée. Les Angloises, qui

1. Mme Mazarin vint en Angleterre au mois de décembre 1675.

étoient en possession de l'empire de la beauté, le voyoient passer à regret à une étrangère; et il est assez naturel de ne perdre pas, sans chagrin, la plus douce des vanités. Un intérêt si considérable sut les unir. Les ennemies furent donc réconciliées, les indifférentes se recherchèrent, et les amies voulurent se lier plus étroitement encore. Les confédérées prévoyoient bien leur malheur; mais le voulant retarder, elles se préparèrent à défendre un intérêt, qui leur étoit plus cher que la vie.

Mme Mazarin n'avoit pour elle que ses charmes et ses vertus : c'étoit assez pour ne rien appréhender. Après avoir gardé la chambre quelques jours, moins pour se remettre des fatigues du voyage, que pour se faire faire des habits, elle parut à White-Hall.

Astres de cette cour, n'en soyez point jaloux;
Vous parûtes alors aussi peu devant elle,
Que mille autres beautés avoient fait devant vous[1].

Depuis ce jour-là, on ne lui disputa rien en public; mais on lui fit une guerre secrète, dans les maisons, et tout se réduisit à des injures cachées, qui ne venoient pas à sa connoissance, ou à de vains murmures, qu'elle méprisa. On vit alors une chose extraordinaire : celles qui

1. Imitation du fameux sonnet de Malleville, intitulé *la Belle matineuse*.

s'étoient le plus déchaînées contre elle, furent les premières à l'imiter. On voulut s'habiller, on voulut se coiffer comme elle : mais ce n'étoit ni son habillement, ni sa coiffure ; car sa personne fait la grâce de son ajustement, et celles qui tâchent de prendre son air, ne sauroient rien prendre de sa personne. On peut dire d'elle ce qu'on a dit de feue Madame, avec bien moins de raison : *tout le monde l'imite et personne ne lui ressemble.*

Pour ce qui regarde les hommes, elle se fait des sujets de tous les honnêtes gens qui la voient. Il n'y a que le méchant goût et le mauvais esprit, qui puissent défendre contre elle un reste de liberté. Heureuse des conquêtes qu'elle fait ! plus heureuse de celles qu'elle ne fait pas ! Mme Mazarin n'est pas plutôt arrivée en quelque lieu, qu'elle y établit une maison, qui fait abandonner toutes les autres. On y trouve la plus grande liberté du monde; on y vit avec une égale discrétion. Chacun y est plus commodément que chez soi, et plus respectueusement qu'à la cour. Il est vrai qu'on y dispute souvent; mais c'est avec plus de lumière que de chaleur. C'est moins pour contredire les personnes, que pour éclaircir les matières; plus pour animer les conversations, que pour aigrir les esprits. Le jeu qu'on y joue est peu considérable, et le seul divertissement y fait jouer. Vous n'y voyez, sur les visages, ni la crainte de perdre, ni la douleur d'avoir perdu. Le désintéressement va si loin en quelques-uns, qu'on leur reproche de se réjouir de leur perte, et de s'affliger de leur gain.

Le jeu est suivi des meilleurs repas qu'on puisse faire. On y voit tout ce qui vient de France, pour les délicats; tout ce qui vient des Indes, pour les curieux; et les mets communs deviennent rares, par le goût exquis qu'on leur donne. Ce n'est pas une abondance qui fait craindre la dissipation : ce n'est point une dépense tirée, qui fait connoître l'avarice ou l'incommodité de ceux qui la font. On n'y aime pas une économie sèche et triste, qui se contente de satisfaire aux besoins, et ne donne rien au plaisir : on aime un bon ordre, qui fait trouver tout ce que l'on souhaite, et qui en fait ménager l'usage, afin qu'il ne puisse jamais manquer. Il n'y a rien de si bien réglé que cette maison ; mais Mme Mazarin répand sur tout, je ne sais quel air aisé, je ne sais quoi de libre et de naturel, qui cache la règle : on diroit que les choses vont d'elles-mêmes, tant l'ordre est secret et difficilement aperçu.

Que Mme Mazarin change de logis, la différence du lieu est insensible : partout où elle est, on ne voit qu'elle; et pourvu qu'on la trouve, on trouve tout. On ne vient jamais assez tôt ; on ne se retire jamais assez tard : on se couche avec le regret de l'avoir quittée, et on se lève avec le désir de la revoir.

Mais quelle est l'incertitude de la condition humaine ! Dans le temps qu'elle jouissoit innocemment de tous les plaisirs que l'inclination recherche, et que la raison ne défend pas ; qu'elle goûtoit la douceur de se voir aimée et estimée de tout le monde ; que celles qui s'étoient opposées à son établissement, se trouvoient charmées de son commerce ; qu'elle avoit comme éteint l'amour propre dans l'âme de ses amies, chacune ayant pour elle les sentiments qu'il est naturel d'avoir pour soi : dans le temps que les plus vaines et les plus amoureuses d'elles-mêmes ne disputoient rien à sa beauté ; que l'envie se cachoit au fond des cœurs ; que tout chagrin contre elle étoit secret ou trouvé ridicule, dès qu'il commençoit à paroître : dans ce temps heureux, une maladie extraordinaire la surprend, et nous avons été sur le point de la perdre, malgré tous ses charmes, malgré toute notre admiration et notre amour. Vous périssiez, Hortense, et nous périssions : vous, de la violence de vos douleurs ; nous, de celle de notre affliction. Mais c'étoit bien plus que s'affliger : c'étoit sentir tout ce que vous sentiez : c'étoit être malade comme vous. Des inégalités bizarres vous approchoient tantôt de la mort, tantôt vous rappeloient à la vie : nous étions sujets à tous les accidents de votre mal ; et pour apprendre de vos nouvelles, il n'étoit pas besoin de demander comment vous étiez, il ne falloit que voir en quel état nous étions.

Loué soit Dieu, ce dispensateur universel des biens et des maux ! loué soit Dieu, qui vous a rendue à nos vœux, et nous a redonnés à nous-mêmes ! Vous voilà vivante, et nous vivons ; mais nous ne sommes pas remis encore de la frayeur du danger que nous avons couru : il nous en reste une triste idée, qui nous fait concevoir plus vivement ce qui arrivera un jour. Un jour la nature défera ce bel ouvrage, qu'elle a pris tant de peine à former. Rien ne l'exemptera de la loi funeste où nous sommes tous assujettis. Celle qui se distingue si fort des autres, pendant sa vie, sera confondue avec les plus misérables, à sa mort. Et tu te plains, génie ordinaire, mérite commun, beauté médiocre ; et tu te plains de ce qu'il te faut mourir ? Ne murmure point, injuste, Hortense mourra comme toi. Un temps viendra (ne pût-il jamais venir ce temps malheureux !) ; un temps viendra, que l'on pourra dire de cette merveille :

> Elle est poudre toutefois,
> Tant la Parque a fait ses loix
> Egales et nécessaires ;

Rien ne l'en a su parer.
Apprenez, âmes vulgaires,
A mourir, sans murmurer[1].

XXIII.

SUR LES POËMES DES ANCIENS.

(1685.)

Il n'y a personne qui ait plus d'admiration que j'en ai, pour les ouvrages des anciens. J'admire le dessein, l'économie, l'élévation de l'esprit, l'étendue de la connoissance : mais le changement de la religion, du gouvernement, des mœurs, des manières, en a fait un si grand dans le monde, qu'il nous faut comme un nouvel art, pour entrer dans le goût et dans le génie du siècle où nous sommes.

Et certes mon opinion doit être trouvée raisonnable par tous ceux qui prendront la peine de l'examiner. Car si l'on donne des caractères tout opposés, lorsqu'on parle du Dieu des Israélites et du Dieu des chrétiens, quoique ce soit la même divinité : si on parle tout autre-

---

[1]. Imitation du sonnet de Malherbe, sur la mort de M. le duc d'Orléans.

ment du dieu des batailles, de ce dieu terrible qui commandoit d'exterminer jusqu'au dernier des ennemis, que de ce Dieu patient, doux, charitable, qui ordonne qu'on les aime; si la création du monde est décrite avec un génie, la rédemption des hommes avec un autre; si l'on a besoin d'un genre d'éloquence, pour prêcher la grandeur du père qui a tout fait; et d'un autre, pour exprimer l'amour du fils qui a voulu tout souffrir; comment ne faudroit-il pas un nouvel art et un nouvel esprit, pour passer des faux dieux au véritable, pour passer de Jupiter, de Cybèle, de Mercure, de Mars, d'Apollon, à Jésus-Christ, à la Vierge, à nos anges et à nos saints?

Otez les dieux à l'antiquité, vous lui ôtez tous ses poëmes : la constitution de la fable est en désordre; l'économie en est renversée. Sans la prière de Thétis à Jupiter, et le songe que Jupiter envoie à Agamemnon, il n'y a point d'ILIADE; sans Minerve, point d'ODYSSÉE; sans la protection de Jupiter et l'assistance de Vénus, point d'ÉNÉIDE. Les dieux assemblés au ciel délibéroient de ce qui devoit se faire sur la terre; c'étoient eux qui formoient les résolutions, et qui n'étoient pas moins nécessaires pour les exécuter, que pour les prendre. Ces chefs immortels des partis des hommes concertoient tout, animoient tout; inspiroient la force et le courage, combattoient eux-mêmes; et à la réserve d'Ajax qui ne leur demandoit que de la lumière, il n'y avoit pas un combattant considérable, qui n'eût son dieu sur son chariot, aussi bien que son écuyer : le dieu pour conduire son javelot; l'écuyer pour la conduite de ses chevaux. Les hommes étoient de pures machines, que de secrets ressorts faisoient mouvoir; et ces ressorts n'étoient autre chose, que l'inspiration de leurs déesses et de leurs dieux.

La divinité que nous servons est plus favorable à la liberté des hommes. Nous sommes entre ses mains, comme le reste de l'univers, par la dépendance; nous sommes entre les nôtres, pour délibérer et pour agir. J'avoue que nous devons toujours implorer sa protection. Lucrèce la demande lui-même ; et, dans le livre où il combat la Providence, de toute la force de son esprit, il prie, il conjure ce qui nous gouverne d'avoir la bonté de détourner les malheurs :

Quod procul à nobis flectat natura gubernans[1] !

Cependant il ne faut pas faire entrer en toutes choses cette majesté redoutable, dont il

---

[1] *Lucret. Lib.* I. Voyez le *Dictionnaire* de Bayle, à l'article du poëte *Lucrèce.*

n'est pas permis de prendre le nom en vain. Que les fausses divinités soient mêlées en toutes sortes de fictions; ce sont fables elles-mêmes, vains effets de l'imagination des poëtes. Pour les chrétiens, ils ne donneront que des vérités à celui qui est la vérité pure, et ils accommoderont tous leurs discours à sa sagesse et à sa bonté.

Ce grand changement est suivi de celui des mœurs, qui pour être aujourd'hui civilisées et adoucies, ne peuvent souffrir ce qu'elles avoient de farouche et de sauvage, en ce temps-là. C'est ce changement qui nous fait trouver si étranges les injures féroces et brutales que se disent Achille et Agamemnon[1]. C'est par là qu'Agamemnon nous est odieux, lorsqu'il ôte la vie à ce Troyen, à qui Ménélas l'avoit donnée. Ménélas pour qui se faisoit la guerre, lui pardonne généreusement; Agamemnon, le roi des rois[2], qui devoit des exemples de vertu à tous les princes et à tous les peuples; le lâche Agamemnon tue ce misérable, de sa propre main. C'est par là qu'Achille nous devient en horreur, lorsqu'il tue le jeune Lycaon, qui lui demandoit la vie, si tendrement. C'est par là que nous haïs-

---

1. Dans l'*Iliade*, Achille appelle Agamemnon *sac à vin, yeux de chien et cœur de cerf;* c'est-à-dire : ivrogne, impudent et poltron.
2. C'est ainsi qu'Homère le nomme.

sons jusqu'à ses vertus, quand il attache le corps d'Hector à son chariot, et qu'il le traîne inhumainement au camp des Grecs. Je l'aimois vaillant, je l'aimois ami de Patrocle; la cruauté de son action me fait haïr sa valeur et son amitié. C'est tout le contraire, pour Hector. Ses bonnes qualités reviennent dans notre esprit : nous le regrettons davantage; son idée, devenue plus chère, s'attire tous les sentiments de notre affection.

Et qu'on ne dise point, en faveur d'Achille, qu'Hector a tué son cher Patrocle. Le ressentiment de cette mort ne l'excuse point auprès de nous. Une douleur, qui lui permet de suspendre sa vengeance, et d'attendre ses armes avant que d'aller combattre; une douleur si patiente ne le devoit pas pousser à cette barbarie, le combat fini. Mais dégageons l'amitié de notre aversion. La plus douce, la plus tendre des vertus, ne produit point des effets si contraires à sa nature. Achille les a trouvés dans le fonds de son naturel. Ce n'est point à l'ami de Patrocle, c'est à l'inhumain, à l'inexorable Achille qu'ils appartiennent.

Tout le monde en demeurera d'accord aisément. Cependant les vices du héros ne retomberont pas sur le poëte. Homère a plus songé à peindre la nature telle qu'il la voyoit, qu'à faire des héros fort accomplis. Il les a dépeints avec plus de passions que de vertus : les passions étant du fonds de la nature, et les vertus n'étant purement établies en nous, que par les lumières d'une raison instruite et enseignée.

La politique n'avoit pas encore lié les hommes par les nœuds d'une société raisonnable ; elle ne les avoit pas bien tournés encore pour les autres ; la morale ne les avoit pas encore bien formés pour eux-mêmes. Les bonnes qualités n'étoient pas assez nettement dégagées des mauvaises. Ulysse étoit prudent et timide, précautionné contre les périls, industrieux pour en sortir ; vaillant quelquefois, lorsqu'il y avoit moins de danger à l'être, qu'à ne l'être pas. Achille étoit vaillant et féroce ; et (ce qu'Horace n'a pas voulu mettre dans le caractère qu'il en a donné) se relâchant quelquefois à des puérilités fort grandes. Sa nature incertaine et mal réglée produisoit des mœurs, tantôt farouches, tantôt puériles : tantôt il traînoit le corps d'Hector, en barbare ; tantôt il prioit la déesse sa mère, en *enfant*, de chasser les mouches de celui de Patrocle, son cher ami.

Les manières ne sont pas moins différentes que les mœurs. Deux héros, animés pour le combat, ne s'amuseroient point aujourd'hui à se conter leur généalogie ; mais il est aisé de voir, dans l'Iliade, dans l'Odyssée et dans l'Énéide même, que cela se pratiquoit. On discouroit, avant que de se battre, comme on harangue, en Angleterre, avant que de mourir.

Pour les comparaisons, la discrétion nous en fera moins faire : le bon sens les rendra justes; l'invention, nouvelles. Le *soleil*, la *lune*, les *étoiles*, les *éléments*, ne leur prêteront plus une magnificence usée; les *loups*, les *bergers*, les *troupeaux*, ne nous fourniront plus une simplicité trop connue.

Il me paroît qu'il y a une infinité de comparaisons qui se ressemblent plus que les choses comparées. Un milan qui fond sur une colombe, un épervier qui charge de petits oiseaux, un faucon qui fait sa descente : tous ces oiseaux ont plus de rapport entre eux dans la rapidité de leur vol, qu'ils n'en ont avec l'impétuosité des hommes qu'on leur compare. Otez la différence des noms de *milan*, d'*épervier*, de *faucon*, vous ne verrez que la même chose. La violence d'un *tourbillon*, qui déracine les arbres, ressemble plus à celle d'une *tempête*, qui fait quelque autre désordre, qu'aux objets avec qui on fait la comparaison. Un lion que la faim chasse de sa caverne, un lion poursuivi par les chasseurs, une lionne furieuse et jalouse de ses petits, un lion contre qui tout un village s'assemble, et qui ne laisse pas de se retirer fièrement avec orgueil : c'est un lion diversement représenté, mais toujours lion, qui ne donne pas des idées assez différentes.

Quelquefois les comparaisons nous tirent des objets qui nous occupent le plus, par la vaine image d'un autre objet, qui fait mal à propos une diversion. Je m'attache à considérer deux armées, qui vont se choquer, et je prends l'esprit d'un homme de guerre, pour observer la contenance, l'ordre, la disposition des troupes : tout d'un coup, on me transporte *au bord d'une mer que les vents agitent*, et je suis plus prêt de voir des vaisseaux brisés, que des bataillons rompus. Ces vastes pensées que la mer me donne, effacent les autres. On me représente *une montagne tout en feu* et une *forêt toute embrasée*. Où ne va point l'idée d'un embrasement ? Si je n'étois bien maître de mon esprit, on me conduiroit insensiblement à l'imagination de la fin du monde. De cet embrasement si affreux, on me fait passer à un *éclat terrible de nues enfermées dans un vallon;* et, à force de diversions, on me détourne tellement de la première image qui m'attachoit, que je perds entièrement celle du combat.

Nous croyons embellir les objets, en les comparant à des êtres éternels, immenses, infinis; et nous les étouffons, au lieu de les relever. Dire qu'une femme est *aussi belle que Mme Mazarin*, c'est la louer mieux que si on la comparoît au *soleil ;* car le sublime et le merveilleux font honneur ; l'impossible et le fabuleux détruisent la louange qu'on veut donner.

La vérité n'étoit pas du goût des premiers siècles : un mensonge utile, une fausseté heureuse, faisoit l'intérêt des imposteurs, et le plaisir des crédules. C'étoit le secret des grands et des sages, pour gouverner les peuples et les simples. Le vulgaire, qui respectoit des erreurs mystérieuses, eût méprisé des vérités toutes nues : la sagesse étoit de l'abuser. Le discours s'accommodoit à un usage si avantageux : ce n'étoient que fictions, allégories, paraboles ; rien ne paroissoit comme il est en soi : des dehors spécieux et figurés couvroient le fond de toutes choses ; de vaines images cachoient les réalités, et des comparaisons trop fréquentes détournoient les hommes de l'application aux vrais objets, par l'amusement des ressemblances.

Le génie de notre siècle est tout opposé à cet esprit de fables, et de faux mystères. Nous aimons les vérités déclarées ; le bon sens prévaut aux illusions de la fantaisie ; rien ne nous contente aujourd'hui, que la solidité et la raison. Ajoutez à ce changement de goût, celui de la connoissance. Nous envisageons la nature, autrement que les anciens ne l'ont regardée. Les cieux, cette demeure éternelle de tant de divinités, ne sont qu'un espace immense et fluide. Le même soleil nous luit encore ; mais nous lui donnons un autre cours : au lieu de s'aller coucher dans la mer, il va éclairer un autre monde. La terre immobile autrefois, dans l'opinion des hommes, tourne aujourd'hui, dans la nôtre, et rien n'est égal à la rapidité de son mouvement. Tout est changé : les dieux, la nature, la politique, les mœurs, le goût, les manières. Tant de changements n'en produiront-ils point, dans nos ouvrages ?

Si Homère vivoit présentement, il feroit des poëmes admirables, accommodés au siècle où il écriroit. Nos poëtes en font de mauvais, ajustés à ceux des anciens, et conduits par des règles, qui sont tombées, avec des choses que le temps a fait tomber.

Je sais qu'il y a de certaines règles éternelles, pour être fondées sur un bon sens, sur une raison ferme et solide, qui subsistera toujours; mais il en est peu qui portent le caractère de cette raison incorruptible. Celles qui regardoient les mœurs, les affaires, les coutumes des vieux Grecs, ne nous touchent guère aujourd'hui. On en peut dire ce qu'a dit Horace des mots. Elles ont leur âge et leur durée. Les unes meurent de vieillesse : *ita verborum interit ætas;* les autres périssent avec leur nation, aussi bien que les maximes du gouvernement, lesquelles ne subsistent pas, après l'empire. Il n'y en a donc que bien peu, qui aient droit de diriger nos esprits, dans tous les temps; et il seroit ridicule de vouloir toujours régler des ouvrages nouveaux, par des lois éteintes. La poésie auroit tort d'exiger de nous ce que la religion et la justice n'en obtiennent pas.

C'est à une imitation servile et trop affectée, qu'est due la disgrâce de tous nos poëmes. Nos poëtes n'ont pas eu la force de quitter les dieux, ni l'adresse de bien employer ce que notre religion leur pouvoit fournir. Attachés au goût de l'antiquité, et nécessités à nos sentiments; ils donnent l'air de Mercure, à nos anges, et celui des merveilles fabuleuses des anciens, à nos miracles. Ce mélange de l'antique et du moderne leur a fort mal réussi : et on peut dire qu'ils n'ont su tirer aucun avantage de leurs fictions, ni faire un bon usage de nos vérités.

Concluons que les poëmes d'Homère seront toujours des chefs-d'œuvre : non pas en tout des modèles. Ils formeront notre jugement; et le jugement règlera la disposition des choses présentes.

XXIV.

DU MERVEILLEUX QUI SE TROUVE DANS LES POËMES DES ANCIENS.

(1685.)

i l'on considère le merveilleux des poëmes de l'antiquité, dégagé des beaux sentiments, des fortes passions, des expressions nobles, dont les ouvrages des poëtes sont embellis; si on le considère destitué de tous ornements, et qu'on vienne à l'examiner purement par lui-même, je suis persuadé que tout homme de bon sens ne le trouvera guère moins étrange que celui de la chevalerie : encore le dernier est-il plus discret en ce point, qu'on y fait faire aux diables et aux magiciens toutes les choses pernicieuses, sales, déshonnêtes; au lieu que les poëtes ont remis ce qu'il y a de plus infâme au ministère de leurs déesses et de leurs dieux. Ce qui n'empêche pas toutefois que les poëmes ne soient admirés, et que les livres de chevalerie ne paroissent ridicules : les uns admirés, pour l'esprit et la science qu'on y trouve : les autres trouvés ridicules, pour l'imbécillité dont ils sont remplis. Le merveilleux des poëmes soutient son extravagance fabuleuse, par la beauté du discours, et par une infinité de connoissances exquises qui l'accompagnent. Celui de la chevalerie décrédite encore la folle invention de sa fable, par le ridicule du style dont il semble se revêtir.

Mais, quoi qu'il en soit, le fabuleux du poëme a engendré celui de la chevalerie ; et il est certain que les diables et les enchanteurs causent moins de mal en celui-ci, que les dieux et leurs ministres en celui-là. La déesse des arts, de la science, de la sagesse, inspire une fureur insensée au plus brave des Grecs[1], et ne lui laisse recouvrer le sens qu'elle lui a ôté que pour le rendre capable d'une honte qui le porte à se tuer lui-même, par désespoir. La plus grande et la plus prude des immortelles favorise de honteuses passions, et facilite de criminelles amours[2]. La même déesse emploie toutes sortes d'artifices pour perdre des innocents, qui ne devroient se ressentir en rien de son courroux. Il ne lui suffit pas d'épuiser son pouvoir, et celui des dieux, qu'elle a sollicités pour perdre Énée, elle corrompt le dieu du sommeil, pour endormir infidèlement Palinure, et faire en sorte qu'il pût tomber dans

---

1. Ajax, fils de Telamon.
2. Junon, dans l'*Énéide*.

la mer, comme cette trahison l'y fit tomber, et l'y fit périr.

Il n'y a pas un des dieux, en ces poëmes, qui ne cause aux hommes les plus grands malheurs, ou ne leur inspire les plus grands forfaits. Il n'y a rien de si condamnable ici-bas, qui ne s'exécute par leur ordre, ou ne s'autorise par leur exemple; et c'est une des choses qui a le plus contribué à former la secte des épicuriens, et à la maintenir. Épicure, Lucrèce, Pétrone, ont mieux aimé faire des dieux oisifs, qui jouissent de leur nature immortelle, dans un bienheureux repos, que de les voir agissant et funestement occupés à la ruine de la nôtre. Épicure même a prétendu s'en faire un mérite de sainteté, envers les dieux; et de là est venue cette sentence, que Bacon a tant admirée : *Non Deos vulgi negare profanum, sed vulgi opiniones Diis applicare profanum*[1].

Or je ne dis pas qu'il faille rejeter les dieux de nos ouvrages, moins encore de ceux de la poésie, où ils semblent entrer plus naturellement que dans les autres :

Ab Jove principium musæ.

[1]. Diogène Laërce nous a conservé ce mot d'Épicure. M. de Saint-Évremond se sert ici de la traduction de Bacon (*Serm. Fidel.*, *cap.* XVI); mais en voici une plus littérale : *Impius est, non is qui multitudinis Deos tollit; sed is qui multitudinis opiniones Diis adhibet.* Diog. Laërt. Liv. X, § 123. (*Des Maizeaux.*)

Je demande autant que personne leur intervention ; mais je veux qu'ils y viennent avec de la sagesse, de la justice, de la bonté ; non pas, comme on les y fait venir d'ordinaire, en fourbes et en assassins. Je veux qu'ils y viennent avec une conduite à tout régler, non pas avec un dérèglement à tout confondre.

Peut-être qu'on fera passer tant d'extravagances pour des fables et des fictions, qui tombent dans les droits de la poésie. Mais quel art, ou quelle science, peut avoir un droit pour l'exclusion du bon sens ? S'il ne faut que faire des vers, pour avoir le privilége d'extravaguer, je ne conseillerai jamais à personne d'écrire en prose, où l'on devient ridicule, aussitôt qu'on s'éloigne de la bienséance et de la raison.

J'admire que les anciens poëtes aient été si scrupuleux, pour la vraisemblance, dans les actions des hommes, et qu'ils n'en aient gardé aucune, dans celles des dieux. Ceux même qui ont parlé le plus sagement de leur nature, n'ont pu s'empêcher de parler extravagamment de leur conduite. Quand ils établissent leur être et leurs attributs, ils les font immortels, infinis, tout-puissants, tout sages, tout bons : mais du moment qu'ils les font agir, il n'y a faiblesse où ils ne les assujettissent ; il n'y a folie, ou méchanceté, qu'ils ne leur fassent faire.

On dit communément deux choses qui paroissent opposées, et que je crois toutes deux fort vraisemblables : l'une, que *la poésie est le langage des dieux*, et l'autre qu'*il n'y a rien de plus fou que sont les poëtes*. La poésie qui exprime fortement les grandes passions des hommes ; la poésie qui dépeint avec une vive expression les merveilles de l'univers, élève les choses purement naturelles, comme au-dessus de la nature, par une sublimité de pensées et une magnificence de discours qui se peut appeler raisonnablement *le langage des dieux*. Mais, quand les poëtes viennent à quitter ces mouvements et ces merveilles pour parler des dieux, ils s'abandonnent au caprice de leur imagination, dans une chose qui ne leur est pas assez connue; et leur chaleur n'étant pas soutenue d'une juste idée, au lieu de se rendre, comme on le croit, tout divins, ils se font les plus extravagants de tous les hommes.

On n'aura pas de peine à se le persuader, si on considère que leur espèce de théologie fabuleuse et ridicule, est également contraire à tout sentiment de religion, et à toute lumière du bon sens. Il y a eu des philosophes, qui ont fondé la religion sur la connaissance que les hommes pouvoient avoir de la divinité, par leur raison naturelle. Il y a eu des législateurs qui se sont dits les interprètes de la volonté du ciel, pour établir un culte religieux, sans aucune entremise de la raison. Mais de faire, comme les poëtes, un commerce perpétuel, une société ordinaire, et si on le peut dire, un mélange des hommes et des dieux, contre la religion et la raison, c'est assurément la chose la plus hardie et peut-être la plus insensée qui fût jamais.

Il reste à savoir si le caractère du poëme a la vertu de rectifier celui de l'impiété et de la folie. Mais je ne pense pas qu'on donne tant de pouvoir à la force secrète d'aucun charme. Ce qui est méchant est méchant partout, ce qui est extravagant ne devient sensé nulle part. Pour la réputation du poëte, elle ne rectifie rien, non plus que le caractère du poëme. Le discernement ne se dévoue à personne; il ne trouvera pas bon, dans l'auteur le plus célèbre, ce qui effectivement est mauvais; il ne trouvera pas mauvais, dans un écrivain médiocre, ce qui en effet est bon. Parmi cent belles et hautes pensées, un bon juge en démêlera une extravagante, qu'aura poussée le génie, dans sa chaleur, et qu'une imagination trop forte aura su maintenir, contre des réflexions mal assurées. Au contraire, dans le cours d'une infinité de choses outrées, ce même juge admirera certaines beautés, où l'esprit, malgré son impétuosité, s'est permis de la justesse.

L'élévation d'Homère, et ses autres belles qualités, ne m'empêcheront pas de reconnoître le faux caractère de ses dieux ; et cette agréable et judicieuse égalité de Virgile, qui sait plaire à tous les esprits bien faits, ne me cachera pas le peu de mérite de son Énée. Si parmi tant de belles choses dont je suis touché, dans Homère et dans Virgile, je ne laisse pas de connoître ce qu'il y a de défectueux ; parmi celles qui me blessent dans Lucain, pour être trop poussées, ou qui m'ennuient pour être trop étendues, je ne laisserai pas de me plaire, à considérer la juste et véritable grandeur de ses héros. Je m'attacherai à goûter mot à mot toute l'expression des secrets mouvements de César, quand on lui découvre la tête de Pompée, et rien ne m'échappera de cet inimitable discours de Labiénus et de Caton, quand il s'agit de consulter, ou de ne consulter pas, l'oracle de Jupiter Ammon, sur la destinée de la République.

Si tous les poëtes de l'antiquité avoient parlé aussi dignement des oracles de leurs dieux, je les préférerois aux théologiens, et aux philosophes de ce temps-là ; et c'est un endroit à servir d'exemple, en cette matière, à tous les poëtes. Vous voyez, dans le concours de tant de peuples qui viennent consulter l'oracle d'Ammon, ce que peut l'opinion publique, où le zèle et la superstition se mêlent ensemble. Vous voyez en Labiénus, un homme pieux et sensé, qui unit à la sainteté envers les dieux, la considération qu'on doit avoir pour la véritable vertu des gens de bien. Caton est un philosophe religieux, défait de toute opinion vulgaire ; qui conçoit des dieux les hauts sentiments qu'une raison pure et une sagesse élevée en peuvent former[1]. Tout y est poétique, tout y est sensé : non pas poétique, par le ridicule d'une fiction, ou par l'extravagance d'une hyperbole ; mais par la noblesse hardie du langage, et par la belle élévation du discours. C'est ainsi que la poésie est le langage des dieux, et que les poëtes sont sages. Merveille assez grande, et plus grande de ne l'avoir su trouver dans Homère, ni dans Virgile, pour la rencontrer dans Lucain !

1. Voyez le onzième livre de la *Pharsale*.

XXV.

PORTRAIT DE SAINT-EVREMOND FAIT PAR LUI-MÊME[1]

(1696.)

'est un philosophe également éloigné du superstitieux et de l'impie; un voluptueux qui n'a pas moins d'aversion pour la débauche, que d'inclination pour les plaisirs; un homme qui n'a jamais senti la nécessité, qui n'a jamais connu l'abondance; il vit dans une condition méprisée de ceux qui ont tout, enviée de ceux qui n'ont rien, goûtée de ceux qui font consister leur bonheur dans leur raison. Jeune, il a haï la dissipation, persuadé qu'il falloit du bien pour les commodités d'une longue vie. Vieux il a de la peine à souffrir l'économie, croyant que la nécessité est peu à craindre, quand on

---

1. Ce portrait étoit écrit, pour faire suite à l'épitaphe que Saint-Evremond avoit composée, en 1696, pour son ami, le célèbre comte de Grammont, qui fut alors gravement malade. On lit, dans cette épitaphe, ces quatre vers :

> Alloit-il souvent à confesse?
> Entendoit-il vêpres, sermon?
> S'appliquoit-il à l'oraison?
> Il en laissoit le soin à la comtesse.

a peu de temps à pouvoir être misérable. Il se loue de la nature; il ne se plaint point de la fortune; il hait le crime; il souffre les fautes, il plaint le malheureux; il ne cherche point dans les hommes ce qu'ils ont de mauvais, pour les décrier; il trouve ce qu'ils ont de ridicule, pour s'en réjouir; il se fait un plaisir secret de le connoître; il s'en feroit un plus grand de le découvrir aux autres, si la discrétion ne l'en empêchoit.

La vie est trop courte, à son avis, pour lire toutes sortes de livres, et charger sa mémoire d'une infinité de choses, aux dépens de son jugement; il ne s'attache point aux écrits les plus savants, pour acquérir la science, mais aux plus sensés, pour fortifier sa raison; tantôt il cherche les plus délicats, pour donner de la délicatesse à son goût; tantôt les plus agréables, pour donner de l'agrément à son génie. Il me reste à vous le dépeindre, tel qu'il est dans l'amitié et dans la religion : en l'amitié, plus constant qu'un philosophe, plus sincère qu'un jeune homme de bon naturel, sans expérience; à l'égard de la religion,

> De justice et de charité,
> Beaucoup plus que de pénitence,
> Il compose sa piété.
> Mettant en Dieu sa confiance,
> Espérant tout de sa bonté,

Dans le sein de la Providence
Il trouve son repos et sa félicité.

XXVI.

RÉPONSE AU JUGEMENT DE L'ABBÉ RENAUDOT, SUR LE DICTIONNAIRE HISTORIQUE ET CRITIQUE DE BAYLE[1].

(On fait parler Bayle.)

(1697.)

APRÈS avoir exercé ma critique, sur toutes sortes de gens, je m'attendois qu'on prendroit autant de liberté à parler de moi, que j'en avois pris à parler des autres. Mais je suis agréablement

---

1. Aussitôt que le *Dictionnaire* de M. Bayle parut en France, les libraires de Paris, qui avoient dessein de le réimprimer, s'adressèrent à M. le chancelier Boucherat, pour obtenir un privilége; et celui-ci ordonna à l'abbé Renaudot de l'examiner, pour voir s'il n'y avoit rien contre l'État, ou contre la religion catholique. Cet abbé composa là-dessus un petit écrit, qui fut bientôt imprimé, et que M. Bayle trouva *si rempli de bévues, de faussetés et d'impertinences,* qu'il déclara que *si jamais il le refutoit, ce ne seroit qu'après avoir sû que l'auteur le reconnoissoit pour sien, tel qu'on venoit de le publier.* M. de Saint-Evremond, qui a toujours eu une estime particulière pour M. Bayle, et qui lisoit alors (1697) avec beaucoup de plaisir son *Dictionnaire,* voulut bien le défendre contre M. Renaudot. (*Des Maizeaux.*)

surpris que Monsieur l'abbé Renaudot, qui n'oseroit louer en France un protestant, prenne le détour ingénieux d'une censure apparente pour favoriser tous mes sentiments. En effet, il me blâme exprès, d'une manière à me faire louer de tout le monde. Ce n'est pas tout que d'avoir la bonté de m'obliger; il faut avoir l'esprit de Monsieur l'abbé, pour donner tant de réputation à mon DICTIONNAIRE.

Il dit que je veux établir le *Pyrrhonisme;* et peut-on traiter plus obligeamment un homme accusé de détruire tout, que de lui faire établir quelque chose? C'est ruiner adroitement son accusation lui-même; c'est me justifier, avec beaucoup d'art, du crime qu'il fait semblant de m'imputer.

Vous passez légèrement, Monsieur, du pyrrhonisme aux *obscénités*, dont je ne crois pas que vous soyez scandalisé. Vous aimez trop les belles-lettres, pour ne pas lire avec plaisir Catulle, Pétrone, Martial; cependant, leurs écrits sont pleins d'ordures et de saletés; au lieu qu'on ne trouve, dans les miens, que de simples enjouements, que de petites libertés fort innocentes.

Je n'ai pas moins de vénération que vous, pour le grand zèle des Pères : je m'assure que vous estimez, aussi peu que moi, leur science. *Les Pères sont bonnes gens*, disoit Scaliger, *mais ils ne sont pas savants.* Saint Augustin étoit un novateur, sur la grâce, au sentiment du père Simon. Vossius ne l'admiroit pas ; Hobbes ne l'estimoit point[1] ; et vous permettrez aux François, qui ont souffert la persécution, de n'approuver pas un Africain qui la conseille.

Me voici au *changement de religion*, qu'on me reproche, et que je confesse sans peine[2]. J'ai emporté de la catholique ce qu'elle a de bon, quand j'en suis sorti ; j'ai appris dans la *réformée*, ce qu'elle a de meilleur, quand j'y suis rentré ; et par là, je me trouve en état, présentement, de pouvoir juger de l'une et de l'autre. En effet, quelque estime que j'aie eu pour M. Jurieu, je suis d'ordinaire du sentiment de M. de Meaux, contre le sien ; et quoique j'estime beaucoup M. Arnaud, je me trouve souvent contre lui, pour M. Claude.

Je ne veux pas finir, Monsieur, sans vous rendre grâces de vos faveurs. Je vous en de-

---

1. Le comte d'Arlington dit un jour à Hobbes, qu'il avoit eu à grand marché les *Œuvres de saint Augustin* : cela ne se peut, reprit Hobbes ; pour peu qu'elles vous coûtent, vous les avez achetées plus qu'elles ne valent. — (*Des Maizeaux.*) Saint Augustin étoit odieux aux réfugiés.

2. Voyez la *Chimère de la cabale de Rotterdam démontrée* (page 139), où cela est éclairci ; et rectifiez, par là, les erreurs du *Menagiana*, t. I, p. 293-294 de l'édition de Paris, 1715. — (*Id.*)

mande la continuation, dans celle de vos Jugements, sur mes ouvrages.

XXVII.

BILLET A M. SYLVESTRE.

(1698.)

Ce que Monsieur de Beauval[1] vous écrit sur mon sujet est la chose du monde la plus obligeante ; et je vous prie, Monsieur, de lui témoigner qu'on ne peut pas être plus sensible que je le suis à l'obligation. Je n'ai point encore lu la Critique de ce qu'on appelle mes *ouvrages*[2]. Il y a beaucoup de ces petits écrits qui sont de moi, beaucoup plus qui n'en sont pas ; et dans ceux

---

1. C'est le célèbre Basnage de Beauval, pasteur des réformés, à Rouen, et qui avoit quitté la France en 1685. Il rédigeoit, en Hollande, l'*Histoire des ouvrages des savants*, recueil périodique où il avoit rendu compte des critiques dirigées contre Saint-Evremond. On a de lui beaucoup d'autres ouvrages estimés et recherchés.

2. Il avoit paru, à Paris, en 1698, un vol. in-12, intitulé : *Dissertation sur les* OEuvres mêlées de M. de Saint-Evremont (*sic*); volume composé par un Sr Cotolendi, Provençal, et dans lequel les ouvrages de Saint-Evremond étoient l'objet d'une critique peu obligeante et dépourvue d'esprit. Voy. l'Introduction.

qui en sont véritablement, on ne sauroit croire combien il y a de choses ajoutées ou retranchées. Je n'appréhende point la critique; où elle est juste, je me corrigerai; où elle ne l'est pas, je me contenterai que le censeur n'ait pas raison. Ce que je crains, c'est l'Apologie dont vous me parlez. Comme M. de Beauval a des amis et des intelligences partout, et que son mérite lui a donné un grand crédit chez tous les gens de lettres, il m'obligera infiniment d'empêcher l'impression de cette apologie zélée.

Les louanges des ennemis sont à craindre: celles des amis davantage; je n'ai pas sujet d'appréhender les vôtres. Monsieur de Beauval m'en donne que je n'ai pas méritées; mais si bien, si agréablement, qu'un homme moins philosophe que moi auroit de la peine à s'en défendre.

XXVIII.

JUGEMENT DE M. DE SAINT-EVREMOND, SUR LA CRITIQUE DE SES OUVRAGES ET SUR LEUR APOLOGIE.

A M. Sylvestre.

(1698.)

Je vous renvoie la Critique de mes ouvrages. Je l'ai lue avec attention, et après l'avoir lue, je ne sais si je dois me plaindre ou me louer de son auteur. Vouloir détromper les hommes abusés, dit-il, cinquante ans durant de mes écrits, c'est avoir un zèle pour le public, qui n'est pas fort obligeant pour moi ; mais c'est me faire une espèce d'enchanteur ; et peut-être qu'il y a plus de mérite à savoir tromper le monde tant d'années, qu'à le détromper. Le fort de la critique consiste principalement à remarquer mes expressions embarrassées : je pourrois prendre la censure pour un bon conseil, car j'ai intérêt qu'on entende mes pensées. Je lui dois conseil pour conseil ; qu'il mette moins de netteté dans les siennes ; on a trop de facilité à les connoître. Les choses communes font regretter le temps qu'on met à les lire : celles qui sont finement pensées donnent à un lecteur délicat le plaisir de son intelligence et de son goût.

J'avoue que je me contredis quelquefois. Je loue la constance, à une demoiselle dont je crois être aimé; je conseille l'infidélité à celle qui aime un autre amant. Je ne suis pas de même humeur, de même sentiment, à trente ans qu'à soixante; à soixante, qu'à quatre-vingt. Autre contradiction.

Après tout, je trouve beaucoup de choses dans cette critique fort bien censurées; beaucoup de diversions, à propos de ce qu'il dit, sur ce qu'il fait dire à Monsieur de Meaux, à Monsieur de Nîmes, à Monsieur Despréaux, au père Bouhours, à d'autres modernes. Je ne puis nier qu'il n'écrive bien; mais son zèle pour la religion et pour les bonnes mœurs passe tout : je gagnerois moins à changer mon style, contre le sien, que ma conscience, contre la sienne.

J'estime fort son exactitude dans la critique. Il s'attache à censurer des traités même qui ne sont pas de moi; des fautes dans ceux qui en sont, que je n'ai pas faites. Il est vrai qu'il me donne trop de louanges, quelquefois; tout bien compensé, la faveur passe la sévérité du jugement; et je puis dire avec sincérité, que j'ai plus de reconnoissance de la grâce, que de ressentiment sur la rigueur. Il peut avoir déjà la satisfaction de voir le profit que je tire, de ses leçons sur le christianisme. Les auteurs ne se pardonnent rien; pas les philosophes, pas les saints. Tout ignorant, tout profane que je suis, je ne pardonne pas seulement à Monsieur Dumont[1]; je lui sais bon gré de sa critique. Je ne me tiendrois pas si obligé à celui qui feroit mon apologie; je hais l'indiscrétion du zèle : plus prêt à désavouer le bien, que le mal qu'on diroit de moi.

(Apostille.)

Il vient de me tomber entre les mains l'APOLOGIE[2] de ce qu'on appelle mes *ouvrages*. Je l'ai parcourue, et j'ai trouvé le DISCOURS SUR LES CRITIQUES fort bon. L'auteur écrit bien ; mais je ne me reconnois pas, dans le portrait qu'il fait de moi. A m'honorer moins, il m'auroit

---

1. C'étoit le pseudonyme qu'avoit pris Cotolendi. On soupçonna le célèbre avocat Érard, de n'être pas resté étranger à cette publication, par esprit de représailles, contre les traits piquants de Saint-Evremond, à propos du procès de la duchesse Mazarin, contre son époux, dont Érard étoit l'avocat. Voy. l'INTRODUCTION.

2. Cette *apologie* fut publiée à Paris, six mois après la critique, sous le titre suivant : *Apologie des OEuvres de M. de Saint-Evremond, avec son éloge et son portrait, et un discours sur les critiques*, etc. L'auteur étoit un s^r Boyer de Ruvière, avocat. Saint-Evremond en fut, comme on voit médiocrement satisfait.

moins défiguré; je ne laisse pas de lui être fort obligé de son zèle et de ses soins. Je pourrois m'exempter de la reconnoissance, en disant qu'il a écrit pour une autre personne que pour moi.

QUATRIÈME PARTIE

POÉSIE.

OEUVRES MÊLÉES
DE
SAINT-EVREMOND.

QUATRIÈME PARTIE.

POÉSIE.

I

A MADEMOISELLE DE LENCLOS[1].

Élégie.

(1652.)

Chère Philis, qu'êtes-vous devenue?
Cet enchanteur, qui vous a retenue
Depuis trois ans, par un charme nouveau,
Vous retient-il en quelque vieux Château[2]?

---

1. Ninon écrivoit souvent : *de Lanclos.* Voy. M. Feuillet de Conches, *mélanges*, etc., t. II, p. 587.
2. Le bon esprit de Ninon lui avoit montré la folie de la Fronde; mais son père étant engagé avec le coad-

S'il est ainsi, je cherche une aventure,
En chevalier de la triste figure ;
Et, dût Roland ici ressusciter,
Contre Roland j'oserai tout tenter.
Mais non, Philis, délivrez-vous vous-même ;
Vous en avez souvent usé de même.
Ces enchanteurs cent fois plus renommés,
Malgré leur art se trouvèrent charmés ;
Et votre esprit, dégagé de leurs charmes,
Ne leur laissa que la plainte et les larmes.

Pour relever un courage abaissé,
Songez, Philis, songez au temps passé.

Ce beau garçon dont vous fûtes éprise[1],
Mit en vos mains son aimable franchise.
Il étoit jeune, il n'avoit point senti
Ce que ressent un cœur assujetti :
Et jeune encor, vous ignoriez l'usage
Des mouvements qu'excite un beau visage ;
Vous ignoriez la peine et le plaisir
Qu'on su donner l'amour et le désir.

---

juteur, et ses principaux amis étant dans le parti opposé à la cour, Ninon résolut de ne pas s'en mêler, et s'éloigna du théâtre des événements, dès le commencement des troubles, en 1649. Elle avoit choisi pour sa retraite une terre du marquis de Villarceaux, alors son amant, et n'en revint qu'en 1652, peu de temps après l'épître de Saint-Evremond. Voy. Bret, *Mém. sur la vie de Mlle de Lenclos*, p. 48 et suiv., et notre INTRODUCTION.

1. Gaspard de Coligny, duc de Châtillon, tué devant Charenton, le 9 février 1649. Ninon l'avoit enlevé à Marion de l'Orme.

Dans les transports d'une première flamme,
Vous vous nommiez et *mon cœur* et *mon âme* :
Noms vains et chers, que les jeunes amants
Savent mêler dans leurs contentements.
Jamais les nœuds d'une chaîne si sainte
N'eurent pour vous ni force ni contrainte;
Une si douce et si tendre amitié
Ne vit jamais un tourment sans pitié.
Les seuls soupirs que l'amour nous envoie
Furent mêlés à l'excès de la joie;
Et des plaisirs sans cesse renaissants
Remplirent l'âme et comblèrent les sens :
Doux fruits d'amour, cueillis en abondance!
Ah! qu'aujourd'hui l'on fait bien pénitence!
Loin des appas de toute volupté,
Philis languit dans l'inutilité;
Et pour flatter sa languissante vie,
Philis n'a pas le plaisir d'une envie.
Philis à peine oseroit désirer,
Que sa raison lui défend d'espérer.
Vous qui trouviez autrefois favorable
Ce même Dieu qui vous rend misérable,
Pour relever un courage abaissé,
Songez, hélas! songez au temps passé.

Un maréchal, l'ornement de la France[1],
Rare en esprit, magnifique en dépense,
Devint sensible à tous vos agréments,
Et fit son bien d'être de vos amants.
Ce jeune duc, qui gagnoit des batailles[2];

1. Le maréchal d'Albret. Voy. *Sup.*, p. 183.
2. Le grand Condé, alors duc d'Enghien.

Qui sut couvrir de tant de funérailles
Les champs fameux de Nordlingue et Rocroi;
Qui sut remplir nos ennemis d'effroi;
Las de fournir les sujets de l'histoire,
Voulant jouir quelquefois de sa gloire,
De fier et grand, rendu civil et doux,
Ce même duc alloit souper chez vous.
Comme un héros jamais ne se repose,
Après souper il faisoit autre chose;
Et, sans savoir s'il poussoit des soupirs,
Je sais au moins qu'il aimoit ses plaisirs.
　　L'air délicat d'une exquise peinture,
Cette fraîcheur qu'inspire la nature,
Ce teint uni qui paroît sur les fleurs,
Le vif éclat des plus riches couleurs,
N'ont rien d'égal à ces belles jeunesses
Qui vous donnoient leurs plus molles caresses;
N'ont rien d'égal à de tendres beautés,
Charmants sujets de mille voluptés,
Que leur amour, aux dépens de leurs larmes,
Assujettit autrefois à vos charmes;
Que leur amour, par des désirs pressants,
Assujettit au pouvoir de vos sens.
Dis-je bien vrai? N'est-ce point un mensonge?
Las! il fut vrai, mais ce n'est plus qu'un songe.
Quand un plaisir une fois est goûté,
Ce n'est plus rien que songe et vanité.
　　Des vieux amants si la gloire passée
Vient quelquefois s'offrir à la pensée,
Le souvenir de leurs traits les plus beaux
Donne un désir pour des objets nouveaux;
Et, rappelant cette première image,
Touche le cœur pour un autre visage.

Les bien-aimés, les heureux successeurs,
Doivent jouir, et perdre leurs douceurs.
Une paisible et longue jouissance
Fait les dégoûts, et détruit la constance;
Car s'attacher toujours au même bien,
C'est posséder, et ne sentir plus rien.
Ainsi, Philis, il faut être inconstante :
Vous passerez pour une vieille amante,
En prévenant cette triste saison
Où la constance est jointe à la raison.
Moins de chagrins en de si longs ménages,
A fait souvent rompre des mariages ;
Et votre esprit, mille fois dégoûté,
Se pique encor de sa fidélité ?
Avoir toujours son âme accoutumée
Aux vieux plaisirs dont elle fut charmée;
Avoir toujours les mêmes sentiments;
Toujours sentir les mêmes mouvements;
Vivre toujours sans dessein, sans envie,
C'est être morte au milieu de la vie :
Laissez toucher votre inclination;
Cherchez ailleurs quelque autre passion.

Quoi! vous parlez en Corisque[1] savante,
Et vous aimez en bergère innocente!
Si vous aimiez, comme une Amaryllis,
D'un jeune amant les roses et les lis,
J'approuverois que votre âme blessée
Gardât toujours cette chère pensée ;
Mais vous n'aimez que certaine langueur

---

1. Personnage du *Pastor fido* de Guarini; voy. acte III, sc. v., et les *Secoli* de Corniani, t. VI, p. 182 (1829).

Qui ne vient pas des mouvements du cœur.
Corisque, hélas! agréable infidèle,
Vous que j'ai vue, et perfide, et si belle,
Laisserez-vous périr votre beauté,
Pour démentir votre légèreté?
Dans vos plaisirs l'une et l'autre enchaînées,
Ont toujours eu les mêmes destinées;
Et la rigueur d'un semblable destin
Leur va donner une pareille fin.
Vos yeux mourants reprochent à votre âme
Qu'ils vont s'éteindre en cette vieille flamme,
Et que l'amour de quelque objet nouveau
Rendroit leur feu plus brillant et plus beau.
Tous vos attraits s'adressent à la bouche,
Pour vous parler de l'ennui qui les touche;
Mais elle-même, aujourd'hui sans couleur,
N'ose parler de sa propre douleur;
Ses doux appas exposés au pillage,
Endurent seuls une impuissante rage :
Tant de beautés qui régnoient autrefois,
Pour leur salut ont recours à ma voix.
Leur mal est grand, sensible à qui vous aime;
En les plaignant, c'est vous plaindre vous-même:
Et, si je cherche un remède à ce mal,
Au vôtre, au leur le remède est égal.

   Écoutez donc un avis salutaire;
Sachez de moi ce que vous devez faire:
Un Dieu chagrin s'irrite contre vous;
Tâchez, Philis, d'appaiser son courroux.
Vous reprendrez votre premier visage,
En reprenant votre premier usage;
Et le retour de vos légèretés
Nous fera voir celui de vos beautés.

Il faut brûler d'une flamme légère,
Vive, brillante, et toujours passagère;
Être inconstante aussi longtemps qu'on peut,
Car un temps vient où ne l'est pas qui veut.

II

LE CERCLE[1].

A Monsieur***.

(1656.)

On parle depuis peu de certaine ruelle,
Où la laide se rend, aussi bien que la belle :
Où tout âge, tout sexe; où la ville et la cour,
Viennent prendre séance en l'école d'amour.
A la prude, soumise au devoir légitime,
On inspire l'amour sous le beau nom d'estime;

---

1. Je ne pense pas que Saint-Evremond ait ici voulu tourner particulièrement en ridicule une assemblée connue et déterminée de femmes à prétention. C'est la *Préciosité* en général qu'il attaque et qu'il poursuit. On désignoit alors par le mot de *cercle* une réunion de précieuses ou de beaux esprits des deux sexes. Molière dit :

> Moi, j'irois me charger, d'une spirituelle,
> Qui ne parleroit rien que cercle et que ruelle!

Un écrivain contemporain, Jean de la Forge, nous a laissé un livre curieux pour l'histoire des précieuses, intitulé : *le Cercle des femmes savantes*. Les belles dames du temps y sont indiquées par des noms supposés, comme dans le *dictionnaire* de Somaize; mais il y a une clef.

Et son esprit sévère enseigne la vertu,
Quand son cœur, tout facile au charme qu'elle a vu,
Reçoit un feu secret qui n'oseroit paroître,
Et qu'elle aime à sentir sans le vouloir connoître.
L'autre, tout occupée à discourir des cieux,
Sur un simple mortel daigne abaisser les yeux,
Et trouve le moyen de partager son âme
Entre des feux humains et la divine flamme.
Celles que la nature abandonne à leur art,
Y viennent apporter l'étude d'un regard,
Et chercher vainement leur premier avantage
Dans les traits composés de leur nouveau visage.
Telle qui fut jadis le plaisir de nos yeux,
Et qui n'est aujourd'hui qu'un objet odieux,
S'expose, comme elle est, pour flatter sa mémoire,
D'un mot qu'on lui dira de cette vieille gloire :
Ton visage, Chloris, du monde respecté,
Laisse au bruit de ton nom l'effet de la beauté;
Il change, il dépérit, et longtemps le plus sage,
Séduit par ce grand nom, révère ce visage.
Son éclat tout terni, ses traits tout languissants,
Trouvent chez nous encor le respect de nos sens;
Et l'œil assujetti n'oseroit reconnoître
Le temps où ta beauté commence à disparoître.
L'orgueilleuse Caliste, où se portent ses pas,
Triomphe également des cœurs et des appas;
Elle confond son sexe où le nôtre soupire,
Et dispense à son gré la honte et le martyre.
Une jeune coquette, avec peu d'intérêt,
Va chercher à qui plaire, et non pas qui lui plaît;
Elle a mille galants, sans être bien aimée,
Contente de l'éclat que fait la renommée.
La solide, opposée à tous ces vains dehors,

Se veut instruire à fond des intérêts du corps.
L'intrigueuse vient là par un esprit d'affaire ;
Écoute avec dessein, propose avec mystère,
Et tandis qu'on s'amuse à discourir d'amour,
Ramasse quelque chose à porter à la cour.
Dans un lieu plus secret on tient la Précieuse,
Occupée aux leçons de morale amoureuse.
Là, se font distinguer les fiertés des rigueurs ;
Les dédains des mépris, les tourments des langueurs ;
On y sait démêler la crainte et les alarmes,
Discerner les attraits, les appas et les charmes ;
On y parle du temps qu'on forme le désir :
Mouvement incertain de peine ou de plaisir.
Des premiers maux d'amour on connoît la naissance,
On a de leurs progrès une entière science,
Et toujours on ajuste à l'ordre des douleurs,
Et le temps de la plainte, et la saison des pleurs.
Par un arrêt du ciel toute chose a son terme,
Et c'est ici le temps où l'école se ferme ;
Mais avant que sortir, on déclare le jour
Où l'on viendra traiter un autre point d'amour.
Là, Philis, affectée en graves bienséances,
Dédaigneuse et civile, y fait ses révérences,
Conservant un maintien de douce autorité,
Qui serve à la grandeur sans nuire à la beauté.
On voit à l'autre bout une dame engageante,
Employer tout son art à paroître obligeante :
Caresses, compliments, civilités, honneurs,
Sont les moyens adroits qui lui gagnent les cœurs.
Loin de ces vanités, ainsi parle une Chère[1] :

1. *Ma chère* étoit une appellation familière, affectée par les Précieuses, et qui n'étoit point ailleurs dans l'u-

Pourquoi finir sitôt? Mon Dieu! quelle misère!
J'avois à proposer un nouveau sentiment
Du mérite parfait que se donne un amant.
Mais, dit l'autre, ma sœur, n'êtes-vous point troublée
Du tumulte confus d'une grande assemblée?
Sauroit-on rien sentir de tendre, délicat,
En des lieux où se fait tant de bruit et d'éclat? [tes,
Cherchons, cherchons, ma sœur, de tranquilles retrai-
Propres aux mouvements des passions secrètes.
Le monde sait bien peu ce que c'est que d'aimer,
Et l'on voit peu de gens qu'il nous faille estimer.

Après la lecture de mes vers, vous me demanderez avec raison ce que c'est qu'une *Précieuse*, et je vais tâcher, autant qu'il m'est possible, de vous l'expliquer. On dit[1] un jour à la reine de Suède, que *les Précieuses étoient les Jansénistes de l'amour*; et la définition ne lui déplut pas. L'amour est encore un Dieu pour les Précieuses. Il n'excite pas de passion en leurs âmes; il y forme une espèce de religion. Mais à parler moins mystérieusement, le corps des Précieuses n'est autre chose que l'union d'un petit nombre de personnes, où quelques-unes, véritablement délicates, ont jeté les autres dans une affectation de délicatesse ridicule.

sage habituel de la société. De la, *une Chère* est, pour Saint-Evremond, une Précieuse. Voy. le *Dict. des Précieuses*, édit. de Livet, I, p. LXIII.

1. Mademoiselle de Lenclos.

Ces fausses délicates ont ôté à l'amour ce qu'il a de plus naturel, pensant lui donner quelque chose de plus précieux. Elles ont tiré une passion toute sensible du cœur à l'esprit, et converti des mouvements en idées. Cet épurement si grand a eu son principe d'un dégoût honnête de la sensualité; mais elles ne se sont pas moins éloignées de la véritable nature de l'amour, que les plus voluptueuses; car l'amour est aussi peu de la spéculation de l'entendement, que de la brutalité de l'appétit. Si vous voulez savoir en quoi les Précieuses font consister leur plus grand mérite, je vous dirai que c'est à aimer tendrement leurs amants sans jouissance, et à jouir solidement de leurs maris avec aversion.

III

SONNET.

(1657?)

Nature, enseigne-moi par quel bizarre effort
Notre âme, hors de nous, est quelquefois ravie;
Dis-nous comme à nos corps elle-même asservie,
S'agite, s'assoupit, se réveille, s'endort!

Les moindres animaux, plus heureux dans leur sort,

Vivent innocemment, sans crainte et sans envie,
Exempts de mille soins qui traversent la vie,
Et de mille frayeurs que nous donne la mort.

Un mélange incertain d'esprit et de matière,
Nous fait vivre avec trop ou trop peu de lumière,
Pour savoir justement et nos biens et nos maux.

Change l'état douteux dans lequel tu nous ranges,
Nature! élève-nous à la clarté des anges,
Ou nous abaisse au sens des simples animaux.

IV

A MONSIEUR LE COMTE D'OLONNE.

Stances.

Tircis, que l'avenir trouble moins tes beaux jours!
Qui sait vivre ici-bas, qui suit ses destinées,
Se laisse aller au temps insensible en son cours,
Et compte ses plaisirs plutôt que ses années.

Il goûte en liberté tous les biens qu'il ressent :
Un malheur éloigné fait rarement ses craintes;
Et son esprit, charmé d'un repos innocent,
Connoît peu de douleurs qui méritent ses plaintes.

Le passé n'a pour lui qu'un tendre souvenir;
Il se fait du présent un agréable usage,
Se dérobe aux chagrins que donne l'avenir,
Et n'en reçoit jamais qu'une plaisante image.

Il sait, quand il lui plaît, modérer ses désirs,
Tenir ses passions sous la loi la plus dure ;
Et tantôt la raison, facile à ses plaisirs,
Seconde le penchant qu'inspire la nature.

La faveur est un bien qui lui semble assez doux :
La gloire a des appas qui touchent son envie ;
Cependant il les voit sans en être jaloux,
Et les assujettit au repos de sa vie.

Il vit loin du scrupule et de l'impiété,
Sans craindre ou mériter les éclats du tonnerre :
Il mêle l'innocence avec la volupté,
Et regarde les cieux sans dédaigner la terre.

Quand il faut obéir à la rigueur du sort,
Il ne murmure point contre une loi si rude ;
Mais, de ces vains discours qui combattent la mort,
Il ne s'est jamais fait une fâcheuse étude.

V

A MONSIEUR LE CHEVALIER DE GRAMMONT.

(1666.)

Il n'est qu'un chevalier au monde ;
Et que ceux de la Table ronde,
Que les plus fameux aux tournois,
Aux aventures, aux exploits,
Me pardonnent, si je les quitte
Pour chanter un nouveau mérite !

C'est celui qu'on vit à la cour,
Jadis si galant sans amour;
Le même qui sut à Bruxelles,
Comme ici, plaire aux demoiselles,
Gagner tout l'argent des maris,
Et puis revenir à Paris,
Ayant couru toute la terre,
Dans le jeu, l'amour et la guerre;
Insolent en prospérité,
Fort courtois en nécessité :
L'âme en fortune libérale,
Aux créanciers pas trop loyale :
Qui n'a changé, ni changera,
Et seul au monde qu'on verra
Soutenir la blanche vieillesse
Comme il a passé la jeunesse.
 Rare merveille de nos jours!
N'étoient vos trop longues amours;
N'étoit la sincère tendresse
Dont vous aimez votre princesse[1];
N'étoit qu'ici les beaux désirs
Vous font pousser de vrais soupirs;
Et qu'enfin vous quittez pour elle
Votre mérite d'infidèle;
Cher et parfait original,
Vous n'auriez jamais eu d'égal !
 Il est des héros pour la guerre,
Mille grands hommes sur la terre;
Mais, au sens de Saint-Evremond,
Rien qu'un chevalier de Grammont;

---

1. La comtesse de Grammont, son épouse, de la maison d'Hamilton en Écosse, qu'on croit d'origine royale.

Et jamais ne sera de vie
Plus admirée et moins suivie.

VI

SUR LES ANNÉES DE LA RÉGENCE D'ANNE D'AUTRICHE.

A Mademoiselle de Lenclos.

Stances.

(1674.)

J'AI vu le temps de la bonne régence,
Temps où régnoit une heureuse abondance,
Temps où la ville aussi bien que la cour
Ne respiroient que les jeux de l'amour.

    Une politique indulgente
    De notre nature innocente
    Favorisoit tous les désirs ;
    Tout goût paroissoit légitime ;
La douce erreur ne s'appeloit point crime;
Les vices délicats se nommoient des plaisirs.

Meubles, habits, repas, danses, musiques;
Un air facile avec la propreté ;
Rien de contraint, pas trop de liberté ;
Peu de gens vains, presque tous magnifiques !
N'avoir chez soi que la commodité,
Faisoit alors les chagrins domestiques
Qu'aux autres temps fait la nécessité.

Dans le commerce on étoit sociable ;
Dans l'entretien, naturel, agréable,
On haïssoit un chagrin médisant,
On méprisoit un fade complaisant :
La vérité délicate et sincère
Avoit trouvé le secret de nous plaire.

L'art de flatter en parlant librement,
L'art de railler toujours obligeamment,
En ce temps seul étoit choses connues,
Auparavant nullement entendues ;
Et l'on pourroit aujourd'hui sûrement
Les mettre au rang des sciences perdues.

Le sérieux n'avoit point les défauts
Des gravités, qui font les importantes ;
Et le plaisant rien d'outré ni de faux :
Femmes savoient sans faire les savantes ;
Molière en vain eût cherché dans la cour
    Ses *ridicules* affectées ;
Et ses *Fâcheux* n'auroient pas vu le jour,
Manque d'objets à fournir les idées.

Aucun amant qui ne servît son roi,
Guerrier aucun qui ne servît sa dame :
On ménageoit l'honneur de son emploi,
On ménageoit la douceur de sa flamme ;
Tantôt les cœurs s'attachoient aux appas ;
Libres, tantôt ils cherchoient les combats.

Un jeune duc[1] qui tenoit la victoire
Comme une esclave attachée à son char,

1. Le grand Condé, alors duc d'Enghien.

Par sa valeur, par l'éclat de sa gloire,
Fit oublier Alexandre et César.
Que ne mouroit alors Son Éminence [1],
Pour son bonheur et pour notre repos!
Elle eût fini ses beaux jours à propos,
Laissant un nom toujours cher à la France.

VII

L'HOMME SUR LE RETOUR [2].

(1676.)

Tircis, le bel âge nous laisse;
Allons chercher une maîtresse
Qui se contente, en ses amants,
De vertus au lieu d'agréments;
Allons chercher la femme forte;
Mais en est-il de cette sorte?
On la cherchoit en vain, dit-on,
Du temps même de Salomon.
S'il n'est de ces femmes divines,
Il est de folles héroïnes
A qui d'illustres visions
Tiendront lieu de perfections :
L'une est folle de la vaillance,

---

1. Le cardinal Mazarin.
2. Cette pièce de vers est évidemment des premiers temps de la liaison de Saint-Evremond avec la duchesse Mazarin.

L'autre est folle de la science,
Et court après les beaux esprits,
Par le charme de leurs écrits.
Telle est si folle de sagesse,
Qu'elle en méprise la jeunesse,
Et se fait une vanité
De plaire à notre gravité.
 Il est vrai que cette chimère
N'est pas aux femmes ordinaire,
Et qu'on leur voit des appétits
Rarement pour les cheveux gris ;
Mais leur incertaine nature,
Pour nous rompre toute mesure,
A le caprice, quelquefois,
D'aimer sagesse, honneur et lois.
Une impertinente adorable
Écoutera de vieux mortels,
Qui vont révérer ses autels ;
Et quelque sotte inexorable,
Pensant donner à ses appas
La gloire de notre trépas,
Nous laissera goûter ses charmes
Sans qu'il nous en coûte des larmes.
 Il est mille chemins ouverts
Pour arriver à leurs travers ;
Mais laissons la galanterie
Pour une jeunesse fleurie,
Et n'espérons pas, étant vieux,
De gagner le cœur par les yeux.
Que l'esprit soit notre conquête ;
Tâchons d'assujettir la tête,
Et qu'un ascendant de raison
Tienne la leur comme en prison.

Si je trouvois une Lucrèce,
Capable d'un peu de tendresse,
J'accorderois, avec plaisir,
Son honneur avec mon désir;
J'entretiendrois, en sa belle âme,
La douceur d'une honnête flamme;
Et les intérêts de son cœur,
Ménagés avec sa pudeur,
Feroient voir au monde une prude,
Sans rien de trop doux ni de rude.
   Mais, dieux! quelle espèce d'amour!
O triste et malheureux retour!
Qu'il te faut d'art avec des belles
Que tu veux tendres et cruelles!
Que d'art à vaincre des rigueurs!
Que d'art à borner les faveurs!
Que d'art à trouver la tendresse,
Sans intéresser la Lucrèce!
Encor, ce mal seroit léger,
N'étoit qu'on ne peut plus changer.
   Adieu, pour jamais je vous quitte,
Agréable légèreté;
J'entre dans la saison maudite,
Où la triste fidélité
N'a rien qu'un ennuyeux mérite,
Dont on est bientôt dégoûté.

VIII

A MADAME LA DUCHESSE MAZARIN.

(1684.)

Monsieur de Saint-Evremond entrant un jour dans la chambre de Madame Mazarin, la trouva à genoux aux pieds de M. Milon, son aumônier, qui étoit assis devant elle. Il ne pouvoit d'abord s'expliquer cette situation; mais quand il fut plus rapproché, il vit que Madame Mazarin avoit fait asseoir son aumônier, pour lui percer les oreilles, et qu'elle lui avoit déjà coupé le bout d'une d'elles; sur quoi M. de Saint-Evremond fit les vers suivants :

> Je pensois vous voir à confesse,
> En vous voyant à ses genoux;
> Et crus que vous faisiez au bon Dieu la promesse
> De ne me voler plus chez vous[1].
> J'admirois, comme une merveille,
> Le repentir de votre cœur;
> Et disois, en secret : *Seigneur,*
> *Seigneur, ta grâce est sans pareille!*
> Quand je vous vis couper l'oreille

---

1. La duchesse Mazarin gagnoit souvent Saint-Evremond au jeu, d'une manière peu régulière.

A votre pauvre confesseur.
Les lois pouvoient bien le proscrire [1] :
De tous les aumôniers c'est ici le destin ;
Mais on veut le laisser pour un plus grand martyre,
Chez madame de Mazarin.

IX

STANCES SUR LE GOUVERNEMENT DE JACQUES II.

(1686.)

Sans besoin et sans abondance,
J'oserois dire sans désirs,
Je vis ici dans l'innocence,
Et d'un sage repos je fais tous mes plaisirs.

Non qu'une triste solitude,
Le silence et l'obscurité,
L'attachement à quelque sombre étude,
Puissent faire ma volupté.

Je ne veux point cacher ma vie;
Au monde, d'elle-même, elle se cache assez;
Partout est la retraite, où cesse la folie
Des passions, et des soins empressés.

Au milieu de la cour, mon âme retirée
Laisse le faux éclat d'une pompe adorée,

---

1. En qualité de prêtre catholique. Madame Mazarin avoit eu peine à obtenir la faculté de conserver son aumônier. Voy. notre *Saint-Evremond en Angleterre.*

Sans négliger les vrais appas
De la grandeur qui plaît et qui n'éblouit pas.

Là, d'un esprit sain et tranquille,
Je me fais un plaisir utile,
D'examiner et vices et vertus :
Mais par un changement notable,
Pour le mal indulgent, pour le bien équitable,
Je loue et ne censure plus.

Ici, je ne vois rien d'austère,
Dont le monde soit rebuté;
De soi-même important, sans besoin de le faire,
On donne un air facile à son autorité.

Finesse, artifice, mystère,
Détour, vaine subtilité;
Politique, en chose légère,
Ménagée avec gravité;
Soit à parler, soit à se taire,
Air de suffisance affecté;
Tout cela passe ici pour sottise, chimère,
Fausse imitation de la capacité.

Au temps que le travail se trouve nécessaire,
Il semble que jamais on n'ait connu plaisir;
Il semble que jamais on n'ait connu d'affaire,
Quand on rentre en commerce, aux heures de loisir.
Ici, l'on ne voit rien de cet art ordinaire,
Qui tient aux autres cours notre espoir en langueur;
Ici, l'on ne voit point le ministre en colère,
Au refus que l'on fait ajouter sa rigueur.

La parole est inviolable;
Ce qui sert à la feinte, et compose la fable,

N'est rien que son perdu, dans le vague des airs ;
La parole est ici solide et véritable :
　Parmi les vents elle passe les mers,
Et porte son crédit au bout de l'univers.

On y manque pourtant, mais c'est dans la menace,
Quand des maux annoncés demeurent sans effets ;
La promesse est fidèle, à l'égard de la grâce,
　　On n'y manque jamais.

On voit de l'ordre, et jamais d'avarice ;
Le bien est fait, quand il est mérité ;
Sans rien devoir à l'aveugle caprice,
Vaine grandeur, molle facilité,
On voit partout un esprit de justice,
Et nulle part de la sévérité.

X

À MADEMOISELLE DE LENCLOS.

Sonnet.

(1687.)

Passer quelques heures à lire,
　Est mon plus doux amusement ;
Je me fais un plaisir d'écrire,
　Et non pas un attachement.

Je perds le goût de la satire :
L'art de louer malignement

Cède au secret de pouvoir dire
Des vérités obligeamment.

Je vis éloigné de la France,
Sans besoin et sans abondance,
Content d'un vulgaire destin.

J'aime la vertu, sans rudesse,
J'aime le plaisir, sans mollesse :
J'aime la vie, et n'en crains pas la fin.

XI

A LA DUCHESSE MAZARIN.

(1687.)

Quand je songe au respect que j'eus toujours pour vous,
Je ne puis deviner d'où vient votre courroux :
Qu'ai-je fait? Qu'ai-je dit? Quel peut être le crime
Qui contre un serviteur fidèle vous anime?
    Autrefois, j'étois caressé,
    Vous me consultiez sur l'étude ;
    Maintenant votre esprit blessé,
    Vous fait dire d'un ton bien rude :
    « Allez, allez à d'autres gens
    Porter *Honnête homme et bon sens* :
    Jargon aux François ordinaire,
    Que les savants n'approuvent guère ;
    Allez, avec votre fausset,
    Chanter les airs du vieux Boisset [1] ;

---

1. Voy. *sup.*, p. 399.

Et lorsque vous serez à table,
Plus dégoûté que délicat,
Ne voyez servir aucun plat,
Que vous ne trouviez détestable;
Ou dont vous ne mangiez au moins à contre-cœur,
Si l'on n'en mangeoit pas chez votre commandeur[1].
Puissiez-vous conserver, pour votre pénitence,
Toujours le goût françois, sans jamais être en France! »
    Surpris du mauvais traitement,
    Je cherchois inutilement
    Ce qui m'attiroit tant d'injure;
    Lorsqu'à la fin, par aventure,
    M'étant tourné vers un miroir,
    Où loupe et rides se font voir,
Où j'ai peine à souffrir moi-même mon image,
    Je me suis dit avec douleur:
On n'est point innocent avec un vieux visage,
    Dont les traits effacés font peur.
Vieillard, ne cherche pas ton crime davantage!

XII

A M. LULLI.

A Lulli seul le monde est redevable
De l'opéra dont on est enchanté[2];
Rome n'a rien qui lui soit comparable,

---

1. Le commandeur de Souvré.
2. Il s'agit probablement ici de l'opéra d'*Armide*, représenté à Paris en 1686, et qui le fut quelque temps après en Angleterre. Voy. *sup.*, p. 389 et suiv.

Et tout Venise en est déconcerté,
Il nous réduit à chercher, dans la fable,
Un demi-dieu dont le charme est vanté.
Là, son Orphée, à jamais vénérable,
Demande au ciel, pour sa félicité,
Que par Lulli, ce maître inimitable,
Soit son mérite et décrit et chanté.
Si ce qu'on dit d'Orphée est véritable,
Il sut fléchir une divinité,
Jusques alors trouvée inexorable.
A son retour du lieu tant redouté,
Et l'ours affreux et le tigre implacable
Se dépouilloient de leur férocité ;
L'arbre qu'on vit le plus inébranlable,
Perdant alors son immobilité,
Suivoit Orphée : à son chant lamentable,
Il n'étoit plus d'insensibilité.
L'accent plaintif d'un amant misérable,
Par les échos tendrement répété,
A sa douleur rendoit tout pénétrable ;
Un deuil lugubre avoit tout infecté.
L'air du malheur, rendu communicable,
De sa noirceur avoit tout attristé ;
Tout s'affligeoit avec l'inconsolable.
  On t'auroit vu bien plus de fermeté
Que n'eut Orphée, en son art déplorable.
Perdre sa femme est une adversité ;
Mais ton grand cœur auroit été capable
De supporter cette calamité.
En tout, Lulli, je te tiens préférable ;
Et chaque jour qu'on a représenté,
N'as-tu pas fait chose plus incroyable,
Que le miracle en mes vers raconté ?

Lorsqu'il te plaît, un rocher pitoyable
Se fond en pleurs malgré sa dureté ;
Le vent te prête un silence agréable ;
Des fiers torrents le cours est arrêté.
Lorsqu'il te plaît, un sommeil favorable
Donne aux tourments le repos souhaité ;
Et qui possède une douceur aimable,
Est, si tu veux, aussitôt agité.
Dans nos périls vient un dieu secourable ;
De nos péchés un autre est irrité :
Pluton te sert, de son gouffre effroyable ;
Les cieux, ouverts selon ta volonté,
Nous laissent voir le palais adorable,
Où Jupiter règne en sa majesté.
D'Orphée et de Lulli le mérite est semblable,
Je trouve cependant de la diversité,
Sur un certain sujet, assez considérable :
Si Lulli, quelque jour, descendoit aux enfers,
Avec un plein pouvoir de grâces et de peines :
Un jeune criminel sortiroit de ses fers,
Une pauvre Euridice y garderoit ses chaînes.

XIII

A LA DUCHESSE MAZARIN, SUR LA CADUCITÉ.

(1692.)

Flatté d'une douce espérance,
Que me donnoit la belle Hortense,
Je lui cachois mes cheveux gris,

De peur d'attirer ses mépris.
Mais détrompé de sa parole,
Qui n'a plus rien qui me console,
Je lui montre des cheveux blancs,
Triste ouvrage de mes vieux ans;
Je lui montre tout l'équipage
De la caducité de l'âge :
Lunettes, calotte, en effet,
Qui pourroit servir de bonnet;
Tous les secours que la nature
Cherche, dans mon infirmité,
Pour éloigner la sépulture,
Sont montrés devant sa beauté;
Et j'ose nommer défaillance
Funeste, mortelle langueur,
Ce qu'autrefois en sa présence
Je nommois simplement vapeur.
O belle, ô charmante duchesse!
Je vous remets votre promesse;
Puisqu'il plaît au grand *Pescator*[1],
Ce maître de la destinée,
Tuer tous les vieillards à la fin de l'année,
Je vais céder mes droits sur votre cher trésor;
Ne me demandez point à qui je les résigne :
C'est celui que vos yeux en doivent juger digne,
Celui que vous voyez si soumis à vos lois....
Je hais le faux honneur des amours éternelles;
Peut-on aimer longtemps, sans être dégoûté
Du mérite ennuyeux de la fidélité?
On voit comme une fleur, sur les amours nouvelles,
Semblable à la fraîcheur de ces fruits délicats,

1. Auteur de l'*Almanach de Milan.*

Qu'on aime à regarder et qu'on ne touche pas.
Mais, après les douceurs qu'on goûte à leur naissance,
Quand les yeux ont usé leurs innocents plaisirs,
Que le cœur a senti la tendre violence
De l'amoureux tourment que donnent les désirs :
Enfin, la volupté, la pleine jouissance....
    Un autre pourra l'exprimer,
Je ne mérite pas même de la nommer.
    Faveur, qu'on m'a fait trop attendre,
    Vous viendriez hors de saison :
    Adieu, je cesse de prétendre
    Un si rare et glorieux don.
Mais, pour ne fermer pas tout accès à la joie,
Souffrez, Hortense, au moins, souffrez que je vous voie;
    Et quand la foiblesse des yeux
Me rendra difficile un bien si précieux,
Quand les divins appas dont vous êtes pourvue
Échapperont, hélas! à ma débile vue,
Ne vous offensez pas qu'afin de les mieux voir,
J'appelle à mon secours lunettes et miroir.
    Je n'en demande point pour lire :
Entretenir les morts est un triste entretien;
    J'en veux aussi peu pour écrire :
L'écriture m'a fait plus de mal que de bien.
    Je n'en veux faire aucun usage,
    Que pour voir le plus beau visage,
    Pour admirer les plus beaux traits
    Que nature forma jamais.

XIV

BILLET A MADAME DE LA PERRINE[1].

(1703.)

Aucun vin ne me fait envie ;
D'aucun mets je ne suis tenté.
Que puis-je faire dans la vie ?
Qui peut m'y tenir arrêté ?
Je prends peu de plaisir à lire ;
J'oblige le public en m'abstenant d'écrire ;
La seule douceur que j'attends,
C'est d'entendre milady Band.
Je n'aime plus que l'harmonie :
Ta voix au clavecin puisse-t-elle être unie,
Pour entendre les doux accords
Qu'on promet aux âmes sans corps !

Je suis fort mal, et j'ai raison de me préparer des plaisirs en l'autre monde : puisque le goût et l'appétit m'ont quitté, je n'en dois pas espérer beaucoup en celui-ci.

1. Madame de la Perrine a été la dernière affection de Saint-Evremond. Il est mort le 20 septembre 1703.

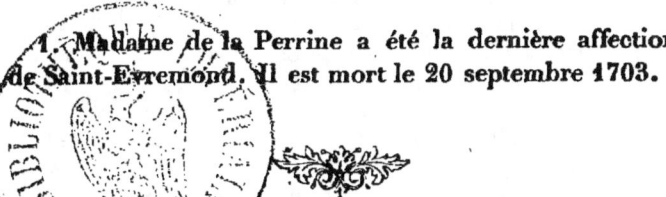

TABLE DES MATIÈRES
DU SECOND VOLUME.

DEUXIÈME PARTIE.

FRAGMENTS D'HISTOIRE ET DE CRITIQUE HISTORIQUE.

Pages.

§. 1. Retraite de M. le duc de Longueville............ 3
§. 2. Lettre au marquis de Créqui, sur la paix des Pyrénées.. 24
§. 3. Réflexions sur les divers génies du peuple romain... 38
    I.   De l'origine fabuleuse des Romains, et de leur génie sous les premiers rois......... 38
    II.   Du génie des premiers Romains, dans le commencement de la république............ 46
    III.   Des premières guerres des Romains......... 49
    IV.   Sur la guerre imaginaire d'Alexandre contre les Romains.......................... 52
    V.   Le génie des Romains, dans le temps que Pyrrhus leur fit la guerre................ 59
    VI.   De la première guerre de Carthage......... 68
    VII.   De la seconde guerre punique............. 73
    VIII.   Du génie des Romains, vers la fin de la seconde guerre de Carthage.............. 96
      Sommaire des chapitres perdus, IX à XV..... 110
    XVI.   D'Auguste, de son gouvernement, et de son génie............................... 111
    XVII.   De Tibère, et de son génie................ 128

§. 4. Jugement sur César et sur Alexandre............ 138
§. 5. Observations sur Salluste et sur Tacite.......... 155
§. 6. Conversation de M. de Saint-Evremond avec le duc
de Candale............................ 166
§. 7. Discours sur les historiens françois............. 195
§. 8. Éloge de M. de Turenne..................... 220
§. 9. Parallèle de Monsieur le Prince et de M. de Turenne, sur ce qui regarde la guerre........... 233
§. 10. Apologie de M. le duc de Beaufort............. 238

TROISIÈME PARTIE.

MÉLANGES DE LITTÉRATURE ET DE CRITIQUE.

§. 1. De l'éducation et de l'ignorance................ 257
§. 2. Caractère de Mme la comtesse d'Olonne......... 263
§. 3. Jugement sur Sénèque, Plutarque et Pétrone..... 272
§. 4. Dissertation sur la tragédie de Racine, intitulée :
Alexandre le Grand 295
§. 5. Lettre de Corneille à Saint-Evremond........... 311
§. 6. Problème à l'imitation des Espagnols........... 316
§. 7. De la tragédie ancienne et moderne............. 320
§. 8. Sur les caractères des tragédies................ 335
§. 9. A un auteur, sur une pièce où l'héroïne ne faisoit
que se lamenter.......................... 346
§. 10. Réflexions sur nos traducteurs................. 350
§. 11. Sur les tragédies............................ 363
§. 12. Sur nos comédies, excepté celles de Molière,... et
sur la comédie espagnole................... 370
§. 13. De la comédie italienne...................... 376
§. 14. De la comédie angloise...................... 383
§. 15. Sur les opéras.............................. 389
§. 16. Éclaircissement sur ce qu'on a dit de la musique
des Italiens............................. 403
§. 17. Défense de quelques pièces de théâtre de M. Corneille.................................. 406
§. 18. Dissertation sur le mot *vaste*.................. 418
§. 19. Portrait de Mme la duchesse Mazarin........... 446
§. 20. L'amitié sans amitié......................... 451
§. 21. Observations sur le goût et le discernement des
François................................ 464
§. 22. Oraison funèbre de Mme la duchesse Mazarin.... 471
§. 23. Sur les poëmes des anciens.................... 492

DES MATIÈRES. 557

Pages.
§. 24. Du merveilleux qui se trouve dans le poëme des anciens.................................. 503
§. 25. Portrait de Saint-Evremond, fait par lui-même.... 511
§. 26. Réponse au jugement de l'abbé Renaudot, etc.... 513
§. 27. Billet à M. Sylvestre........................ 516
§. 28. Jugement de M. de Saint-Evremond, sur la critique de ses ouvrages et sur leur apologie.......... 518

QUATRIÈME PARTIE.

POÉSIE.

§. 1. A Mlle de Lenclos. *Chère Philis*, etc............. 525
§. 2. Le Cercle. *On parle depuis peu*, etc............. 531
§. 3. Sonnet. *Nature, enseigne-moi*, etc.............. 535
§. 4. Stances, au comte d'Olonne. *Tircis, que l'avenir*, etc. 536
§. 5. A M. le chevalier de Grammont. *Il n'est qu'un chevalier*, etc........................... 537
§. 6. Sur les années de la régence d'Anne d'Autriche.... 539
§. 7. L'homme sur le retour. *Tircis, le bel âge nous laisse.* 541
§. 8. A Mme la duchesse Mazarin. *Je pensois vous voir à confesse*.............................. 544
§. 9. Stances, sur le gouvernement de Jacques II....... 545
§. 10. A Mlle de Lenclos, sonnet. *Passer quelques heures à lire*................................ 547
§. 11. A la duchesse Mazarin. *Quand je songe au respect*, etc............................. 548
§. 12. A M. Lulli. *A Lulli seul le monde est redevable*... 549
§. 13. A la duchesse Mazarin, sur la caducité. *Flatté d'une douce espérance*........................ 551
§. 14. Billet à Mme de la Perrine.................... 554

FIN DU SECOND VOLUME.

IMPRIMERIE GÉNÉRALE DE CH. LAHURE
Rue de Fleurus, 9, à Paris

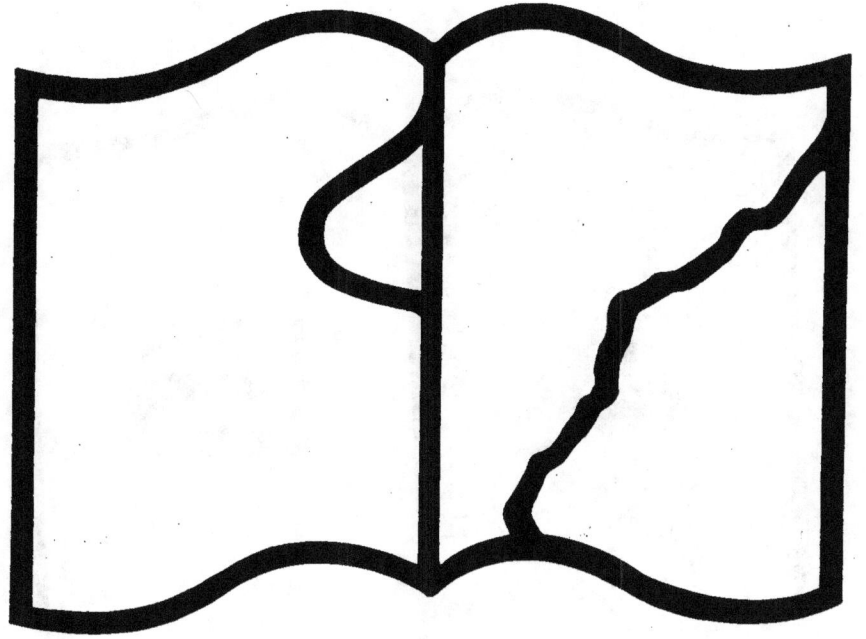

Texte détérioré — reliure défectueuse

NF Z 43-120-11

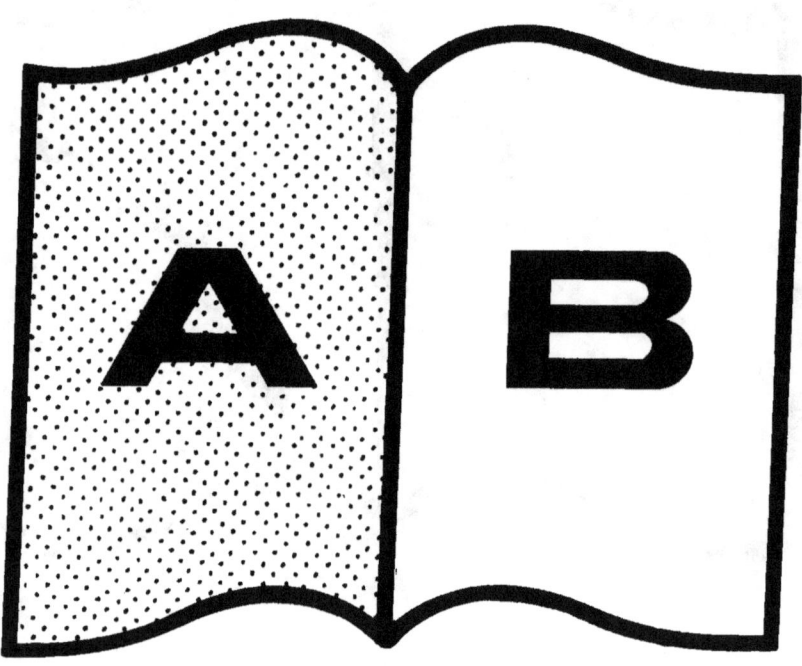

Contraste insuffisant

NF Z 43-120-14

www.ingramcontent.com/pod-product-compliance
Lightning Source LLC
Chambersburg PA
CBHW072020240426
43667CB00044B/1544